BETTINA WEIGUNY/GEORG MECK

WIRECARD

GOLDMANN
Lesen erleben

Bettina Weiguny/Georg Meck

WIRECARD

Das Psychogramm eines Jahrhundertskandals

GOLDMANN

Dieses Buch ist auch als E-Book erhältlich.

MIX
Papier aus verantwortungsvollen Quellen
FSC® C014496
FSC
www.fsc.org

Penguin Random House Verlagsgruppe FSC® N001967

1. Auflage
Originalausgabe März 2021

Umschlaggestaltung: UNO Werbeagentur, München,
unter Verwendung von Motiven von © FinePic®, München
Redaktion: René Stein
DF · Herstellung: kw
Satz: KompetenzCenter, Mönchengladbach
Druck und Bindung: GGP Media GmbH, Pößneck
Printed in Germany
ISBN: 978-3-442-31631-1
www.goldmann-verlag.de

Besuchen Sie den Goldmann Verlag im Netz

Inhalt

Vorwort

»Das Erfundene kann nie mit der Wirklichkeit Schritt halten.« Dieser Satz stammt – ausgerechnet – von John Grisham, und er hat recht. Wer hätte so viel überschüssige Fantasie, sich ein Schurkenstück wie Wirecard auszudenken? Wer würde es wagen, dem Publikum eine derart bizarre Betrüger-Story aufzutischen? Mit Gaunern, Geheimagenten und windigen Geschäftemachern, in den Hauptrollen zwei Österreicher an der Konzernspitze: ein selbsternannter Visionär als Vorstandschef, der Steve-Jobs-Darsteller Markus Braun, sowie Jan Marsalek, der James-Bond-Verschnitt ohne Schulabschluss. In den Nebenrollen: russische Söldner, asiatische Sexshop-Betreiber, angelsächsische Shortseller. Nur ist das keine Wirtschaftssatire, sondern echtes Leben, in Aschheim, dem rechtschaffen hässlichen Gewerbegebiet vor den Toren Münchens. Zweifelsohne hat diese Story alles, was ein guter Film braucht: Geld, Gier, Größenwahn, Sex und Drogen, nicht mal mysteriöse Todesfälle unter Palmen fehlen.

Im Juni 2020 kracht Wirecard zusammen, ein Skandal einmalig in der deutschen Wirtschaftsgeschichte. Nie zuvor ist ein DAX-Konzern pleite gegangen, nie zuvor wurde ein Manager dieser Liga von Interpol mit internationalem Haftbefehl gejagt wie Jan Marsalek. Milliarden sind verschwunden, Millionen Anleger wurden um ihr Geld gebracht.

Keine Frage, der Bankrott ist filmreif. Was für ein Stoff! Mit diesem Gedanken im Kopf treffen wir im Sommer 2020 Nico Hofmann, Geschäftsführer der Filmproduktionsfirma Ufa, sowie seinen Produzenten Marc Lepetit in Mainz, und besiegeln mit Handschlag das Filmprojekt: *Wirecard – der große Fake*. Der Bertelsmann-Konzern wird dazu seine »Content Alliance« aufbieten; die Ufa-Filmgesellschaft, den TV-Sender RTL, die Magazine »Stern« und »Capital«. Erfolgsproduzent Nico Hofmann hat schon einen Filmregisseur im Kopf: Raymond Ley, ein Meister des Genres »Doku-Fiction« , bei der teils Zeitzeugen vor der Kamera aussagen, teils Schauspieler der ersten Güte Szenen nachstellen. Zum TV-Drama soll ein Buch zum Film entstehen sowie ein Podcast.

Für uns, die klassischen Zeitungsjournalisten, beginnt damit ein großes Abenteuer; Monate mit Unmengen an Akten und noch mehr Gesprächen. Wir wollen herausfinden, was für Menschen hinter dem Betrug stecken. Dazu sprechen wir mit den wichtigsten Akteuren – sofern nicht untergetaucht oder im Knast –, in Aschheim und Wien, in New York, Singapur und Manila. Wir interviewen Finanzprofis, geprellte Anleger und echte Kriminelle. Wichtigtuer melden sich, auch zweifelhafte Gestalten, die sich reinwaschen wollen: »Ich wurde getäuscht« – diesen Satz hören wir oft. Besonders Dreiste wollen aus ihren Verstrickungen noch finanziellen Nutzen ziehen und verlangen Geld, bevor sie reden.

Wir lernen aber auch manch mutigen Helden, manch tapfere Heldin kennen, ohne die der Betrug vielleicht bis heute unentdeckt geblieben wäre. Nicht jeder mag offen reden. Manche schämen sich, andere fürchten den Staatsanwalt oder aber Rache der Hasardeure: »Das sind böse Leute«, sagt ein ehemaliger Wirecard-Manager, »und nicht alle sitzen im Knast.« Auch dieser Mann vertraut sich uns nur im Schutz der Anonymität an. Wir sind um jeden froh, der Vertrauen fasst. Es kostet Überwindung, an den Skandal und die eigene Rolle darin erinnert zu werden. Aus LinkedIn-Profilen verschwindet der Arbeitgeber Wirecard schneller, als man gucken kann, der Name der Firma ist ein Makel. »Kontaktieren Sie mich nie wieder!«, schreibt ein früheres Vorstandsmitglied mit drohendem Unterton.

Gewiss, das Ergebnis liegt von Anfang an vor uns: Wirecard pleite, die Milliarden zum Teufel. Der Schaden ist da, die Schuldfrage aber längst nicht geklärt. Bandenmäßiger Betrug lautet der Vorwurf der Staatsanwälte. Wem genau was konkret nachzuweisen ist? Die Suche nach der Wahrheit gestaltet sich schwierig, wie es generell eine komplizierte Sache ist mit der Wahrheit. Uns kommt ein Zitat von Martin Walser in den Sinn, das der Schriftsteller uns vor Jahren am Bodensee mit auf den Weg gab: »Nichts ist ohne das Gegenteil wahr.« Die eine objektive Wahrheit ist nicht mehr als eine Fiktion, wir tasten uns heran, ohne voreilige Schlüsse. Die Guten und die Bösen sind nie eindeutig voneinander zu trennen, alle Augenzeugen liefern mit ihrer Schilderung zugleich eine Deutung mit. Alle waren dabei, alle haben das Gleiche gesehen, nur eben mit anderen Augen und anderen Absichten. Heute noch bewundern manche ihren Chef Markus Braun, sie weigern sich, in ihm einen Verräter und Betrüger zu sehen. Selbst der untergetauchte Marsalek hat noch seine Fans. »Für den Jan lege ich meine Hand ins Feuer«, sagt eine Mitarbeiterin. Solange niemand verurteilt ist, gilt die Unschuldsvermutung. Die reine Chronologie ist erzählt, die großen Schandtaten aufgedeckt, ein Verdienst nicht zuletzt der *Financial Times*. Uns geht es mit diesem Buch um die große Geschichte, das ganze Drama, den Antrieb der Protagonisten und ihre Abgründe, die Verwicklungen der Politik wie die Folgen für die Gesellschaft. Entstanden ist ein Psychogramm, das Psychogramm eines Jahrhundertskandals. Allen Beteiligten gilt unser Dank, oder um mit Jan Marsalek zu sprechen: Es war uns ein Volksfest, und Ihnen allen viel Vergnügen!

Der große Fake

Der Wirecard-Skandal ist in vielerlei Hinsicht einzigartig: Noch nie ging ein Unternehmen pleite, das das DAX-Gütesiegel trug, noch nie wurde ein DAX-Vorstand von Interpol als einer der meistgesuchten Verbrecher gejagt, noch nie in der deutschen Wirtschaftsgeschichte waren so dreiste Betrüger am Werk. Um die Bestrafung der Schuldigen kümmern sich die Gerichte und ein Untersuchungsausschuss im Bundestag, wir stellen die Frage nach dem Wie und dem Warum: ohne Motiv kein Verbrechen. Zu den gängigen Antriebsfedern gehören Geld, Macht und Sex. Alle drei treten hier zutage. Fangen wir mit dem an, was sich am einfachsten darstellen lässt, mit der exakt messbaren Größe – dem Finanziellen oder besser gesagt der Beute.

So simpel ist die Rechnung freilich nicht, sonst würden in der öffentlichen Debatte nicht so viele Zahlen kursieren und munter durcheinandergewürfelt. Mal werden drei Milliarden Euro Schaden diagnostiziert, dann 1,9 Milliarden, dann mehr als zwanzig. Von erfundenen Milliarden ist die Rede, von verschwundenen Milliarden, von verbrannten und vernichteten Milliarden – ja, was denn nun? Was nie existiert hat, kann sich nicht in Luft auflösen und auch nicht verbrennen. So viel ist klar.

Also, worin genau bestand eigentlich der Betrug, von dem die Staatsanwälte in ihren Haftbefehlen ausgehen? Wer wurde geprellt, und wie hoch ist die Beute? Ganz wichtig: »Beute« bedeutet nicht dasselbe wie »Schaden«. Was sich die Halunken in diesem Schurkenstück unter den Nagel gerissen haben, also die Beute, ist weit geringer als der Schaden, der insgesamt angerichtet wurde.

Bei allen Lügen, die Protagonisten des Skandals verbreitet haben, in einer Sache haben sie recht: Zahlungsabwicklung ist ein Wachstumsgeschäft. Je mehr wir im Internet bestellen, buchen oder handeln, desto mehr Geld wird dafür transferiert. Das muss jemand erledigen. Und Wirecard war früh dabei, schon Ende der 1990er-Jahre, als Mittler zwischen uns Kunden und dem Kaufmann, der uns beliefert, mit was auch immer. Als Gegenleistung erhält der Zahlungsabwickler von den Shops eine Gebühr, je höher das Ausfallrisiko, desto höher die Marge. So weit, so seriös.

Die in Verdacht stehenden Wirecard-Betrüger jedoch haben in großem Stil Umsätze erfunden, die es nie gegeben hat. »Gewerbsmäßigen Bandenbetrug« nennen das die Staatsanwälte in den Haftbefehlen. Dazu kommen diverse Gaunereien, allesamt Rand- und Folgeerscheinungen dieses Schwindels, wie Untreue, Marktmanipulation, Bilanzfälschung. Daneben poppt von Anfang an immer wieder der Verdacht der Geldwäsche auf: Devisen aus illegalen Quellen, verbotenen Pornoseiten, Glücksspiel und Waffenhandel, die in den regulären, sauberen Geldkreislauf eingespeist werden. Die Wirecard-Bücher jedenfalls wurden den großspurigen Visionen der Chefs angepasst. Das Geschäft, das sie ausposaunt und ausgewiesen haben, existiert in erheblichem Ausmaß nur in der Fantasie. Und wer keine echten Umsätze erzielt, erhält dafür logischerweise auch kein echtes Geld als Einnahme, geschweige denn erzielt er so hohe Gewinne, wie Wirecard behauptet hat.

Bezogen auf den konkreten Fall heißt das: Die angeblich prall gefüllte Kasse ist am Ende leer. Die zwei Milliarden Euro

Vermögen, die laut den Büchern auf Konten in Manila gelegen haben sollen, waren Fake: Nur ein paar kümmerliche Euro davon existieren tatsächlich. Der Rest war großes Illusionstheater. Mehr als ein Viertel der Bilanz – schlicht und einfach erstunken und erlogen. In Wahrheit hat das Unternehmen nicht permanent sein Vermögen gemehrt, sondern seit Jahren Verluste geschrieben. Laut Insolvenzbericht fehlen 3,2 Milliarden Euro, das Geld sei »wahrscheinlich verloren«, sagt Insolvenzverwalter Michael Jaffé. Als er im Sommer 2020 seinen Job in Aschheim antritt, »verbrennt« das Unternehmen Woche für Woche weitere zehn Millionen Euro.

Die Beute ist nun das Geld, dass sich die Manager dank ihres Zahlen-Blendwerks erschwindeln und abzweigen konnten. Der Konzern hat Milliarden eingesackt, von den Banken, die ihnen Kredite gewährt haben, sowie den Investoren, die ihnen mittels Anleihen Geld geliehen haben. Der große Fake war Voraussetzung dafür, dass diese Gelder geflossen sind. Mit einem ehrlichen Zahlenwerk wären die Gläubiger weit weniger großzügig gewesen. Sie haben die Milliarden an Wirecard nicht für kriminelle Hirngespinste verliehen, sondern weil sie glaubten, das Wachstum eines künftigen globalen Champions zu finanzieren und das Geld ganz sicher samt Zins und Zinseszins eines Tages zurückzubekommen.

So erhält Wirecard beispielsweise Anfang 2019 von einem Bankenkonsortium (darunter finden sich illustre Namen wie ABN AMRO, Commerzbank, ING sowie die Landesbank Baden-Württemberg) eine Kreditlinie über 1,75 Milliarden Euro. Im Herbst 2019 begibt die japanische Softbank eine Wandelanleihe über 900 Millionen Euro.

Erst mal ist dieses Geld an das Unternehmen geflossen, um weiteres Wachstum zu ermöglichen, nicht unmittelbar an die Manager. Doch die Gauner wissen einen Weg: Das Geld wird zur Beute, weil sie es nach und nach, Millionen für Millionen, aus der Firmenkasse entwenden und auf private Konten oder in die Firmenschatullen guter Freunde und Verbündeter verschieben. Wie genau sie das angestellt haben, werden wir in den folgenden Kapiteln schildern, nur so viel: Es braucht dazu ein erhebliches Maß an krimineller Energie und verschachtelter Strukturen, dazu etliche Komplizen und Strohmänner (was die Beute des Einzelnen entsprechend mindert).

Ein weiteres Motiv liegt auf der Hand: Die betrügerischen Manager konnten dank der schwindelerregenden Erfolgszahlen ihr Gehalt hochschrauben, schließlich leiteten sie keine lausige Pommes- oder IT-Bude, sondern einen DAX-Konzern, da sind üppige Löhne üblich. Nicht zu vergessen Ruhm und Ehre, die dadurch abfallen – ein nicht zu unterschätzender Anreiz: Ein DAX-Vorstand erfährt eine andere Wertschätzung als der Frittenbudenbetreiber oder der Chef der unscheinbaren IT-Butze.

Unschätzbar wertvoll ist manchem das Gefühl, als großer Held der Wirtschaftswelt durch die Gegend zu laufen, im Fall von Wirecard gar als Deutschlands Antwort auf die Genies im Silicon Valley. Diese Bewunderung hat zweifellos ihren Reiz. Und ermöglicht einem Wirecard-CEO auf dem Wiener Opernball eine Loge in der Nähe der Kaiserloge, eine der höchsten Ehren, die einem in der feinen Wiener Gesellschaft zuteilwerden kann. Weit höher als die Beute ist, wie gesagt, der angerichtete Schaden: Durch die betrügerische Pleite verloren all jene Geld, die als Lieferanten oder sonstige Geschäftspartner Ansprüche gegenüber Wirecard hatten. Geschädigt sind obendrein all jene, die im Vertrauen auf die Ehrbarkeit des Unternehmens Aktien gekauft haben. Da gelangen wir schnell zu ganz anderen Beträgen, an dem Punkt ist die Rechnung einfach: In der Spitze, rund um den Aufstieg in den DAX im Herbst 2018, hat die Börse Wirecard mit 24 Milliarden Euro bewertet, immerhin so viel, wie Deutsche Bank und Commerzbank zusammen auf die Waage brachten. So viel waren alle Wirecard-Aktien zusammen zu dem Zeitpunkt wert, so reich durfte sich die Gesamtheit aller Aktionäre fühlen, wenigstens auf dem Papier. Zum Jahreswechsel 2020/21 blieben gerade mal etwas mehr als 50 Millionen Euro übrig, also praktisch nichts. Die Aktie gehört längst zu den Penny-Stocks, ist nicht mal mehr im Ein-Euro-Laden willkommen. Die Differenz zwischen Höchstwert und Nulllinie ist folglich der Schaden der Aktionäre. Wer zu Kursen um die 200 Euro gekauft hat, hat 200 Euro je Aktie eingebüßt. Das entspricht seinem persönlichen Verlust. Nun ist niemand vor einem Totalverlust an der Börse gefeit, das ist bitter, aber nicht zu ändern. Ein Unternehmen kann scheitern, an der Börse geht es deswegen mal rauf, mal runter, für den Schaden kommt niemand auf – es sei denn, und damit sind wir im konkreten Fall Wirecard, ein Betrug bildet die Grundlage für die ach so betörende Börsenstory. Deshalb können die geprellten Aktionäre versuchen, entschädigt zu werden, auch wenn die Wahrscheinlichkeit auf Wiedergutmachung äußerst gering ausfällt: Von wem sollen sie ihr Geld auch zurückholen? Die Firma ist pleite, das Privatvermögen der Übeltäter lässt sich gegebenenfalls konfiszieren, sofern man es denn findet, reicht aber bei Weitem nicht für solche Summen. 11.500 geprellte Anleger und Geschäftskunden haben beim Insolvenzverwalter mehr als 20 Milliarden Euro an Schaden angemeldet. So viel wird weder bei den Betrügern zu finden noch bei den Wirtschaftsprüfern als möglichen Mitschuldigen an dem Skandal herauszuschneiden sein.

Wie immer aber gilt: Das Geld, das der einzelne Käufer verliert, ist nicht weg, es haben nur die anderen: All jene, die so klug waren, ihre Anteile rechtzeitig zu verkaufen. Sie sind so gesehen Profiteure des Wirecard-Betrugs, ohne dass sie deswegen kriminell wären, erst der Betrug eröffnete ihnen die Chance auf gewaltige Spekulationsgewinne. Denn der Kurs bewegte sich nicht nach oben, weil Wirecard so großartig in der Wirtschaftswelt zu reüssieren wusste, sondern weil dahinter ein einziger Schwindel stand. Die erfundenen Einnahmen und Gewinne waren es, welche die Fantasie der Anleger entfachten und schließlich dazu führten, was als größter Finanzskandal der deutschen Börsengeschichte erhalten bleibt: der große Wirecard-Fake.

Die zweifelhaften Visionen des Doktor Braun

Aschheim, 18. Februar 2020, die Wirecard-Aktie steht bei 135 Euro, der Chef Markus Braun lässt auf sich warten. Er hat viel um die Ohren in diesen Tagen, hat geladen in sein Hauptquartier, um sich und die Wirren um seinen Konzern zu erklären, in einem Interview für die Frankfurter Allgemeine Sonntagszeitung. Der Mann hat Wirecard aufgebaut und damit ein Vermögen gemacht, wenigstens auf dem Papier ist er in jenen Tagen Milliardär und zweifellos eine Ausnahmeerscheinung unter Deutschlands Managern in der ersten Liga, denn kein anderer Vorstandsvorsitzende eines im DAX gelisteten Titels ist gleichzeitig auch Großaktionär seines Konzerns. Keiner sitzt länger am Ruder, keiner ist – scheinbar – derart unantastbar. Vor allem aber: Keiner hat mehr zu kämpfen mit dem Ruf seiner Firma, und Braun hat ordentlich zu tun mit seiner Skandalnudel Wirecard: Geldwäsche, Bilanzfälschung, aufgeblähte Umsätze – alle diese Verdachtsmomente kursieren bereits seit Monaten und sogar Jahren. Alles Humbug aus der Sicht von Markus Braun, der mit seiner Sicht der Dinge kontert, in Gewinnkurven verpackt: Umsatz? Rapide wachsend. Gewinn? Rapide wachsend. Gewiss, all das lässt sich für den geübten Bilanzjongleur frisieren, so führt er aus, um jede Kritik von vornherein zu entkräften. Eine einzige Zahl aber lügt nie, lernt jeder BWL-Student, und das ist der Kassenstand, so greift Braun als Höhepunkt der Darbietung zur alles überragenden Folie: der Bestand an Cash, die liquiden Mittel. Auch rapide steigend. Heißt nichts anderes: Was soll das mit all diesen Anschuldigungen? »Ungerechtfertigte Vorwürfe« seien das, »Behauptungen interessierter Seite«, »schlicht falsch«, so redet er an diesem Mittag, in einem seiner raren Treffen mit Journalisten. Medien meidet er, außer wenn es gilt, Image und vor allem Aktienkurs zu retten. Und so steht es um ihn, in diesen Anfangswochen des Jahres, als die Vorwürfe gegen Wirecard immer heftiger auf ihn einprasseln.

Äußerlich ungerührt lässt er die Kritik in der Konzernzentrale in Aschheim an sich abprallen, »davon lassen wir uns weder ablenken noch aufhalten«, sagt der Mann im dunklen Rollkragenpullover, einer im Silicon Valley abgeschauten Marotte. Für wärmere Tage hat er angeblich Kurzarm-Exemplare im Schrank, so erzählen sie augenzwinkernd in seinem Umfeld. Einmal Steve Jobs, immer Steve Jobs.

Die Helden im Silicon Valley, das sind seine Helden, daran lässt er keinen Zweifel, deren libertäre Ideen sind seine Ideen. Damit sympathisiert er, daran nimmt er sich ein Beispiel, imitiert deren Stil. »Der hat irgendwann beschlossen: Ich bin Steve Jobs, ich bin Elon Musk«, erklärt ein Marketingmann aus der zweiten Reihe, »in dieser Rolle war er gefangen.« Zur Inszenierung gehört eine gewisse Unnahbarkeit, was ihm von wohlwollenden Mitmenschen als »autistischer Zug« ausgelegt wird, vom Rest schlicht als Größenwahn, als Arroganz gegenüber dem bedauerlichen Rest der Menschheit, die an seinen Intelligenzquotienten – leider, leider – nicht annähernd heranreicht. In der täglichen Praxis zeigte sich das in Meetings, die sich so absurd gestalten, dass Braun einzelne Teilnehmer schlicht nicht wahrgenommen hat, wie Augenzeugen berichten: »Er hat durch die Leute ihm gegenüber durchgeschaut.« So kommt es zu aberwitzigen Szenen. So berichten Wirecard-Mitarbeiter, dass Adressat Braun bei Präsentationen offenkundig so abwesend beziehungsweise mit seinem Handy beschäftigt gewesen sei, dass der Untergebene irgendwann innehielt und – als immer noch keine Reaktion vom Chef kommt – den Raum verließ, wiederum ohne jede Reaktion. »Solche Vorfälle waren keine Ausnahme«, heißt es.

Zu Brauns Silicon-Valley-Verständnis von Authentizität gehört, dass er meist frei redet, auch auf Bühnen. Das mediale Training mit ihm sei ein ziemlich sinnloses Unterfangen, müssen seine diversen Berater feststellen, und seine Ignoranz lässt seine Zuarbeiter regelmäßig verzweifeln. Ob sie ganze Reden verfassen oder Stichworte aufschreiben, ihm ist es egal, er spricht frei, auch wenn er in der Regel die immer gleichen Floskeln verwendet. »Es gibt keine Staatsgarantie auf Wohlstand«, das ist ein typischer Satz des Mannes, der den »herausragenden Unternehmergeist« der Silicon-Valley-Gründer bewundert: »Die Welt ist unternehmerischer geworden. Das ist ein Fortschritt, Millionen Menschen wurden aus dem Elend befreit, es gibt keinen Grund für Ängste, auch nicht vor Digitalisierung oder maschinellem Lernen.«

Der Wirtschaftsinformatiker Braun, ein Nerd mit Brief und Siegel und Doktortitel, konnte sein Gegenüber schwindlig reden mit seinem Tech-Vokabular aus den Tiefen des digitalen Raums, wenn er wollte. Niemals konnte es ihm visionär genug sein. Je luftig-abgehobener, desto besser, und ach wie schnöde sei doch dieses platte Geldverdienen, wenn es doch um die ganz großen Dinge geht!

So gelingt es ihm, die Wirklichkeit ein Stück auf Distanz zu halten, sich zu präsentieren als der intellektuelle Überflieger, weit entrückt vom Tagesgeschehen. »Ich schaffe es nie, nur ein Buch zu lesen, lese immer mehrere gleichzeitig«, tönt Braun auf der Bühne eines befreundeten Wiener Verlegers, und natürlich führt sich so jemand wie er keine Krimis oder Unterhaltungsliteratur zu Gemüte. Nein, August von Hayek, Säulenheiliger des Neoliberalismus, muss es schon sein, dessen Standardwerk *Der Weg zur Knechtschaft* Braun bei jenem Auftritt als seine momentane Lektüre nennt. Dazu serviert er heiße Techi-Kost: *The book of Why* von Judea Pearl, »in dem es um den Unterschied zwischen Korrelation und Kausalität geht.« Wie zufällig träufelt er, der Wiener Bildungsbürger, bei passender Gelegenheit seine Leidenschaft für die klassische Musik ein: »Für die Geige habe ich leider keine Zeit mehr, aber meine Vorliebe für die Oper habe ich mir bewahrt.«

Die Begeisterung für die Oper ist echt, zumal sie Braun mehr bedeutet als Musik. Der Standort der Loge in der Wiener Staatsoper entscheidet über den gesellschaftlichen Rang in Österreich. Braun belegt, so heißt es, die Loge Nummer zehn, ein Platz fast in Reichweite zur Kaiserloge, dem Gipfel des Renommees nahe, sehr viel mehr kann ein Normalsterblicher in Wien nicht erreichen. Das ist ihm wichtig. Richard »Mörtel« Lugner, dieser Emporkömmling an Bauunternehmer und ein Promi auf dem Wiener Boulevard, sitzt nur in Loge 18: Und was macht der für ein Bohei mit seinen aus Hollywood eingeflogenen Begleiterinnen auf dem Opernball. Braun nimmt sich dagegen vornehm aus, als wahrer Kenner der Kunst.

Sehr viel mehr als diese Plaudereien über die Musik beziehungsweise Oper sind nicht aus ihm rauszuholen, von Small Talk ganz zu schweigen. Selbst Profis in dem Genre, wie Promi-Wirt Michael Käfer, ein Charmeur aus Profession, scheitern daran, mit ihm warm zu werden. Das entspannte, wohltuende Geplänkel, Münchner Bussi-Bussi mit Trachtenjanker, wie es Käfer mit Stammgästen meisterhaft zelebriert, ist mit Braun, seinem Nachbarn in Bogenhausen, nur schwer möglich. »Außer klassischer Musik ließ er keine privaten Interessen durchblicken«, bestätigt ein Aufsichtsrat aus seinen Treffen mit dem Vorstandschef. »Gespräche drehten sich fast ausschließlich ums Geschäft, um Investment und Aktienkurs.« Wenn er Emotionen zeigte, zielten sie meist auf einen vierhundert Kilometer entfernten Ort ab, auf Wien, sein eigentliches Zuhause auch in den Münchner Jahren. »Braun wirkte zu 100 Prozent authentisch, wenn er von Frau und Tochter sprach, das war ihm emotional sehr wichtig«, berichtet ein Weggefährte. Und selbst das ist zu hinterfragen: Waren Romantik und Treue womöglich so volatil wie der Aktienkurs? Genau weiß man das nicht. Aber wäre dies ein Film, könnte jetzt im Dunkel der Nacht eine schwere Limousine vorfahren, es würde ein gehetzter Topmanager aus dem Fond aussteigen und einen entspannten Abend mit Escortdamen verbringen.

Ob das Vergnügen nun 4.000 oder 6.000 Euro kostet, muss diesen Protagonisten nicht weiter interessieren. Die Rechnung gibt er dem Chauffeur, der regelt das. Und in der Ferne sitzt die Ehefrau, die von den regelmäßigen Eskapaden irgendwann erfährt, sich aber nicht darum schert: Das ist der Preis für ihr Leben in der High Society, so sind die Gepflogenheiten in der besseren Gesellschaft.

Wie schwer sich Markus Braun ansonsten mit menschlichen Regungen tut, zeigt sich, als er im Frühjahr 2020 von seinem Wiener Verleger-Freund eingeladen wird, virtuell vor Gästen über seine persönliche Sicht auf die Corona-Pandemie zu reden. Die anderen Talkgäste auf dem virtuellen Podium erledigen das routiniert, geben sich nett und besorgt. Braun driftet immer wieder ab in seinen seelenlosen Digital- und Tech-Sprech. Selbst Gedanken zu so etwas Elementarem wie dem Tod münden bei ihm in hölzerne Phrasen (»Wie gehen wir damit um, wenn sich sozusagen die Lebenserwartung verändert?«), banalste Dinge dagegen bläst er zu Weisheiten auf (»Die Krise ist ein globaler Moment«), nicht ohne seine marinierte Lieblingsfloskel hinterherzuschieben: »Das finde ich einen schönen Gedanken.«

Der Mann scheint mit sich im Reinen zu sein, wenn er abheben kann in luftige Höhen, getragen von seinem Glauben an den technischen Fortschritt. Die Reden sind durchsetzt von philosophisch angehauchtem IT-Kauderwelsch. So leben wir als Menschheit derzeit in der »paradoxen Situation«, dass wir die »Gleichzeitigkeit verschiedener Optimierungsmodelle unter fast absoluter Ungewissheit erleben, was fast unmöglich ist«. Deshalb müssen wir jetzt, so erklärt uns Dr. Markus Braun, »den Antagonismus der Gleichzeitigkeit« aushalten. Oder noch so ein Beispiel: »Mensch versus Wirtschaft – letztlich ist das ein Kreislauf. Wir haben eine dualistische Sicht, die Asymptoten laufen zusammen.« Selbstredend, so Visionär Braun, müsse man das alles »ganzheitlich sehen«. Wer möchte ihm da widersprechen, vor allem da niemand weiß, was er mit »alles« meint?

Je visionärer, desto vager. Wozu sich mit konkreten, nachprüfbaren Zahlen aufhalten? Solange da ein Selfmade-Milliardär steht, der dieses Zeug verzapft, kommt er mit der Rhetorik durch, die Gläubigen hängen an seinen Lippen, mit ihm reich gewordene Aktionäre schießen auf der Hauptversammlung Selfies mit ihrem Helden.

Die Zweifler verdrehen allenfalls die Augen über den skurrilen Doktor der Wirtschaftsinformatik mit den Ösi-Anklängen, so sind sie halt, die Nerds mit ihren Schrullen. Aber es gibt keinen Hofnarren, der es wagt, seine Stimme zu erheben und zu schreiben: Der König ist nackt. Oder schlimmer gar: Der König ist kriminell.

Am Ende aber dreht sich nicht mehr alles um Bits, Bytes und all den ganzen Business-Bullshit, sondern um Lüge und Wahrheit und somit um die Existenz: von Wirecard und damit auch von ihm als Kopf und gewichtigstem Eigentümer. In dieser Doppelrolle zieht Braun im Frühjahr 2020 in die entscheidende Schlacht. Ist sein Konzern Opfer von Verleumdungen oder eine zwielichtige Bude, eine »Schande für den DAX«, wie die F.A.Z. kommentiert, die in der Beletage der deutschen Aktientitel nichts verloren hat? Das ist die Frage, sie sollte sich in den nächsten Tagen klären, als wir uns in Aschheim treffen.

Die Schlachtordnung in jenen Tagen stellt sich – aus seiner Sicht – folgendermaßen dar: Braun und seine tapfere Truppe müssen sich seit Jahren der Spekulanten erwehren, seine Gegner lauern im Halbdunkel des Kapitalmarktes; Hedgefonds und Leerverkäufer, die auf den Absturz von Wirecard gewettet haben, gieren nach schmutzigen Geschichten, ob nun echt oder fingiert, aus dem Innersten des Konzerns, lokalisiert meist in Niederlassungen im fernen Singapur oder schillernden Dubai, wo auch ein deutscher Staatsanwalt nur mäßig durchblickt. Regelmäßig bricht nach entsprechenden Schlagzeilen der Aktienkurs ein, regelmäßig schießt er in dem Moment wieder nach oben, wenn (angeblich) entlastendes Material auf den Tisch kommt.

Zumindest eine Tatsache ist unstrittig: Gegen keinen deutschen Konzern wird in diesen Tagen mehr gewettet. Und wie immer kann am Ende nur eine Seite gewinnen, was nichts anderes heißt: Irgendjemand verliert viel Geld. Entweder die Spekulanten, die auf Wirecards Untergang setzen, oder Braun mit seinen Getreuen, die nimmermüde ihre Wachstumsstory präsentieren und die Folien mit den entsprechenden Kurven aus dem Hut zaubern: Umsatz steil nach oben, Gewinn steil nach oben, der Kassenstand ebenso. Eine einzige Erfolgsgeschichte.

»Alles testiert – ohne Einschränkung«, betonen Braun und seine Leute ein ums andere Mal, sie haben in all den Vorjahren stets das Siegel von Ernst & Young erhalten, einer der großen vier unter den Wirtschaftsprüfern. Das muss doch alles ordentlich ablaufen, sonst hätten die Besten der Besten doch wohl den Fehler hinter den Zahlen gefunden. Also keine Luftbuchungen, wie immer wieder gemutmaßt wird. Es geht in die Nachspielzeit, das bitterernste Spiel steht kurz vor dem Abpfiff, so viel zeichnet sich zu Beginn des Jahres 2020 bereits ab. Als Schiedsrichter fungieren auch diesmal wieder die Wirtschaftsprüfer, die seit Monaten schon die Bücher kontrollieren und ihr Urteil sprechen müssen. Im März, so heißt es zunächst, doch dann wird es April, und noch immer liegt kein Testat für das abgelaufene Geschäftsjahr 2019 vor. Und wie es im Juni dann ausgeht, ist bekannt. Anders nämlich als Braun bis zuletzt den Anschein erweckt, und zwar mit solch inbrünstiger Vehemenz, dass Freund und Feind sich wundern: Wie kann das sein? Was geht in so jemanden vor? Was ist das für ein Mensch? Bis zuletzt fordert er: »Wir müssen das Geld suchen«, wo allen Beteiligten längst klar geworden ist: Das Geld, die zwei Milliarden Euro, die auf philippinischen Treuhandkonten vermutet wurden, die gibt es nicht. Die sind nicht da. Und daraus ergibt sich natürlich eine Frage: Wieso weiß Mr Wirecard, CEO und Großinvestor Braun von all dem nichts? Oder weiß er es doch?

Zunächst die dürren Fakten über den Menschen: Markus Braun, Jahrgang 1969, wächst in Wien in einer bildungsbürgerlichen Familie auf, seine Mutter ist Lehrerin, sein Vater Direktor an einer Volkshochschule. Der Sohn studiert Wirtschaftsinformatik, allen musischen Ambitionen zum Trotz, danach wird er in dem Fach promoviert und verdient sich als Unternehmensberater die ersten Sporen. Als solcher zieht Markus Braun um die Jahrtausendwende nach München, es ist die Zeit, als auch in Bayern die New Economy tobt. Jede Menge Glücksritter sind unterwegs, tauchen auf, machen oder verlieren ein Vermögen und verschwinden wieder.

Braun hält durch, aus einer Klitsche in Aschheim macht er den DAX-Konzern Wirecard. So hat er es Jahre zuvor schon prophezeit. Seine Träume sind von Anfang an abenteuerlich, in seinen Visionen spielt die Klitsche, als sie tatsächlich noch eine Klitsche war, schon in der Liga von Siemens und SAP. 100 Milliarden Euro Börsenwert, wertvollster Konzern der Republik? Warum denn nicht? Der Mann hat Fantasie und prophezeit aus der hohlen Hand einen Aktienkurs von 400 oder 500 Euro. Wieder ist da niemand, der sich zu rufen traut: Seht her, der König ist nackt!

Die Umstände, unter denen er seine Ziele vorantreibt, sind waghalsig, Geschäft wie Gefährten nicht durchgängig vorzeigbar, die Kontakte reichen von Beginn an ins halbseidene bis kriminelle Milieu, und längst nicht alles gelingt, was der junge Entrepreneur anfasst. Im Archiv schlummern frühe Pleiten, etwa der Computerspiele-Firma 10tacle Studios AG, in der Braun dem Aufsichtsrat vorstand, oder unglückliche Investments wie in den Wettanbieter Happybet, bei der ein Geschäftsführer von einem Auftragskiller erschossen wird. Nicht gerade das Umfeld für den Feingeist, als der Braun sich später gerne sieht.

Sein Umzug von Wien nach München hatte er der Beratungsgesellschaft KPMG zu verdanken, ausgerechnet jene Wirtschaftsprüfer, die später wesentlich zu seinem Untergang beitragen sollten. Brauns Auftrag besteht im Jahr 2000 darin, einer komischen Firma, deren wirtschaftliche Perspektive völlig unklar ist, auf die Sprünge zu helfen: »Wire Card«, damals noch in zwei Worten getrennt. »Damals waren hier dreißig oder vierzig Leute«, wusste Braun zu berichten, »sich daran zu erinnern macht demütig.«

Wenn Mächtige, ob in Politik oder Wirtschaft, von »Demut« reden, ist stets Vorsicht angebracht, und hier ist die ostentative Demut ganz gewiss Teil der Braunschen Inszenierung. Das gilt ebenso für sein Gehabe als schüchterner Nerd, der auch ganz anders kann, der Geschäftspartner harsch angeht, Untergebene mit seiner »Wirecard bin ich«-Attitüde einschüchtert – und so über Jahre ein kriminelles Treiben orchestriert, sofern man den Münchner Ermittlern Glauben schenkt.

Die Staatsanwälte sehen in Braun den Kopf einer »streng hierarchisch« organisierten kriminellen Vereinigung, deren Geschäftszweck lautete: bandenmäßiger Betrug. Braun bestreitet alles. Nach wie vor sitzt er in Untersuchungshaft, das Verfahren gegen ihn läuft. Ein Urteil ist noch nicht gesprochen, aber seine ehemaligen gutgläubigen Mitarbeiter haben es bereits getan: »Wie konnte der Typ uns das antun, wie konnte er uns so enttäuschen?« Etliche seiner Jünger haben durch die Wirecard-Aktien ihre Altersvorsorge verloren, manche der engsten Zuarbeiter haben sogar ihr Elternhaus im Glauben an ihn verpfändet. Alles weg. Alles verloren.

In guten Zeiten haben sie Braun in Aschheim »Gott« genannt, daraus spricht der andächtige Respekt vor dem vermeintlich genialen Strategen ebenso wie die Furcht, dem grollenden Zorn des Alleinherrschers ausgesetzt zu sein. Braun ist Wirecard. Er allein bestimmt die Regeln. Aus purer Gewohnheit fühlt und benimmt er sich wie Mr Wirecard: »Wirecard bin ich – das war sein Habitus.« In diesem Punkt stimmen die Erzählungen von Freund und Feind ausnahmsweise überein.

Glücksspiel und Sex sind das Gewerbe, in dem Wirecard von Anfang an sein Geld verdient, mit den einschlägigen Online-Seiten, deren Kundschaft im wahren Leben im Rotlichtmilieu verkehrt.

Dies mag schwer vereinbar erscheinen mit dem Sensibelchen Braun, dem die Tränen in der Oper kommen (noch so eine von ihm sorgsam verstreute Anekdote), er kriegt aber beides unter einen Hut – Opernklänge und Oralsex im Porno-Business, indem er mit seiner libertären Sicht auf die Gesellschaft argumentiert: »Das ist Marktwirtschaft«, entgegnet er auf unsere entsprechende Vorhaltung. »Unsere Aufgabe ist es nicht, den Menschen vorzuschreiben, wofür sie ihr Geld ausgeben.«

Geschäftssinn verbündet sich so mit gesellschaftlicher Mission. Da trifft es sich vorzüglich, dass der Mann sich als Liberaler versteht, als Freidenker, der sich Amerikas Hardcore-Kapitalisten im Zweifel näher fühlt als den Bewahrern des europäischen Wohlfahrtsstaates. Wozu ihn also schelten, für all den Dreck und Schmutz, den der Kunde über seine Plattform bezahlt? Er sei nur der Dienstleister. Sein Konzern wickle den Konsum nur ab, so Brauns kühle Argumentation, als reiner Technologieanbieter, der die Zahlungen der Leute abbildet, »solange sich dies im gesetzlich erlaubten Bereich bewegt«. Das Wort Pornos kommt ihm nicht über die Lippen, bei ihm firmiert der Geschäftszweig konsequent unter »Erwachsenenunterhaltung« oder auch »adult entertainment« oder am liebsten schlicht unter »digitale Güter«.

Im Übrigen sei dieser Bereich kaum noch der Rede wert, so hat er es sich angewöhnt, die anstößigen Wurzeln seines Wohlstands kleinzureden: Das Online-Business mit Sex hätte sich eh erledigt, davon gebe es im Netz heute zu viel kostenlos, folglich sei damit kein Geld mehr zu verdienen, also werde kein digitaler Zahlungsabwickler mehr gebraucht. Glücksspiel und etwaige anrüchige Geschäftsbereiche trügen keine zehn Prozent zum Umsatz von Wirecard bei, führt Braun aus. Auch diese Zahlen erweisen sich im Nachhinein als auslegungsfähig, um nicht zu sagen als gelogen. Die Realität sieht jedenfalls, so wird es das Publikum nach dem großen Knall erfahren, anders aus als die schöne Welt des Bezahlens, wie sie von Braun über Jahre gemalt wird, mit den wohlklingenden großen Namen von Aldi bis Amazon, die von ihm als Kunden angeführt werden, dazu all die Fluglinien, Hotels und sonstigen Geschäftspartner bis hin zu Alipay, SAP und Telekom.

»Unsere Geschäftsbereiche spiegeln sehr repräsentativ wider, wofür online Geld ausgegeben wird«, spult Braun bei unserem Besuch an diesem Februartag in Aschheim routiniert sein Programm ab. So war es zu Anfang, so ist es heute, so besagt es die Legende. Nur dass Wirecard im Jahr 2020, dem Jahr des Exitus, an die 6000 Mitarbeiter beschäftigt und nicht mehr dreißig oder vierzig wie zwanzig Jahre zuvor, als Braun dazustößt. Das Grundprinzip ist stets dasselbe geblieben: Der Kunde bestellt Ware im Internet, Wirecard erledigt das Finanzielle; gibt dem Händler sofort sein Geld und übernimmt somit das Risiko für den Fall, dass der Kunde nicht zahlt. Dafür kassiert Braun eine Gebühr, aus der sich – in der Theorie wie auf seinen Folien – eine wahnsinnige Rendite errechnet, da die Milliarden an Geldströmen nur so durch das Internet fließen. Die Menge macht's. Die Börse steht auf solche heißen Storys, zumal Wirecard vier Mal (!) so rentabel ist wie die Konkurrenz. Wie immer ihnen das gelingt, Braun versteht es, die Investoren immer wieder aufs Neue zu verzaubern, er vermag es meisterhaft, »Kursfantasien« zu beflügeln, wie das unter Finanzprofis heißt. Dreißig Prozent Plus. Mehr Kunden, mehr Geschäft, mehr Profit. Keine Frage, der Mann hat Fantasie, womöglich mehr, als das Gesetz für einen ehrbaren Kaufmann zulässt.

Wenn Braun als Vorstandschef in die Zukunft blickt, ist nur der Himmel die Grenze: Werden heute acht Prozent der Umsätze im Netz digital bezahlt, sind die restlichen 92 Prozent das Wachstumspotenzial, erzählt er im Frühjahr 2020. Seine »Vision 2025« stellt die Welt in etwa so dar: Die Kassenstände in Läden und Supermärkten sind abgeschafft, der Kunde greift ins Regal und bezahlt mit einem Klick aufs Smartphone und seinen biometrischen Daten. Wenn er mag, wird nach Hause geliefert. »Unsere Wertschöpfungskette wird sich massiv ausweiten«, prophezeit Braun, der auf seinen Computern live das Konsumverhalten der Menschen verfolgen kann: »Daraus lassen sich Wahrscheinlichkeiten errechnen, Prognosen erstellen zum weiteren Einkaufsverhalten.« All das sei Gold wert. Behauptet Braun. Und nebenbei wird irgendwann das Bargeld abgeschafft, nicht weil der Staat es verbietet, sondern weil der Kunde es so will. »Sieht er einen Mehrwert für sich beim digitalen Bezahlen, dann wird er auf Scheine und Münzen verzichten«, erklärt uns der Manager, keine vier Monate vor der Insolvenz.

Die Firma Wirecard, gerade flügge geworden und dem Halbstarkenalter entwachsen, ist in diesem Moment wertvoller als die Traditionskonzerne Lufthansa und Commerzbank zusammen. Gemessen am Börsenwert bewegt sich der DAX-Aufsteiger des Jahres 2018 auf Augenhöhe mit der einhundertfünfzig Jahre alten Deutschen Bank, der Markus Braun nach Feierabend in einem Beirat hilft, die modernen Zeiten zu verstehen. Bei der Annahme dieses ehrbaren Amtes hat in Braun wieder die Versuchung zum Visionär gesiegt, der Hang, den unglücklicherweise mit weniger Intellekt ausgestatteten Mitmenschen Lektionen zu erteilen, selbst wenn es sich um so furchtbar antiquierte Typen wie diese Banker handelt, über deren Schicksal er insgeheim – mittels einer feindlichen Übernahme durch Wirecard – längst schon verhandelt, wie später bekannt wird. Und die einst stolzen Deutschbanker lassen sich die Belehrungen über die Zukunft des Bankings vom Parvenü aus Aschheim sogar gefallen. Wieder findet sich niemand, der den Aufschrei wagt: Der König ist nackt. Der Ruf ertönt erst, da Braun schon in Untersuchungshaft sitzt.

Ein schrecklicher Absturz für einen, mit dem es das Schicksal zuvor so gut gemeint hat. Aus dem ehemaligen Wirecard-

Berater wird kurz nach der Jahrtausendwende rasch der Chef, dann der Miteigentümer der dynamisch wachsenden Firma. »Irgendwann wollte ich nicht mehr nur smarte Folien bauen und schlaue Vorschläge machen, sondern selbst ins unternehmerische Risiko gehen.« So hört sich das in der von ihm erzählten Heldengeschichte an. Braun wird erst Teilhaber, dann Großinvestor, schließlich Großaktionär. Ihm gehören »8,71 Millionen Aktien, sieben Prozent«, wie er im Februar 2020 sagt. Gegenwert in jenem Moment: etwas mehr als eine Milliarde Euro, je nachdem, wie die Börse ausschlägt.

Braun kauft nach eigenen Angaben über die Jahre wieder und wieder neue Aktien zu, oft auf Pump, als Bekenntnis zum Unternehmen, aber auch aus analytischer Erkenntnis: »Wirecard wird weiter wachsen, und das wird sich im Marktwert widerspiegeln.« Soll heißen: Wenn die Gegner besiegt, die bösen Gerüchte erst mal abgeschüttelt sind, geht's richtig los. »Alle Wachstumstreiber sind intakt; kurz-, mittel-, langfristig«, brüstet sich der Wirecard-Chef, der 2019, im Jahr vor der Pleite, gleich zweimal die Gewinnprognose erhöht hat. »Seit wir börsennotiert sind, sind wir im Schnitt um 30 Prozent jährlich konstant gewachsen. Das schaffen nicht viele.«

Wirecard, so wird es wenige Monate später der Insolvenzverwalter feststellen, schafft es nicht, diese Zielsetzungen in der Realität umzusetzen, sondern nur mithilfe krimineller Energie. Den Mann, der diese Fantasie der Börse entfacht, sie wieder und wieder befeuert, ficht das nicht an. Braun ist dem gewöhnlichen Manageralltag enthoben. Ein Kostenprogramm, verbunden mit Blut, Schmerzen, Tränen, um das Geschäft profitabler zu gestalten? Nicht mit Braun. »Das ist unsexy«, blafft er einen Berater an, so was machen Traditionskonzerne von vorgestern, doch nicht Visionäre wie er, der die Welt von der edlen Rückbank eines Maybachs betrachtet, in dem er sich durch die Welt kutschieren lässt (Flugreisen, wenn nicht gerade ein Privatjet zur Verfügung steht, meidet er, so gut es geht).

Während der Woche wohnt der Wirecard-Chef in einem Münchner Altbau, gelb, mit hübschen Erkern und viel Stuck, nur ein paar Schritte entfernt von Feinkost Käfer. In der Tiefgarage, unter Laden und Restaurant, parkt sein Dienst-Mercedes. Abends bringt ihn sein Chauffeur, gleichzeitig sein Leibwächter, dorthin, morgens erwartet er seinen Chef, um ihn nach Aschheim zu fahren, Croissant und Kaffee für den Vorstandschef griffbereit. Braun ist dem Alltag so weit entrückt, dass er nichts selbst erledigen kann oder mag, »gar nichts«, wie es eine ehemalige Führungskraft schildert: Der Chef setzt sich niemals ans Steuer, weigert sich oft sogar, ein Taxi zu rufen oder den Knopf im Fahrstuhl zu drücken, so berichtet ein Augenzeuge, der in der Gondel zusteigt: »Braun schaut durch mich durch, guckt zu Boden, die Tür geht zu. Nichts passiert. Die Tür geht wieder auf. Tür geht wieder zu. Und so weiter.« Braun macht keine Anstalten, den Knopf zu drücken, sondern wartet, bis der Untergebene es schließlich tut. Gedeckt wird diese Anekdote durch die Erzählung eines Wirecard-Managers, der mit seinem Chef auf Dienstreise war: »Braun steht morgens in der Hotellobby und braucht ein Taxi. Er geht nicht vor die Tür, um eins anzuhalten, er bequemt sich auch nicht an die Rezeption, damit die ein Taxi ruft. Stattdessen ruft er sein Büro in Aschheim an. Seine Assistentin muss die Rezeption im Hotel verständigen, damit die das Taxi für ihn bestellt.« Diese Unselbständigkeit verfestigt sich zur Marotte eines Markus Braun, der über den Dingen schwebt, für den die Wagentür schon offen stehen muss, damit er direkt hineingleiten kann, ohne den Türgriff berühren zu müssen. Niedere Handgriffe sind offenbar unter seiner Würde, schließlich absolviert er das strapaziöse Managerleben hoch oben in der Business-Klasse, zehn, zwölf oder vierzehn Stunden am Tag, von Termin zu Termin rauschend. Als »Mikro-Manager« tituliert ihn einer der vielen Berater, »für den Vorstandschef eines DAX-Konzerns befasste er sich viel zu sehr mit Details«.

Für das Netzwerken in deren Reihen hat Braun nichts übrig, in den einschlägigen Kreisen deutscher Topmanager, wo Geschäfte wie Karrieren verhandelt werden, ward er kaum gesichtet, sodass die Anführer der deutschen Wirtschaft nach der Pleite guten Gewissens sagen können: »Ich habe diesen Braun nie getroffen, bin ihm nie begegnet.« Beziehungen in die Berliner Politik aufzubauen, das überlässt der Wirecard-Chef anderen. Er macht sich nichts aus dem, was früher mal »Deutschland AG« hieß, das informelle Geflecht von Bankern und Konzernbossen, aus seiner Sicht wohl eine Welt von gestern, dem Untergang geweiht.

Er gehört nicht zu denen, die sich brav nach oben gedient haben in einem Traditionskonzern, wo sie bräsig von Maß und Mitte reden. Nein, wie schon erwähnt, Brauns Helden sind die coolen Umstürzler aus dem Silicon Valley, im Zweifel rücksichtslose Hunde, natürlich ohne Krawatte. Da ist es fast schon Programm, dass der Rücken seiner Assistentin bis oben tätowiert ist. Nur eine Äußerlichkeit, gewiss, aber sie passt zur Allüre, um jeden Preis anders zu sein. In Aschheim haben sie auch keine Stäbe, die in herkömmlichen Konzernen dem Vorstand zuarbeiten. Solch professionelle Strukturen baut Braun nicht auf, ob aus Selbstüberschätzung, aus Schlamperei – oder aus der perfiden Erkenntnis, dass diese Mechanismen das kriminelle Tun stören könnten, doch das werden die Gerichte in München klären müssen.

Seine Heimat blieb all die Jahre Österreich, sein Bezugspunkt Wien. Braun behält dort seinen Hauptwohnsitz, dorthin pendelt er zu Frau und Tochter. Seine Frau Sylvia und er haben sich kennen gelernt, da waren sie noch Kollegen; die Frau des Chefs hat bis zum Schluss ein Angestelltenverhältnis samt Betriebsausweis, auch wenn niemandem auffällt, was genau sie für die Firma von Österreich aus arbeitet. Gesehen wurde sie in Aschheim seit der Geburt der Tochter kaum mehr. Braun selbst verschwiemelt seine Aussagen zu dem Thema. Leidenschaftlich diskutiert werden dagegen die innenpolitischen Affären, die in Österreich traditionell reichlich vorkommen. Was dort aufpoppt, ist immer auch Thema in Aschheim. Das Ibiza-Video etwa, fraglos ein Highlight an Schmierigkeit, wird an der Wirecard-Spitze im Frühjahr 2019 ausgiebig debattiert, der Sturz des FPÖ-Vorsitzenden und Vizekanzlers Heinz-Christian Strache, übrigens derselbe Jahrgang wie Braun, erregt die Gemüter »mehr als so manches wichtige Geschäftsprojekt«, wie sich ein Augenzeuge erinnert. Die Bande von Vorstandsmitglied Jan Marsalek ins rechtspopulistische Milieu in Österreich bleiben – außerhalb dieses Zirkels – bis zuletzt verborgen. Erst nach dem großen Knall zeigt sich, dass die Wirecard-Protagonisten mehr als pure Beobachter waren: Braun und – vor allem – Marsalek mischten fröhlich mit in der Wiener Innenpolitik.

Markus Braun selbst hält es parteipolitisch zunächst mit den NEOS, die junge liberale Partei unterstützt er mit Spenden. Danach dient er sich der konservativen ÖVP von Jungkanzler Sebastian Kurz an, hilft auch hier mit Parteispenden aus und wird nach dessen Wahlsieg in ein Beratergremium berufen. Mögen dort auch visionäre Dinge verhandelt werden, der damit verbundene gesellschaftliche Rang scheint Braun wichtiger, wie es so oft in solchen Gremien der Fall ist, wenn die Politik sich mit der Kompetenz der Wirtschaft schmückt, und die Manager wiederum einen Zipfel von Ruhm und Macht der Regierenden abbekommen. Braun sucht seine Rolle in den tonangebenden Kreisen Wiens, nicht Berlins, und genießt es, wie ihn die Elite in der Heimat dafür hofiert, dass er den Piefkes mal zeigt, wo der Hammer hängt.

»Der Pass spielt für mich keine Rolle, ich bin Europäer, Weltbürger«, sagt der Österreicher bei unserem Treffen in Aschheim. Damals ist noch nicht zu ahnen, dass sich nur Monate später bei den bayerischen Behörden Leute aus Singapur melden, die unter Eid aussagen wollen, dass dieser Markus Braun sich mehrere Pässe und Identitäten zugelegt hat. Die Staatsanwälte nehmen die Hinweise zumindest so ernst, dass sie der Spur nachgehen, schließlich wäre dies ein Indiz mehr, dass Braun sehr wohl wusste, was er tat, und für den Fall der Fälle Vorkehrungen getroffen hat. Auch diesem Verdacht widerspricht der Anwalt des Mannes.

Braun inszenierte sich gerne als Workaholic, als besessener Arbeiter. »Subjektiv fühle ich mich nicht so«, sagt Braun bei unserem Treffen. »Ich mache das, weil es mir Spaß macht, bin nicht in erster Linie monetär getrieben, sondern finde die Themen per se intellektuell anregend.«

Diese Aussage steht im scharfen Kontrast zu den Berichten aus seinem Umfeld: Wenn Braun wirklich auf etwas scharf war, so berichten übereinstimmend alle, die mit ihm zu tun hatten, dann nicht der letzte Stand der Technik, sondern der aktuelle Aktienkurs – und damit der aktuelle Stand seines Vermögens. »Er wollte sich unheimlich gerne als Milliardär fühlen«, vermutet heute einer seiner vielen enttäuschten Gefolgsleute. Immer dachte er groß, niemand sollte ihn aufhalten. Noch kurz vor dem großen Knall plant er den Umzug der Zentrale auf ein größeres Gelände im Aschheimer Gewerbegebiet, Promi-Gastronom Michael Käfer sollte die Belegschaft bekochen – mit ihm als dem natürlich gesetzten Chef: Was hat es schon zu bedeuten, dass auch sein Vertrag irgendwann ausläuft, zum Ende 2020 zur Verlängerung anstand? »Ich stehe für eine weitere Amtsperiode gerne zur Verfügung«, sagt er generös bei unserem Treffen, »ich fühle mich uneingeschränkt dem Unternehmen verpflichtet.«

Natürlich weiß er, dass nicht er darüber zu entscheiden hat, sondern der Aufsichtsrat. Das aber ist aus seiner Sicht nicht mehr als eine Formalie. Wer sollte Braun – immerhin der größte Anteilseigner – stoppen? Irgendwelche Aufsichtsräte oder Aufsichtsrätinnen, die sich profilieren wollen? Wenn eine Aufsichtsrätin aufmuckt, hat den selbstherrlichen Vorstandschef das »etwa so gestört wie ein Kaugummi unter der Schuhsohle«.

Nach außen gibt sich Markus Braun in jenen Tagen reumütig, was bleibt ihm auch anderes übrig angesichts der vielen anstößigen Geschichten über den Konzern. Die schlampige Kontrolle des Vorstands, die fehlende Transparenz, dazu hanebüchen hemdsärmelige Sitten – das ist der Stoff, der die Skandalgeschichten über Wirecard fortwährend befeuert. Und Braun verspricht, seine Lehren daraus gezogen zu haben und für mehr Professionalität zu sorgen. Äußeres Zeichen dafür ist die Personalpolitik: Der neue Aufsichtsratsvorsitzende und damit Oberkontrolleur Thomas Eichelmann, seit Anfang 2020 im Amt, ist tatsächlich ein Profi mit DAX-Erfahrung, eine Ausnahme im Wirecard-Biotop, wo sie versehentlich oder voller Absicht Eigengewächse so lange beförderten, bis sie gänzlich überfordert waren. Außerdem sollten Vorstand wie Aufsichtsrat jeweils um zwei Positionen erweitert werden. Dazu laufe ein »professioneller Recruitingprozess«, sagt Braun in unserem Gespräch, »die Personalberater sehen sich externe wie interne Kandidaten an«, während der Bereich »friends and family« für die Rekrutierung künftig ausfalle, gelobt er. Alles sauber, alles transparent, soll das heißen: Wir haben verstanden.

Publikumswirksam verspricht er, als Zugeständnis an die Schmuddelvorwürfe, ein transparenteres Berichtswesen, kündigt zudem an, die Compliance-Abteilung aufzustocken, »von zweihundert- auf dreihundertfünfzig Köpfe«. Auch bei diesen Zahlen Brauns ist reichlich Fantasie im Spiel. Streng genommen umfasst die Abteilung, die innerbetrieblich darauf achten soll, dass sich an Recht, Gesetz sowie sonstige Vereinbarungen gehalten wird, zu dem Zeitpunkt gerade mal ein Dutzend Leute. Wenn Braun nicht glatt lügt, was nicht auszuschließen ist, dann rechnet er sämtliche Mitarbeiter dazu, die irgendwas an den Abläufen kontrollieren, in der IT oder wo auch immer. Dieses sonderbare Verständnis von Compliance hat Wirecard jedenfalls ziemlich exklusiv.

In der Sache weicht Braun sowieso keinen Millimeter zurück. »Operativ gab und gibt es keine Schwäche«, beharrt er auf seinem Standpunkt in unserem Gespräch. Alles, was ihm an Schummeleien oder Betrügereien vorgeworfen wird, sei »Teil des Geschäftsmodells der Short-Seller-Industrie«, behauptet er bis zum bitteren Ende, also von Investoren, die auf den Absturz der Wirecard-Aktie wetten und angeblich versuchten, durch gezielt gestreute Gerüchte den Kurs zu ramponieren. Gegen die britische Wirtschaftszeitung *Financial Times*, die unermüdlich recherchiert und Ungereimtheiten zutage fördert, strengt Braun eine Klage an und gibt das Unschuldslamm, das nur darauf wartet, bis es von den Verdächtigungen erlöst wird – denn nichts ist schrecklicher als ein Verdacht, wusste schon Dramatiker Dürrenmatt. Die höhere Instanz, die Braun Absolution erteilen könnte, sind in dem Fall die Prüfer von KPMG, die den Vorwürfen der Journalisten im fernen Asien in einer Sonderprüfung nachspüren. Braun gibt sich bei unserem Treffen überzeugt, ja fast schon siegesgewiss (oder tut zumindest so), dass sie seine Sicht der Dinge teilen. Die Bestätigung, dass in seinem Konzern alles mit rechten Dingen zugehe, scheint nur mehr eine Formalie zu sein, schenkt man seinen Worten Glauben.

Intern wird in diesen Tagen hart gerungen mit den Prüfern,

man feindet sich gegenseitig an, das Klima wird immer biestiger. Braun gelingt es immerhin, dass nichts von den Bedenken der Prüfer nach außen dringt. Ja, er deutet vielmehr an, dass alles nach Plan laufe. Hätten die Prüfer etwas Skandalöses entdeckt, wären solche Informationen dem Kapitalmarkt doch sofort zu melden gewesen, führt er aus. »Aus der Tatsache, dass es bislang zu keiner Ad-hoc-Meldung kam, können Sie Ihre Schlüsse ziehen«, beteuert der Wirecard-Chef wörtlich: »Ich persönlich bin zuversichtlich, dass die Vorwürfe entkräftet werden.«

Die Sätze aus unserem Interview laufen übers Wochenende über die Nachrichtenticker, sodass viele Anleger sie für bare Münze nehmen und umgehend Wirecard-Aktien ordern. Am Montag, dem Tag nach dem Erscheinen der Geschichte mit Brauns Zitaten in der Frankfurter Allgemeinen Sonntagszeitung, steigt der Kurs um mehrere Prozentpunkte. Die Geschichten des Doktor Braun haben einmal mehr gewirkt.

Die wahren Gründer

Der Erfolg hat viele Väter, sagt man. Der Betrug anscheinend auch. Zumindest im Fall von Wirecard. Natürlich, ein jeder verwahrt sich dagegen, Teil der kriminellen Bande gewesen zu sein, die dort ihr Unwesen trieb. An den Ursprüngen aber wollen viele beteiligt gewesen sein. Die zündende Geschäftsidee schreiben sich viele Beteiligte aufs Haupt, sei es nun ein Heilpraktiker aus dem Erdinger Moos ebenso wie ein Halbweltler auf Mallorca. Und auch Markus Braun ließ es unwidersprochen stehen, wenn er für die grandiose Idee gefeiert wurde.

Dabei ist die Sache recht eindeutig. Das Handelsregister lügt nicht. Und so verabreden wir uns in München an einem heißen Spätsommertag 2020 mit dem Mann, der sich mit einigem Recht als der wahre Gründer bezeichnen darf: Peter Herold, ein jungenhaft wirkender Mann in den Fünfzigern mit hörbar bayrischem Zungenschlag. Offen, fast sanft wirkt er angesichts der Schlachten, die Herold in seinem Unternehmerleben schon geschlagen hat. Geboren 1970 in München, aufgewachsen im Bayerischen Wald, Studium der Informatik. Bevor die Büffelei für das Examen beginnt, kommt ihm die erste selbst gegründete Firma Mitte der 1990er-Jahre dazwischen. Er bricht das Studium ab und bleibt sein Leben lang sein eigener Chef und Unternehmer.

Heute ist er wieder in München tätig, mit einer Marketingfirma, nachdem er zuvor in der Schweiz mit einer Finanzfirma zwischen Aktienanalysten und Hedgefonds sein Glück versucht hat. Am Wochenende hebt er gerne mit dem Segelflugzeug ab, schnell mal runter nach Venedig fliegen und einen Kaffee trinken.

Wir treffen ihn am Lenbachplatz, unweit des Stachus, in einem Club namens *Heart*. Ausgerechnet im *Heart*. Hier hat die Wirecard-Mannschaft in den wilden, erfolgreichen Jahren gefeiert, zur Weihnachtsfeier luden Markus Braun und Jan Marsalek hierher ein, auch wenn das Fest nicht so heißen durfte ob der vielen Muslime, die es aus aller Welt zu dem Tech-Konzern nach München zog. Diversität war nie ein Problem von Wirecard, die Truppe war jung und international zusammengewürfelt, Geschäftssprache war Englisch, zumindest in den mittleren und unteren Gehaltsklassen, in der Führungsetage war eher Österreichisch stilbildend. In der Aschheimer Company wurde gerne gefeiert, getrunken und getanzt. »Work hard, party hard«, wie es so schön heißt. Der Club befindet sich im Keller, ist eher eine lässige Bar, cool und dunkel. Mit einschlägigem Ruf, erarbeitet durch diverse Polizeieinsätze in Zusammenhang mit Koks, mit dem sich Münchens illustre Kreise das Näschen polierten. Aber die Wirecard-Partys im *Heart* fanden lange nach Herolds Zeiten statt.

Es gibt einen Business-Club, Zutritt nur für Mitglieder, hier ist es leer und einsam an diesem Sommernachmittag, an dem die Stadt draußen in den Straßencafés sitzt und sich vom Corona-Lockdown erholt. Hier erwarten uns der Bayer Peter Herold und sein alter Kompagnon aus den Anfangstagen, Ivan Balasko, Jahrgang 1972, ebenfalls in Bayern geboren, »Ich bin mehr Kroate als Deutscher, aber mehr Bayer als Kroate«, so stellt er sich vor. In der Tasche und auf dem Laptop vor sich auf dem Tisch hat er die ersten Businesspläne, die Unterlagen für die Verhandlungen mit den ersten Investoren von jener Firma, von der sie glaubten, »da entsteht etwas Großes«.

Es endete – wie wir wissen – anders als gedacht, mit der spektakulärsten Pleite der deutschen Wirtschaftsgeschichte, etlichen Managern im Knast und noch mehr verschwundenen Milliarden.

»Mit mir wäre das alles nicht passiert«, sagt Peter Herold gleich zur Begrüßung, »Ich muss keine 200 Millionen auf dem Konto haben, mir ist es wichtiger, ruhig schlafen zu können.« Und dem Unternehmen wäre das letztendlich auch besser bekommen. Er betont das, als wolle er gleich zu Beginn klarstellen: Bei mir ist nichts los in Sachen krimineller Energie, ich bin sauber. Saubere Firmen, saubere Geschäfte. Heute macht er in Online-Marketing, »in Europa führend« – das Großsprecherische gehört zu Wirecard und seinen Playern wie die Isar zu München, heute wie ehedem.

Wo mit der Wirecard-Saga alles angefangen hat, ist genau überliefert: irgendwann 1996/97 in einem unspektakulären Mietshaus in der Balanstraße 162, in München-Giesing, genauer gesagt: auf dem Sofa in der damaligen Wohnung von Peter Herold. Bei einem Glas Rotwein auf der Couch hatte er die Idee, so erzählt er, E-Commerce war damals ganz was Neues, und er wollte dabei sein. Nur wie? »Ich habe auf einem weißen Blatt Papier ein Schaubild gezeichnet – hier Verkäufer, dort Käufer.« Er ahnte: Dazwischen braucht es etwas, eine Verbindung, einen unsichtbaren Intermediär, dem beide Seiten vertrauen, damit das Geld – online – sicher von A zu B fließen kann. »So habe ich Wire Card erfunden«, sagt er, damals noch getrennt geschrieben. Den Firmennamen hat er sich juristisch schützen (»dafür ging viel Zeit drauf«) und die Firma später ins Handelsregister eintragen lassen, als Ausgründung seines eigentlichen Unternehmens, der Securitas Internet Systems GmbH (SIS). Wire Card wurde als eigenständige Einheit weitergeführt, und der ursprüngliche Geschäftszweck lautete, Betrügereien im

Internethandel vorzubeugen. »Schon lustig, so gesehen«, sagt Herold. Wenngleich sie von Anfang an zwielichtige Geschäftspartner aus dem Spielcasino- und Rotlichtmilieu hatten. »Natürlich hatten wir Kunden aus dem Schmuddelbereich, anfangs gab es ja nur das, wofür im Internet bezahlt wurde. Wir hatten aber nicht alle Luden Münchens unter Vertrag.«

Die finanzielle Geburtsstunde von Wire Card schlägt im Jahr 1999, sie bekommt vier Millionen Mark in die Wiege gelegt von einem Start-up-Investor namens Technologie-Holding. Herold, mit seiner SIS ausgelastet, sucht jemanden, der die neue Firma »voll verantwortlich« leitet, und findet Detlev Hoppenrath, einen Österreicher und früheren Kunden von ihm, den er als Geschäftsführer einstellt. So bleibt Herold als Gründer Eigentümer der Firma, ist aber nicht mehr fürs Tagesgeschäft zuständig.

Die Anfänge spielen sich in der Widenmayerstraße 32 ab, in Altbaubüros, direkt an der Isar gelegen. Erster formell ernannter Geschäftsführer wird jener Detlev Hoppenrath, ein ebenso schillernder wie charismatischer Mann, dem die Aura eines Geheimdienstlers nachgesagt wird, der einen schillernden Lebenslauf aufweist, ein geheimnisumwitterter Typ – auch davon gibt es reichlich in der Wirecard-Saga. »Innerhalb von zwei Wochen könnte ich meine gesamte Existenz auflösen und weggehen«, ließ er sich einst im Focus (2003) zitieren. Jan Marsalek, der Mann, den er für die Firma entdeckt und eingestellt hat, hat es später exakt so gemacht. Allerdings ohne darüber zu reden.

Detlev Hoppenrath hat Marsalek eingestellt, als Mitarbeiter Nummer 30 oder 35, wie Herold sich erinnert. Die Stelle war laut seiner Erinnerung damals offiziell ausgeschrieben. »Ich hätte ihn nicht genommen«, behauptet Herold heute. »Mir war der nicht geheuer, so jung, 19 oder 20, ohne Abitur und ohne Berufsausbildung. Wie der damals auf die Buschtrommeln gehauen hat! Ich mag solche Leute nicht. Ich habe Hoppenrath gewarnt.« Personalien aber sind Sache des Geschäftsführers, Herold ist Aufsichtsrat.

Hoppenrath, geboren am 30. Juni 1962 in Salzburg, ist gelernter Heilpraktiker, ein ehemaliger Pfadfinder mit Beziehungen ins Waldorf-Schulen-Milieu, alleinerziehender Vater eines Sohnes und früher Computer-Nerd. In den Frühtagen der IT-Industrie in München verdingt er sich in der dort aufkeimenden Internetszene, arbeitet für Computerverlage und -firmen, angeblich stammt eines der ersten Antivirenprogramme in den 1980er-Jahren von ihm. Er meldet Patente an und gründet recht wahllos Firmen – bis zum heutigen Tag. Damals aber, als es galt, das Internet zu erobern, waren Herold und er Pioniere. Und bald schon wollte Hoppenrath nicht mehr einfacher Geschäftsführer sein, sondern Mitinhaber von Wire Card. Und als solcher wollte er Anteile, also bedrängte er Herold: »Wir haben dann darum am Computer gezockt, irgend so ein Egoshooter-Spiel mit schlechter Grafik. Hoppenrath wollte zehn Prozent der Anteile, ich habe ihm sechs Prozent angeboten.« Nachdem sie es am Computer ausgeballert haben, einigen sie sich laut Herold auf acht Prozent.

Der Internethandel steckt damals in den Anfängen, das Bezahlen will erst gelernt werden, die technischen Voraussetzungen sind aus heutiger Sicht hinterwäldlerisch: Was heute mit ein paar Klicks passiert, war damals eine Superinnovation. »Ohne viel Geld in einen Server zur Abwicklung des Bezahlvorgangs zu investieren, kann ein Webshop-Betreiber seinen Kunden eine sichere Online-Bezahlfunktion offerieren«, warb Hoppenrath als frischgebackener CEO für ihre Dienste als Zahlungsabwickler. Online-Händler zahlten eine monatliche Grundgebühr zwischen 9,90 und 12 Mark, dazu kam obendrauf eine Transaktionsprovision im Bereich von 0,6 bis

2,42 Prozent des Kaufpreises, je nach Tarif: je höher der Grundbetrag, desto niedriger die Transaktionskosten. Internetverkäufer bräuchten keine zusätzliche Software, warben sie in der Steinzeit des E-Commerce. Der Kunde muss keine elektronische Geldbörse installieren oder ein Zertifikat kaufen, lobte damals auch das Fachblatt Computerwoche.

Keine zehn Prozent der Deutschen sind zu dem Zeitpunkt überhaupt online. Ratternde, laut düdelnde 56K-Modems waren der Weg ins Internet, die Nutzer mussten viel Zeit und Geduld mitbringen, bis sich eine Seite auf dem PC mühsam aufgebaut hatte. Der Mehrheit der Kunden war das Bezahlen im Netz noch suspekt, lieber zahlten sie per Nachnahme, wie sie es gewohnt waren von den Versandhäusern in den vordigitalen Zeiten: Bei Quelle und Neckermann und wie die Händler alle hießen, von denen viele zwischenzeitlich untergegangen sind.

Amazon, 1994 in Seattle gegründet, tastet sich damals gerade erst auf den deutschen Markt vor, im Herbst 1998 kaufen sie den Marktführer unter den Online-Buchhändlern, die ABC Bücherdienst GmbH, auch sie ist heute längst vergessen. Das Smartphone war noch nicht mal erfunden, das erste iPhone sollte Steve Jobs erst Jahre später, im Januar 2007, vorstellen.

Es waren lustige Tage damals für das noch junge Unternehmen Wire Card, in einer Phase des Überschwangs: »Wir haben viel mehr Geld rausgehauen als verdient.« In einer zweiten Finanzierungsrunde, für die Kompagnon Balasko die Planung übernimmt, sammeln sie einen zweistelligen Millionenbetrag ein: »Das war cool, die Aufbruchsstimmung, der Teamspirit.« Nun mit an Bord: zwei »globale Venture-Capital-Fonds«, notierte wohlwollend die *Börsenzeitung* – 3i Deutschland und Kappa IT Ventures Consulting. Obwohl sie kaum erst laufen gelernt hatten, spuckten sie große Töne und schalteten Anzeigen. Nannten sich »einer der führenden Anbieter von elektronischen Zahlungslösungen« (BöZ, 4.11.2000) Die Büros an der Isar wurden zu klein, man zieht raus nach Aschheim, ins Gewerbegebiet.

Mit den neuen Millionen kommen neue Investoren und damit neue Einflussgeber. Der Vertreter der neuen Herren fordert einen Kurswechsel – raus aus dem Schmuddelmilieu. Er habe beste Kontakte in den anständigen Handel, zu Häusern wie Karstadt und Quelle, die könne er als Kunden gewinnen. Dafür müsste Wire Card die Porno- und Glücksspielklientel loswerden, sonst würden die großen Versand- und Kaufhäuser zurückschrecken, da sie mit der Szene nichts zu tun haben wollten. Gründer Herold wehrt sich mit Händen und Füßen gegen diesen Kursschwenk: »Ich hab immer gesagt: Wieso sollten wir die Kuh schlachten, die uns ernährt? Aber er hat sich durchgesetzt.«

Die Abstimmung im Aufsichtsrat endete zwei zu eins gegen Herold: »Das war der erste kapitale Fehler der Wire Card.« Es ist fast tragisch: Da will man einmal etwas richtig machen und die Kontakte zu den Halbkriminellen loswerden, stattdessen landet die Firma hinterher erst recht im kriminellen Milieu.

Denn der Zahlungsabwickler kündigte seiner Kundschaft, doch die neuen, seriösen Kunden ließen sich nicht blicken. Karstadt und Quelle zauderten, noch traute keiner der neuen Online-Shoppingwelt der Zukunft. »Wir hatten nun eine superteure, supermoderne Software, haben Unmengen Geld in Werbung gesteckt – und hatten keine Kunden mehr«, berichtet Herold. Das Unternehmen rutscht in die Schieflage. 2001 scheitert der Versuch, neues Geld einzusammeln, um die Löcher zu stopfen. »Das würde den Tod nur hinauszögern«, war die Reaktion der Investoren. Es deutete sich an: Der Laden fährt gegen die Wand. Zwischendurch kam es auch noch zu mysteriösen Einbrüchen. Nur zwei Laptops wurden geklaut, unter anderem der von Jan Marsalek, auf dem sich zufälligerweise die Software befand, das gesamte technische Knowhow der Firma. Die Ermittlungen wurden später eingestellt, bei den Gründern hält sich der Verdacht, dass sich da einer oder auch zwei der Mitarbeiter, womöglich der junge technische Leiter Jan Marsalek selbst, das Asset und Herzstück der Firma sichern wollte, egal, was passiert – ob sie in die Pleite rutschen oder verkauft werden.

Um die sechzig Arbeitsplätze zu sichern, suchen sie ihr Heil in einem Notverkauf. Hoppenrath und Herold gehen auf eine Firma zu, die in der Nachbarschaft angesiedelt ist und ihr Interesse bekundet: die EBS von einem gewissen Paul Bauer-Schlichtegroll. Im Oktober 2001 verkauft Herold seine Firma an besagten Unternehmer, zu einem Preis, »das war fast geschenkt«. Aber Herolds Verhandlungsspielraum ist gering. Die EBS dagegen hat einen festen, ständig wachsenden Kundenstamm im Online-Glücksspiel- und Pornogeschäft, ihnen fehlt nur die passende Technik. »Deren Technologie war grottig: Wir hatten die Technik, sie die Kunden«, erzählt Herold.

Mit der neuen Gesellschaft hat Herold nichts mehr zu tun. »Aus Prinzip nicht«, wie er sagt. Er steigt aus, Geschäftsführer Hoppenrath wird von den neuen Eigentümern ausgebremst. Paul Bauer-Schlichtegroll setzt stattdessen auf Markus Braun und seinen jungen Techniker Jan Marsalek. Durch den Verkauf steigt Markus Braun zum kommenden starken Mann auf. Seine Ambitionen gehen damals schon steil nach oben. »Der Braun hat von Anfang an so eine Julius-Cäsar-Aura im Büro verbreitet«, erzählt Herold. Er hatte mit Braun bereits in der Widenmayerstraße Kontakt, als KPMG ihm einen Berater vorbeischickte, um das schlingernde junge Unternehmen wieder auf Spur zu bekommen. Ein »ganz und gar unsympathischer Kerl. Typ: aalglatter Unternehmensberater«. Braun trug damals noch keine

Rollkragenpullover, sondern Anzug, Hemd und Schlips. »Ich wäre nie auf die Idee gekommen, mit dem ein Bier zu trinken«, sagt Herold, »der war so gar nicht mein Fall.«

Im Juli 2001 gibt Hoppenrath die Geschäftsführung an Markus Braun ab und wechselt in den Aufsichtsrat, offiziell. Kurze Zeit später kehrt er dem Unternehmen ganz den Rücken zu. Später stellt Hoppenrath seinen Rauswurf als Rückzug aus höheren Motiven dar. Ein geläuterter Manager, der sich auf die Suche nach dem wahren Sinn des Lebens macht, als er gemerkt habe, dass keine Zeit für das Leben bleibe. »Es gibt Wichtigeres im Leben, als die nächste Internettechnologie auf den Markt zu bringen«, sagt er 2003 in einem Interview. »Ich hatte kaum noch Zeit für mich. Es gab immer mehr Meinungsverschiedenheiten mit dem Aufsichtsrat, ich wurde immer öfter krank, hatte rasende Kopfschmerzen. Schließlich fand ich heraus, dass mein Sohn seit Tagen versuchte, einen Termin bei mir zu bekommen.«

Hoppenrath tingelt fortan als freier Berater durch die Lande, mit einem runtergeschraubten Lebensstandard, ihm genügen wenige Aufträge pro Monat. Künftig, so tönt er herum, will er von seinem jüngsten Hobby leben, dem Segelfliegen. Die Leidenschaft hat er mit Peter Herold gemeinsam, auch wenn sich die beiden seit Jahren nicht mehr gesehen haben.

Es kommt anders, als Unternehmer tritt Hoppenrath erneut mit der Outdoor-Marke »Bushcraft« in Erscheinung. Unter dem Label vertreibt er seine neuste Erfindung, einen superleichten Campinggrill. Er verbringt viel Zeit auf Reisen, in der Natur, am liebsten im Wald, durchquert die Pyrenäen. Sein Traum: einmal auf dem Pferd quer durch die Mongolei reiten, bis hinunter zur Wüste Gobi, wozu er auch als Mitautor des Buches *Bushcraft* darüber referiert, welche »Fähigkeiten zum freiwilligen Langzeit-Survival« man mitbringen muss. Es ist eine

Anleitung, um allein in der Natur zu überleben. Die Bushcrafter lernen darin den Bau von Notunterkünften, das Kochen unter freiem Himmel, zu jeder Jahreszeit, bei jedem Wetter, überall auf der Welt. Und wer weiß, vielleicht hat sein einstiger Zögling Jan Marsalek den Band aufmerksam studiert und befindet sich nun auf der Flucht in womöglich unwirtliches Gelände.

Jan Marsalek: ein Strizzi aus Wien

Als Jan Marsalek die Wirecard-Bühne betritt, heißt die noch »Wire Card«-Bühne, in zwei Worten und auseinandergeschrieben. Er ist damals kaum zwanzig Jahre alt und schon auf der Flucht, das erste Mal. Zwanzig Jahre später ist Wirecard pleite, er taucht erneut unter, und Interpol fahndet weltweit nach ihm. Vom Schulabbrecher zum DAX-Vorstand zum international gesuchten Großbetrüger: welch eine Karriere!

Als Marsalek das erste Mal türmt, als er im Jahr 2000 die Orte seiner Kindheit und Jugend hinter sich lässt, flieht er nicht vor der Polizei, sondern vor seiner Familie und womöglich vor sich selbst. Vielleicht auch, wie manche später behaupten, vor der österreichischen Wehrpflicht. Sicher ist: Von heute auf morgen bricht der junge Österreicher damals seine Zelte ab, zieht von Wien nach München, ohne sich vorher von Freunden, Arbeitskollegen oder der Familie auch nur zu verabschieden. Nicht einmal die Mutter ist eingeweiht in seine Pläne. Was ihn in die Ferne treibt? Niemand kann ihn fragen, solange er verschwunden bleibt, also suchen wir nach Indizien, rekonstruieren seine Schritte und seine Beweggründe.

Die Spurensuche führt ins Österreich der 1980er-Jahre in die Nähe von Wien, wo der bis heute legendäre Bruno Kreisky (1911-1990) als Bundeskanzler regiert, ein Sozialdemokrat von altem Schrot und Korn. Eine Zeit, in der Wien noch eindeutig rot ist, die Welt sich in zwei Blöcken feindlich gegenübersteht und die neutrale Alpenrepublik sich als Ort für internationale Organisationen sowie als Treff für Unterhändler, Geheimdienstler wie Geschäftemacher aus Ost und West empfiehlt. Die Beziehungen zum damaligen Warschauer Pakt, speziell zur Sowjetunion, sind von besonderer Natur, was im Leben Marsaleks früh eine Rolle spielen soll.

Am 15. März 1980 wird Jan Marsalek in Klosterneuburg geboren, nicht weit entfernt von Wien. Sein Vater arbeitet zu der Zeit als Geschäftsführer einer großen Laminat-Firma in Tschechien, folglich ist er kaum zu Hause, dreißig Jahre später, im Jahr 2010, lassen sich die Eltern scheiden. Schon vorher verbringt die Mutter die meiste Zeit alleine mit Jan, dessen jüngerer Schwester und dem kleinen Bruder, einem Nachzügler, der zwölf Jahre jünger als Jan ist.

Die Mutter, Eva R., mit der wir im Sommer 2020 in Kontakt treten, beteuert: Jan sei ein nettes Kind gewesen, ganz normal, bis er irgendwann in die falschen Kreise geraten sei. Eine Lehrerin, die heute noch voller Hochachtung von dem herausragenden Schüler spricht, dagegen sagt: »Jan war ein hochbegabtes Kind, dem die starke, lenkende Hand des Vaters fehlte.« Die Mutter – quasi alleinerziehend – sei überfordert gewesen mit den Kindern. Irgendwo dazwischen liegt vermutlich die Wahrheit.

Die Mutter engagiert sich stark in den sogenannten sozialen Bewegungen, die Anfang der 1980er-Jahre gerade aufkommen – in Österreich wie in Deutschland – und den Grünen den Weg bereiten. Eva R. setzt sich früh für den Naturschutz ein, später gegen Handystrahlen und gegen große Bauprojekte, »großvolumige Wohnbauten« und »maximale Grundstücksverbetonierung«, wie der Bau von Reihenhäusern kritisiert wird. Sie organisiert Protestaktionen und initiiert Petitionen gegen den Bau von Mobilfunkmasten. Als die Handys die Apparate mit Wählscheibe oder Tastatur allmählich verdrängen, treibt sie – wie viele andere – die Furcht um, dass die Strahlen der Handys krank machen, sogar krebserregend sein könnten. Anfangs ist Sohn Jan mit von der Partie, verteilt mit der Mutter zusammen Handzettel gegen Handys und hilft, die Stände der Bürgerinitiative auf- und abzubauen. Ausgerechnet Jan Marsalek! Der Mann, der Jahre später keine Sekunde ohne Smartphone sein kann, er ist das Paradebeispiel für einen fast schon zwanghaften »heavy user«. Das ist eine der wenigen Gewissheiten, auf die sich alle späteren Wegbegleiter einigen können. Jan Marsalek ohne Handy? Undenkbar. Immer hält er als Manager sein Handy in der Hand, in jeder Sitzung, bei jeder Firmenfeier. Jan Marsalek, gerne schweigend am Rande stehend, hat immer ein Auge auf dem Handy, tippt eifrig Nachrichten in dem von ihm ausschließlich genutzten russischen Messengerdienst Telegram, in den er sich früh als Teilhaber einkauft.

Auf die Frage, was ihn wohl auf die schiefe Bahn gebracht hat, verweist die Mutter auf den schlechten Einfluss anderer, die seien für die kriminelle Karriere ihres Sohnes verantwortlich: Bis zum Gymnasium sei mit Jan alles in Ordnung gewesen. Er ist, die Noten belegen es, sehr schlau, sehr interessiert, vor allem saugt er alles in sich auf, was mit Technik und Computern zu tun hat. Die Lehrer an der Schule halten bald nicht mehr Schritt, in Sachen Informatik eilt der junge Marsalek dem Unterricht weit voraus. Immer wieder soll er Lehrer mit seinem Wissen düpiert haben.

Sein Nachname Marsalek hat in Österreich einen guten Klang: Jans Großvater Hans, eigentlich Johannes Karl, Marsalek (1914 bis 2011), war ein hochgeachteter Held des Widerstands gegen die Nazis, ein »beeindruckender Mensch und unermüdlicher Kämpfer für Toleranz und demokratisches Miteinander«, wie es in den Nachrufen auf ihn hieß. Hans Marsalek, Sohn eines Dienstmädchens und eines Maurers, die aus dem Böhmerwald nach Wien gezogen waren, wird dort am 19. Juli 1914 geboren, er besucht fast ausschließlich tschechische Schulen und erlernt das Handwerk des Schriftsetzers bei einer tschechischen Zeitung. Die Familie wird als Angehörige der tschechischen Minderheit angepöbelt, so berichtet er später. Nach dem »Anschluss« Österreichs an Hitler-Deutschland 1938 flieht er nach Prag, um nicht zur Wehrmacht einberufen zu werden. Wenige Wochen später marschieren dort ebenfalls die deutschen Truppen ein, Marsalek taucht unter, hilft österreichischen Sozialdemokraten bei ihrer Flucht nach Schweden und schließt sich 1940, unter dem Namen »Peter Novak«, im Untergrund den tschechischen Kommunisten an. Die Widerstandsgruppe wird von einem Polizeispitzel verraten. Marsalek wird 1941 in Prag von der Gestapo verhaftet und gefoltert, im Jahr darauf wird er ins KZ Mauthausen östlich von Linz deportiert und erhält die Häftlingsnummer 13129. Zunächst wird er dem Steinbruchkommando zugewiesen, dann für kurze Zeit dem Holzfällerkommando, bis ihn die SS für die Schreibstube rekrutiert, wo er als »Lagerschreiber« überlebt. Nach Befreiung und Kriegsende kehrt er im Mai 1945 nach Wien zurück, Marsalek wird Polizist, zunächst zuständig für die Verfolgung militanter Naziüberlebender. Später leitet er die KZ-Gedenkstätte Mauthausen und verfasst mehrere Bücher, darunter das Standardwerk über das Konzentrationslager, die dort herrschenden Zustände und die NS-Verbrechen an mehr als 200.000 inhaftierten Menschen. Als Zeitzeuge bleibt er bis ins hohe Alter ein gefragter, hochdekorierter Publizist und Redner. Er stirbt 2011 in Wien, da ist der Enkel längst in Deutschland. Mit dem Großvater, schon in jungen Jahren sozialdemokratisch aktiv, verbindet Jan Marsalek zumindest das politische Interesse, das er schon als Schüler zeigt.

Zusammen mit einer Mitschülerin wird er ausgewählt, an einer mehrtägigen Seminarfahrt nach Luxemburg teilzunehmen. Das Thema: die Osterweiterung der Europäischen Union. Jan Marsalek besucht da gerade mal die sechste Klasse. Später, als Mann von Geld und Einfluss, wird er versuchen, in das politische Weltgeschehen einzugreifen und die Dinge auf seine Weise zu regeln. Er mischt – ohne Amt, Auftrag oder Mandat – in der österreichischen Politik mit, unterstützt die rechtspopulistische FPÖ mit Spenden, macht sich daran, Söldnertruppen in Libyen aufzubauen, um den Flüchtlingsstrom nach Europa zu stoppen. Marsalek hat enge Drähte zu verschiedenen Geheimdiensten und umgibt sich gerne mit syrischen und libyschen Ex-Agenten.

Dieser Jan Marsalek ist ein unsteter Charakter, so viel wird früh klar, anfällig für Glanz und Glamour, für große Abenteuer und den Reiz des Verbotenen. Menschen mit Geld und halbseidenen Kontakten beeindrucken ihn, und von sich und seinen grenzenlosen Fähigkeiten ist er überzeugt. Vielen in Klosterneuburg, dem Ort seiner Kindheit und Jugend, ist er als arrogant und angeberisch in Erinnerung geblieben. Die Mutter nennt die Pubertät als den Wendepunkt zum Schlechteren, von da an wurde es schwierig mit Jan, berichtet sie. Schuld seien auch die Lehrer, die Schule sei zu nachgiebig mit dem Sohn gewesen. Als Grundschüler besucht er eine französische Privatschule in Wien, dann wechselt er aufs Gymnasium in Klosterneuburg. Alle haben sich dort an die Regeln zu halten, nur der clevere Jan nicht. Der nimmt sich seine Freiheiten, hat eine Sonderstellung, weil er sich unter anderem in der Schulbücherei um die Schulcomputer kümmert. Seine Mitschüler, so erzählt es die österreichische Reporterin Anna Thalhammer, bescheinigen ihm, damals schon ein Alphatier, ein Anführer gewesen zu sein: »Da gab es die ›Jan-Bande‹, von vielen auch ›Mafiabande‹

genannt, die ausführte, was Anführer Jan befahl, um ihm zu gefallen.« Der Sohn habe es »irgendwie immer geschafft, Regeln zu brechen, ohne dass es Konsequenzen für ihn gehabt hätte«, beklagt seine Mutter. Eva R. lebt noch heute in dem alten Bauernhaus am Rande der Gemeinde, in dem Jan aufgewachsen ist, der jüngere Bruder, 28 und Jurastudent, wohnt ebenfalls dort.

Mit Erreichen der Pubertät schwänzt Jan in zunehmendem Maße die Schule. Das Kollegium lässt es ihm durchgehen, vermutlich weil man dem schlauen Burschen das Abitur beziehungsweise die Matura nicht vermasseln will. Zu Hause eskaliert dagegen die Lage, immer häufiger gibt es Ärger zwischen Mutter und Erstgeborenem, oft um Nebensächliches, wie auch in dem Streit, der schließlich zum Bruch führt: Der Teenie vergisst wohl zum wiederholten Male, das Licht in seinem Zimmer auszuschalten, als er in die Schule geht. Vielleicht tut er das auch absichtlich, um die Mutter zu ärgern, die ihre Kinder zu guten, politisch korrekten Menschen erziehen will – Energiesparen, Mülltrennen, Umweltschutz gehören zu den Dingen, die sie für sehr wichtig erachtet. Jedenfalls stellt sie den Ältesten, als er zurückkehrt, vor die Wahl: Entweder er halte sich an die Regeln zu Hause oder er könne gehen. »Da ist die Tür.«

Ohne zu zögern packt Jan seine Sachen und zieht zur damaligen Freundin. Sie geht auf die gleiche Schule und ist ein, zwei Jahrgänge über ihm; auch sie ist eine Hochbegabte, die nur Matheformeln im Kopf hat. Das ist im Mai 1999. Jan ist 19 und noch ohne Schulabschluss, als er das Kapitel Kindheit und Familie auf die brachiale Tour beendet. Kurz vor der Matura bricht Marsalek die Schule ab. Nicht wegen schlechter Noten, am Verstand mangelt es nicht, nur hat er andere Prioritäten: Der Ausreißer will richtig Geld machen. Die Gelegenheit ist günstig, in der Hochzeit der New Economy, als das Geld »auf der Straße«

beziehungsweise im Internet liegt. Man muss nur nach den Scheinen greifen, muss nur bei der richtigen Idee dabei sein und die Millionen einsammeln.

So war die Stimmung unter den Internet-Goldgräbern in den späten 1990er-Jahren. Jan Marsalek ist da schon ein talentierter Programmierer, sein Können am Computer ist gefragt, angeblich hat er mehrere Jobangebote. Eins davon kommt aus München – von Wire Card. Schon als Schüler hatte Jan sich in einem IT-Unternehmen etwas dazuverdient. Der Kontakt kommt über ein Projekt namens »Museum Online« zustande, an dem seine Schule teilnimmt. Es ist der Versuch, die Jugend für museale Inhalte zu begeistern, indem man sie fürs Internet aufbereitet. Jan Marsalek beeindruckt den jungen Initiator Wolfgang G. (Name geändert), der sich die Idee ausgedacht hat. Der Mann möchte nicht mit seinem richtigen Namen auftauchen, wie so viele ehemalige Wegbegleiter möchte er nicht mit Marsalek in Verbindung gebracht werden, zumal er die Start-up-Szene mit ihren wilden Zeiten längst hinter sich gelassen hat und er heute in führender Position in einem Sozialverband arbeitet.

Wolfgang G. ist gerade mal ein paar Jahre älter als Jan, direkt nach der Schule gründet er ein IT-Start-up. Auch er hat sich das Programmieren selbst beigebracht. »Das hat uns irgendwie verbunden.« In dem Unternehmen beginnt Marsalek zu jobben. Später heißt es, Marsalek hätte jene Firma gegründet, doch diese Behauptung gehört in die Mythenwelt der Wirecard-Manager. Ob er die Legende selbst in die Welt gesetzt hat oder ob sie der Schludrigkeit anderer geschuldet war, ist im Nachhinein nicht mehr zu eruieren. Tatsache ist: Ab 1997 arbeitet der Schüler für Wolfgang G. auf Stundenbasis, neben der Schule. Dann nimmt die Arbeit immer mehr seiner Zeit in Anspruch, er programmiert Tag und Nacht. Arbeitet sich in Datenbankenprogrammierung ein. »Mit ihm konnte man stundenlang über die Arbeit reden«, erinnert sich sein damaliger Chef. Jan schwänzt immer häufiger den Unterricht, irgendwann geht er wohl gar nicht mehr hin. Das Start-up, bei dem er arbeitet, schlägt sich wacker. Die Firma von Wolfgang G. bietet das erste Website-Content-Management-System an und konstruiert für einen der größten österreichischen Computerhändler einen eigenen Online-Shop auf. Es wird quasi der erste intelligente Onlineshop Österreichs. Der Kunde kann sich seinen Computer online selbst zusammenstellen, wobei die Plattform eben so schlau ist, immer nur zueinander kompatible Elemente zur Auswahl zu stellen. Wie schon erwähnt – das Geschäft im Netz steckt noch in den Kinderschuhen, die Versandhändler Otto und Quelle verschicken damals noch ihre dicken Kataloge. »Unser Angebot war damals eine kleine Sensation«, tönt Wolfgang G. Und es ist Jan Marsalek, der das technisch umsetzen konnte. »Er war unser Hauptentwickler.«

Der clevere Bursche beweist Weitblick und erkennt Trends im Technikbereich. Schon 1999, als man noch mit Steinzeit-Mobiltelefonen von Nokia und Ericsson hantiert, mit denen man ausschließlich telefonieren und mühsam Textnachrichten verfassen kann, schwärmt Marsalek seinem Chef vor: »Das wäre was, wenn man über das Mobiltelefon auch bezahlen könnte.«

Ähnliche Gedanken haben zu der Zeit auch junge Münchner, sie haben sogar schon eine Firma gegründet, jene »Wire Card«, das Start-up Peter Herolds mit der Skizze auf dem Sofa: Zwischen Online-Shop und Kunden braucht es einen glaubhaften Intermediär, der die Zahlung abwickelt. Genau diese Dienstleistung brauchte Wolfgang G.: Wenn die Kunden nicht nur im Internet bestellen, sondern auch bezahlen sollten, und das womöglich per Handy, dann benötigt er einen Zahlungsabwickler. So stößt er über eine Suchmaschine schnell auf diese junge Münchener Firma namens Wire Card. Die Wiener vereinbaren ein Treffen mit deren Geschäftsführer, dem ebenfalls aus Österreich stammenden Herrn Hoppenrath. Ihm gegenüber prahlen sie: »Wir können Ihr System auf die Mobiltelefone bringen.« Gemeinsam planen sie die erste Mobile-Payment-Lösung – Jahre bevor das iPhone auf den Markt kommt. »Das war die große Vision«, sagt Wolfgang G., für die sie auf der Computermesse »Systems« in München und der Cebit in Hannover werben. Sie alle treten dort im gleichen Outfit auf: schwarzer Anzug, weißes Hemd, schwarze Krawatte und die erste Generation von Headsets auf dem Kopf. »Wir sahen aus wie bei *Men in Black*«, erinnert sich der IT-Unternehmer. »Wie eine Security-Truppe.«

Ende 2000 machen die Münchner ihm ein Übernahmeangebot, es ist lukrativ, aber Wolfgang G. lehnt ab. Wenig später hat Marsalek einen Routinetermin bei Wire Card in München. Am nächsten Tag erscheint er nicht in der Arbeit in Wien. Mittags ruft er seinen Arbeitgeber an und überrascht ihn mit der Nachricht: Er habe ein Angebot von Wire Card erhalten und bleibe in München. Er komme gar nicht mehr nach Wien. Es tue ihm leid, dass er ihn mit Projekten hängen lasse, aber Wire Card – das sei seine Zukunft. »Das passt hier alles«, sollen seine letzten Worte gewesen sein. Von da an ist die Kooperation zwischen den Wienern und Wire Card eingefroren. Die Münchner haben ja nun, was sie wollen. »Die Programmierfähigkeiten von Herrn Marsalek waren für sie effizient, das war dem Hoppenrath bewusst«, sagt Wolfgang G.

Sein Zögling Jan kehrt Wolfgang G. den Rücken und nicht mehr zurück. Nach zwei Wochen ruft die Mutter im Büro des Wiener Start-ups an. Ob sie was vom Jan wüssten, sie erreiche ihn nicht. »Jan hat sich schon damals nicht darum gekümmert, wer das alles zusammenräumen darf, was er zerschlägt«, erzählt der ehemalige Chef. Die Eltern müssen Jans Wohnung, die er sich in Wien angemietet hatte, räumen und kündigen den Mietvertrag. Der Sohn hat das Appartement zurückgelassen, als wäre er morgens wie immer in die Arbeit gefahren. »Das war so der Klassiker: Ich gehe mal kurz Zigaretten holen, und dann kommt man nie wieder.« Ohne Rücksicht auf Verluste.

Gründer Wolfgang G. muss schauen, wie er die Firma ohne seinen Chefprogrammierer rettet. Marsaleks Mutter sieht sich noch Jahre später dazu gezwungen, die Handyrechnungen ihres Sohnes und die Schulden auf seinem Konto zu begleichen, offenbart sie später in einem Interview: Die Schreiben einfach zu ignorieren, die ihr da ins Haus flattern, bringt sie nicht übers Herz. Rechnungen und Mahnungen seien der einzige »Kontakt« mit dem Sohn gewesen.

Empathie, das sei nicht so Marsaleks Ding gewesen, echte persönliche Bindungen auch nicht. »Mit ihm konnte man tagelang zusammenhocken, ohne zu wissen, hat der eine Familie, Eltern, Geschwister, eine Freundin, oder ist er im Heim aufgewachsen«, erzählt ein Bekannter aus seinem späteren Leben in München. Seine Weggefährten beschreiben ihn als Menschen, der den Konflikt, die offene Konfrontation meidet. »Jan trat immer die Flucht an, sobald es unangenehm wurde«, meint die Mutter. Laut wurde er nie, sagen frühe und späte Bekannte.

Jan Marsalek war immer vor allem eines: ein grandioser Verkäufer und Selbstdarsteller. Schon als Jugendlicher hat er sich stets gewählt ausgedrückt, war auffallend gut gekleidet und hat sich geradezu weltmännisch, sehr selbstsicher gegeben. Trotzdem war er nicht sonderlich gut im Umgang mit Kunden, meint sein erster Chef. »Der Mensch auf der gegenüberliegenden Seite des Tisches interessierte ihn nicht. Ihn interessierten nur das Geschäft und die Technik.« 2004 trifft Wolfgang G. Marsalek noch einmal in München. Der IT-Unternehmer hatte seine Firma zu dem Zeitpunkt verkauft, er will sich beruflich umorientieren und der IT-Branche den Rücken kehren. Deshalb ruft er Marsalek noch einmal an. »Er hatte sogar noch die gleiche Handynummer.«

Sie trinken einen Kaffee zusammen. Jan erzählt von seinem neuen Leben, dem Geld, den Abenteuern und davon, dass er überall in der Welt herumfliegt, »Er hat gestrahlt«, berichtet Wolfang G. »Jan war voller Glückshormone.« Offenbar war er kurz zuvor von einer Dienstreise aus Johannesburg zurückgekehrt. Die Stadt sei ein »totaler Adrenalin-Kick«, schwärmte er. Man müsse höllisch aufpassen, wenn man geschäftlich unterwegs sei in einer Stadt mit einer der höchsten Mordraten der Welt. »Das hat ihm getaugt.« Marsalek macht Eindruck, auch körperlich, ihm ist anzusehen, dass er mit Kampfsport und Boxen angefangen hat. »Vorher war er ja so ein Spaghetti-Spargel. Jetzt spürte man: Der war durchtrainiert.« Der alten Zeit trauerte Marsalek mit keinem Wort nach.

Als der Wiener 2020 erfährt, dass sein früherer Mitarbeiter Jan Marsalek untergetaucht ist, wundert ihn das nicht. »Wenn du nichts hast, an dem du hängst, kein soziales Netz, dann kann man am ehesten von heute auf morgen einfach alles abbrechen und weg sein. Andere Menschen schaffen das doch gar nicht.«

Die Mutter hat ihren Sohn nach seinem überstürzten Aufbruch nach München nur noch ein einziges Mal gesehen – vor Gericht bei ihrer Scheidung von Jans Vater. Der Älteste schlug sich auf die Seite des Vaters, sagte gegen die Mutter aus und verschwand nach der Verhandlung. Ohne ein Wort des Abschiedes.

Die Mutter hat ihm das nie verziehen. Als im Sommer 2020 Reporter des SPIEGEL vor ihrer Tür stehen, hat sie seit zwanzig Jahren keinen Kontakt mehr zu ihrem Sohn. Was bei der Wirecard passiert ist, das alles hat sie nur der Zeitung entnommen. Die Vorwürfe gegen ihren Sohn – für sie unfassbar. Aber nicht undenkbar. Jan sei immer schon ein »prätentiöser Zampano« gewesen, erzählt sie bei ihrem ersten Kontakt zu deutschen Journalisten.

Und Wirecard, dieser Laden war ihr von Anfang an suspekt, meint seine Mutter. Wie hat ihr Sohn dort so schnell aufsteigen können? Bis zum Chief Operation Officer, dem COO eines DAX-Konzerns. Ganz ohne Schulabschluss? Mit nur achtunddreißig Jahren? »Wie kann das sein?«

Der Aufstieg aus dem Rotlichtviertel

Die Mallorca-Connection

Der Manager, den wir im Sommer 2020 in einem Café nahe der Autobahn A5 treffen, ist gestresst. Er schwitzt und muss erst mal einen Liter Mineralwasser trinken. Die Außentemperatur allein ist es nicht, die ihm den Schweiß auf die Stirn treibt, sondern die ganze Geschichte. Er will sich mit uns treffen, weil die ganze Erinnerung wieder in ihm hochkam: die Gefühle von »damals«, Anfang der Nullerjahre, als er mit Frau und Baby nach München zog, um bei einer Firma anzuheuern, die damals noch Wire Card hieß. Nach kurzer Zeit wurde der Manager von Markus Braun vor die Tür gesetzt. »Einfach so. Knallhart. Und das vor Weihnachten, obwohl wir eine junge Familie waren«, erzählt der Manager, mittelalt, leicht füllig, lichtes Haupthaar, auch privat im weißen Hemd. Freundlich bemüht berichtet er, der heute in Diensten eines Mittelständlers ist, von dem unerfreulichen Ausflug in die Münchner Start-up-Welt. Dabei hatte der Finanzexperte nichts verbrochen, im Gegenteil: Er hat nichts anderes getan, als seine Aufgabe ernst zu nehmen und dem Chef in einem wichtigen Punkt zu widersprechen. Das hätte er sich sparen sollen. Ein Markus Braun duldet keine Widerworte.

Deshalb hat der Manager auch fast zwanzig Jahre später

noch Angst vor dem Wirecard-Chef, der zu dem Zeitpunkt zwar in Untersuchungshaft sitzt, nur: Was heißt das schon? Seinen Namen will der Manager nicht nennen, er will nicht mit Wirecard in Verbindung gebracht werden, denn heute ist er Finanzvorstand in einer seriösen Firma. »Was sollen die von mir denken?«

Trotzdem will er reden. Als wir ihn am Telefon um ein Treffen gebeten hatten, konnte er nicht »nein« sagen, weil er einiges zu erzählen hat aus den Anfangsjahren der Skandalfirma. Es muss raus aus ihm, die Erinnerung an die erste Zeit in Aschheim. »Die waren damals schon böse«, sagt er und benutzt tatsächlich den Begriff böse, wie im Märchen. Weniger der jetzt mit internationalem Haftbefehl gesuchte Jan Marsalek, den hat unser Zeuge noch gar nicht so wahrgenommen, der war noch jung. »Die Anführer, das waren vor allem der Braun und der Paul Bauer.« Unser Gesprächspartner erinnert sich noch genau an den Tag in Aschheim, an dem Braun in sein Büro gestiefelt kam und ihm einen Zettel auf den Tisch knallte. »Das sind die Zahlen für die nächsten fünf Jahre. Die kommunizieren wir«, ordnete der Chef an. Schließlich planten sie zu dem Zeitpunkt, Wirecard an die Börse zu bringen. Da braucht es einen »Prospekt«, einen Finanzbericht mit Brief und Siegel, der um potenzielle Aktionäre werben soll. Dabei wählte die Firma damals nicht den direkten Weg an die Börse, sondern den Umweg über eine Hintertür. Sie schlüpft unter das Dach eines bestehenden Unternehmens, das schon an der Börse notiert ist, und übernimmt sogleich das Kommando.

»Reverse IPO« oder Reverse Takeover nennt sich das Verfahren, ein legaler Trick, der von einigen Firmen nach dem Crash des Neuen Marktes genutzt wurde, da ein Börsengang in der Zeit wenig Aussicht auf Erfolg hatte. Ein Reverse IPO hatte zudem den Vorteil, dass man keine Ochsentour bei Investoren in

New York, London und Frankfurt durchlaufen und keine eingehende Prüfung der Zahlen fürchten musste. So ein Vorgehen macht den Börsengang billiger, weniger riskant und undurchsichtiger. Der Gang aufs Parkett also stand bei Wire Card für Ende 2004 an. Und eine Umsatzprognose für die kommenden fünf Jahre verlangt auch der Prospekt eines Reverse IPO.

Braun hatte die Zahlen fein säuberlich auf einem Zettel notiert: Dreißig Prozent Wachstum, pro Jahr! Der Finanzmann kam ins Schwitzen. »Aber Markus, worauf basieren deine Zahlen? Wir müssen das erst ordentlich evaluieren, analysieren«, wagte er anzumerken. Das sah der Vorstandsvorsitzende anders, er schien nicht gewillt, dem Angestellten mitzuteilen, was die Grundlage seiner Zahlen war. »Braun sah mich ruhig an und meinte: Du nimmst genau diese Zahlen. Die stimmen.« Der Finanzmanager unternahm einen letzten Versuch: »Du weißt, Markus: Wenn ich das tue, verstoße ich gegen geltendes Recht.«

Darauf hat Braun nicht mal mehr etwas erwidert, er ließ den konsternierten Manager einfach wortlos sitzen. Die Antwort kam wenig später mit der Post: die fristlose Kündigung. Ohne ein klärendes Wort, ohne Vorwarnung. »Braun ist aalglatt. Eiskalt«, wie der Manager sagt.

Die Zahlen für den Börsengang wurden genau so gedruckt, wie Braun sie aufgeschrieben hatte. Und genau so hat Dr. Markus Braun sie auch bis ins Jahr 2020 seinen Mitarbeitern vorgelegt: Dreißig bis vierzig Prozent Wachstum in jedem Quartal, in jedem Jahr. Komme, was da wolle. Nicht mal eine Jahrhundertseuche konnte Braun stoppen. Sogar als Corona im Frühjahr 2020 alle Konzerne zur Korrektur ihrer Gewinnerwartungen zwang, erklärte Markus Braun mit ruhiger Stimme: »Wir haben nichts zu korrigieren. Wir halten an unserer Prognose fest.« Dreißig Prozent plus. Wie immer. Das hatte der Markt immer schon wohlwollend zur Kenntnis genommen, so würde es auch im Jahr 2020 laufen. Den freihändigen Umgang mit Zahlen hat Markus Braun also früh erlernt und erprobt.

Der Finanzexperte, mit dem wir noch einen Kaffee trinken, bevor er zurück auf die Autobahn muss, ist aufgewühlt. »Der Braun, der würde seine eigene Oma verkaufen«, schimpft er. Er lässt eine Jutetasche mit Unterlagen da. Er hat sie all die Jahre aufbewahrt, aber nie wieder einen Blick hineingeworfen. »Ihr könnt sie haben. Ich will damit nichts mehr zu tun haben.« Doch bevor er geht, will er noch etwas erzählen. Es klingt wie eine Beichte. »Das Schlimmste ist: Auch ich habe in Wirecard investiert. Ich habe Aktien von dem Laden gekauft, obwohl ich wusste, wie die da drinnen ticken.« Aber irgendwann dachte er, schön doof, wer da nicht mitmacht. Wo es doch immer aufwärtsging. Heute ist das Geld weg, er hat den Zeitpunkt zum Verkaufen verpasst. »Geschieht mir recht. Ich bin der Gier erlegen, obwohl ich es besser hätte wissen müssen.«

Als der Berater Markus Braun aus Wien im Jahr 2000 bei Wire Card anheuert, stößt er zu einer Männerriege, die in ihrer außergewöhnlichen Kombination toxische Kräfte entwickeln kann – mit überschüssig viel Testosteron, reichlich Mumm in den Knochen und hochfliegenden Träumen vom großen Geld. Schauen wir uns das schamlose Treiben an, da draußen vor der großen Stadt, wie einst die *Spider Murphy Gang* in »Skandal um Rosi« sang. Wire-Card-Geschäftsführer Detlev Hoppenrath holt zunächst Jan Marsalek nach München, ein Österreicher wie er – genau wie Markus Braun. Alle drei also Österreicher. Braun, zu jener Zeit als Berater bei KPMG tätig, stößt dazu, damit er die junge IT-Firma wieder flottmacht. Das Geld ist knapp, wie so oft.

Der Consultant soll es richten, dabei beeindruckt er Chef Hoppenrath mit seiner Kompetenz derart, dass dieser ihn gleich abwirbt und ihn zum Vorstand macht. Hoppenrath hat somit beide Landsleute – Marsalek und Braun – zur Wire Card gelotst. »Mein größter Fehler war, diese beiden Typen einzustellen«, lässt er sich später zitieren, am liebsten aber schweigt er zur Vergangenheit. Er will damit heute nichts mehr zu tun haben. Irgendwie hat er wohl das Gefühl, persönlich schuld zu sein am ganzen Desaster.

Vielleicht wäre alles aber ganz anders gekommen, wenn nicht mit Paul Bauer-Schlichtegroll eine Figur die Bühne betreten hätte, der die Nähe zur Halbwelt geradezu sucht. »Solche Typen haben den Marsalek fasziniert, da hat er sich wahnsinnig leicht beeindrucken lassen von deren Habitus und Way of Life«, erinnert sich ein Weggefährte. »Und Braun, der stand dem Paul in nichts nach im Ehrgeiz, sich in diesem Milieu durchzusetzen.«

Bauer-Schlichtegroll ist ein Lebemann, ein Draufgänger, waghalsig und zugleich weltgewandt. Er habe alle Mann rumkommandiert in seinem Laden und hätte »an jeder Hand zehn Nutten«, wie wir des Öfteren zu hören bekommen. Vielleicht waren es auch nur Bardamen. Bodyguards und abgehalfterte Boxer sonnen sich in seinem Umfeld, dazu die ganze Szene der ruchlosen Internet-Goldgräber.

In den Anfangszeiten des Internets blühen dort vor allem die zwielichtigen Geschäftszweige – Porno und Glücksspiel, oder mit Markus Brauns neutralerer Wortwahl: Erwachsenenunterhaltung.

Geboren ist Paul Bauer-Schlichtegroll 1963 in Koblenz, er wächst zum Teil in Südamerika auf, ein wohlbehütetes Unternehmerkind, sein Vater verdient sein Geld mit Schallplatten, Autoradios und allerlei technischen Neuheiten. Paul Bauer-Schlichtegroll jedenfalls, so beschreibt es eine Jugendfreundin, hat dieses souveräne Auftreten und dieses Verhältnis zu Geld, das auf einer großbürgerlichen, in die Wiege gelegten Selbstverständlichkeit fußt, die sich nicht erlernen lässt. »Der hat nie angegeben mit seinem Geld, es war einfach da.« Während die anderen nach der Schule anfangen zu studieren, tourt der »Paule«, wie ihn viele nennen, durch die halbe Welt, erkundet Nairobi und São Paulo. Er gründet eine Event-Agentur in Düsseldorf, steigt in den Textilhandel ein, vertreibt Klamotten aus Asien, immer an seiner Seite: seine Frau. Sie fassen im wohlhabenden Münchener Süden Fuß, haben stets mehrere Eisen im Feuer. Eines davon ist die EBS, das Kürzel steht für Electronic Billing System AG mit Sitz in Hallbergmoos in der Lilienstr. 5. Geschäftszweck ist die Zahlungsabwicklung im Internet, oder wie die Macher es selbst bewerben: *The hottest site on the net. Mit Darkroom und Menstrip*. Bauers Kunden sind Porno- und Glücksspielanbieter.

Wie oben bereits geschildert verleibt er sich 2002 die in Schieflage geratene Wire Card zu einem Spottpreis ein. Schon in diesen frühen Tagen bewegen sich die Münchner stets am Rande der Legalität, rutschen dabei auch mal aus. »Wir sind immer über das hinausgegangen, was andere gerade noch so gemacht haben«, sagt ein Zeitzeuge. Man bewegt sich in einer rechtlichen Grauzone, vor allem aber: Es gibt bei Paul Bauer-Schlichtegroll keine Scheu vor dem zwielichtigen Milieu, auf das ein Zahlungsanbieter sich einlässt, wenn er die hohen Renditen im Gambling- und Pornogeschäft einstreichen will. Viele der Online-Zockerbuden sitzen damals in Russland, die den Payment-Anbietern hohe Margen gewähren, da bei den Zahlungstransfers immer mal etwas passieren kann: Kunden zahlen nicht, die seriösen Kartenanbieter Visa- oder Mastercard schreiten ein, weil sie auf verdächtige Zahlungen stoßen, besonders wenn sich ein Verdacht auf Kinderpornografie ergibt. All diese Risiken haben die Zahlungsanbieter zu tragen – dafür erhalten sie eine relativ hohe Provision für das sogenannte

Hochrisiko-Geschäft. Die zahlen die Russen zähneknirschend, erwarten im Gegenzug aber auch, dass die Zahlungen reibungslos ablaufen. Sie wollen nichts hören von Zahlungsausfällen, auch wenn so etwas regelmäßig vorkommt.

»Das musste man aushalten können, wenn man plötzlich mit zehn oder zwanzig Millionen Euro im Rückstand war und dann so ein Russe mit zwei Mann Verstärkung hier in München auflief«, erzählt ein Mitarbeiter aus dieser Zeit. »Braun und Bauer waren so Typen, die konnten das aushalten. Die ließen sich durch nichts einschüchtern.«

Hier deckt sich das Klischee mit harter Wirklichkeit: Wie Zeugen berichten, konnten die Russen ziemlich unangenehm werden, bis hin zu Drohungen gegen die Familien. »Das waren sehr wilde Zeiten.« Angeblich trug Bauer-Schlichtegroll deshalb kugelsichere Westen, womöglich auch Markus Braun, so wird erzählt. Ohne Bodyguard verlassen die beiden demnach nicht das Haus, sie verbarrikadieren sich hinter hohen Mauern in Trutzburgen, mit Überwachungskameras im Privatbereich.

Ob man das alles im Detail glauben muss? Es gehört auf jeden Fall zum Gründungsmythos der Wirecard, auch wenn Markus Braun sich in den vergangenen zehn Jahren die größte Mühe gegeben hat, jegliche Nähe zu anrüchigen Geschäftsbereichen von sich zu weisen. Damit wollte der Visionär mit dem Doktortitel nichts mehr zu tun haben, dieses Milieu ist eines DAX-Konzerns unwürdig. Unstrittig ist: Paul Bauer-Schlichtegroll und Markus Braun sind die treibenden Kräfte hinter den Geschäften der Wirecard in jenen Anfangsjahren. Bauer-Schlichtegroll ist laut, schillernd und voller Emotionen, während Braun analytisch, berechnend und kalt agiert. Beide auf ihre Art knallharte Unternehmer, die es zu Geld bringen wollen.

Jan Marsalek, gerade mal Anfang zwanzig, muss sich zu der

Zeit in der zweiten Reihe gedulden, er erledigt die Arbeit, wenn Bauer und Braun sich mal wieder nach Mallorca verabschieden. Dort baut Bauer-Schlichtegroll sich ein Firmenimperium auf, das für interessierte Halbkriminelle einiges an Anschauungsmaterial bietet. Den Anfang macht eine schnöde Abzockerbude, ein Anbieter dieser dubiosen 0190er-Nummern, die damals schwer im Kommen sind. Da gab es auf der einen Seite die seriösen Angebote, die verzweifelten PC-Anwendern oder Krankenkassen-Kunden ernsthaft via Telefon Hilfe anboten, und da waren, auf der anderen Seite, die Sex-Hotlines, die alle möglichen Dienste versprachen und den Kunden dafür oft horrende Summen berechneten. Besonders in Verruf gerieten die sogenannten Dialer, verdeckte Programme, die sich klandestin über eine 0190er-Nummer ins Internet einwählen. Dabei greifen sie oft zu Tricks. Dem Nutzer ist gar nicht klar, dass er gerade über einen irrsinnig teuren Dialer im Netz surft – der Schrecken kommt mit der nächsten Telefonrechnung. Die Klagen geprellter Kunden häufen sich, viele aber zahlen aus Scham, zudem ist es nicht einfach, das Geld zurückzubekommen, geschweige denn die schwarzen Schafe zur Rechenschaft zu ziehen. Der Spuk endet erst im Jahr 2010, als die 0190er-Nummern komplett verboten werden.

Zuvor aber wurden ahnungslose oder arg gutgläubige Kunden um etliche Millionen gebracht. Ein Großteil der Beute ist Richtung Mallorca geflossen. Auf der Insel hatte sich ein ganzes Nest dieser halbseidenen Internetunternehmer eingerichtet, wegen der eher laxen Vorschriften in Spanien. Zudem machen solche halbseidenen Geschäfte noch mehr Spaß, wenn man mit einem Glas Martini am Pool zusammensitzt und aufs Meer blickt. Ein Dutzend Krimineller wird später auf der Insel festgenommen – sie hatten sich unter dem Namen »Hanseaten-Dialer« oder auch »Skandinavien-Connection« mit einer groß angelegten Betrugswelle einen Namen gemacht. Der Drahtzieher, ein Däne, geht den mallorquinischen Fahndern 2005 ins Netz und wird nach Hamburg ausgeliefert. Er soll auf Mallorca in direktem Kontakt zur ebenfalls dort ansässigen, »nicht minder berüchtigten Firma Crosskirk S.L.« gestanden haben, die ebenfalls durch ihre dubiosen Dialer auffiel. So steht es jedenfalls in Zeitungsberichten über die betrügerische Bande.

Besagte Crosskirk gehörte Paul Bauer-Schlichtegrolls Firma EBS. Eine von ihr entwickelte Software sorgt dafür, dass sich der Dialer vom Internetnutzer unerkannt auf der Festplatte installiert und so die Rechnung beim Surfen in die Höhe treibt. Um den Dialer auf möglichst vielen Rechnern zu installieren, sind die Münchner auf einen Trick verfallen: Bauer-Schlichtegroll hatte die deutschlandweiten Rechte für das amerikanische Männermagazin *Hustler* erworben, um es in Deutschland groß rauszubringen. Dem Männermagazin liegt zeitweise eine Diskette bei, die den Dialer automatisch auf den Rechner überspielt, sobald man sie ins Laufwerk einlegt. Beim nächsten Einwählen klingelt es in der Crosskirk-Kasse in Palma de Mallorca oder besser gesagt bei Paul Bauer-Schlichtegroll in der Lilienstraße, wo die Fäden von EBS, Infogenie, Crosskirk S.L. und Wire Card zusammenlaufen. Crosskirk ist hier im Jahr 2002/03 der absolute Renner, treibt Umsatz und Gewinn nach oben – bis der deutsche Gesetzgeber dem unseriösen Treiben einen Riegel vorschiebt. Von da an müssen die genauen Kosten für den Nutzer erkennbar ausgewiesen werden – das Geschäft bricht ein, die Kunden sind ja nicht blöd. Bauer-Schlichtegroll und Konsorten stoßen Crosskirk ruckzuck ab. Zumindest formal will man sauber dastehen, schließlich lockt die Börse, das noch größere Geld, und dazu müssen die Bücher sauber sein. Oder zumindest so aussehen.

Crosskirk wird verkauft, angeblich an eine Firma namens

Merketel Ltd. mit Sitz in London, so wird es später im Wirecard-Börsenprospekt vermerkt. In den Londoner Büchern taucht eine solche Akquisition allerdings nicht auf. Eine der vielen Ungereimtheiten in jener Zeit. Die Masche von Crosskirk, so viel ist sicher, war so zwielichtig wie hochprofitabel. Jede Surf-Minute kommt die Nutzer teuer zu stehen: Fast vier Mark pro Minute berechnet Crosskirk für die Online-Beratung in medizinischen Fragen, in Steuerangelegenheiten oder für die Sex-Hotline. Die Sendung *stern TV* berichtet damals über die unseriöse Praxis, konfrontiert die Münchner mit den Vorwürfen der geprellten Kunden, aber in Bauers Reich gibt man sich ahnungslos und unschuldig. Der zu dem Zeitpunkt fast vierzigjährige Paul Bauer aber, so erzählt man es sich bis heute – und wenn es nicht stimmt, dann ist es gut erfunden –, hat auf seinem Tisch einen Zähler stehen, an dem er ablesen kann, wie viele Minuten über den Dialer zusammenkommen. Der Stand dieser Zähluhr soll über die Stimmung im Büro entschieden haben, in dem die Sitten der Start-up-Welt herrschen, Feierabendbier und Geselligkeit inklusive. In Bauers Büro steht ein riesiger Kühlschrank mit Glastür, gefüllt mit Schnaps- und Schampusflaschen, mit denen nicht gegeizt wird. Der Umgangston ist rüde. »Political Correctness hatte hier keinen Platz«, berichtet ein Mitarbeiter. Frauen sind demnach schmückendes Beiwerk, haben wenig zu vermelden. »Die mussten sich viele blöde, anzügliche Sprüche anhören. Heute ginge das alles gar nicht mehr.« Aber die #MeToo-Debatte ist damals, Anfang der Nullerjahre, noch in weiter Ferne.

Geschäftemacherei im Internet, das ist eine Domäne der bösen Jungs, und wenn »Paule« Bauer einen guten Tag hat, dann schenkt er einem Kollegen schon mal seine Karten für einen Boxkampf. »Das galt als höchste Auszeichnung«, erzählt einer, der sich einst zu den Glücklichen zählen durfte. »Wir waren beeindruckt von Bauer.« Paul Bauer, der hemdsärmelige Unternehmersohn, lässt es krachen, und die Männerwelt um ihn herum ist beeindruckt. Allein schon, dass er einen Wohnsitz auf Mallorca hat, und mit wem er damals alles dort verkehrt! Was für eine schillernde Gesellschaft. Man trifft sich auf privaten Yachten und in luxuriösen Fincas, investiert in Immobilien, Boxclubs, in Hotelanlagen, Discotheken und halbseidene Mobilfunk- und Gaming-Geschichten. Man kifft, was das Zeug hält, und meint, jede noch so windige Klitsche zu einem Goldesel machen zu können.

Die rosigen Versprechen halten immer bis zu dem Moment, an dem die Unternehmen über Nacht vom Erdboden verschwinden. Nüchtern betrachtet bleibt ein Haufen wertloser Schrott übrig. Die Zahl der Pleiten im Umfeld der Mallorca-Connection ist auf jeden Fall hoch, und viele Menschen verlieren mit ihnen viel Geld. Für einen allerdings gilt das nicht, der Spinne im Netz: Paul Bauer, samt seiner Freunde. Auch deshalb schippert er heute vielleicht lieber auf einer Yacht mit seiner zweiten Frau durchs Mittelmeer. »In Deutschland sind viele Leute ziemlich sauer auf Bauer«, heißt es unter ehemaligen Mitarbeitern.

Andere Länder sind für ihn gänzlich tabu, verbrannte Erde, wie die USA zum Beispiel. Zumindest erzählt man sich, Bauer und Braun hätten viele Jahre lang wohlweislich keinen Fuß auf amerikanischen Boden gesetzt, aus Angst, festgenommen zu werden. Das US-Rechtssystem ist mit Leuten, die mit Online-Gambling ihr Geld verdienten, nicht zimperlich umgegangen, und Wirecard stand bei ihnen früh unter dem Verdacht, dass nicht alles mit rechten Dingen zugehe.

Für prickelndes Leben auf Mallorca sorgt neben charmanten Partygirls vor allem Ahmed Öner, ein ehemaliger Profiboxer aus Bocholt, der sich nun mit seiner ARENA-Box-Promotion als

Boxpromoter und Unternehmer versucht und Bauers Truppe mit Boxcamps und -veranstaltungen auf Mallorca unterhält. Öner stammt aus dem Ruhrpottmilieu. Er wächst in Duisburg auf, als es noch nicht ganz so runtergekommen ist wie heute, schmeißt die Realschule, verdingt sich danach in einer Konservenfabrik und als Türsteher eines Bordells. Irgendwann holt er den Realschulabschluss nach, macht sogar Abitur und versucht sich erfolglos im BWL-Studium – er bricht ab und eröffnet Sonnenstudios. Nebenher boxt er, seinen größten Erfolg landet er mit einem Kampf, durch den er Internationaler Deutscher Meister im Halbschwergewicht wird. Wie es das Boxerklischee will, gerät er früh in Konflikte mit dem Gesetz: 1989 wird er des Kokainbesitzes beschuldigt, ab 2004 dann wegen wiederholter Erpressung, Nötigung, Bedrohung, Beleidigung und Körperverletzung. 2009 wird er zu einer Geldstrafe von 120.000 Euro sowie einer Bewährungsstrafe verurteilt.

Mit der Unterstützung und dem Startkapital von Paul Bauer und Bernd Menzel, noch so einem der frühen Wirecard-Investoren, zieht er 2006 in Hamburg einen eigenen Boxstall auf (der später pleitegeht). Aus Dankbarkeit für die Geldgeber revanchiert er sich mit unorthodoxen Dienstleistungen: Der Boxer Öner stattet Leuten, die die Wirecard-Bosse nerven, indem sie schlecht über die Firma reden und »üble Gerüchte« in die Welt setzen, einen Besuch ab und schüchtert sie ein. Überliefert ist die Geschichte mit einem Shortseller namens Tobias Bosler, der keine Ruhe gibt und penetrant diverse Missstände sowie Tricksereien bei Wirecard in der Öffentlichkeit verbreitet. Der Kurs von Wirecard bricht daraufhin ein. Alles Unsinn, alles böse Spekulanten und garstige Shortseller, so behauptet die Firma schon damals, Jahre bevor die *Financial Times* mit den Artikeln das Kartenhaus zum Wanken bringt. 2010 schon wendet sich Bosler an Finanzaufsicht und Staatsanwälte, er muss gestoppt werden. Und im Kampf um den guten Ruf, und damit um den Börsenwert der Firma, ist der Wirecard-Truppe fast jedes Mittel recht. Erst soll es Wirecard-Anwalt und zeitweiliger Aufsichtsrat der Bank, Jens Röhrborn, richten, den missliebigen Shortseller Bosler mundtot zu machen, doch als die juristischen Drohungen keine Wirkung zeigen, »da sind wir halt zusammen hingegangen, um mit ihm zu reden«. Wie das konkret ablief, erzählt Öner im Anschluss an dieses Kapitel. Sein Besuch zeigt auf jeden Fall die erhoffte Wirkung. Bosler gibt seine Shortpositionen auf, der Kurs erholt sich. Paule Bauer hat wieder gute Laune und steckt weiteres Geld in Öners Boxstall, wie in so manch anderes geschäftliches Abenteuer auf Mallorca.

Dabei kreuzen sich seine Wege mit einem gewissen Florian Homm, damals einer der großzügigsten Gastgeber in der Mallorca-Runde, inzwischen ins Mystische abgedriftet. Vor allem aber nimmt Homm einen der vorderen Plätze in der Hitliste der größten deutschen Wirtschaftskriminellen ein; er sitzt zeitweise im Gefängnis, zeitweise taucht er auch unter. Ach, wie unbeschwert waren dagegen noch die Tage auf Mallorca! Homm, der Mann mit den zurückgegelten Locken und auf Fotos mit der obligatorischen Zigarre im Mund, unterhält damals eine prächtige Villa mit Blick auf die Bucht von Palma de Mallorca, mit eigenem Tennisplatz, Pool, Orangenplantage und weißen Säulen. Im Garten grasen Schafe. Das nötige Kleingeld verdient er wie Bosler als Shortseller, also mit Leerverkäufen, damit macht der Sprössling aus der Neckermann-Dynastie Millionen. Die Unternehmen, die er ins Visier nimmt, verfallen in Panik. Der Autoverleiher Sixt muss seine brachialen Attacken über sich ergehen lassen, ebenso der Finanzdienstleister MLP und die Immobilienfirma WCM. Es hagelt Bußgelder und Geldstrafen gegen ihn, die Staatsanwaltschaft Frankfurt ermittelt, Homm soll den Absturz der Aktien, aus dem er Profit schlägt, durch negative Analystenberichte selbst herbeigeführt haben.

2006 wird er in Caracas angeschossen. Dabei wusste er um die Gefahr für Leib und Leben, er hatte extra eine Limousine mit Panzerglas und Bodenschutz angefordert, dazu einen Fahrer und einen bewaffneten Leibwächter, so erzählt er es 2012 in einem Interview. Was aber wird ihm gestellt? »Ein verdammter Nissan ohne Schutz und ein Fahrer – kein Bodyguard, keine Knarre.« Ihm wird aus knapp einem Meter Entfernung in die Brust geschossen, aber er überlebt. Wer das Attentat verübt, wird nie geklärt. »Hells Angels? Russenmafia? Mir sind zu jeder dieser Gruppen ein paar Leute aus meinem früheren geschäftlichen Umfeld eingefallen.«

Am 18. September 2007 tritt Homm als Fondsmanager zurück und taucht über Nacht unter. Er ist zu dem Zeitpunkt einundfünfzig Jahre alt. Mit etlichen Millionen im Gepäck, wie er später in seiner Biografie *Kopf Geld Jagd* schreibt, besteigt er einen Privatjet in Palma de Mallorca und fliegt nach Kolumbien. Einen Großteil der Geldbündel hat er sorgsam in die Unterhose eingearbeitet.

In seinem legendären Hedgefonds, mit dem er von gutgläubigen – und geldgierigen – Investoren drei Milliarden Euro eingesammelt hat, finden sich statt der dort zu dem Zeitpunkt erwarteten 440 Millionen Euro nur noch sogenannte Pennystocks, also Anteilscheine von Firmen, die mehr oder minder wertlos geworden sind. Amerika schreibt den »Plattmacher von Mallorca« zur Fahndung aus.

Ein Privatdetektiv setzt ein Kopfgeld von 1,5 Millionen Euro auf ihn aus und schickt ein Team von ehemaligen Marinetauchern, Söldnern und Spezialkräften auf die Suche nach dem flüchtigen Finanzjongleur. Der umgibt sich mit Mossad-Agenten als Leibwächtern, reist mit falschen Pässen als Colin Trainor oder Chaim Friedman von Unterschlupf zu Unterschlupf, lässt sich einen Bart wachsen und schläft mit Sonnenbrille, ein Tick, den er aus lauter Angst entwickelt. »Ich wünsche niemandem, einen Monat lang mein Leben zu führen«, sagt er später. Das Leben im »Exil«, wie er es nennt, egal, wie weich gebettet, wäre schrecklich gewesen. Ob Jan Marsalek das bedacht hat? Ob Homm ihm imponiert hat damals? Es gab auf jeden Fall Kontakte.

Vor seiner Flucht betreibt Homm gemeinsam mit Paul Bauer einen Club auf Mallorca, der als coolster Partytreffpunkt der Insel angedacht ist. Die Unternehmung endet als finanzielles Fiasko. Es ist eine von diesen Geschichten, wie Geldgebern das Blaue vom Himmel versprochen wird, nur damit sie am Ende blamiert und um Millionen erleichtert dastehen. In diesem konkreten Fall kommt es darüber auch zum Bruch der Mallorca-Connection.

Doch der Reihe nach: Zunächst klingt der geschäftliche Ausflug ins Nachtleben wie ein Märchen aus Tausendundeiner Nacht. Bauer und Homm holen sich einen Proficlubbetreiber aus Frankfurt, Madijd Djamegare, der in der Bankenstadt den höchst erfolgreichen King Kamehameha Club an der Hanauer Landstraße betreibt. So sollte das auch auf Mallorca gelingen. Eine ganze Kette sollte unter dieser Marke entstehen, wenn man schon einen King Kamehameha Club hat, warum nicht auch Restaurants und Bars unter diesem Label eröffnen? Vielleicht sogar ein Hotel, King Kamehameha Grand klingt doch toll? Man denkt groß in diesen Tagen: Hat Mallorca nicht auf so ein Angebot gewartet? Und warum nur ein Hotel, wenn sich eine ganze Kette schaffen ließe? Eine Premium-Designhotel-Marke. Das ist, grob skizziert, der Plan von Homm und Bauer. Dafür stößt ein gewisser Carsten Rath zu ihnen, der ehemalige Chef der Arabella-Sheraton-Hotels. Ein Hotelfachmann von

Format, wie er insinuiert, der sich jetzt seinen eigenen Traum glamouröser Wohlfühloasen an außergewöhnlichen Orten der Welt verwirklichen will. Von da an ist kein Gedanke mehr zu gewagt. Think big! Mallorca soll nur der Anfang sein, die thailändische Insel Phuket und Laos sollen als weitere Standorte folgen. Damit verführen die Immobilienentwickler betuchte Investoren, in das Hotelprojekt einzusteigen, was für alle Beteiligten böse endet.

Das nahezu einzige Vorhaben, das von den gigantischen Träumen verwirklicht wird, ist ein Hotel im schnöden Bonn, 2009 eröffnet, das mit einem dachlosen Wintergarten und neun Meter hohen, begehbaren Blumentöpfen für sich wirbt. Das war's dann auch schon mit der Exotik. Zur Eröffnung des nächsten Hauses kommt es schon nicht mehr: Das Projekt auf Mallorca, dessen Bau allein 50 Millionen Euro kosten sollte, scheitert, bevor es richtig losgeht. Denn in Frankfurt fliegt eine große Schwindelei auf, mit Folgen bis nach Palma de Mallorca. Man hatte sich mit den falschen Leuten eingelassen: Die Hintermänner der Immobiliengruppe S&K entpuppen sich als Anlagebetrüger, dadurch gehen bei einem mit den dreisten Frankfurter Jungmanagern, die Anleger um 240 Millionen Euro geprellt haben, aufs engste verbandelten Hamburger Fondsanbieter im März 2013 die Lichter aus. Die Folgen für Paul Bauers Hotelträume sind desaströs: Die aus Hamburg zugesagten zehn Millionen Euro fallen aus, damit wird das Hotelexperiment namens »Cosmopolitan Estates Mallorca« hinfällig – und die Welt ist wieder einmal schlauer, was an Betrügereien möglich ist.

Der Bau des Kamehameha Bay Hotels an der Küste Mallorcas wird erst verschoben, dann umgeplant, schließlich wird das Projekt begraben. So wie der ganze Rest des Traums von der »King Kamehameha«-Kette. Mit dem finanziellen Crash endet auch die Männerfreundschaft jener Männerclique um Bauer und Homm, dem Boxer Öner und dem Hotelmann Rath. Heute will von der gemeinsamen Vergangenheit keiner mehr etwas wissen und die Freunde von damals am liebsten nicht mehr kennen.

Paul Bauer residiert auf einer Yacht vor Mallorca, wo ihm, wie manche scherzhaft behaupten, »die halbe Insel gehört«. Zudem treibt er auf Laos mit seiner zweiten Frau neue Immobilienprojekte voran, diesmal soll alles wahnsinnig ökologisch korrekt zugehen. Ihnen gehört ein Luxus-Retreat am Fluss, wo die Gäste flechten und meditieren können, es gibt Yoga, Reiten und Wandern im Angebot. Dazu bauen »Paul und Francisca« beziehungsweise ihre lokalen Arbeitskräfte auf einem Ökobauernhof Gemüse und Obst an. Carsten Rath ist ebenfalls auf Mallorca hängen geblieben, er verdingt sich als Key-Note-Speaker, Buchautor und Consultant mit Schwerpunkt Hotellerie und Gastronomie. In seinem Slang heißt das: »Service Excellence für Mitwisser, Macher und Insider.« Die einstigen Wirecard-Buddys Paul Bauer und Markus Braun haben angeblich seit zehn Jahren keinen Kontakt mehr. Das Zerwürfnis begann rund um den Börsengang 2004/2005, heißt es. Vor dem Gang aufs Parkett hatten die Alteigentümer sich ein lukratives »Friends & Family«-Programm ausgedacht: Die Freunde des Hauses und frühen Investoren konnten vorab zu besonders günstigen Konditionen zeichnen. Die Bedingungen waren so abenteuerlich, dass unser Zeuge von damals, der Manager, der heute für einen Mittelständler arbeitet, darüber immer noch erschüttert ist. »10 Millionen wurden da verteilt, unter der Hand«, empört sich der Mann über den Coup des Duos Braun und Bauer. Die Arbeitsteilung sieht damals wie folgt aus: Bauer wechselt in den Aufsichtsrat, Markus Braun übernimmt den Vorsitz im Vorstand. Kaum ist der Postenwechsel beschlossene

Sache und öffentlich angezeigt, will Braun mehr: Der Vorsitz reicht ihm nicht, er will Miteigentümer werden, verlangt Firmenanteile, zu Sonderkonditionen, sonst gehe er noch vor dem Börsengang, so soll er gedroht haben. Brauns Abgang mag Bauer nicht riskieren, er lenkt ein und verkauft an Braun. Fortan hält Braun sieben Prozent an Wire Card. Er ist nun Chef und Großaktionär. Er ist Wire Card.

Für den King-Kamehameha-Gründer aus Frankfurt geht die Geschichte weniger glorreich zu Ende. Er ist sein Lebenswerk los, Aufsichtsrat Jens Röhrborn und seine Anwälte haben dafür gesorgt, dass die Clubs in den Besitz der Investorengruppe übergehen und er leer ausgeht. Er eröffnet ein paar Jahre später einen neuen Club in der Frankfurter Innenstadt, das Gibson, und tröstet sich damit, dass die Zeiten von Clubs in der Peripherie großer Städte sowieso vorbei sind.

Der Anwalt Jens Röhrborn zieht sich 2010 offiziell von seiner Tätigkeit für Wirecard zurück. Er steht indes bis fast zum bitteren Ende in einem regen Austausch mit Jan Marsalek, mehrere hundert E-Mails an diesen finden sich in den Akten des Untersuchungsausschusses. Heute ist Röhrborn vor allem in der Berliner Start-up-Branche aktiv; als Investor, Business-Angel und Gründer. In den Tagen, in denen Wirecard in die Luft fliegt und Markus Braun verhaftet wird, baut er mit der Jungunternehmerin Miriam Wohlfarth ein neues Fintech namens Branxware auf, das Kredite an Händler auf Internetplattformen vergibt.

Ahmed Öner ist immer noch als Boxpromoter aktiv, lebt in der Nähe von Köln, wo er viel Zeit im Boxstall oder auf dem Rücken eines Pferdes verbringt. Mit dem Shortseller Tobias Bosler würde er sich gerne versöhnen, und solche Dinge wie damals mache er heute nicht mehr. Mit fünfzig Jahren sei er ruhiger geworden, behauptet er, »nicht mehr so emotional«.

Florian Homm wird 2013 nach fünf Jahren Flucht festgenommen, während eines Besuchs der Uffizien in Florenz. Nach einem Jahr Untersuchungshaft wird er nach Deutschland ausgeliefert. Heute lebt er in der Nähe von Frankfurt. US-amerikanische und Schweizer Fahnder muss er zwar nicht fürchten, da Deutschland an Nicht-EU-Staaten nicht ausliefert, wohl aber, dass ihm vielleicht frühere Geschäftspartner auflauern, um zu klären, ob sich bei ihm nicht doch noch ein paar Millionen finden lassen. Er schreibt einen Finanznewsletter und hält Reden über Ethik und Management. Ein Jahr Knast in Italien habe ihn »geläutert«, sagt er in Talkshows. Die Zeit auf Mallorca beschreibt er heute so: »Früher steckte ich in einem endlosen Sandkastenspiel mit den anderen Vollidioten, die Flugzeuge und Boote verglichen haben.« Das ist dem Finanzjongleur heute peinlich. »Ich war seelenlos, jetzt tue ich Gutes.«

»Dann setzte es Ohrlaschen.«

Der ehemalige Profiboxer und jetzige Boxpromoter Ahmet Öner berichtet von den rüden Gepflogenheiten aus der Anfangszeit von Wirecard.

Frage: Herr Öner, haben Sie je in Wirecard investiert?

Ahmet Öner: Nein. Ich habe noch nie in meinem Leben eine Aktie gekauft, ich habe lieber in Casinos gespielt.

Sie sind Boxer, wie kamen Sie in Kontakt zu Wirecard?

Durch Paul Bauer.

Den damaligen Großaktionär?

Ja. Den Paul habe ich 2006 kennen gelernt, bei einem Boxkampf, Luan Krasniqui gegen Lamon Brewster, WBO-Schwergewichts-WM, da stand ich neben so einem Geschäftsmann, der wissen wollte, wie verdient man mit so einem Kampf Geld. Ich habe es ihm dann erklärt, und der hat mich dann Paul Bauer vorgestellt, einem wichtigen Investor, wie er sagte. Am nächsten Tag gleich habe ich mich mit ihm in Hamburg getroffen. Zum Gespräch, eine Eindreiviertelstunde hat es ungefähr gedauert.

Um was konkret ging es da?

Um die Pläne für einen Boxstall. Er wollte wissen, wie man so was aufzieht, wo das Geld herkommt; Sponsoren, Eintrittskarten, Fernsehen, was ein Boxer kostet, wie viel Startkapital es braucht. Dann hat er seinem Wirtschaftsprüfer – der war auch dabei – gesagt: Startkapital zwei Millionen, notieren Sie mal. Zum Abschied hat er gemeint: »Lass mal deine Telefonnummer da, ich rufe dich an.« Dann bin ich raus.

Hat er sich gemeldet?

Ja, schon zwei Stunden später. Er hat gefragt, ob ich Zeit habe, gleich, und zum Flughafen komme, er habe Privatjet. Cooles Ding. Dann sind wir von Hamburg nach Mallorca geflogen, in den drei Stunden haben wir alles beredet. Dort sind wir dann nach Bendinat, in das Altbauhotel von ihm, in so einem kleinen Hafen in der Nähe von Santa Portal Nous. Unten in dem Hotel war noch ein bisschen Baustelle, oben war ein geiles Penthouse, so richtig geil, wie man sich Mallorca vorstellt, du siehst das Meer und alles. Da lag überall »Schnee« herum ... Am Abend sind wir zusammen unterwegs gewesen, und ja, am nächsten Tag waren die zwei Millionen auf mein Konto überwiesen. Von Bauer. Und dann fing meine Firma an: Arena Box-Promotion, ein Joint Venture mit Paul Bauer.

Und nebenher haben Sie Sonderaufträge von ihm ausgeführt und Shortseller verprügelt, die gegen Wirecard gewettet haben?

Die Situation war anders, direkte Aufträge gab es nie. Es war 2008, ich erlebte Paul Bauer panisch, der war ja nicht nur Wirecard-Investor, sondern auch in meiner Firma. Mann, war der durcheinander, so verwirrt, der hatte kein Ohr mehr für mich. Da habe ich ihn gefragt, was denn los sei. Und er: »Das ist nichts für dich, das kannst du jetzt auch nicht klären, das nützt nichts mit deinen dicken Armen.« Daraufhin habe ich nachgehakt.

Was genau war passiert?

Irgendwann hat Paul gesagt, da hat so ein Arsch, ein Shortseller, Wirecard attackiert, ein Typ, der auf fallende Kurse setzt, der behauptet, dass die Bilanzen manipuliert seien, und deshalb fallen jetzt die Kurse.

Wussten Sie, was Shortseller machen?

Überhaupt nicht. Aber so wie Paul mir das erklärt hat, dachte ich: Okay, das sind Zocker, das ist ein Spiel für die. Ich habe dann das Gefühl gehabt, dass ich eine Feuerwehr einschalten muss, dass ich eingreifen muss, weil es brannte: Das Haus Wirecard brannte.

Was hatten Sie vor?

Ich habe Paul gesagt: »Wir gehen zu diesem Typen hin, ich überzeuge ihn, der wird keine andere Wahl haben, als die Wahrheit zu sagen.« Paul Bauer hat mir ja erklärt, dass alles, was der Typ behauptet, nicht stimmen würde, das mit den gefälschten Bilanzen und allem. Das seien alles nur Gerüchte, um das Vertrauen in Wirecard zu erschüttern. Da habe ich ihm gesagt: »Wo sitzt der Typ?« Der Typ saß in München, in der Nähe vom Viktualienmarkt.

Und dann sind Sie losmarschiert? Einfach so, allein und ohne Termin?

Ohne Termin, aber nicht alleine. Mit Jens Röhrborn, einem Anwalt, der war im Aufsichtsrat unserer Boxfirma und auch für Wirecard tätig. Mit dem habe ich mich in München verabredet, dann bin ich mit zwei Jungs von mir von Hamburg aus hingeflogen, ich hatte klare Vorstellungen davon, wie das ablaufen sollte. Ich dachte, dieser Shortseller, das ist irgend so ein Lutscher, kein harter Junge aus der Szene, der will keine Konflikte mit mir, da gehen wir jetzt hin ohne großes Besteck, das wird schon laufen.

Und das hat geklappt? Wie ist der Besuch gelaufen?

Wir sind zu dem hin, ein paar Mann. Und dann habe ich auf meinen Moment gewartet, wo ich einschreite, und Jens fing an, mit ihm zu plaudern, so wie normale Geschäftsleute das tun, obwohl sie beide verfeindet waren. Also, innerlich war da für mich schon ein bisschen: »Hä?« Ein bisschen mehr Aggressivität hätte ich von Jens Röhrborn schon verlangt, weil Wirecard 2008 angeschlagen war, die Existenz stand auf dem Spiel. Dann habe ich dem Bosler, dem Shortseller, gesagt: »Jetzt halt mal die Fresse«, habe den direkt gepackt, und dann ist er zurück in seinen Laden. »Wenn Sie einen Schritt näher kommen, ist das Hausfriedensbruch.« Er stand so an der Türschwelle, da habe ich ihn am Gürtel gepackt und rausgezogen: »Jetzt ist es kein Hausfriedensbruch.« Da habe ich ihn beiseitegenommen: »Hör zu, Junge, damit du mal Bescheid weißt, ich bin wegen dir hier. Ich habe keine Lust, dass du hier weiter Scheiße über die Firma erzählst, die haben echt ernsthafte Probleme, die Jungs. Ich will das so nicht. Und ich möchte, dass das beendet wird.« Guckt der mich so an, total schockiert. »Guck mal«, habe ich gesagt, »das sind Partner von mir, also redest du Scheiße über mich jetzt. Ich will das einfach nicht. Deine ganzen Geschichten, Bilanzen, was geht dich das überhaupt an?«, habe ich ihn gefragt. Dann hatte ich so eine Zigarette in meiner Hand und habe den Qualm in sein Gesicht gepustet, ein paarmal, da war er ein bisschen eingeschüchtert, stand so an der Wand. »Pass auf«, habe ich gesagt, »in der Türkei kostet ein Menschenleben 1.000 Dollar, und das Einzige, was hier jetzt fehlt, sind die 1.000 Dollar. Ich möchte das nicht.« Und dann habe ich, um dem noch so eine Quintessenz zu geben, ausgeholt, weil er so guckte, mit dem Rücken an der Wand, und habe gegen die Wand geschlagen, aber an ihm vorbei. Das war für ihn sehr überzeugend, dann haben wir uns eigentlich verabschiedet.

Eigentlich?

Ja. Da ist nicht mehr passiert. Nur verbale Aktion. Ich war halt laut und habe ihn eingeschüchtert. Der war jetzt auch kein Riese und war überfordert mit mir und mit dieser Situation, er hatte keine Lust, das weiterzuverfolgen, konnte auch nicht Paroli bieten, in keiner Form. Der Röhrborn war auch bisschen schockiert. »Wow, das ist echt hart«, irgendwie so was hat er gesagt.

Hat niemand die Polizei gerufen?

Nein. Aus Zufall stand da ein Polizeiwagen in der Nähe, da hat Jens gemeint: »Nicht so wild.« Weil ich kann ja in Rage kommen und so. Ich habe mich ein bisschen in Rage geredet, ich war überzeugt, dass meine Tat richtig war, so laut wurde ich, ein bisschen lauter, bedrohlich, und habe die richtigen Worte gefunden. Ich kann das, verbal und auch biologisch Druck ausüben. Das hat gepasst.

Wie hat der Shortseller reagiert? Hat er seine Vorwürfe gegen Wirecard zurückgenommen?

Ja, gleich am nächsten Tag. Er hat berichtet, dass alles gelogen und erstunken sei, und hat seinen Laden zugemacht. So wie ich das von ihm wollte. Ich dachte in dem Moment, ich habe was Gutes gemacht. Ich habe einen Betrüger entlarvt, dachte ich. Heute wissen wir, dass der wahrscheinlich recht hatte. Tut mir leid für den Mann, ich war auf der falschen Seite.

Bauer-Schlichtegroll war zufrieden?

Auf jeden Fall habe ich ihn noch nie in meinem Leben so glücklich gesehen, das kann aber auch andere Gründe gehabt haben. Ich glaube, seine ganze Firma, der Marsalek, der Braun und alle haben ihn angerufen und gesagt: »Boah, ihr lasst euch nicht verarschen, ihr seid coole Jungs.«

Wie gut kannten Sie Wirecard damals?

Ich habe die Abteilung Braun ein paarmal auf meinen Boxveranstaltungen gesehen, die ich auf die Beine gestellt habe, mit Geld von Paul Bauer und seinem Konglomerat finanziert. Ich war der CEO, das Geld kam von denen, deshalb hatte ich die ganze Wirecard-Crew eingeladen. Paul fand das cool, so einen Boxstall, der ihm gehört. Mit allem, was dazugehört.

Frauen, Alkohol, Drogen?

Frauen ohne Ende und alles, was eigentlich verboten ist. Das hat er geliebt und seinen Spaß gehabt.

Was genau heißt: »Alles, was verboten ist«?

So, wie ich's gesagt habe. Paul war ein Mensch, der auf Party Wert legt, der hat sich dann zurückgezogen, noch schön ein Näschen gezogen, dann ein paar Joints. Alles. Der hat sich erst mal hochgeschossen, dann wieder runtergefahren. Das war oft an der Gesundheitsgrenze, was der gemacht hat. Paul hat sich wirklich teilweise hingerichtet, also so viel konsumiert von dem weißen Schnee, dass es nicht mehr schön war. Heavy User, aber ein hochintelligenter Mann.

Und Markus Braun, welchen Eindruck hat der auf Sie gemacht?

Das war so ein arroganter, aufgeblasener Wichtigtuer. Sorry. Aber der immer mit seinen Rollkragenpullis, das fiel auf, und dann seine Art. Arrogant, aalglatt, schmierig. Der stand über den Dingen. Ich hatte das Gefühl, der mochte keine Menschen, noch nicht mal den Paul, das war nicht seine Welt. Der Braun war so der Zahlenmensch, der CEO von Wirecard, der große Macher. Und wenn er beim Boxen saß, dann waren das für ihn wahrscheinlich primitive Gestalten, so ein paar Boxer. Nee, den mochte ich nicht. Mit dem bin ich nicht warm geworden wie mit der restlichen Wirecard-Crew; Krawatten- oder Rollkragenpulliträger, solche intellektuellen Leute. Establishment, Wirtschaftsprüfer, Anwälte, alles Laufburschen von Paul, das war eine neue Gesellschaft für mich. So wie die oberen Zehntausend, im Endeffekt war keiner von denen ein lieber Mann. Die funktionierten alle nur. Wie so eine Sekte, eigenartig.

Hatte die Aktion gegen den Shortseller strafrechtliche Folgen für Sie?

Nein, ich glaube, der Typ hat mich nicht mal angezeigt. Aber ich habe ein Verfahren gehabt wegen Klaus-Peter Kohl mit seinem Universum-Boxstall, ich war halt ein aufstrebender Boxpromoter, und Kohl war mein Konkurrent und hat dann alle Hebel in Bewegung gesetzt, um mir zu schaden. Steuerrazzien, dies und das, wo alles nichts rauskam. Räuberische Erpressung und Bedrohungen in mehreren Fällen haben sie mir vorgeworfen. Alles zu Unrecht.

Sie wurden aber doch verurteilt?

Ja, zweiundzwanzig Monate auf Bewährung, alles wegen Universum. Da war ein Steuerberater, dem ich mal eine geballert hatte, weil er Unterlagen nicht rausgegeben hatte, und dann Türsteher, die eidesstaatlich beschrieben haben, dass ich sie bedroht hätte. Alles Zweimetertypen. Was ist das für eine Geschichte? Lächerlich. Aber der Kohl, wirklich kein Saubermann, hat eine Anzeige gemacht gegen mich wegen Erpressung. Bullshit. Ich hatte Wirecard, was soll ich den erpressen? Ich habe dann Bewährung bekommen, weil sich die Hamburger Justiz nicht die Blöße geben wollte, mich freizusprechen.

Wie ging es weiter mit Bauer und Wirecard?

Paul Bauer hat mich fallen lassen damals, ich wurde ja 2009 auch angeschossen von Unbekannten, das alles war ihm wahrscheinlich zu heiß. Und Boxen war als Invest für ihn ein Fass ohne Boden, und er hat dann eine Ausstiegsmöglichkeit gesehen. Dabei hab ich zuvor immer eingegriffen, wenn er irgendwo Ärger hatte.

Was haben Sie gemacht?

Ich habe mal dem eine Ohrlasche geben, dann mal dem. Paul Bauer fand das cool, der konnte ja selbst keine Ohrlasche hauen. Irgendwann, nachdem für ihn mit Wirecard alles gelaufen war, war er meiner Arbeit überdrüssig. Er hat sich dann nicht mehr gemeldet.

Das heißt aber: Sie hatten mehrere solche Aktionen für Wirecard wie mit dem Shortseller Bosler?

Ja. Dem Paul ging immer mal wieder einer auf den Sack, dann hat ihn der Anwalt angekotzt, weil der es nicht geregelt bekam, und er hat zu mir gesagt: »Hör mal, der und der nervt mich.« Bam, hat es dann eine Ohrlasche von mir gegeben, dann war das gelaufen: So läuft das hier. Harte Bandagen. Bam, bam. Thema erledigt. Ich habe nicht gefackelt, nicht groß argumentiert. Einfach: »Hör zu, klär das mit Paul Bauer, sonst sehen wir uns noch mal.« Feierabend.

Sind dabei Strafanzeigen rausgekommen?

Nein, gar nichts. Kein Einziger hat mich angezeigt. Die Leute, die ich da gesehen habe, die haben alle Dreck am Stecken. So wie im Milieu, nur halt in einem anderen Milieu. Pack schlägt sich, Pack verträgt sich. Und da haben ja Ohrfeigen gereicht, bei denen konntest du die Faust in der Tasche lassen, waren letztlich keine stabilen Männer.

Sie waren der Mann fürs Grobe, der Problemlöser für Wirecard?

Ja, definitiv, so habe ich mich damals verstanden. Eraser, Cleaner. Ich war so ein Feuerlöscher damals.

Fühlten Sie sich Wirecard verpflichtet?

Ja, die waren meine Investoren, klar war ich denen verpflichtet. Ich meine, das ist ja keine Dönerbude. Das ist schon was, wo man sagt: wow, Börse. Und die haben als Sponsor mehrere

Millionen für meine Boxfirma rausgetan, da hat man Respekt. Wenn mein Hauptgeldgeber Wirecard in Probleme gerät, dann muss ich einschreiten, mit aller Macht, so war das.

Sie waren loyal?

Absolut loyal. Ich bin gegenüber allen meinen Business-Partnern loyal, immer. Ich lasse mich nur nicht verarschen. Aber Paul Bauer hat seine Versprechen nicht gehalten, er hat seinen Vertrag zum Schluss nicht erfüllt. Ich habe ihm dann mal aufgelauert, hab ihm gesagt: »Paul, du schuldest mir noch Geld. Du hast meine AG mit 2,2 Millionen Schulden im Regen stehenlassen.« Da hat er so auf Empathie gemacht, auf Gefühle, die er gar nicht hat. Meinte: »Komm mich in Thailand besuchen, da reden wir drüber.« Habe ich dann gemacht, zwei Tage da mit ihm gesessen und durchgequatscht. Dann meinte er: »Ich überweise dir Geld.« Ist aber nie was gekommen. Ich finde, was mit Wirecard am Ende passiert ist, ist hohe Gerechtigkeit. Das haben die verdient.

War Markus Braun als Chef damals in Ihre Einschüchterungsaktionen eingeweiht?

Braun und Bauer haben sich sonst immer abgestimmt, permanent, ob auch darüber, weiß ich nicht. Braun hat mir aber nie einen Auftrag gegeben. Mein Mann war Paul, der war der Großaktionär, der Macher, Wirecard war sein Baby. Wenn es irgendwo wieder ein Problem gab, hat Paul mich angerufen: »Ahmed, wo bist du? Kannst du nach Frankfurt kommen?« Oder nach München, nach Mallorca, nach Thailand. Manchmal hat er mir sogar seinen Privatjet geschickt. Ich wollte helfen. Also bin ich überall hingeflogen, ausgestiegen, es setzte eine Ohrlasche und dann wieder weiter. Bestimmt gab es zehn, zwölf Ohrlaschen im Namen von Wirecard. Ich weiß nicht, wer die kassiert hat oder warum, weshalb. Aber nachdem ich verurteilt war, hat Bauer sich nicht mehr gemeldet. Wirecard holte sich da andere Leute, mit denen hatten sie keinen so engen Kontakt wie mit mir, die wurden wahrscheinlich einfach bezahlt für Jobs, da war ich überflüssig. Dieser Marsalek, der wirklich ein Vollbetrüger war, hat mich quasi ersetzt, der hat alles in seine Hand genommen, Profis, Einschüchterungsprogramme, da war kein Platz mehr für mich. Ich war noch Steinzeitmensch.

Haben Sie geahnt, dass Wirecard als größter Betrugsfall in die deutsche Wirtschaftsgeschichte eingehen würde?

Nein. Am Anfang dachte ich: Das ist ein seriöses Unternehmen, eine reine Abrechnungsfirma, auch wenn mir klar war, dass da so ein cleverer Paul Bauer ist, der im Grunde auch ein böser kleiner Gauner ist. Das System Wirecard habe ich unabhängig davon betrachtet, da gab es ja den Braun und die Leute aus den bürokratischen Abteilungen, die wirkten alle wie Geschäftsleute. Heute wissen wir natürlich, dass der klassische Kriminelle, der klassische Gangster, oft harmlos ist gegen die mit den Krawatten. Aber damals – gibt ja eine Bankenaufsicht, also ist das seriös, dachte ich. Dazu der DAX, die deutsche Börse, also, ich bitte Sie. Wem soll man dann noch glauben?

Wie schätzen Sie Ihren Beitrag zur Wirecard-Geschichte heute ein?

Wir haben das Leben von Wirecard verlängert, als wir den Shortseller mundtot gemacht haben. Was der damals gesagt hat, war ja die Wahrheit.

Haben Sie ihn jemals wieder getroffen?

Nein, nie mehr. Nie wieder.

Was würden Sie ihm sagen?

»Hör zu, Junge«, würde ich ihm sagen, »du hast wohl recht gehabt. War wohl ein Sauladen, sorry, tut mir leid. Ich war damals auf der anderen Seite, ich habe gedacht, ich tue das Richtige für eine Firma, die unter Druck gesetzt wird mit falschen Tatsachen.« Also, ich kam mir nicht gerade vor wie ein Robin

Hood, aber schon wie einer, der das Grobe mal in die Hand nimmt und für Klartext sorgt. Heute frage ich: Wie konnte Wirecard überhaupt in den DAX kommen? Irgendwas ist da faul, wenn die Börse so eine Lappenfirma reinlässt, das ist nicht korrekt, das ist dann nicht mehr das Deutschland, das ich kenne, wovor ich Respekt habe.

Der Sündenfall mit der Zockerbude

Ein wichtiges Kriterium, um die Leistung eines Managers zu beurteilen, ist dessen »Track Record«, wie es die Leute vom Kapitalmarkt nennen, wenn es gilt, Zensuren zu verteilen: Welche Spuren hat die Frau, der Mann hinterlassen? Wie oft lagen er oder sie mit ihren Einschätzungen richtig? Haben sie alle Versprechen gehalten, den Wert der jeweiligen Firmen auf ihrem Karrierepfad gesteigert? Oder liegt eine ganze Kaskade an schlechten Entscheidungen oder gar Pleiten hinter ihnen?

Der Track Record von Markus Braun schien bis zum Juni 2020 tadellos, einsame Spitze, hatte er doch aus einem vor sich hin darbenden Start-up innerhalb von zwanzig Jahren einen Weltkonzern geschaffen, der Milliarden wert war. Ein Unternehmen, das jedes Jahr Umsatz und Gewinn steigerte, jedes Jahr profitabler zu werden schien. Fehler oder Rückschläge? Nicht für Braun. Der einzige Schönheitsfehler aus Sicht seiner vielen Fans waren die bösen Attacken der Shortseller, die mit angeblich wilden Gerüchten den Markt verunsicherten und den Aktienkurs in die Knie zwingen wollten. Aber auch solche Phasen währten immer nur kurz, bis zum großen Knall im Sommer 2020. Seither guckt die Welt anders auf die Performance des Markus Braun. Gewürfelte Zahlen sind an der Börse nicht gefragt.

Dabei hätte das Publikum gewarnt sein können – sein Track Record ist keinesfalls so tadellos, nur wer schaut so genau hin? Und wer behält all die Informationen im Gedächtnis?

Denn Brauns Track Record weist früh schon einen Makel auf. Wer verfolgt hat, was seinerzeit bei dem Darmstädter Spieleentwickler 10tacle passierte, zu einer Zeit, als Markus Braun dort in entscheidender Position als Aufsichtsratschef über die Geschäfte wachte, der reibt sich heute ungläubig die Augen. War das Brauns Sündenfall? Es braucht nicht viel Fantasie, die Geschichte mit den Spieleentwicklern als Fingerübung für die Wirecard-Story zu lesen. Gewiss, manche Parallele mag bloßer Zufall sein, insgesamt ist die Ähnlichkeit allerdings frappierend: viel Geklüngel, kaum durchschaubare Strukturen und ein böses Erwachen. Doch der Reihe nach: Bei 10tacle findet die ganze muntere Mallorca-Wirecard-Truppe zusammen. Im Aufsichtsrat sitzen Markus Braun und Paul Bauer-Schlichtegroll. Letzterer wacht auch über das Geschehen des 10tacle-Großinvestors »Patrio Plus«, zusammen mit Jens Röhrborn, der wie oben bereits erwähnt zudem Aufsichtsrat bei Wirecard ist, wo Markus Braun gerade den Vorstandsposten von Paul Bauer übernimmt, als der in den Aufsichtsrat wechselt. Zudem sitzen Bauer und Röhrborn auch im Aufsichtsrat von Ahmed Öners Boxstall.

Und dann hat 10tacle, diese Spielefirma mit dem komischen Namen, natürlich auch einen Chef: Michele Pes, der wiederum als Geldgeber beim King-Kamehameha-Projekt beteiligt ist, Paul Bauers Traum vom Club- und Hotelimperium. Eine eingeschworene Clique, alles sehr eng. Zu allem Überfluss hatten Wirecard und die Darmstädter Spielefirma mit Patrio Plus einen gemeinsamen Investor, der außerdem an noch einer Firma in diesem Dunstkreis beteiligt war, der Happybet Sportwetten. Dieser Wettladen gerät dadurch in die Schlagzeilen, dass der

Gründer und Betreiber auf offener Straße erschossen wird, als er aus dem Milieu aussteigen will. Der Mord an dem Zockerkönig demonstriert, wie rau die Sitten sind. Und die Mallorca-Clique bleibt nicht verschont: Neben Florian Homm, der inzwischen erleuchtete Aufschneider, wurde auch dem Boxer Ahmed Öner 2009 in einem Hamburger Hinterhof in den Oberschenkel geschossen. Angeblich hätten sich kubanische Agenten an ihm gerächt, weil drei Boxer aus Kuba vor der kommunistischen Staatsmacht hatten fliehen können. Die Hintergründe der Tat wurden nie aufgeklärt, Öner schweigt zu diesem Punkt.

Das geschäftliche Interesse der Mallorca-Freunde wecken alle möglichen Klitschen, denen eine große Zukunft vorausgesagt wird. Besonders begehrt sind zu Beginn des neuen Jahrtausends elektronische Zahlungsabwickler, Computerspiel-Entwickler sowie Sportwetten-Anbieter. Man pulvert ordentlich Geld in die Firmen, um die Geschäfte anzukurbeln. Ziel ist dann irgendwann die Börse, wo das richtig fette Geld lockt. Geht die Rechnung auf, und die internationalen Investoren beißen an, verabschieden sich die frühen Investoren wieder, mit möglichst hohem Gewinn.

Das Ganze ist ein gewagtes Experiment, denn von zehn Neugründungen scheitern mehr als die Hälfte. Deshalb gilt unter Gründern auch das Motto: *Fake it til you make it*. Übertreibungen, was Kunden, Umsätze und Marktanteil angeht, sind in der Szene anfangs – in einem gewissen Rahmen – durchaus erlaubt, da nimmt es keiner einhundertprozentig korrekt. Ein gewisses Großmaul gehört zum Geschäft. Sobald die Börse erst mal erreicht und die Finanzierung gesichert ist, wächst sich das alles wieder aus. So weit, so gewöhnlich. Mancher Gründer aber entpuppt sich bei näherem Hinsehen als lupenreiner Betrüger, wo Schein weit mehr zählt als Sein: Da wird nach allen Regeln der

Kunst und über das Erlaubte hinaus manipuliert, damit die Zahlen glänzen. Ohne die Politur sähe das Ganze ziemlich traurig aus – die Frage ist dann nur, wie lange das gutgeht, bis der Schmu auffällt oder das Luftgebilde in sich zusammenfällt.

Im Fall von Wirecard hat der Konzern immerhin zwei Jahrzehnte überlebt, bei 10tacle setzte die Talfahrt deutlich schneller ein, bis die neue »Perle« an der Börse ein spektakuläres Ende nimmt. Der Spielehersteller wird im Jahr 2003 gegründet und nimmt sogleich eine überaus »dynamische Entwicklung«, wie das Unternehmen betont. Schnell werden Millionenumsätze verzeichnet, man schreibt Gewinne und beschäftigt um die dreihundert Mitarbeiter an Standorten in Berlin, Bratislava, Budapest, Charleroi, London, Wien und Singapur. Eine saubere Story für die Börse.

Am 22. Juni 2006 ist es so weit, in Frankfurt wird die Aktie des »führenden Spieleherstellers für hochwertige Games« zum Preis von mehr als 12,50 Euro ausgegeben. Ein grandioser Erfolg. Der Gründer, Michele Pes, wagt gar die Prognose: »So billig wird die Aktie nie wieder zu haben sein.« Die nächsten 18 Monate werden ihn böse widerlegen, aber das ahnt damals niemand von den glücklichen Zeichnern des Papiers. Im Jahr 2007 überschlagen sich die Erfolgsmeldungen: Im März verkündet 10tacle bei einem noblen Event mit Champagner und Kaviar einen »Großdeal« mit dem Musiksender MTV. Die Aktie springt von 12 auf 15 Euro. Ende August legt das Unternehmen mit Halbjahreszahlen nach – Umsatz und Gewinn wachsen rasant, um 30 bis 40 Prozent. Grund ist ein Coup in Asien, der den Eintritt auf den asiatischen Markt besiegelt, was sich direkt in den Zahlen niederschlägt: 14 Millionen von 19,4 Millionen Euro Einnahmen im ersten Halbjahr 2007 werden in Asien erzielt. Das Muster erinnert an Wirecard, manche Ungereimtheiten inklusive. Dazu ein kleines Zahlenspiel: Rechnet man den 10tacle-

Umsatz in Asien heraus, bleiben noch gut fünf Millionen Euro Einnahmen übrig. Im Vorjahreszeitraum hatten die Einnahmen – noch ohne Asien – bei fast 13 Millionen Euro gelegen. Ein Glück also, dass man den Sprung nach Asien geschafft hat. Sonst wären die Zahlen katastrophal ausgefallen. Aber Asien ist, zum Glück, groß – und weit weg, es eignet sich für Wachstums- und sonstige Erfolgsmeldungen geradezu perfekt. Wir werden darauf zurückkommen, bei den späteren Geschäften Brauns.

In der von ihm kontrollierten Spielefirma sprudeln im September 2007 die guten Nachrichten: 10tacle kann neben MTV auch Ferrero und BMW, zwei anerkannte Marken, als neue Werbekunden verbuchen, auch dies eine »neue lukrative Einnahmequelle«, heißt es, was sich positiv auf das Ergebnis 2007 auswirken wird. Trotzdem bricht der Aktienkurs Mitte September ein. *Hat irgendjemand 'ne Erklärung für diesen Kurssturz?*, fragt ein entsetzter Anleger in einem Börsenforum. Es hatte doch bislang nur grandiose Erfolge zu vermelden gegeben – auf diesen dubiosen »Forderungsbestand« von 33,2 Millionen Euro, der irgendwo »unter ferner liefen« auftauchte. Irgendein Geschäftspartner sei säumig, kein Grund zur Sorge, beruhigen die Darmstädter, bis Ende des Jahres habe man das im Griff. Im Dezember folgt die großartige Übernahme eines Spieleherstellers aus Berlin. Zugleich wird der Ausstieg von Markus Braun aus dem Aufsichtsrat bekannt gegeben. Man könnte auch sagen: Markus Braun verlässt gerade noch rechtzeitig mit der letzten positiven Meldung das sinkende Schiff. Nur ein halbes Jahr später, Anfang August 2008, ist 10tacle pleite. Die grandiosen Umsätze in 2007 – sie fehlen. Kritische Stimmen bemängeln nun die überaus »kreative Bilanzierung«: 10tactle verbuchte im Jahr 2007 Umsätze und Gewinne »auf Basis von möglichen zukünftigen Verkaufspreisen noch nicht fertig gestellter Spiele«. Man hatte also reichlich Luft in die Bilanz gepumpt. Das ist zu einem gewissen Grad legal, rächt sich aber, wenn die Spiele nicht wie geplant auf dem Markt erscheinen. Und genau so kommt es. Die Entwicklung der fest eingerechneten Spiele verzögert sich, während andere beim Zockerpublikum floppen.

Das kann alles passieren. Aber was ist aus dem Asien-Geschäft geworden? Da hatte man doch bereits 2007 erhebliche Umsätze erzielt. Kein Wort dazu. Die Übernahme der Berliner Firma, an Brauns letztem Tag als Chefkontrolleur, muss rückabgewickelt werden. Und wo ist das Zusatzgeschäft mit den Werbekunden BMW und Co. hin? Nichts zu sehen, irgendwo am Wegesrand verloren gegangen. Nur Michele Pes, der Chef, glaubt noch an sein Unternehmen und kauft – ganz in späterer Markus-Braun-Manier – in rauen Mengen Aktien nach. »Wenn ich das Geld hätte, würde ich alles kaufen«, tönt er in einem letzten Interview.

Die drängenden Fragen der Anleger beantwortet er nicht. Die haken seit Wochen in Darmstadt nach: Was ist mit der Aktie los, die auf einen Euro und darunter absackt? Kommt eine Gewinnwarnung? Droht etwa die Insolvenz? Die Investor-Relations-Abteilung des Unternehmens, die die Informationen für Anleger, Analysten und Medien aufbereitet, besänftigt, beruhigt, bauchpinselt. Das werde alles schon wieder, eine Korrektur der Zahlen von 2007 stehe nicht an. Also keine Ad-hoc-Gewinnwarnung. Das Spiel werden wir später, in leicht veränderter Form und größerem Ausmaß, bei Wirecard noch mal erleben – mit ähnlich tristem Ausgang.

Ende Juli 2008 flammt bei 10tacle kurz neue Hoffnung auf – ein neuer Investor sei gefunden, heißt es plötzlich. Mit dessen sechs Millionen Euro sei die Liquidität des Unternehmens gesichert. Die Anleger fragen sich verwirrt: War die Liquidität denn etwa in Gefahr? Und wo bleiben die Zahlen von 2007?

Der Wirtschaftsprüfer – ein Münchner namens Roland

Weigl – hatte den Jahresabschluss ein ums andere Mal verschoben. Erst von März auf Anfang April, dann noch mal um zwei Wochen, dann hat irgendwann keiner mehr nachgefragt. Der gleiche Wirtschaftsprüfer testiert im Übrigen auch die Investmentfirma Patrio Plus und Wirecard sowie andere Firmen aus dem Umfeld der Familie Bauer. Doch Anfang August 2008 gehen die Lichter endgültig aus in Darmstadt. Kein Jahresabschluss. Kein neuer Investor. Die Finanzspritze von sechs Millionen war einfach niemals eingegangen, ob sie jemals überhaupt real in Aussicht stand, sei dahingestellt. Bei der Insolvenz hat die Patrio Plus längst Kasse gemacht, für die Pleite gebüßt haben die anderen.

Gutes Timing oder fauler Trick?

Unter Geldwäschern

Wozu braucht Wirecard eine eigene Bank?

Die Staatsanwaltschaft München nimmt das Jahr 2015 als Anfangspunkt für ihre Ermittlungen gegen Wirecard und das mutmaßlich betrügerische Wirken der Bosse. Wer deshalb denkt, bei Wirecard sei zuvor alles mit rechten Dingen zugegangen, der irrt. Von Anfang an waren Moral und Gesetz für andere gemacht, bei Wirecard suchte man das Geschäft mit den traumhaften Margen – und das war in ebenjenen Geschäftsregionen, wo der Graubereich in den Betrug mündet.

So geht bereits im Jahr 2010 bei der Staatsanwaltschaft München I und der Bankenaufsicht BaFin eine Strafanzeige gegen Wirecard ein. Der Vorwurf lautet: Geldwäsche in Milliardenhöhe. Der Zahlungsabwickler soll in den Jahren zuvor in Amerika illegale Glücksspielzahlungen abgewickelt haben. Der Trick dabei war so einfach wie verboten: Durch »betrügerische Manipulation« hat Wirecard Kreditkartenzahlungen für Online-Gambling so aussehen lassen, als hätte der Kunde das Geld in einem Online-Shop für einen Blumenstrauß, für Konzerttickets oder auch für Schreibwaren ausgegeben. Das Modell ist professionell aufgesetzt und auf Umsätze im großen Stil ausgelegt, sodass die illegalen Gambling-Millionen auf dem Papier zu legalen Dollars für Blumen- oder sonstige Einkäufe mutieren. »In der Branche war es ein offenes Geheimnis, was wir taten.

Jeder wusste es«, erzählt ein Mitarbeiter, der schon damals zu Wirecard stieß und bis zum Schluss den Bereich Gambling mit verantwortete. »Wir nannten es das ›Blumenladengeschäft‹.«

Doch bevor sie richtig in das Geschäft einsteigen können, muss eine eigene Bank her, um die Geldtransaktionen selbst abwickeln zu können. Die etablierten Geldhäuser, so musste die Wirecard in den Anfangsjahren wiederholt feststellen, hatten »nicht die Eier«, um im Geldwäschemilieu mitzumischen. Entweder sie sorgten sich zu sehr um ihr seriöses Image, oder ihnen waren die Geschäfte zu riskant – auf jeden Fall gab es immer wieder Ärger für Aschheim, weil eine Bank besonders suspekten oder unzuverlässigen Wirecard-Kunden gekündigt oder der Konten eingefroren hat. Dabei liegt es doch auf der Hand, dass hohe Margen ein hohes Risiko bedeuten. Deshalb heißt es schließlich »High-Risk-Segment«.

Jeder Rückzieher einer Bank hat Markus Braun und Paul Bauer ganz schön ins Schwitzen gebracht. Ein Ausweg muss also her. Im Business-Jargon würde man sagen, sie mussten eine »nachhaltige« Lösung finden, eine Lösung, die wind- und wetterfest ist und allen Unbilden trotzt. Eine eigene Bank wäre so eine Lösung, das wusste schon Bertolt Brecht: Nur Dilettanten rauben eine Bank aus, wahre Profis gründen eine.

Markus Braun sucht also einen Weg, selbst eine Bank aus der Taufe zu heben, und stößt 2005 auf Matthias Albrecht, einen IT-Unternehmer aus der Nähe von Köln. Der Maschinenbauer hat 1988 eine Firma gegründet, die IT-Dienstleistungen für Banken und den Mittelstand anbietet. Im Zuge einer Unternehmensübernahme kommt er irgendwann in den Besitz einer Vollbanklizenz, die er nicht wirklich braucht. Markus Braun bietet ihm 13 Millionen Euro für die Lizenz, da zögert Albrecht nicht lange. Im Zuge dessen betritt an Brauns Seite ein junger Banker das Rampenlicht. Der Erwerb der Bank ist seine

Chance, sich vor dem Wirecard-CEO zu bewähren: Oliver B. heißt er, ein lustiger und forscher Kerl, einer, der sich schon damals auf der Überholspur des Lebens wähnt. »Der Olli konnte dir eine Ecke als Kurve verkaufen, und du hast es ihm geglaubt«, erzählt unser Gambling-Experte. »Da kannte der nichts, der war ein Schlitzohr sondergleichen.« Diese Fähigkeit weiß Markus Braun an Oliver B. sehr zu schätzen.

Laut dem Banklizenzverkäufer Albrecht zeigt Markus Braun schon damals, wir schreiben das Jahr 2005, sein wahres Gesicht und was er von Gesetzen hält: Sie gelten für andere, nicht für ihn. Noch fünfzehn Jahre später, im Winter 2020, regt sich IT-Urgestein Albrecht auf, wenn er an den Ärger von damals zurückdenkt. In den Geschäftsverhandlungen mit Markus Braun, die Albrecht damals protokolliert hat, sollen Sätze gefallen sein wie: »Du bist naiv, wenn du glaubst, dass ein Vertrag dir Rechtssicherheit gibt.« Und: »Ich werde mich in einigen Punkten an den Vertrag halten. In anderen werde ich abweichen. Du kannst das akzeptieren oder nicht.«

Was das für Albrecht bedeutet, bekommt er ein halbes Jahr nach der Unterzeichnung des Vertrags zu spüren, als Braun plötzlich den vereinbarten Kaufpreis nicht zahlen will. Die erste Hälfte hatte Wirecard wie vereinbart überwiesen. Aber als die zweite Rate fällig wird, Anfang 2006, behauptet Braun, der Preis sei zu hoch, das Geldinstitut sei nichts wert, nur mehr eine Hülle. Die Wirecard-Anwälte werden aktiv.

Nur sind sie bei dem Kölner an den Falschen geraten, und Albrecht lässt sich von den Schriftsätzen der Juristen nicht einschüchtern. Er besteht auf dem ausgemachten Kaufpreis – vermutlich auch, weil ihm mittlerweile aufgegangen ist, wie dringlich Wirecard diese Bank braucht. Albrecht stellt sich stur, schließlich knickt Braun ein und zahlt. Anfang 2006 ist Markus Braun schließlich am Ziel. Wirecard bekommt seine eigene

Bank, die XCom Bank wird in die Wirecard Bank umfirmiert. Jetzt kommt alles aus einer Hand, Aschheim kann künftig selbst bestimmen, wann es die Reißleine zieht – oder auch nicht.

Auch dieser Coup hat entscheidend dazu beigetragen, dass der Betrug so lange unentdeckt bleiben und ein so großes Ausmaß annehmen konnte. Und es war der Startschuss für das große Glücksspiel-Geschäft in Amerika. Dass es niemals so weit hätte kommen dürfen, erzählen die Veräußerer der Lizenz im Folgekapitel.

»Die wollten uns die Knochen brechen.«

Zwei Unternehmer berichten, wie sie ihre Bank an Wirecard verkauft haben und sich von Markus Braun bedroht fühlten.

Frau Becker-Grope, Herr Albrecht, Wirecard kam durch Sie an eine Banklizenz. Wie muss man sich das vorstellen?

Wir haben damals einen Käufer für unsere Bank gesucht. Da tauchten mitunter schräge Interessenten auf, Russen in Trainingsanzügen – und eben Markus Braun mit dem Anwalt Jens Röhrborn. Die haben unsere Bank für Wirecard gekauft, 2006 war das.

Wie waren Sie als IT-Unternehmer überhaupt in den Besitz einer Bank gekommen?

Wir haben mit unserer Firma XCOM Software für Börsenmakler und Banken entwickelt, unser Vorzeigekunde war E-Trade, der damals weltweit führende amerikanische Discount-Broker. Nach den Terroranschlägen in New York wollte sich die amerikanische Zentrale vom Geschäft in Deutschland trennen, da haben wir gefragt, ob wir das Geschäft hier übernehmen könnten. So kamen wir zu der – leider unprofitablen – Bank, die wir umbenannt haben in XCOM Bank. Ziel war, im dritten Jahr den Break-even-Point zu erreichen, also einen Gewinn zu erwirtschaften. Das stellte sich dann aber als unmöglich heraus. Also haben wir entschieden, Geschäft gegen Anteile an der Bank zu tauschen.

Und da tauchte Wirecard-Chef Markus Braun auf und wollte mit Ihnen ins Geschäft kommen.

Genau. Die suchten eine eigene Bank, über die sie ihr Geschäft abwickeln konnten, darunter auch den Zahlungsverkehr für Glücksspiel. Anderen war das zu heikel – wegen des hohen Ausfallrisikos und des potenziellen Imageschadens. Der bisherige Wirecard-Partner, die Pago, war von der Deutschen Bank gekauft geworden und wollte, vermutlich aus Furcht um den guten Ruf, mit High-Risk-Geschäften nichts mehr zu tun haben. Also brauchte Wirecard eine eigene Bank – Voraussetzung war, dass wir eine Lizenz von Visa und Mastercard hätten. »Wenn ihr die habt«, hieß es, »dann überhäufen wir euch mit Geschäft.«

Haben Sie die Lizenzen bekommen?

Überraschenderweise ja, sogar die höchste Kategorie – eine »principle membership«. Im Rückblick denken wir: Erstaunlich, dass wir die bekommen haben! Wir waren als Bank eine kleine Butze ohne überzeugendes Geschäft. Visa und Mastercard waren sicher interessiert an dem Geschäft mit Wirecard, sodass es vorstellbar ist, dass sie deren Treiben geduldet, wenn nicht gar gefördert haben. Fragwürdig ist aber auch die Rolle der deutschen Finanzaufsicht, der BaFin.

Was konkret werfen Sie der BaFin vor?

Das Bankenwesen ist der am strengsten regulierte Bereich der Wirtschaft. Wer eine Bank eröffnet oder führen will, muss sprichwörtlich »die Hosen runterlassen«. Bankmanager und

Eigentümer werden durchleuchtet in einem Inhaberkontrollverfahren und einer Zuverlässigkeitsprüfung. Bei Wirecard vermutete man Geschäfte im halbseidenen Bereich, es hatte immer wieder Vorwürfe wegen Geldwäsche gegeben. Wie sind die durch die Eignerprüfung gekommen? Spätestens, als Wirecard sich weigerte, uns den vereinbarten Kaufpreis zu bezahlen, war offensichtlich, wie es um deren Seriosität steht.

Spätestens da hätte die BaFin einschreiten müssen?

Sie hat es nicht getan, wie auch die Jahre hinterher nicht. Wirecard hat also zumindest gutes »Lobbying« gemacht, um es vornehm auszudrücken.

Sie meinen, da war Bestechung im Spiel?

Ohne Rückendeckung von oben ist die ausdauernde Nachsicht der BaFin schwer zu erklären. Deshalb steht sie aus unserer Sicht jetzt zu Recht in der Kritik.

Wirecard hat sich geweigert, Ihnen den Kaufpreis für die Bank zu bezahlen?

Ja. Dreizehn Millionen Euro war der Kaufpreis, gut die Hälfte haben sie wie vereinbart gleich bezahlt, dann aber war plötzlich die Ansage: »Das war's, ihr seht keinen Cent mehr.« Braun hat ganz offen in einer Telefonkonferenz gesagt: »Der Vertrag ist mir egal, an manche Punkte halte ich mich, an andere nicht.« Die hatten das von vornherein geplant, das war vorsätzlich herbeigeführter Vertragsbruch.

Wie hat Wirecard das begründet?

Wir hätten die Bank »leergeräumt«, war der Vorwurf. Angeblich hätten wir überhöhte Rechnungen für Software gestellt. Dabei haben wir die IT-Dienstleistungen genauso abgerechnet wie vorher, als die Bank noch zum Vorbesitzer E-Trade gehörte. An den Verträgen hatten wir nichts geändert. Das lag alles offen, als wir den Deal mit Wirecard verhandelt haben.

Die Vorwürfe waren also haltlos?

Genau. Deswegen haben wir vor dem Landgericht Frankfurt Anklage gegen Wirecard eingereicht und den gesamten Vorgang an die BaFin weitergeleitet. Aber von der BaFin kam nichts, nicht mal eine Nachfrage, was da los ist.

Wie hat die Gegenseite reagiert?

Mit Beschimpfungen und Drohungen, das war eine schlimme Zeit im Frühjahr 2007. *»Junge, ich habe die Faxen dicke«*, schrieb Braun per Mail. Außerdem hat jedes Vorstandsmitglied einen dicken Brief bekommen, mehrere Millionen Euro Schadenersatz wurde jedem von uns persönlich angedroht, die wollten an unsere Existenz, uns vernichten. Die wollten uns wirtschaftlich wie körperlich die Knochen brechen. In Telefonkonferenzen hat Braun vor versammelter Mannschaft gedroht: »Wenn du aus dem Haus gehst, guck lieber erst mal über die Schulter. Und pass auf deine Kinder auf.«

Hatten Sie Angst?

Ja, klar. Aber wir haben nicht nachgegeben. Und auf einmal war der Spuk dann zu Ende, ich weiß bis heute nicht, warum. Braun hat mich nach München eingeladen, mich im BMW 750 iL am Flughafen abgeholt, dann sind wir ins Käfers, und bei einem Martini als Aperitif kam eine Art Friedensangebot.

Er wollte plötzlich doch zahlen?

Ja. Er hat mir gesagt: »Respekt. Du warst bisher mein härtester Gegner.« Da habe ich geantwortet: »Und du der größte Verbrecher, Markus.«

Und wie hat er reagiert? Hat er Ihnen den Drink ins Gesicht geschüttet?

Nein. Er hat gelacht, der hat das ganz offensichtlich nicht als Beschimpfung empfunden. Das ist ein hochintelligenter Mann, wie der böse Fiesling in einem James-Bond-Film. Ein Mann mit einer gediegenen Hybris, aber irgendwie mit Stil. Nach drei, vier Tagen war das Geld dann da.

Die ganze Summe?

Nein, ein bisschen weniger, auf zehn Prozent oder so haben wir im Vergleich verzichtet. Wir sind froh gewesen, dass die Sache ausgestanden war.

Hatten Sie später noch Kontakt zu Braun?

Ja, einmal habe ich ihm in Aschheim unsere Handy-App präsentiert, das war aber nichts für die. Heute denke ich, klar, das konnte nicht in ihrem Interesse sein, da hätten wir vielleicht Dinge gesehen, die niemand sehen sollte. Und als Wirecard 2018 in den DAX aufgestiegen ist, habe ich ihm mit einer Mail gratuliert: *»Ehre, wem Ehre gebührt.«*

Hat er geantwortet – trotz der Vorgeschichte?

Ja, innerhalb von dreißig Sekunden. *»Danke«*, hat er geschrieben.

Hatten Sie selbst Wirecard-Aktien?

Nein. Ich habe jeden davor gewarnt, leider haben nicht alle meiner Freunde darauf gehört. Manche haben viel Geld mit Wirecard verloren. Uns war klar: Mit ordentlichem Geschäft hat das nichts zu tun, das sind keine ehrbaren Kaufleute. Wir kennen uns heute mit Banken gut aus, weil wir über Jahre eine eigene Bank betrieben haben. Deshalb wissen wir: Unter Bankern gilt ein strenger Kodex, an den sich alle halten. Nur Wirecard nicht.

Hatten Sie danach Angst vor Rache?

Nein, wir waren mit dem Vergleich vom Radar verschwunden, die Sache war abgeschlossen. Damit können wir denen nicht mehr gefährlich werden. Besäßen wir heute belastendes Wissen oder Material, das die Beschuldigten zehn Jahre oder länger ins Gefängnis bringen könnte, dann würden wir uns Gedanken machen.

Die Tarnung mit den Blumenläden

Mit einer eigenen Bank ist Wirecard bestens gerüstet für Payment-Geschäfte aller Art, und das gerade zur rechten Zeit: Denn ab 2006 ist Online-Glücksspiel in Amerika weitestgehend verboten. Trotzdem rollt hier weiterhin der Rubel.

Die Frage ist nur: Wie partizipiert man an der Zockerei, ohne dass die Behörden Wind davon bekommen? Dazu müssen erst einmal die Kreditkartengesellschaften getäuscht werden. Visa und Mastercard wollen bei jeder Geldbewegung wissen, was für ein Geschäft beziehungsweise Geschäftsmodell dahintersteckt. Dafür vergeben sie feste Zahlencodes, den sogenannten Merchant Category Code (MCC), der für Glücksspiel »7995« lautet. Diese Ziffernfolge sollte also auf keinen Fall auftauchen, denn dann werden alle hellhörig. Viel geschmeidiger läuft das Geschäft, wenn die Transfers entsprechend umcodiert werden.

Nur, wie gelingt das? Dazu bedarf es vieler kleiner »Blumenläden«. Die US-Bürger zocken dann nicht, sondern bestellen lauter erlaubte Dinge bei einem Online-Blumenhändler. In England werden also Tausende Briefkastenfirmen gegründet, weil Europa als Firmensitz aus Sicht amerikanischer Behörden erst mal unauffällig ist. Und England ist besonders gründerfreundlich: Um eine britische »Limited«, eine Art Gesellschaft mit beschränkter Haftung (GmbH), zu gründen, braucht es kaum mehr als einen Firmennamen, ein paar Pfund und einen Frühstücksdirektor, der seinen Namen dafür hergibt. Der Rest läuft über anonyme Off-Shore-Gesellschaften.

Im Nordosten Englands entsteht so ein ganzes Zockernest. Im Städtchen Consett gründet ein gewisser Simon Dowson, ein mit allen Wassern gewaschener, umtriebiger Kleinunternehmer um die dreißig, ab 2006 mehr als eintausend sogenannte »shell companies«, reine Firmenhüllen, hinter denen sich die Betreiber aller möglichen, meist anrüchigen Angebote verbergen. Von Gambling bis Sex, von Viagra-Produkten bis zu unseriösen Abzockerbuden ist alles dabei. Als »Direktoren« fungieren an die vierhundert weitgehend ahnungslose Einwohner des 25.000-Seelen-Ortes, die sich damit ein paar Pfund dazuverdienen wollen. Dowson erzählt ihnen, mit ihrer Rolle als »nonimee director« sei keinerlei Risiko verbunden, sie müssen nur Post und Mails an ihn weiterleiten, wofür sie 150 Pfund im Jahr erhalten. Leicht verdientes Geld in einer Gegend, die seit dem Ende der Stahlindustrie vom Niedergang gezeichnet ist.

So erlebt die heruntergekommene Region plötzlich, wenn auch unwissentlich, eine Renaissance als Porno- und Glücksspiel-Hochburg. Durch Zufall erfährt ein einundsechzigjähriger Rentner beim Googeln, dass er als Chef von ThunderFlash Entertainment eine Hardcore-Pornoseite betreibt. Eine andere Firma namens Bluetool Ltd. listet eine Lehrerin namens Gail H. als Geschäftsführerin auf – über die Firma laufen Millionenbeträge aus dem illegalen Gambling-Geschäft. Ihr Mann behauptet später gegenüber Reportern der Nachrichtenagentur Reuters, die das Nest ausheben, sie hätten überhaupt nicht gewusst, dass ihr Name verwendet wurde. Der Vorteil des Consett-Modells: Man wird die zufällig herausgepickten Direktoren kaum miteinander in Verbindung bringen, falls hier oder da eine krumme Geschichte auffliegt. Und was hat das alles überhaupt mit Wirecard zu tun?

Erst mal nichts. Man hatte früh gelernt, möglichst viele Puffer zwischen das aufstrebende Münchner Unternehmen und den obskuren Teilen des Geschäfts einzubauen, um die Spuren zu verwischen. Wer sich in Consett das Personal an den wichtigen Schaltstellen genauer anschaut, stößt indes durchaus auf Wirecard-Leute: Im Zentrum des Porno-Hubs in Consett steht die Firma Brinken Merchant Incorporations (BMI), die ebenfalls vom umtriebigen Simon Dowson geleitet wird. Zudem wird aber Patrick Mosbach als Teilhaber aufgeführt, ein alter Gefährte Paul Bauers aus dessen EBS-Tagen und späterer Wirecard-Manager (»Head of Sales«). Ebenso taucht von 2008 bis 2015 die Wirecard-Managerin Brigitte Axtner in den BMI-Büchern auf, die später noch eine große Karriere in Aschheim machen wird. Sie heiratet ihren Arbeitskollegen Carlos Häuser und führt künftig den Doppelnamen Brigitte Axtner-Häuser. Zusammen gehen sie 2018 – auf Geheiß von Jan Marsalek – nach Singapur, wo sie mitten im Zentrum der Betrugsvorwürfe stehen, den großen Schwindel vermutlich zu Teilen mit orchestrieren. Auf jeden Fall werden sie im Sommer 2020 von den Behörden des südostasiatischen Stadtstaats direkt unter Hausarrest gestellt und landen auf der Beschuldigtenliste der Münchner Staatsanwaltschaft. Wenn man in Aschheim herumfragt, wer auf jeden Fall vom Betrug hätte wissen müssen, so fällt der Name Häuser sehr schnell, bewiesen aber ist bislang nichts.

Die ominöse Firma BMI bildet den Mittelpunkt des Consett-Netzwerks. Die Gesellschaft mit Sitz im Ortszentrum des Städtchens wird 2004 gegründet und muss 2015 ihre Geschäftstätigkeit auf Druck der britischen Behörden einstellen. Schon zuvor waren immer wieder Dutzende Briefkastenfirmen in Consett zwangsweise stillgelegt worden, weil sie in Betrügereien verschiedenster Art verwickelt waren.

Die erste davon, die in Amerika auffliegt, ist die Bluetool Limited, angeblich eine Immobiliengesellschaft. Das ist aber nur die Fassade, in Wirklichkeit ist Bluetool im Glücksspiel-Geschäft aktiv. Zu Wirecard gibt es keinen direkten Bezug. Nur indirekt, über BMI und Brigitte Axtner zum Beispiel sowie über die Wire Card UK Limited und den Wirecard-Manager Rüdiger Trautmann. Trautmann ist der Vorgänger von Jan Marsalek als Chief Operation Officer (COO), also die Nummer zwei bei Wirecard, oder wenn man es so will: Markus Brauns ausführende Hand. Trautmann lebt mittlerweile im Taunus, auf ihn laufen immer noch zwei, drei Firmen, die irgendetwas mit IT und Zahlungsverkehr zu tun haben. Von seiner Zeit bei Wirecard will er nichts mehr hören, auch will er keine Fragen beantworten. Wirecard habe ihm »schon zu viel Ärger« eingebrockt in den letzten Jahrzehnten, schreibt er in einer E-Mail. Von ihm stammte die Beschreibung aus dem Vorwort: »Für alle Gauner und nicht nur die Wirecard-Kadetten gilt: Ist der Schleier des ergaunerten Glamours erst einmal weg, bleiben nur ein paar erbärmliche Hühnerdiebe.« Wir hätten gerne mehr von ihm erfahren, aber er bricht den Kontakt unmissverständlich ab: »Kontaktieren Sie mich nie wieder.«

Brigitte Axtners Bluetool Ltd. und Trautmanns Wire Card UK Ltd. haben eine Gemeinsamkeit: Sie haben die gleichen Gesellschafter, eine Fermoya und eine B.M.I.E., mit dem gleichen Briefkastensitz auf den Virgin Islands – Box 438 – Tortola. Leider kann man im Steuerparadies nicht weiter stöbern, wer hinter den beiden Off-Shore-Gesellschaften steckt. Aber mit dem Wissen von heute lässt sich ein vertrautes Muster erkennen, das uns in etlichen Kapiteln begegnen wird: Windige Geschäftspartner, häufig in Verbindung mit aktiven oder ehemaligen Wirecard-Managern, machen krumme Geschäfte, die über Wirecard-Konten abgewickelt werden. Fliegt das Ganze auf, heißt es in Aschheim: Was haben wir damit zu tun? So war es auch mit der Bluetool, auf die US-Fahnder aufmerksam werden, als ihnen im Februar 2010 in Florida ein Geldbote ins Netz geht. Denn es ist eine Sache, das Geld der Kunden für ihre Gambling-Abos oder ihren Pornokonsum über Blumenläden und falsche Codes auf die Konten der Anbieter zu transferieren. Schwieriger wird es, wenn jemand in Amerika beim Online-Pokern gewinnt, dann will der Zocker auch seinen Gewinn ausgeschüttet sehen.

Das Glücksspiel im Internet ist in jenen Tagen ein Riesengeschäft, eine 60-Milliarden-Dollar-Industrie. Damit die Spieler bei der Stange bleiben, muss auch die eine oder andere Milliarde unter ihnen verteilt werden. Und da kommen die Geldboten ins Spiel. Die Anbieter schicken im Namen der unauffälligen Blumenläden den Betrag an einen Geldboten, und der verteilt es an die einzelnen Gewinner. Der gefasste Geldbote heißt Michael Schütt und ist zu dem Zeitpunkt neunundzwanzig Jahre alt. Der Deutsche soll in den Jahren 2007 bis 2010 mindestens 70 Millionen Dollar an Tausende amerikanische und kanadische Online-Gambler überbracht haben. Schütt leugnet sein Tun nicht, es könne auch mehr Geld gewesen sein, erzählt er zehn Jahre später in Berlin. »Aber 70 Millionen, die Zahl steht in den Gerichtsakten.«

Wir treffen Michael Schütt im Sommer 2020 in einer Hotellobby in Berlin-Mitte. Er trägt gerne weiße enge Hemden, teure Sonnenbrillen, noch viel teurere Uhren, und ist mit sich komplett im Reinen. Schütt lebt heute in Thailand und gründet für seine Kunden Firmen, überall auf der Welt. 90 Prozent davon haben nur einen Zweck: Steuervermeidung. »Aber was geht mich das an?«

Er ist 2020 nur zu Besuch in Deutschland, dann aber zwingt der Corona-Lockdown ihn, Sommer und Herbst über im Land zu bleiben – Thailand lässt niemanden einreisen. Also hat Schütt Zeit, uns zu empfangen und zu erzählen, wie das damals war, als er als Geldbote in Florida den Strafverfolgern, dem U.S. Secret Service, ins Netz geht.

Zwei Sachen sind ihm wichtig: Zum einen ist er nicht wegen »Geldwäsche« belangt worden, sondern nur für »unerlaubten Zahlungsverkehr«. Geldwäsche wäre ein echtes Problem gewesen, da wäre er nicht so glimpflich davongekommen. Auf »unlicensed money transmitting« steht dagegen nur eine Bewährungsstrafe von bis zu zehn Monaten. Der zweite Punkt, der ihm wichtig ist: Seine Geschäftspartner konnten sich immer auf ihn verlassen: »Meine Bücher haben immer gestimmt, es hat nie etwas gefehlt, kein Cent. Das war alles korrekt.« Die Millionen stammten von der eben erwähnten Bluetool Ltd. in Consett und gingen über ein Konto der Wirecard Bank an ihn. Er bekam jeden Tag per Mail eine Liste mit Namen, die beim Online-Pokern gewonnen hatten, und den Beträgen. Er stellte für sie Schecks aus und verschickte sie an die Gewinner.

Das war sein Job. Damit hat er Millionen verdient. Er ist mit teuren Schlitten durch Florida gefahren, hat sich ein Privatflugzeug gekauft und die Wochenenden meist irgendwo in der Karibik verbracht. Nur montagmorgens musste er zurück sein. »Montagmorgens kamen immer die längsten Listen.« Offiziell war er in Florida im Immobiliengeschäft tätig, genau wie die Firma Bluetool Ltd. für beide eine unverdächtige Tarnung. Trotzdem werden die Behörden 2009 auf Schütt aufmerksam, Schuld ist der Paketdienst FedEx. Dem fällt irgendwann auf, dass der Deutsche Hunderte von Sendungen in der Woche verschickte, über fünfzig am Tag. Das kommt den Leuten vom Paketdienst schräg vor. Sie öffnen die Post und stoßen auf die Schecks. Das melden sie den Strafverfolgern, der Secret Service nimmt die Ermittlungen auf und beobachtet Schütt über Monate.

Am 18. Februar 2010 nehmen sie Michael Olaf Schütt oder auch Michael Schütt alias Olaf Brand fest. Sie beschlagnahmen 2,5 Millionen Dollar auf seinen zahlreichen Konten sowie 10.000 Dollar in bar, zwei wertvolle Damencolliers, vier Rolex-Uhren, einen Audi Quattro Q7 und einen Porsche 911 Carrera. Schütt kommt in Untersuchungshaft ins Lee County Jail in Fort Myers. »Das war die Hölle«, berichtet er. »Ohne Fenster, mit lauter Schwerstkriminellen, mit Mördern und Gewalttätern.« Anwälte aus Washington holen ihn da raus, die Kosten für die Juristen – es kommen mehr als 365.000 Dollar zusammen – muss er nicht berappen, sie werden übernommen. Schütt weiß angeblich nicht, von wem. »Die Wirecard AG war es nicht. Mit der hatte ich nie direkten Kontakt.« Es gab keine Verträge, nichts Schriftliches. Alles basierte auf Vertrauen. Und auf einem Handschlag am Frankfurter Flughafen. Dort traf er sich regelmäßig mit ein, zwei Männern, die ihm mitteilten, wie es die nächsten Monate weitergehen würde. Alles mündlich, alles ohne Namen, ohne Visitenkarten. »Ein Herr K. war dabei.« Ob er zur Wirecard gehörte? »Weiß ich nicht.« In späteren Berichten von Wirecard-Gegnern, vor allem in dem sogenannten »Zatarra-Bericht« aus dem Jahr 2016, den zwei Shortseller veröffentlicht haben, werden dazu die ganzen Namen und Querverbindungen aufgelistet – hier belassen wir es dabei.

Schütts Anwälte verstehen ihr Handwerk. Von Geldwäsche ist bald keine Rede mehr bei den Vorwürfen gegen ihren Klienten, es geht nur noch um Geldtransfers ohne Lizenz, darauf steht eine Bewährungsstrafe, mehr nicht. Schütt legt ein umfassendes Geständnis über seine Tätigkeit ab – aber nicht über seine Geschäftspartner. Erwähnt keine Namen, schon gar nicht den von Wirecard. Seine Anwälte legen ihm eine eidesstattliche Erklärung vor: Schütt unterschreibt, dass er Wirecard in seinen Vernehmungen niemals namentlich erwähnt hat. Nach vierunddreißig Tagen Untersuchungshaft kommt er am 23. März 2010 gegen Auflagen und die Zahlung einer Kaution (100.000 Dollar) frei.

Wirecard hat es also schriftlich: Der Fall Schütt hat nichts mit dem Unternehmen zu tun. Der Angeklagte selbst hat es unterschrieben. Es gibt keine direkte Verbindung vom Geldboten Schütt, von der britischen Bluetool Ltd. und deren Direktorin Gail Hope aus Consett zu Wirecard. Die Konzernherren aus Aschheim waschen ihre Hände in Unschuld. Als infolge der

Schütt-Anklage in Amerika in München eine Anklage wegen Geldwäsche eingeht, erklärt Wirecard umgehend: Kennen wir nicht, haben wir nichts mit zu tun. Die Bluetool Ltd. sei zwar eine Kundin der Wirecard Bank aus dem Immobilienbereich, die sei aber über ein Geldwäsche-Relevanz-System (sog. Genosonarsystem) geprüft worden. Erst im Februar 2010 seien bei ihnen Hinweise auf auffällige Zahlungsvorgänge eingegangen, daraufhin habe man das Konto Anfang März »vorsorglich« geschlossen. Aus heutiger Sicht fragt man sich: Warum fällt der Wirecard Bank erst nach der Verhaftung des Geldboten etwas auf, wenn die Zahlungsvorgänge in den Vorjahren genauso auffällig waren?

Markus Braun wird später auch nach den Blumenläden in Consett gefragt, vor allem nach der Wire Card UK Ltd., die eine Firmenhülle wie die Bluetool Ltd. war, zu den gleichen Off-Shore-Companys gehörte und zudem eine verblüffende Namensähnlichkeit mit Wirecard aufwies. Die Wire Card UK Ltd. gehöre nicht zur Wirecard, heißt es in Aschheim zunächst, um kurz darauf zu korrigieren: Sie wurde zwar »am 27. Juli 2006 im Auftrag der Wirecard AG von einem Incorporation Agent zwecks Gründung einer Tochtergesellschaft« gegründet, sei aber eine reine »Vorratsgesellschaft«, die nie aktiviert wurde und auch nie Eigentum der Wirecard war. Warum sich der Firmensitz in einer Doppelhaushälfte in der Rosedale Avenue im Städtchen Consett befand, entziehe sich des Einflussbereichs von Wirecard. Warum der Wirecard-COO Trautmann dort bis 2010 als Direktor gelistet war? Man weiß es nicht. Auch nicht, warum sie 2010 dichtgemacht wurde. Auffällig ist das natürlich schon: 2010 wird die Wire Card UK Ltd. gelöscht, 2010 werden die Bluetool-Konten bei der Wirecard Bank geschlossen. 2010 tritt Ruediger Trautmann überraschend (»aus privaten Gründen«) zurück und überlässt Jan Marsalek das Feld. 2010 geht auch besagte Anzeige wegen Geldwäsche in München und bei der BaFin ein.

Aber das alles ist reiner Zufall. Und hat nichts damit zu tun, dass Anfang des Jahres 2010 der Geldbote Michael Schütt, 29 Jahre alt, in Florida vor Gericht steht. Alles ein komischer Zufall, eine zeitliche Koinzidenz – die Wirecard-Manager kommen damit durch. Den Ermittlern in Amerika wie in München fehlt ein Glied in der Kette, um eine direkte Verbindung ins bayrische Aschheim nachweisen zu können. Deshalb stellt die Staatsanwaltschaft in München die Ermittlungen 2012 »nach eingehender Prüfung« ein.

So ganz mag man das alles nicht glauben, wenn man den Geldboten Michael Schütt erzählen hört, aber überzeugen Sie sich selbst …

»Ich will nie wieder in den Knast.«

Der Geldbote Michael Schütt erzählt, warum er für seine Tätigkeiten in ein amerikanisches Gefängnis wanderte.

Herr Schütt, Sie waren drei Jahre als Geldbote in Florida unterwegs, bevor Sie im Februar 2010 festgenommen wurden. Was haben Sie gemacht?

Ich habe Online-Pokerspielern ihre Gewinne ausgezahlt.

Für Wirecard?

Für wen, das weiß ich nicht. Meine Kontaktperson war ein Herr K. aus Deutschland. Ob von ihm eine Verbindung zur Wirecard bestand, entzieht sich meiner Kenntnis. K. und einen anderen Herrn habe ich gelegentlich in Frankfurt am Flughafen getroffen, um meine Aufgaben zu besprechen. Ob die bei Wirecard auf der *Payrole* standen? Keine Ahnung.

Worin bestand Ihre Aufgabe?

Ich habe Geld überwiesen bekommen, dazu erhielt ich per Mail eine Liste mit Gewinnern. Denen habe ich Schecks ausgestellt.

Die Gelder kamen von einer Immobiliengesellschaft namens Bluetool Ltd. mit Sitz im britischen Consett. Kannten Sie da jemanden?

Nein, sagt mir nichts. Ich habe mir die Kontoauszüge nicht angeschaut, woher das Geld kam. Das spielte keine Rolle. Morgens bekam ich eine Mail, da stand: So und so viel Geld kommt heute, und das sind die Auszahlungen für heute.

Wie hoch waren die Auszahlungen?

Die Spieler haben ein paar hundert Dollar gewonnen oder mehr. Die Höchstgrenze pro Scheck lag bei 5.000 Dollar.

Was ist da von 2007 bis 2010 zusammengekommen an Geld?

In den Gerichtsunterlagen heißt es, ich hätte zirka 26.000 Schecks ausgezahlt. In Summe waren das wohl 70 Millionen Dollar, die ich von Wirecard beziehungsweise von einem Konto bei der Wirecard Bank bekommen habe. Es können auch 100 Millionen gewesen sein. Ich erinnere mich nicht an die genaue Zahl.

Was haben Sie selbst dabei verdient?

Ich habe pro Scheck eine Provision erhalten.

Wie wurden Sie bezahlt?

Ich habe mir regelmäßig selbst Schecks ausgestellt. Ganz korrekt, wie besprochen. Ich habe keinen Pfennig genommen, der mir nicht zustand.

Hat sich das für Sie gelohnt? Wie viel Geld haben Sie verdient?

Das war sehr lukrativ, ja, und lag im siebenstelligen Bereich.

Am 18. Februar 2010 wurden Sie in Naples in Florida verhaftet. An was erinnern Sie sich noch?

Ich bin früh aufgewacht, wollte mit dem Auto in die Arbeit. Biege links ab, und dann höre ich Sirenen, sehe Blaulicht und denke: Bin ich jetzt bei Rot über die Ampel? Die haben dann Waffen auf mich gerichtet, mich aus dem Auto gezogen, und ich immer so: »You got the wrong one!« Aber ich war wohl nicht der Falsche. Die hatten mich schon Wochen observiert. Zu welcher Bank ich fahre, mit welchem Auto und so weiter. Die wussten alles von mir.

Was genau wurde Ihnen vorgeworfen?

Ich hatte erst gelesen, dass man mich wegen Geldwäsche anklagt – Höchststrafe zwanzig Jahre. Ich war 29, da ging mir viel durch den Kopf. Die haben mich in U-Haft in das Lee County Jail gepackt, ins Hochsicherheitsgefängnis – für Schwerverbrecher. Keine Fenster, alle in Handschellen. Mörder, Vergewaltiger, alles dabei. Das wollen Sie nicht erleben.

Sie waren aber nur sechs Wochen in Haft? Wieso durften Sie so schnell wieder raus?

Die Anklageschrift lautete später auf »illegal money transmitting«, die wegen Geldwäsche wurde fallen gelassen, ich habe ja keine Gelder von Spielern entgegengenommen. Ich habe Auszahlungen getätigt, darauf steht nur eine Bewährungsstrafe.

Und auf Geldwäsche?

Zwanzig Jahre oder so? Aber wie gesagt, mit Geldwäsche hatte ich nichts zu tun. Als Amerikaner wäre ich gleich entlassen worden, aber die Richterin hatte Angst, dass ich türme, weil ich Ausländer bin. Ich hatte einen Flugschein und ein Flugzeug. Es bestand aus deren Sicht »Flight Risk«, also Fluchtgefahr. Dabei wollte ich gar nicht weg. Ich bin noch nie vor der Justiz abgehauen.

Finde Sie moralisch in Ordnung, was Sie gemacht haben?

Fragen Sie einen Strafverteidiger, ob er eine Moral hat, wenn er einen Sexualstraftäter verteidigt? Das ist sein Job. Dafür wird er bezahlt. So ist das bei mir auch. Ich bin Dienstleister. Wenn ich eine Moral hätte, dann wäre ich in meinem Job falsch.

Hatten Sie denn einen Verteidiger?

Erst hatte ich einen Pflichtverteidiger, der eines Tages meinte: Da sind zwei Herrschaften aus Washington, D. C., die wollten mit mir reden. Das war mir suspekt. Ich kannte ja niemanden dort. Die meinten, sie seien beauftragt aus Kanada, und hatten ein Schreiben dabei, dass die Anwaltskosten von Kanada bezahlt werden. Auf den Deal habe ich mich eingelassen.

Sie haben offenbar mächtige Freunde.

Ich denke, ich war zu meinen Arbeitgebern immer loyal. Die haben mir sehr viel Geld überwiesen, um die Poker-Gewinne auszuzahlen – und meine Bücher waren immer sauber, da hat nie ein Cent gefehlt. Das war ihre Art, sich bei mir zu bedanken.

Hatten Sie nie Angst, dass Ihnen das Ganze auf die Füße fällt?

Meine einzige Sorge galt dem Finanzamt. Dass die Bücher sauber sind: Wo kommt das Geld her, wo geht das Geld hin. Das musste korrekt sein. Dass die mich verhaften, damit hätte ich nie gerechnet.

Ist das, was Sie gemacht haben, aus Ihrer Sicht kriminell oder nicht?

Also, in Florida ist mein Vergehen eine Straftat, in anderen Bundesstaaten eine Ordnungswidrigkeit. Ist es also kriminell? Ich würde sagen, nein. Ich habe nicht gespielt, ich habe die Plattform nicht zur Verfügung gestellt, habe kein Geld eingetrieben. Ich habe nur Auszahlungen gemacht. Dabei ist auch niemand zu Schaden gekommen. Niemand wurde verletzt, niemandem wurde Geld weggenommen. Mir fehlte die Lizenz für dieses Geschäft.

Hätten Sie denn eine Lizenz bekommen können?

Meines Wissens nach nicht. Deshalb war es eine strafbare Handlung ohne Opfer. Dafür – also für unlicenced money transmitting – habe ich mich schuldig bekannt.

Würden Sie heute wieder als Geldbote arbeiten?

Nein, weil ich nie wieder in den Knast will. Aber wenn Sie überlegen, dass Sie über eine lange Zeit sehr viel Geld verdienen und das Risiko bei zehn Monaten auf Bewährung liegt, dann kann der Deal für Sie okay sein. Also: Wenn, dann würde ich es heute so angehen, dass der finanzielle Verlust nicht so groß wäre.

Wie hoch war der Verlust für Sie?

Etwa vier Millionen Dollar. Die haben meine Konten eingefroren und meine Vermögenswerte weggenommen. Mehrere Rolex-Uhren, meine Autos. Auch meinen Porsche – nur weil ich damit zur Bank gefahren bin. Das Boot haben sie mir gelassen. Sie können dir einen Gegenstand wegnehmen, wenn du ihn verwendest, um eine Straftat zu begehen. Mit dem Porsche bin ich zur Bank gefahren, mit dem Audi Q7 auch. Mit dem Boot nicht, mit dem Flugzeug auch nicht. Deshalb haben sie mir mein Boot und das Flugzeug gelassen.

Sie waren aber nicht mittellos danach?

Man hat mir nicht alles genommen, nur das, was man gefunden hat. Ich habe auch anderweitig gespart – für schlechte Zeiten. Man sollte immer Geld auf der hohen Kante haben.

Sie leben heute in Thailand. Dürfen Sie noch nach Amerika einreisen?

Ja, absolut. Ich bin nicht abgeschoben worden, ich habe weder meine Greencard verloren noch ein Einreiseverbot bekommen. Ich habe bis heute meine Wohnung in Miami und bin alle paar Wochen dort, um meinen Sohn zu besuchen.

Warum sind Sie weg aus Amerika?

Weil meine Bewährungshelferin mir 2011 gesagt hat: »Wenn Sie in Amerika wohnen bleiben möchten, müssen Sie einer Arbeit nachgehen.« Da habe ich gesagt: »Das mache ich nicht. Ich gehe nicht arbeiten.«

Wie meinen Sie das?

Sozialversicherungspflichtig arbeiten gehen, meine ich, Burger wenden zum Beispiel. Da hatte ich keine Lust drauf. Mein Leben war schön. Ich hatte mein Boot, mein Haus am Wasser. Autos. Freunde. Regelmäßige Partys und genug finanzielle Mittel. Ich habe keine Lust, bei McDonald's oder sonst wo zu arbeiten.

Was machen Sie heute?

Ich bin Firmengründer im Ausland. Also, ich habe sehr, sehr viele Firmen gegründet, Tausende, für meine Kunden. Die kommen zu mir und sagen, sie hätten gerne eine Gesellschaft in Kanada, Hongkong, USA, auf den Seychellen. Sie brauchen ein Off-Shore-Bankkonto. Oder Treuhandkonten. Ich besorge ihnen das alles. Was sie dann damit machen, ist ihre Sache. Das geht mich nichts an.

Das sind also alles Steuersparmodelle?

Ich gehe mal davon aus, dass das bei 90 Prozent meiner Mandanten der Hintergrund ist. Die gründen im Ausland eine Gesellschaft, ohne dort je eine Geschäftstätigkeit zu entfalten. Das habe ich auch früher schon gemacht, bevor ich das Payment gemacht habe.

Wie kamen Sie ans Payment-Geschäft?

Ich habe früher mit dem Herrn K. zusammen Firmen gegründet. Und dann hat er irgendwann gefragt, ob das mit den Auszahlungen nicht auch was für mich wäre.

Und von Wirecard haben Sie nie etwas gehört?

Doch, natürlich. Wir wissen ja alle, dass Wirecard im Glücksspiel- und Erwachsenenbereich tätig war. Und dass sie das über Drittfirmen abgewickelt haben, um keine direkte Verbindung aufzubauen. Aber ob es da direkte oder indirekte Verbindungen gab, zwischen Herrn K. und Wirecard oder Wirecard und Bluetool? Ich denke schon, aber beweisen kann ich es nicht. Es ist mir auch egal, ob Bluetool Wirecard ist oder Wirecard Bluetool.

Zwischen Ihnen und Wirecard gab es keinerlei Kontakt?

Nur in der U-Haft. Da haben die Anwälte aus Kanada mir einen Brief von Wirecard zukommen lassen, worin die Firma mich gebeten hat, eine eidesstattliche Versicherung abzugeben, dass ich Wirecard in den Vernehmungen nie belastet habe. Das habe ich unterschrieben.

Anfangs hieß es, Sie hätten Wirecard belastet.

Korrekt ist, dass ich von Wirecard niemals direkt beauftragt wurde. Es ist mir auch egal, wer mein Auftraggeber ist.

Haben Sie Herrn Braun oder Herrn Marsalek mal kennengelernt?

Es mag sein, dass ich den ein oder anderen damals getroffen habe, das ist ja jetzt fünfzehn Jahre her. Menschen verändern sich in fünfzehn Jahren. Also ich habe da keine konkrete Erinnerung. Also, ich kann nicht sagen ja. Demzufolge sage ich nein.

Was halten Sie von den Wirecard-Machern?

Das sind sehr intelligente Leute. Sie sind irgendwann in eine Richtung eingebogen, wo sie nicht mehr rauskonnten. Wo sie größenwahnsinnig wurden. Das war für mich Anlagekapitalbetrug – sie haben ein Geschäft vorgegaukelt, das es nicht gab. Und Geld vorgegaukelt, das es auch nicht gab. Aber sie hatten eine gute Story. Investorengelder bekommen Sie nur, wenn Sie eine gute Story haben, der Rest spielt keine Rolle, dann steigt auch die Aktie. Und Wirecard hat das gut gemacht.

Hatten Sie Aktien?

Von Wirecard nie. Viele haben immer gesagt: »Komm, zeichne Wirecard-Aktien.« Habe ich nie gemacht.

Weil Sie wussten, dass es Betrug sein könnte?

Weil mir das Geschäftsmodell nicht gefällt. Sie wickeln Geschäfte ab, die normale Banken nicht anfassen. Gehen Sie mal zu einer großen Bank in Deutschland und sagen: »Ich brauche ein Konto für den Erotikbereich.« Die schicken Sie nach Hause.

Wobei ich das moralisch völlig in Ordnung finde, wenn der Betreiber eine Lizenz für seine Porno- oder Gambling-Seiten hat. Dass sie später Vermögenswerte erfunden haben, wenn dem so ist, dann ist das wieder eine andere Geschichte. Das ist Anlagekapitalbetrug.

Ist so ein Betrugsmodell nicht immer endlich?

Theoretisch nicht. Solange sie immer einen finden, der mehr für ein Tüte Luft bezahlt und der Fahrstuhl nach oben fährt, ist alles wunderbar. Gier frisst Hirn, sage ich immer. Aber Sie sehen ja: Die Betrüger können ihre Story nicht ewig aufrechterhalten. Das ist immer dasselbe. Bei Wirecard. Bei Enron. Bei Worldcom. Irgendwann stellen sie fest, der Kaiser ist doch nackend. Das, was die erzählt haben, stimmt gar nicht, das gibt es gar nicht. Dann fährt der Fahrstuhl runter und fällt ins Bodenlose.

Meinen Sie, der international gesuchte Jan Marsalek lebt noch?

Das glaube ich schon.

War die Flucht seine Exit-Strategie?

Vermutlich, aber ich an seiner Stelle würde Kontakt zu den Ermittlungsbehörden in Deutschland oder Österreich aufnehmen. Die Gefängnisse hier, Stadelheim und alle, sind doch ein Traum, gar nicht zu vergleichen mit einem Knast in Amerika, Asien oder sonst wo auf der Welt. Ich würde mich in einen Flieger setzen und mich stellen. Mit vierzig auf der Flucht, da liegt noch ganz schön viel Leben vor dir.

Drittpartner und Treuhänder – die Masche der Plünderer

Es gibt viele Möglichkeiten, ein Unternehmen zu plündern, angefangen mit dem Diebstahl der sprichwörtlichen goldenen Löffel, die im richtigen Leben bisweilen als Pfandflaschen oder andere banale Gegenstände daherkommen: Die Gerichte urteilen bei solchen Bagatelldelikten meist hart und unerbittlich gegen ertappte Arbeitnehmer.

Komplizierter wird es mit den Fällen von Untreue, wenn Manager Firmenvermögen für private Zwecke verwenden, wenn private Reisen oder Spesen über das Unternehmen abgerechnet werden, oder wenn – wie im Fall Wirecard – die Miete für die Marsalek-Villa in München-Bogenhausen über Umwege aus der Firmenkasse beglichen wird. Allein das macht immerhin eine halbe Million Euro im Jahr aus, wie an anderer Stelle ausführlich dargestellt.

Die wirklich dicken Dinger im größten Skandal der deutschen Wirtschaftsgeschichte aber sind andere: etwa Darlehen an befreundete Firmen, die auf eigene Konten umgeleitet werden, überteuerte Käufe von Unternehmen, sodass ein Teil des Kaufpreises für das eigene Portemonnaie abgezwackt wird. Oder Geschäfte mit Firmen, an denen Vorstände wie Marsalek selbst beteiligt sind, verdeckt durch Strohmänner und anonyme Fonds mit Sitz auf Mauritius, der Isle of Man oder sonstigen Steuerparadiesen. Dies alles tritt hier geballt auf, in den Monaten vor der Insolvenz sei das »Geld in Lastwagen außer Landes gekarrt worden«, berichten Insider.

In langweilig-seriösen Unternehmen wacht eine Compliance-Abteilung über innerbetriebliche Abläufe, picobello sauber muss es sein, immer peinlich darauf bedacht, dass es nicht mal zum Anschein der Vermischung privater wie betrieblicher Interessen kommt. Wirecard tickt anders.

Zwar gibt es Auflagen für gewöhnliche Mitarbeiter. So verzögern sich Projekte bisweilen, weil die Geldwäsche-Abteilung ihren Finger daraufhält. Es kommt sogar vor, dass lukrative Geschäfte mit dubiosen Gambling-Kunden in Russland untersagt werden oder bei der internen Wirecard Bank um 5000-Euro-Darlehen gefeilscht werden muss. Für einen erlesenen Kreis aber gelten ganz andere Regeln. Angehörige dieses Zirkels nehmen private Darlehen in Millionenhöhe auf, bevor sie überhaupt genehmigt sind. Und das auch noch unbesichert. Diese Täter fühlen sich richtiggehend wohl im Morast. Und fördern eine Kultur im Unternehmen, in der Anstand und Ehrlichkeit eher hinderlich sind.

Moral ist eine Sache von vorgestern, tauglich vielleicht für eingestaubte Traditionskonzerne, aber nicht für ein schwungvolles Start-up, das sich anschickt, die Welt aus den Angeln zu heben. Das ist, grob gesprochen, der böse Geist, dem böse Taten folgen werden.

Vorstand Jan Marsalek, der breitbeinig auftretende Lügenbaron, vermischt private Geschäfte und Firmeninteresse ohne Unterlass, vierundzwanzig Stunden am Tag. Wirecard vergibt Darlehen und Projekte an Firmen, an denen er irgendwie beteiligt ist, und sei es noch so klandestin; gleichzeitig werden Startups aus seinem Dunstkreis spezielle Bedingungen seitens Wirecard gewährt. Eine Hand wäscht die andere, so funktioniert Korruption in der Wirtschaft seit jeher. Nur sind andere Missetäter, wie etwa die Siemens-Vorstände, die mit Geld aus schwarzen Kassen Aufträge für den Konzern erschmiert haben, dagegen geradezu selbstlos, uneigennützige Anfänger verglichen mit Marsalek und Konsorten.

An der Wirecard-Spitze fehlt das Gespür für rechtliche Grenzen, so staunt ein Manager, der bei seinem vorherigen Arbeitgeber, einem altehrwürdigen Familienkonzern, in einem komplett anderen Sinne sozialisiert wurde. Er soll für Wirecard einen Deal mit dem Online-Lebensmittellieferanten Getnow aushandeln. Von dem Gründer dort erfährt er, dass Jan Marsalek bei ihm investiert habe, nicht direkt, aber »über ein Investmentvehikel«. Marsalek erwähnt dies intern mit keinem Wort. »Leute, da haben wir einen Compliance-Fall, das können wir so nicht machen«, warnt der Wirecard-Neuling. »Wir können der Firma keine Produkte verkaufen, wenn gleichzeitig ein Vorstand dort investiert.« Die Kollegen finden nichts Anrüchiges dabei. »Wenn ich mir bei meiner vorherigen Firma Ähnliches erlaubt hätte, der Werkschutz hätte mich gleich am ersten Tag untergehakt und zum Firmentor eskortiert«, berichtet der Mann. Von einem Vorstand sei ein solches Verhalten absolut unvorstellbar.

Die Kultur von Wirecard ist eine andere. Gesetzestreue ist tendenziell spießig für eine Führung, die im halbkriminellen Milieu, mit Pornos und Glücksspiel, groß geworden ist. Vorstandschef Markus Braun macht sich nicht mal die Mühe, seine private Beteiligungsgesellschaft wenigstens räumlich zu separieren. In seinem Kopf ist eh alles eines. Der Sitz seiner MB Beteiligungsgesellschaft ist identisch mit der Adresse seines Konzerns: Beide logieren bis zu seinem Ausscheiden am Einsteinring in Aschheim, nach dem Motto: Ich bin Wirecard. Erst am 7.7.2020 wird der Sitz verlegt.

Erleichtert wird der große Fake durch die Art der Geschäfte:

Alles an Wirecard ist digital, alles abstrakt, was den Finanzsektor generell anfällig macht für Betrug, man denke nur an die vielen Milliarden, welche die Deutsche Bank AG schon berappen musste, weil es bei ihr nicht mit rechten Dingen zuging. In der sogenannten Realwirtschaft, bei BMW oder Daimler, kann man sich vor das Firmentor stellen und abzählen, wie viele neue Autos die Fabriken täglich verlassen, das geht bei den Produkten von Wirecard nicht. Gut, es wurden auch schon sagenhafte »Horizontal-Bohrer« (Flowtex-Skandal) und Schiffscontainer (Pleite der P&R-Gruppe) erfunden, die es nie gab. Virtuelle Transaktionen aber sind deutlich leichter zu manipulieren.

Wie verdient ein Zahlungsabwickler sein Geld? Wie viel Geld schleust er tatsächlich durch seine Computer? Die Börse nimmt solche Fragen nicht so genau, hier zählt die Fantasie. Und die liefert Wirecard-Boss Braun reichlich. Anders ist es nicht zu erklären, warum eine im realen Leben recht kleine Firma vom Kapitalmarkt so absurd hoch bewertet wird. Zum Vergleich: BMW erzielt 100 Milliarden Euro Umsatz mit 130.000 Mitarbeitern, Wirecard kommt bei 5000 Angestellten auf gerade mal 2 Milliarden Euro, viele Mittelständler bringen deutlich mehr auf die Waage. Nur erreichen die keinen Börsenwert von 24 Milliarden Euro, selbst BMW mit Einnahmen, die fünfzig Mal so hoch sind wie die (angeblichen) von Wirecard, wird nicht mal doppelt so wertvoll wie die Klitsche aus Aschheim notiert (Börsenwert: 40 Milliarden Euro). Damit es imponierender klingt, bemüht Braun gerne die Höhe der abgewickelten Transaktionen, die sich im Bereich von 120 oder 140 Milliarden Euro bewegen würden. Das freilich ist nicht sein Umsatz und schon gar nicht sein Gewinn.

Bei Wirecard bleibt davon nur ein winziger Bruchteil hängen, die Marge in dem Geschäft fällt äußerst dünn aus. Es braucht gewaltige Summen, damit ein zählbares Ergebnis zustande kommt. Wie man inzwischen weiß, steckt hinter den großen Zahlen ein großer Fake. Die Umsätze entspringen zu erheblichem Teil der reinen Fantasie, speziell in jenem ominösen Bereich, der als »Drittpartnergeschäft« (abgekürzt TPA für *Third Party Acquirer*) als Symbol für den Betrug in die Geschichte eingeht. Dieser Bereich betrieb »kein nennenswertes« echtes Geschäft, stellt Insolvenzverwalter Jaffé fest. Alles Fake.

Wie konnten die Betrüger so lange damit durchkommen? Warum überhaupt braucht ein Konzern wie Wirecard diese komischen Drittpartner? Für die Ganoven sind sie das Werkzeug, um den Konzern größer und rentabler aussehen zu lassen, als er de facto ist. Hier ist das Wachstum, hier blühen die Profite. Ohne diese TPA wäre der Konzern nicht profitabel gewesen, findet der Insolvenzverwalter heraus – so war er es wenigstens auf dem Papier. Das Kerngeschäft verbrennt seit Jahren Geld, Tag für Tag.

Schlau ersonnene Vorwände für die Drittpartner haben die Vorstände natürlich zur Hand: In Ländern, wo Wirecard selbst keine Lizenz zur Zahlungsabwicklung hat, braucht es diese Third Party Acquirer, um aktiv zu werden, so die Argumentation. In der Tat nutzen auch andere Zahlungsabwickler solche Partner für ihr Geschäft in Regionen, wo sie keine eigene Lizenz als Acquirer haben. Das sind dann aber Banken, die diese Geschäfte über Visa und Mastercard abwickeln dürfen, oder ausgewählte Fintechs und Zahlungsabwickler wie Wirecard in Europa und Amerika. Die Pointe bei Wirecard aber besteht darin, dass deren drei Hauptpartner, über die fast das gesamte gigantische Asien-Geschäft läuft, keinerlei derartige Befugnis haben. Al Alam in Dubai – hat keine Erlaubnis als Acquirer. Senjo in Singapur – ist kein Acquirer. PayEasy in Manila – ist den Behörden gänzlich unbekannt. Deshalb wird gegen PayEasy auch wegen »unerlaubter Zahlungsabwicklung« ermittelt, wobei der Vorwurf natürlich ins Leere zielt, wenn das Geschäft erfunden ist. Hinter den drei Firmen und ihren Millionenumsätzen hätten also bei echten Geschäften Banken oder Fintech-Unternehmen als Acquirer stehen müssen. Ein solcher TPA ist bisher nicht aufgetaucht.

Wirecards Partner sind also nur vorgeschobene TPA. Wofür braucht man sie dann überhaupt?

Sobald intern derartige Fragen aufkommen, hat Marsalek eine gute Antwort parat: Über diese Partner laufen doch, so betont er dann, die »High-Risk-Geschäfte«, also die Transaktionen mit denjenigen Kunden, die der Konzern selbst lieber nicht in der eigenen Bilanz haben möchte oder – ab einer gewissen Größenordnung – haben darf. Bei zu viel »High Risk« werden die Kreditkartengesellschaften ungemütlich. Also verschiebt Wirecard diese schmuddeligen Transaktionen, so die Theorie, wofür die angeblichen Partner eine Vermittlungsgebühr entrichten, abhängig vom jeweiligen Umsatz. Die Belegschaft lässt sich mit der Erklärung abspeisen, man weiß schließlich um die Herkunft des Konzerns als Schmuddelkind, und ein bisschen was drehen, damit die Risk- und Fraud-Spezialisten bei Visa und Mastercard ruhig halten, wird ja wohl noch erlaubt sein. So hat man es bei Wirecard immer gehalten. Schließlich kommen die Gewinne aus Asien. So steht es Jahr für Jahr im Geschäftsbericht.

An der Stelle schließt sich dann der rein virtuelle Kreis: Die Drittpartner überweisen die Scheinprovision nicht nach Aschheim, sondern bunkern sie auf imaginären Treuhandkonten in Asien. Nur zur Erinnerung: Wir greifen hier nicht der Staatsanwaltschaft vor, sondern berufen uns auf die Erkenntnisse des Insolvenzverwalters, der »kein nennenswertes TPA-Geschäft« finden kann, sondern von einem »nicht existierenden TPA-Geschäft« spricht. Auch die Geschichte mit den Treuhandkonten ist clever ausgedacht, denn bei High-Risk-Geschäften müssen die Partner sich gegen mögliche Ausfälle absichern – zu dem alleinigen Zweck dienen die Treuhandkonten. Wenn also die Wirtschaftsprüfer nachfragen, bekommen sie jedes Mal zu hören, dass man das Geld selbst gerne in Aschheim auf den Wirecard-Konten sähe, aber leider, leider geht das nicht, wegen der TPA. Ungeachtet dessen landen diese vermeintlichen Millionen-Beträge auf den Treuhandkonten in der Wirecard-Bilanz, blähen dort Gewinn wie Bilanzsumme auf – und blenden so potenzielle Geldgeber.

Die Wirtschaftsprüfer von EY lassen es geschehen, obgleich die Vorwürfe gegen Wirecard von Beginn an mit diesem speziellen TPA-Geschäft zu tun haben. Da dort – noch mal: auf dem Papier – die höchsten Gewinne anfallen, stehen sie unter besonderem Schutz des Wirecard-Vorstands, »das lassen wir uns nicht madigmachen«, lautet die Ansage von Marsalek und Kumpanen. Durch die TPA tauchen in der Bilanz riesige Geldbestände auf, die sich am Ende als Illusion herausstellen. Als alles zusammenkracht, sollen auf Konten in Asien mehr als zwei Milliarden Euro liegen. Nichts davon ist auffindbar von dem schönen Vermögen, das sich in ziemlich kurzer Zeit ziemlich schnell aufgehäuft hatte. Ende 2016 standen die Treuhandkonten für 348 Millionen Euro, 2018 lagen darauf angeblich schon 976 Millionen Euro und 2019 dann die ominösen 1,9 Milliarden Euro, die »mit überwiegender Wahrscheinlichkeit nicht existieren«, wie Vorstandschef Braun in einer seiner letzten Wortmeldungen zu Protokoll gibt, im Juni 2020, kurz vor der Pleite.

Von diesen sogenannten Drittpartnern hat Wirecard jede Menge, um die einhundert insgesamt, die entscheidenden davon werden von ehemaligen Angestellten oder Freunden des Konzerns gegründet oder geführt. Das wesentliche Geschäft konzentriert sich auf einige wenige, genau genommen auf die bereits genannten drei. Exakt dieses Trio erweist sich als äußerst profitabel und hochgradig dubios. Diese drei Gesellschaften wecken früh den Verdacht, dass es bei Wirecard nicht mit rechten Dingen zugeht, dass der Konzern das Rotlichtviertel nie wirklich verlassen hat.

Jetzt ist die Welt schlauer: Schön wär's gewesen, wenn über die Drittpartner wenigstens schmutzige Transaktionen abgewickelt worden wären, wie frühe Kritiker argwöhnen, doch es ist noch schlimmer: Da war gar kein Geschäft, alles ein großer Fake. Wie sagt der Insolvenzverwalter? »Keine nennenswerte Umsätze.« Ein bisschen Geschäft war da schon, widersprechen ehemalige Manager. Vielleicht finden die Ermittler noch Spuren davon. Im Großen und Ganzen aber hilft nichts gegen die Erkenntnis: Einziger Zweck für den ganzen TPA-Zirkus ist der Betrug. Die drei mit Abstand wichtigsten TPA-Partner verdienen es daher, näher betrachtet werden, schließlich sollen die Plünderer ein Gesicht bekommen. Da wären also die Gesellschaften Al Alam in Dubai, Senjo in Singapur sowie PayEasy auf den Philippinen

Jede dieser Klitschen für sich bietet Stoff für Märchen wie aus Tausendundeiner Nacht. Hinter jeder stehen Köpfe, die auf der Fahndungsliste der Münchner Staatsanwälte stehen – wenn sie nicht urplötzlich unter mysteriösen Umständen verstorben sind, wie Christopher Bauer, der Statthalter auf den Philippinen. Zu ihm und seiner Firma PayEasy an anderer Stelle mehr.

Zentrale Figur in dem großen Fake ist ein Mann namens Oliver B., der notorische Aufschneider, unterwegs auf krummen Touren seit mehr als einem Jahrzehnt und am Ende der Wirecard-Story Mitorganisator des TPA-Schwindels, mit Dienstsitz in Dubai. Nebenbei taucht er auch als Verantwortlicher bei Al Alam auf, so berichten Besucher. Inzwischen ist er der Kronzeuge der Münchner Staatsanwaltschaft, in einem »Riesendesaster, das sich durch nichts beschönigen lässt«, wie er, zugeschaltet aus der JVA München-Stadelheim, im November 2020 vor dem Untersuchungsausschuss aussagt.

Oliver B. stößt zu Wirecard, da ist er etwa dreißig Jahre alt. Er verdient sich, als rechte Hand von Markus Braun, seine Sporen mit dem Aufbau der konzerneigenen Bank. An einen »grenzkriminellen Jüngling« erinnert sich eine Geschäftspartnerin aus jenen Tagen: »Vom Bankgeschäft hatte der so viel Ahnung wie die Kuh vom Sonnendach.« Große Töne spuckt er trotzdem, etwa in einem Aufsatz für die Fachzeitschrift *Banking and Information Technology*, veröffentlicht Anfang 2007, in dem B. seinen Arbeitgeber Wirecard in höchsten Tönen preist: »Das Unternehmen kombiniert das Beste aus zwei Welten: Umfangreiche Leistungstiefe, wie man sie sonst nur von Filialbanken kennt, mit der Internationalität und Flexibilität eines internetbasierten Finanzdienstleisters.« Vier Jahre später gibt er gar den Sachverständigen im Bundestag: »Uns liegt es auch am Herzen, Geldwäsche zu bekämpfen.«

Der Mann ist nun mal ein begnadeter Geschichtenerzähler, Vertriebler durch und durch, der gerne damit prahlte, seinen Wohnsitz in Dubai zu haben, »um Steuern zu sparen«. Als derben Typ mit schmutzigem Humor beschreiben ihn die Kollegen von damals, seine Witze seien garantiert nicht politisch korrekt gewesen, egal ob es um Frauen oder Ausländer gegangen sei.

Geboren wird Oliver B. 1973 im fränkischen Hof, im damaligen Zonenrandgebiet, wo er in einer Genossenschaftsbank den ersten Schritt ins Finanzwesen tut. Es ist noch nicht absehbar, dass seine Karriere darin gipfeln wird, 200 Millionen Daten zu frisieren, in Jan Marsaleks Fälscherwerkstatt, zusammen mit einem Inder namens Manoj S., der Marsaleks privates IT-Team leitet, das wir uns an anderer Stelle näher ansehen werden.

Schräge Geschichten umranken Oliver B.s Werdegang. Früh gibt es Probleme, als in den Abrechnungen für die Geschäftspartner Mastercard und Visa zu hohe Zahlungsausfälle auftreten, kein Wunder bei dem Hochrisiko-Geschäft, das sich dahinter verbirgt: Porno- oder Casinokunden schummeln häufiger als gewöhnliche Bücherbesteller bei Amazon. Wie aber lässt sich diese Ausfallrate senken? Entweder man zieht sich aus dem schmuddeligen und daher riskanten Geschäft zurück – oder man manipuliert die Daten. Oliver B. wählt die zweite Variante, berichtet ein früherer Kollege. Der Nachwuchsmanager lässt demnach massenweise Ein-Cent-Transaktionen durch die Systeme laufen, die sind sauber, da fällt nichts auf. Folglich sinkt die Quote der anstößigen Geschäfte, das ist legal – nur halt manipuliert. Erst mal aber sind alle glücklich und zufrieden.

Oder ein anderes Beispiel, nur wenige Jahre später, die Sache mit den fingierten »Blumenläden«, um Zockerumsätze zu verschleiern (siehe »Die Tarnung mit den Blumenläden«). Auch hierzu trägt Oliver B. wertvolle Ideen bei und schleppt obskure Mittelsmänner an, berichtet ein damaliger Kompagnon. Das hilft dem Aufstieg in der Firma. 2013 erhält Oliver B. die Prokura in der Wirecard Bank, wird danach Chef der Wirecard-Tochter »Card Systems Middle East« mit Dienstsitz in dem Scheichtum Dubai. Dort residiert er im 93. und 94. Stock des höchsten Gebäudes der Welt, dem 828 Meter hohen Burj Khalifa. Seine zweite Hochzeit mit einer Kollegin ist ein rauschendes Fest, zu dem er die engsten Zuarbeiter aus Aschheim einfliegen lässt. Oliver B. mag den Luxus und zeigt ihn gern. Protzige, hochmotorisierte Autos sind sein Steckenpferd, Mercedes SLS AMG, BMW M5 und wie die Geschosse alle heißen. Er liebt das Risiko, fährt »lebensgefährlich schnell«, so berichtet ein Kollege von den Vollgasausfahrten: »In einer engen Kurve, die er viel zu scharf geschnitten hat, meinte er seelenruhig:

›Wenn jetzt was entgegenkommt, sind wir tot.‹« Dass dem Kollegen das Herz in die Hose rutscht auf der Spritztour, freut ihn ungemein. Oliver B. ist furchtlos, ein cooler Hund, abgesehen von dem Reinlichkeitsfimmel, von dem Bekannte erzählen. »Olli ist cool, außer dass er einen Hygienetick hat, der hat Anzüge nach dem Flug verbrannt«, so schildert es der Kollege aus Aschheimer Tagen, der ihn später am Golf besucht, »der hat sogar eine Einliegerwohnung für seine Bedienstete.«

Sein Ansprechpartner und Rückhalt in der Heimat ist Marsalek. »Olli hätte nie was gemacht, was Jan nicht abgesegnet hätte«, erzählen sie in der Zentrale. Auf dem Papier ist der Mann in der Wüste die Wunderwaffe des Konzerns. Al Alam ist auf dem Papier über Jahre der zuverlässigste Gewinnbringer des Konzerns, eine »cash cow«, in guten Jahren für sechzig Prozent des Gewinns verantwortlich. In die Konzernzentrale verschlägt es Oliver B. selten, jedes Jahr nur für ein paar Tage, wenn es gilt, den Wirtschaftsprüfern Frage und Antwort zum Asien-Geschäft und seinem ganz speziellen »TPA-Geschäft« zu stehen. »Olli ist immer mit leichtem Gepäck angereist und mit schwerem wieder abgeflogen«, berichtet ein Kollege. Drucker, Kabel und sonstiges technisches Equipment hat er aus dem Münchner Gewerbegebiet in die Wüste geschleppt.

Für seine wertvollen Dienste wird Oliver B. offenbar fürstlich entlohnt, mit echtem Geld. Zu seinem Vermögen gehörte eine Stiftung namens Levantine mit Sitz in Luxemburg, Kapital: mehr als sechs Millionen Euro. Nur hat Oliver B. nichts mehr davon, die Münchner Staatsanwälte haben das Vermögen beschlagnahmt; zumindest darf er hoffen, milder verurteilt zu werden, da er als Kronzeuge auspackt, wobei sich allerdings bald gewisse Zweifel an seiner Darstellung einschleichen.

Fraglich ist dagegen, ob jener Brite zu fassen ist, der als Schattenmann Marsaleks verbrecherische Karriere begleitet, jener

Mann, der mutmaßlich jenen Drittpartner namens Senjo mit Hauptsitz in Singapur kontrolliert: James Henry O'Sullivan, Mitte vierzig, ein Phantom, von dem nicht mal öffentlich zugängliche Fotos existieren. Viele, die ihm begegnet sind, trauen ihm gar die Rolle des Masterminds hinter allem zu. Dieser sagenumwobene Mr O'Sullivan, ehemals ein Konkurrent als Zahlungsabwickler, hatte keine offizielle Funktion im Wirecard-Konzern, zwischendurch aber einen E-Mail-Account und Visitenkarten der Firma. Er ist dort nicht formell angestellt, hängt aber ständig mittendrin, sobald es schmutzig wird. Auch bei Senjo hinterlässt er kaum Spuren, im Handelsregister taucht er selten auf – außer bei einer Handvoll Briefkastenfirmen auf der Isle of Man und einer Luxemburger Holding namens Caireen, die im Porno-Business unterwegs ist, sowie in Singapur im Firmenreich, das der windige Wirecard-Treuhänder Rajaratnam Shanmugaratnam (der Herr Shan) verwaltet.

O'Sullivan ist ein Phänomen, hervorgebracht von jener Halbwelt, aus der Wirecard stammt – den Zahlungsdienstleistern rund um die Porno- und Glücksspielbranche. Er startet mit Firmen namens Walpay und Waltech, buhlt mit Wirecard um Kunden im anrüchigen Graubereich – bis man sich zusammentut. Aus Waltech wird irgendwann Bijlipay Asia, dann wird Bijlipay Wirecards erster Kunde in Asien und erhält ein Darlehen über 10 Millionen Dollar. Leider ist Bijlipay ein sehr schlechter Kunde, der bald mit vielen Millionen Euro bei Wirecard in der Kreide steht und 2018 den Argwohn von Prüfern und Behörden in Singapur auf sich zieht. Das bleibt erst einmal folgenlos. Bijlipay kauft unter dem Dach von O'Sullivans Senjo munter Firmen auf, die im Zweifel Wirecard mit Darlehen finanziert.

Marsalek und O'Sullivan kennen sich vermutlich schon sehr lange. Vielleicht geht die Freundschaft zurück auf den Beginn des Asien-Geschäfts von Wirecard. Am Anfang steht dort eine Firma namens E-Credit Plus in Singapur. 2009 kauft Wirecard E-Credit Plus für 12,8 Millionen Euro – bei einem Jahresumsatz von 380.000 Euro. Eine nahezu wertlose Firma, für deren britische Tochter zeitweise ein ehemaliger Heroinschmuggler angeheuert wird. Nach fünf Jahren wird E-Credit für einen Bruchteil der Kaufsumme wieder abgestoßen und landet angeblich bei O'Sullivans Senjo. Senjo wiederum gehört zu einer Holding namens YO54, verwaltet von Wirecards Treuhänder Shan in Singapur, in die ein pensionierter kanadischer Pferdezüchter sein Geld steckt, dessen Sohn in Monaco mit O'Sullivan geschäftlich verbandelt ist. O'Sullivans zeitweiliger Wohnsitz in Monaco ist verbürgt, um das Jahr 2013 verlegt er seinen Wohnort nach Chennai in Indien, wo er nach Firmen Ausschau hält und wohl auch bald fündig wird. Der Geschäftsmann verkehrt dort im angesehenen Madras Club, wohnt in einem gediegenen Viertel der Stadt, empfängt hochrangige Besucher aus Aschheim. Vor fünf Jahren zieht er weiter nach Singapur, inzwischen so vermögend, dass er sich einen Privatjet gönnt, eine Gulfstream G550, Preis schätzungsweise rund 15 Millionen Euro. Reihenweise taucht der Name O'Sullivan also bei verdächtigen Wirecard-Deals auf, auffällig häufig im Dunstkreis von Jan Marsalek. Wie dieser ist der Brite inzwischen unauffindbar.

Das Duo ist regelmäßig gemeinsam zugange, wenn der Konzern Firmen übernimmt, mehr als eine Milliarde Euro gibt Wirecard für Zukäufe aus. Und die beweist ein außergewöhnliches Talent, rund um den Globus viel Geld für Firmen zu bezahlen, die sich hinterher als Nieten entpuppen. Immer sind Berater beteiligt, immer fließen Provisionen. So wundern Mitarbeiter sich heute noch, warum Wirecard eine Firma in Südafrika für 40 Millionen Euro erworben hat, »die keine 28 wert war«, dafür aber später als Wirecard AS von Carlos Häuser (dem Ehemann von der bereits erwähnten Brigitte Häuser-Axtner) und einem engen O'Sullivan-Buddy geleitet wurde. Die O'Sullivan-Fäden reichen über Singapur und Italien bis nach Österreich: Hier hat er über Senjo und Bijlipay bei Kalixa, später umbenannt in PXP Financial, zugeschlagen, der Deal mit dem High-Risk-Zahlungsabwickler wurde über ein Darlehen von Wirecard finanziert. Im Konzern ist es kein Geheimnis, dass Jan Marsalek in die Verhandlungen eingeschaltet war.

Der böse Verdacht, der an diversen Ecken aufscheint, ist: Ganoven haben Wirecard ausgenommen, indem sie mit dem Geld aus der Konzernkasse Firmen zu überteuerten Preisen gekauft haben, an denen Marsalek, sein Kumpel O'Sullivan oder beide in irgendeiner Form beteiligt sind. Das Vermögen der Firma wird so umgeleitet auf private Konten. Das Nachsehen haben die Anleger, die im guten Glauben Wirecard-Aktien gekauft haben, doch das Geld ist weg, wie O'Sullivan und Marsalek auch.

Der schrägste Fall ist der Kauf einer Firmengruppe Hermes i Tickets in Indien im Jahr 2015, ein sensationell schlechtes Geschäft: Wirecard zahlt 326 Millionen Euro an einen dubiosen Verkäufer in Chennai, der ebendiese Firma kurz zuvor für gut ein Zehntel des Preises erworben hatte, für schlappe 37 Millionen Euro. Binnen weniger Wochen explodiert der Wert auf jene 326 Millionen Euro, für den Verkäufer heißt das: 289 Millionen Euro Gewinn. Ist da womöglich ein besonders cleveres Bürschchen am Werk, das sich ein Start-up angelacht und dann hat vergolden lassen? Hat sich Wirecard über den Tisch ziehen lassen? Oder, wahrscheinlichste Variante, steckt hinter dem Ganzen ein abgekartetes Spiel?

Das zumindest behaupten die Vorbesitzer der Firma, die deswegen die Justiz bemühen, da sie sich betrogen fühlen: Wie kann ihre Firma in sechs Wochen den Wert vervielfachen? Sie ziehen vor Gerichte in London und Indien, so treten die Details zutage, die O'Sullivan, in Absprache mit Jan Marsalek, als den Architekten der Aktion erscheinen lassen, zusammen mit Marsaleks privatem Daten-Guru Manoj S. Dieser wird namentlich in den Gerichtsunterlagen in Indien als Direktor der verkauften Hermes-i-Tickets-Gruppe aufgeführt.

Profiteur des Deals ist ein komplett undurchsichtiger Fonds namens EMIF 1A (Emerging Markets Investment Fund) mit Sitz im Steuerparadies Mauritius, eigens für den Deal gegründet. Für ihn tritt der mysteriöse Herr O'Sullivan als Verhandlungspartner auf.

Wer hinter dem Fonds steckt, dazu gibt Marsalek zu jener Zeit vor Gericht keine Auskunft, aus den Gerichtsakten gehen zwei Investmentfirmen in Singapur als Eigner von EMIF 1A hervor. Und deren Vertreter arbeiteten bei einem Berater namens Rajaratnam Shanmugaratnam, jenem Herrn Shan, der das Vermögen von Wirecard in Asien verwaltet und inzwischen als mutmaßlicher Betrüger vor Gericht steht. Auch auf Mauritius sind die Behörden aufgewacht: Dort hat die Finanzaufsicht der Muttergesellschaft des Fonds EMIF 1A untersagt, sie weiterzuführen.

Der sagenumwobene Mr O'Sullivan ist es auch, der von merkwürdigen Darlehen aus Aschheim profitiert – noch so eine Möglichkeit, um den Konzern auszuweiden. Hier kommt nun unser bayerisches Powerpaar ins Spiel: Carlos Häuser und seine Frau Brigitte Häuser-Axtner, beides langjährige Wirecard-Angestellte, zwei aufstrebende Jungmanager, die sich im Konzern kennen lernen, in Imagebroschüren als Werbeträger für die schöne neue Fintech-Welt herhalten (Zitat: »Wir schaffen echten Mehrwert«) und im Gleichschritt voranmarschieren, immer weiter nach oben als Teil der Marsalek-Clique. Brigitte, die an der Fachhochschule Augsburg Multimedia-Design studiert hat, wird 2009 Head of Sales, ihr Mann, seit 2005 an Bord, hat Ambitionen für den Vorstand, bis ihm schließlich eine Frau vorgezogen wird: Susanne Steidl, ebenfalls lange im Haus, sticht ihn in einem giftig geführten Wettstreit aus. Die Häuser-Axtners kehren daraufhin Aschheim beziehungsweise München den Rücken und ziehen nach Singapur – er mit einem neuen Arbeitgeber, nachdem er zum Ende 2017 kündigt, sie in offizieller Funktion für Wirecard; beide bleiben aber weiterhin in direkter Nähe zu Jan Marsalek und dessen mysteriösen Kumpel O'Sullivan, was ihr Nachteil aber nicht sein soll.

Carlos Häuser wird Chef einer Gesellschaft namens Ocap, die die Ermittler O'Sullivans Drittpartnerfirma Senjo zuordnen. Die Firma hat nicht mal zwei Handvoll Mitarbeiter, ist auf dem Papier aber dick im Geschäft, offiziell zunächst in der Ölbranche sowie im Schiffsmanagement, bis der neue CEO sie auf neuen Kurs trimmt, auf Wirecard-Kurs, in die Zwischenfinanzierung von Onlinehändlern. Wie praktisch, dass eine umsatzträchtige Geschäftspartnerin nicht weit ist: Seine Ehefrau Brigitte, die Direktorin der Wirecard-Landesgesellschaft Singapur, versorgt ihn mit Geld aus Aschheim, deklariert als Darlehen. Moment mal, ein Darlehen aus der Firmenkasse für die Firma des Ehemanns – schreiten da nicht die Compliance-Wächter ein? In der Theorie, ja, nicht aber bei Wirecard. Immerhin unterschreibt ja nicht die Ehefrau allein den Geldsegen, das ist ein Vorstandsbeschluss, den alle mittragen und unterzeichnen – somit ist alles in Ordnung, zumindest nach Wirecard-Kriterien. Natürlich stößt in Aschheim manchem das Geschäftsgebaren der Häuser-Axtners bitter auf, ihnen aber sind die Hände gebunden, das Paar steht unter besonderem Schutz von Jan Marsalek, und was der von Widerstand hält, ist bekannt: nichts. So wagt es nicht mal Vorständin Susanne Steidl, der Singapur-

Connection auf die Finger zu hauen; sie schaut im Zweifel lieber zur Seite, als sich schreiend mit der resoluten Brigitte Häuser-Axtner zu duellieren. Im Zweifel hat Letztere, dank Marsalek, den längeren Atem. Wenn die Übriggebliebenen in Aschheim nach dem großen Knall über die faulen Äpfel in den eigenen Reihen schimpfen, dann fällt der Name Häuser-Axtner schnell, dem Paar eilt ein Ruf wie Donnerhall voraus. Beide werden als Beschuldigte in dem Skandal geführt, fraglich ist, wo ihnen der Prozess gemacht wird, ob in Singapur, wo sie zunächst festsitzen, oder in München. Allenfalls langjährige Freunde halten es für möglich, dass auch die Häusers nichts von den Betrügereien mitbekommen haben sollten.

Wie dem auch sei. Sicher ist, dass durch den Trick Geld aus dem Konzern über Darlehen an obskure Geschäftspartner geschleust wurde, die auf seltsame Art und Weise mit Wirecard verbandelt sind. »Mindestens seit Ende 2016 wurden Kredite an TPA-Gesellschaften und das dem TPA-Partner Senjo nahestehende Unternehmen Ocap vergeben«, heißt es dazu im vertraulichen Bericht des Insolvenzverwalters Michael Jaffé. Angeblicher Zweck dieser Überweisungen sind Vorleistungen, damit die Partner in Asien für Wirecard Kunden akquirieren. So stellt Marsalek es dar, wenn seine Leute es wagen, Fragen zu stellen, warum so viel Geld ohne ersichtliche Gegenleistung verbucht wird. Aber 115 Millionen Euro für Ocap, eine Firma quasi ohne Geschäft, im Jahr 2018? Und dann noch mal 100 Millionen zur Anschubfinanzierung für künftiges Geschäft Ende März 2020, als die Hütte in Aschheim schon lichterloh brennt?

Der Insolvenzverwalter ist es, der aufdeckt, dass an diese Geschäftspartner schon im Jahr 2018 Darlehen im dreistelligen Millionenbereich vergeben wurden. Und mittendrin in diesen Schiebereien: Henry O'Sullivan, das Phantom mit den vielen Briefkästen, nie um einen Einfall, um eine neue Scheinfirma verlegen. Zuletzt fällt eine Firma namens Ruprecht Services auf, mit Sitz in Singapur und Litauen, die ebenfalls mit Millionenbeträgen aus Aschheim bedient wird; auch sie wird von den Ermittlern jenem Mr O'Sullivan zugeordnet. Auch über die Ocap sind Gelder nach Litauen Richtung Ruprecht geflossen und von dort zum Teil auf Jan Marsaleks Konten. Das zumindest legen die Nachforschungen in Aschheim nahe. Erst als das Kartenhaus in Trümmern liegt, wird klar, wie viel Geld aus dem Unternehmen geschleust oder dort gewaschen wurde. Angeblich wurde sogar säckeweise Bargeld aus der Firmenzentrale hinausgetragen. Ob die irgendwo verbucht wurden? Wo sie landeten? Es ist fraglich, ob darauf je eine Antwort gefunden wird.

Als Insolvenzverwalter Michael Jaffé in Aschheim antritt, findet er jedenfalls keinerlei nennenswerte Vermögenswerte vor, dafür chaotische Zustände und geplünderte Konten. Nahezu eine halbe Milliarde Euro ist demnach allein in den letzten Monaten nach Asien abgeflossen, der Konzern sei »vor der Insolvenz leergeräumt« worden, sagt Jaffé – was bestätigt, dass Manager systematisch Geld beiseitegeschafft haben. So ist den Büchern, die der Insolvenzverwalter vorgefunden hat, zu entnehmen, dass in den Jahren davor allein für angebliche Beraterleistungen an den Vorstand Monat für Monat sechsstellige Beträge geflossen sind. Das Bizarre daran: Es ist nicht nachzuvollziehen, wofür das Honorar überwiesen wurde, worin genau die Gegenleistung bestand. Oft existieren keine Verträge, keine E-Mails, keine Projektbeschreibungen, nicht mal eine dürre Präsentation – und das ist das Mindeste, was in solchen Fällen selbst der hilfloseste Consultant hinkriegt. Auffällig ist ferner, dass sich bestimmte Namen in zwielichtigen Deals häufen. Mehr als vierhundert Namen, von Einzelpersonen wie Firmen, haben die Nachlassverwalter auf eine Liste mit zu prüfenden Geschäftspartnern geschrieben; echte wie fingierte Berater, IT-

Dienstleister, wohl auch Mittels- und Strohmänner bis hin zu handfesten Kriminellen, jedenfalls Leute, die nur schwer zu greifen sind und womöglich am Beutezug beteiligt waren.

Diese Liste hat der Insolvenzverwalter abzuarbeiten, immer auf der Suche nach unrechtmäßig gezahltem Geld, das sie vom Empfänger zurückfordern können, damit der Schaden auf Seiten der Wirecard-Opfer wenigstens ein bisschen gelindert wird. Dazu werden Kategorien gebildet, je nach Grad der kriminellen Verstrickung: eindeutiger Betrug, zweifelhafte Vorgänge, unkritische Geschäfte. Im Zweifel landen die Erkenntnisse bei den Ermittlern in der Staatsanwaltschaft München I. So haben sich schnell zwei Dutzend Verdachtsfälle für Geldwäsche ergeben, die meisten davon in der Wirecard AG, dem Mutterkonzern, ein paar auch in der Wirecard Bank. Sie kommen »on top« zu all den anderen Verdachtsfällen, die schon in den Jahren zuvor bei den Behörden gemeldet wurden und weiterhin dort eingehen, seit Banken genauer hinschauen, was Wirecard eigentlich so getrieben hat.

Die Motive für diese Art von dubiosen Zahlungen sind vielfältig: Manager können sich über Tarnfirmen selbst bedienen, sich also der Untreue schuldig machen. Sie können Vermögen an Freunde und Bekannte verschieben, oder sie haben Schweige- und Schmiergeld gezahlt, »um Komplizen bei Laune zu halten und so das betrügerische System am Laufen zu halten«, wie eine mit den Akten vertraute Person vermutet. Der wohl prominenteste Name auf der Liste der vierhundert fragwürdigen Parteien ist Karl-Theodor zu Guttenberg mit seiner Firma Spitzberg Partners, angesiedelt mit Hauptsitz in New York. Der ehemalige Minister hat sich seit seinem Ausscheiden aus der Politik im Jahr 2011 als Unternehmer, Berater und Investor inszeniert und dabei stets betont, kein Lobbying zu betreiben, »null Komma null«. Das habe er sich nach dem Rücktritt geschworen: Er werde nicht enden wie die abgehalfterten Politiker, die ihre Kontakte zu Geld machen und »als Lobbyisten an Türen kratzen. Das wollte ich nie.« So sprach Karl-Theodor zu Guttenberg zum Beispiel im Interview, das wir für die Frankfurter Allgemeine Sonntagszeitung (FAS) mit ihm geführt haben. Aber im Falle von zu Gutenberg mag gelten: Ist der Ruf erst ruiniert, lebt es sich ganz ungeniert. Nahm es der CSU-Politiker mit der Aufrichtigkeit schon bei seiner Dissertation nicht so genau, weiß man heute, dass seine Firma ebenjenes Gebaren, das er für sich im Interview rigoros ausschloss, im Fall von Wirecard praktiziert hat. Der ehemalige CSU-Posterboy ließ sich von Wirecard als Lobbyist anheuern, um mit seinen Kontakten ins Kanzleramt den Markteintritt in China zu erleichtern. Dazu gab es regen E-Mail-Verkehr, sowohl mit der Regierung in Berlin wie mit der deutschen Botschaft in Peking, was ihm jetzt im Nachgang des Skandals hilft – damit ist wenigstens bewiesen, dass Guttenberg tatsächlich eine Leistung erbracht hat, er also nicht zu der Kategorie betrügerischer Berater und Mittelsmann gehört. Ob er mit seinen Diensten politisch klug gehandelt hat und ob das Honorar angemessen war, das steht auf einem anderen Blatt. Eine Dreiviertelmillion Euro Gage für Spitzberg räumt er vor dem Untersuchungsausschuss ein, im Umfeld von Wirecard kursieren noch höhere Zahlen, nahe an einer Million. Wäre nicht der Bankrott des Konzerns dazwischengekommen, hätte sich der Betrag wahrscheinlich erhöht, da der Auftrag an Spitzberg demnach insgesamt ein Volumen von 2 bis 2,5 Millionen Euro umfasste. In dem Vertrag war neben dem fixen Honorar eine gestaffelte Prämie festgeschrieben für den Fall, dass die Lizenz in China bewilligt wird. Je schneller, umso höher der Bonus für Guttenberg.

Die Rufschädigung ist jedenfalls für den einstigen Politstar nicht mehr zu leugnen. »Karl-Theodor zu Guttenberg nutzte seine Vergangenheit als Bundesminister zu seinem wirtschaftlichen Vorteil aus«, sagt der Grüne Danyal Bayaz. »Dabei hatte er keine Hemmungen, für ein Unternehmen zu lobbyieren, gegen das es schon damals massive Betrugs- und Geldwäschevorwürfe gab.«

Die Komplizen in Asien

Edo K. und der Kampf gegen die Whistleblower

Zu jedem anständigen Krimi gehört ein Oberschurke und dazu seine Helfershelfer, in der Regel etwas schlichtere Gemüter. Wie genau kriminelle Energie und Kompetenz im vorliegenden Fall verteilt sind, müssen wir noch sehen. Sicher ist: Für so ein Gaunerstück braucht es nicht nur einen, sondern viele Protagonisten, und daran ist auch kein Mangel. Auf zwei Dutzend Tatverdächtige bringt es die Münchner Staatsanwaltschaft schnell, darüber hinaus hat der Insolvenzverwalter etwa vierhundert Personen auf seine Liste gesetzt, die in zweifelhaftem Kontakt mit Wirecard standen, Leute, die in dubiose Deals zwischen Aschheim, Südafrika, Singapur und Indien verwickelt waren, die geholfen haben, die Firma erst aufzublähen und sie dann zu schröpfen. Am Ende will's keiner gewesen sein, keiner will etwas gewusst haben. Oder noch besser: Plötzlich haben viele Leute dazu beigetragen, dass der Betrug dann doch noch aufgeflogen ist, sogar die Wirtschaftsprüfer, die der Bilanz Jahr für Jahr ihren Segen – also ihr Testat – erteilt haben.

Aber wenn dieses Schmierenstück wirklich einen Helden hervorgebracht hat, so ist es vermutlich der sogenannte Whistleblower aus Singapur, der die schmutzigen Geheimnisse preisgegeben hat – und so maßgeblich zur Aufdeckung beigetragen hat. »Bobby« heißt dieser Jemand in den Schriftstücken. Aber in Aschheim ist man sich sicher, dass es kein Mann, sondern eine Frau war, eine Kollegin, die im Frühling 2018 den Stein ins Rollen brachte, der dann am Ende, als eigentlich schon keiner mehr damit rechnete, alles zum Einsturz brachte. Dazu bedurfte es noch ein paar anderer kleiner Helfer mehr, darauf kommen wir später.

Besagte »Bobby« also bekommt Anfang 2018 Wind von einem internen Seminar in Singapur, das Edo Kurniawan, zuständig für die Finanzen in Asien, einberufen hat. Dort wird einer kleinen Gruppe von Mitarbeitern dargelegt, wie sich Bilanzen frisieren lassen, »how to cook the books« nennt Bobby diesen Vorgang. Dabei werden Umsätze über mehrere Stationen hinweg zwischen Kunden und Wirecard im Kreis herumgeschickt, was dazu führt, dass ein und dieselben Einnahmen bei verschiedenen Wirecard-Einheiten als Umsatz und Kundentransaktion verbucht werden können und so das Geschäft des Konzerns gewaltiger erscheint, als es tatsächlich ist. Wie viel von diesen Umsätzen in Asien existierte, wie viel schlicht erfunden war, darüber zerbrechen sich die Ermittler nach wie vor die Köpfe. Wirecard-Manager Edo Kurniawan nennt einen guten Grund für die neue Strategie: Die Geschäfte in seinem Bereich, also Asien, laufen hinten und vorne nicht so, wie sie sollten, überall bleiben die Zahlen hinter den Erwartungen zurück, dabei will die Firma doch unbedingt richtig groß in das China-Geschäft einsteigen. Um die Behörden in Hongkong für eine Lizenz für die Zahlungsabwicklung von der eigenen Bedeutung zu überzeugen, bräuchte es mehr Umsatz, als er de facto vorweisen kann. »Round Tripping« nennt sich das, was Kurniawan anscheinend vorhat und ist – wenn es denn so praktiziert wird – eindeutig ein Fall von Wirtschaftskriminalität. Die Ermittlungen in Singapur in dem Fall laufen noch, auch wenn niemand weiß, wo Edo Kurniawan steckt.

Wenn ein Chef wie Markus Braun seinen Konzern unbedingt so hell strahlen lassen will wie Apple oder Amazon, das Licht dazu aber nicht reicht, obwohl es aus Sicht des Chefs durchaus verdient wäre, dann liegt die Idee nahe, ein bisschen nachzuhelfen, womöglich auf nicht ganz legale Art und Weise. Vielleicht nur ein bisschen, hoffentlich nur vorübergehend, bis die Welt endlich reif ist für die eigene Vision, die geniale Geschäftsidee. Aus dieser Perspektive nennt sich das Ganze dann nicht Betrug, sondern Steuer- und Geschäftsoptimierung.

Bobby, die junge Mitarbeiterin aus Singapur, ist jedenfalls alarmiert ob der neuen Marschroute in der Buchführung. In ihrer Not vertraut sie sich einem Juristen im Haus an, Pavandeep Gill. Dieser zieht den Compliance-Officer Royston Ng hinzu. Die beiden Juristen informieren Aschheim darüber, dass es in der asiatischen Tochtergesellschaft vermutlich nicht mit rechten Dingen zugeht. Bei Wirecard in München nimmt sich der Jurist Daniel S. der Geschichte an. Der Kreis der Mitwisser ist klein zu diesem Zeitpunkt. Eine eigene Compliance-Abteilung existiert bei dem Konzern zu dem Zeitpunkt – ein halbes Jahr vor dem Aufstieg in den DAX! – sowieso nicht. Da hieß es schlicht für S., als Teil der Rechtsabteilung: Trag das mal so mit und schreib ein paar Richtlinien auf!

Compliance ist kein Thema, für das der Vorstand empfänglich gewesen wäre. Entsprechend schwer ist es auch, von den Chefs ernst genommen zu werden.

Nun aber hat der Jurist Daniel S. seinen ersten großen Fall, doch noch will er den Vorstand damit nicht belästigen. Auch Kollege Edo wird nicht über die Vorwürfe informiert. S. selbst weiß nicht, von welchem Mitarbeiter – Mann oder Frau – in Singapur die Informationen kommen, das wissen nur Gill und Ng. Man verständigt sich darauf, dass Bobby zunächst unauffällig weiteres »Beweismaterial« sichern soll. Denn bisher gibt es »nur« Edo Kurniawans Vortrag, also einen vermeintlichen Plan, aber keine Tat. Oder doch? Die Buchhalterin schaut sich die Vorgänge genauer an, die sie zuvor erledigt hatte, ohne näher darüber nachzudenken, was genau sie da vor sich liegen hatte. Dabei findet sie merkwürdige Verträge, auf denen die Unterschriften fehlen, die falsche Briefköpfe aufweisen, die rückdatiert wurden. Rechnungen über IT- oder Beratungsleistungen einer Firma A gingen an einem Tag bei Firma B ein und am Tag drauf von dort als Rechnung der Firma B an Firma X raus. So ging es munter zwischen Tochtergesellschaften und Geschäftspartnern in Singapur, Malaysia, Indien, Indonesien, Hongkong hin und her. Alles erscheint ihr nun sehr suspekt. Vor allem dieser ominöse Indien-Deal und alle damit verbundenen Unterlagen – was haben die überhaupt bei ihnen zu suchen? Auch die beiden Anwälte Gill und Ng sehen dringenden Handlungsbedarf.

Mitte März fliegt der Compliance-Chef nach Singapur (offiziell getarnt als Routinestippvisite), um sich vor Ort einen Überblick über die diffusen Vorwürfe zu verschaffen. Edo Kurniawan weiß zu dem Zeitpunkt noch nichts von den Verdächtigungen gegen ihn und zwei Kollegen. Das wird ihm erst in dem Moment klar, als S. plötzlich ihre E-Mail-Archive sichern lässt. Den Schritt unternimmt er eigenmächtig, ohne Rücksprache mit der Konzernzentrale in Aschheim. Eine dieser kleinen, aber wichtigen Entscheidungen, die den späteren Fall der Wirecard vorantrieben. Denn diese gesicherten Mailverläufe und Unterlagen sind es schließlich, die einer oder eine der Beteiligten Monate später dem Journalisten der Financial Times Dan McCrum zuspielt. Am 31. Januar 2019 geht dieser damit an die Öffentlichkeit. Mit seinen Geschichten über frisierte Bücher in Asien versetzt er den Wirecard-Konzern in helle Aufregung, zum ersten Mal in seinem Leben lernt der Reporter, was es heißt, sich mit mächtigen Feinden anzulegen.

Beinahe wäre es dem Unternehmen gelungen, alle Seiten zu beruhigen und das Thema auf kleiner Flamme – begrenzt auf eine Tochtergesellschaft in Asien – köcheln zu lassen, ohne großen Nachhall bei Investoren oder gar in der Öffentlichkeit. Und das, obwohl S. gleich am Anfang eine externe Prüfung durch eine große Kanzlei in Singapur, Rajah & Tann (R&T), veranlasst hatte, die auf Wirtschaftskriminalität spezialisiert ist. Deren erster Zwischenbericht vom 4. Mai 2018 fällt verheerend aus: Die Experten für Wirtschaftskriminalität befürchten einen Schaden von mehreren Millionen Euro. Sie sahen Hinweise auf Betrug, Geldwäsche, Bilanzmanipulation, Round Tripping, Korruption. Im Zentrum des Skandals, wie von Bobby vermutet, steht jener Edo Kurniawan aus dem »Wie frisiere ich die Zahlen«-Seminar und zwei Kollegen, Irene L. und James W. Ob es sich – im besten Fall – um gehäufte Unregelmäßigkeiten in der Buchhaltung und gefälschte Umsätze handle oder tatsächlich um groß angelegten Betrug, das will R&T im Weiteren eingehend prüfen. Von da an übernimmt Jan Marsalek, der zuständige Vorstand, persönlich. Die beiden Juristen in Singapur zieht man vom Fall ab, die Vorgänge beträfen nicht ihren Arbeitsbereich, und sie seien zu nah dran an dem Ganzen. Ebenso ergeht es dem übereifrigen S. Im Urlaub erreicht ihn eine Mail, die ihm unumwunden klarmacht, dass die Angelegenheit jetzt Sache der Rechtsabteilung sei, in enger Abstimmung mit Marsalek und ungeachtet der Tatsache, dass die Aufklärung damit in den Händen des für Asien Verantwortlichen liegt: Marsalek prüft sich selbst. »Die haben den Bock zum Gärtner gemacht«, sagt einer der beteiligten Kollegen. »Das hat schon für Verwunderung gesorgt, aber so wurden Entscheidungen bei der Wirecard eben getroffen.«

Niemand achtet darauf, wie der korrekte Weg ist, sondern Marsalek reißt die Sache an sich: »Ich kümmere mich.« Dann kümmert er sich oder auch nicht. Die Mannschaft pariert, keiner widerspricht. Niemand außer Markus Braun hätte ihn in die Schranken weisen können. Und Braun greift nicht ein, also bleibt jeder weitere intern geäußerte oder wenigstens gedachte Zweifel sinnlos. Die beiden Juristen aus Singapur, die bei einem Treffen in München Anfang Mai 2018 dem Vorstand die Geschehnisse darlegen wollten, müssen feststellen, dass ihre Erkenntnisse zum »Projekt Tiger«, wie sie es getauft haben, dort nicht mehr gefragt sind. Sie schreiben dem – vom Fall abgezogenen – Compliance-Chef in München: »Was ist los? … Was hat der Vorstand nicht begriffen?« Und warum dürften ein paar Leute schwere Finanzdelikte begehen und ungestraft weitermachen? S.s wütende Antwort: »Weil sie sich hier nicht gegenseitig ans Bein pissen.« Außerdem bindet Wirecard die Londoner Kanzlei Fieldfisher ein in die Untersuchung, eine höchst zweifelhafte Konstellation. Als externe und unabhängige Aufklärer lassen sich die Briten wahrlich nicht bezeichnen, da es sich um die Haus- und Hofjuristen von Wirecard handelt. Die vermeintliche Aufklärung, die Wirecard in der Folge betreibt, ist zumindest »speziell«, um es vorsichtig zu formulieren. Edo Kurniawan, der Hauptbeschuldigte, hat nichts zu befürchten, der Mann bleibt im Amt, obwohl Royston Ng, der hauseigene Compliance-Betraute aus Singapur, nach Aschheim meldet: »Das Thema ist größer, als wir dachten.« Man vertraue Edo voll, soll der Chef des Rechnungswesens, Stephan von E., wieder und wieder betont haben. »Der Edo lügt nicht.« Dieser Edo, wie er allseits genannt wird, ein gebürtiger Indonesier, hat bis 2017 in der Zentrale in München gearbeitet und war dort allseits beliebt. Er ist Anfang dreißig, verheiratet, und seine konziliante Art kommt an, bei den Chefs wie bei den Kollegen. Edo ist ein netter Typ, allerdings lässt dessen Deutsch zu wünschen übrig. »Der konnte gerade mal ein Bier bestellen«, erzählt eine Kollegin. Aber das reicht ja im Zweifel. Edo ist immer gerne dabei, wenn es gesellig wird, wenn die Kollegen in den Biergarten oder zum Wandern in die Berge aufbrechen. Nur seine Arbeitsweise verstört sein Umfeld. Edo ist ganz offensichtlich ein Chaot, da sind sich bis heute alle einig. Der Typ Kollege, der bei allem »hier« schreit und dann völlig überfordert ist. »Den hätte man nie auf den Posten in Singapur setzen dürfen«, sagt eine Kollegin aus München, die häufiger mit ihm zusammengearbeitet hat. »Der hatte seinen Laden nicht im Griff, da ging es drunter und drüber. Aber der war nicht kriminell.« Die Staatsanwaltschaft Singapur sieht das anders, gegen den lustigen Edo wird immer noch ermittelt. Der Wirecard-Konzern hat erst viel später, als Leugnen nicht mehr half, disziplinarische Maßnahmen gegen ihn ergriffen. Eine weitere Merkwürdigkeit in dieser sogenannten Aufklärung der Ungereimtheiten in Singapur. Ebenso wie die Tatsache, dass das Unternehmen ausgerechnet einen von Edo Kurniawans engen Mitarbeitern, der selbst zum Kreis der Mitbeschuldigten gehörte, in die Aufarbeitung mit einzubinden. Ein Aufschrei des Juristen Royston Ng in Singapur (»Ich bin zutiefst überzeugt, dass der Vorstand eine falsche Entscheidung getroffen hat.« Nun seien alle »in Gefahr«.) wird ignoriert. Ebenso der Hinweis darauf, dass weiterhin Gelder an dubiose Partner und sogar auf Privatkonten eines Verdächtigen fließen. Der Eifer, Licht ins Dunkel zu bringen, ist überschaubar. Es rührt sich nicht viel, besser gesagt nichts. Oder doch: Die beiden Anwälte, die eine strengere Aufklärung verlangt hatten, verlassen bald darauf den Konzern, dazu mehr im Interview mit Royston Ng im Anschluss an dieses Kapitel. Jan Marsalek erreicht ferner, dass die Auffälligkeiten in Indien nicht mehr von den gestrengen Rajah-Tann-Anwälten mit untersucht werden, weil Indien nicht in den Bereich »Wirecard Singapur« fällt. Damit ist eine besonders heikle Großbaustelle schon mal vom Radar der Prüfer verschwunden.

Ausgestanden ist der Ärger deswegen noch lange nicht. Im Gegenteil, jetzt geht es erst so richtig los. Am 31. Januar 2019 erscheint der bereits angesprochene Financial-Times-Artikel über zweifelhafte Geldströme in Singapur. Der Kurs der Wirecard-Aktie bricht innerhalb von zwei Stunden um 20 Prozent ein. Der Konzern reagiert sofort, weist alle Vorwürfe zurück und bezeichnet den Bericht als »irreführend«. Am Tag drauf legt die britische Zeitung nach mit einer weiteren Story über vermutlich schwere Straftaten in Singapur. Wirecard verspricht: Man könne alles widerlegen. Am 4. Februar beruhigt Markus Braun alarmierte Analysten in einer Telefonkonferenz: Singapur sei gar kein Finanzproblem, nur »ein Problem zwischen zwei Mitarbeitern«, ein »Non-Event«. Er verspricht »maximale Transparenz« und: »Wir machen alle Untersuchungsergebnisse öffentlich.« Am 7. Februar folgt der dritte Schlag der FT. Die Aktie ist inzwischen von fast 170 Euro, Ende Januar 2019, auf unter 100 Euro abgesackt. Wieder weist Wirecard Behauptungen als »unbewiesen«, »diffamierend« und »falsch« zurück. Am 8. Februar durchsucht die Polizei zum ersten Mal das Wirecard-Büro in Singapur und beschlagnahmt Unterlagen. Am gleichen Tag verklagt der Konzern die Financial Times wegen ihrer »unethischen Berichterstattung«.

Danach wendet sich das Blatt: Am 18. Februar verhängt die BaFin ein Leerverkaufsverbot gegen Wirecard-Aktien, ein einmaliger Vorgang, mit dem die Finanzaufsicht deutlich signalisiert, wo sie steht: an der Seite des Unternehmens. Die Betrüger sind die anderen, womöglich die Journalisten der Financial Times, gegen die die Staatsanwaltschaft München I zeitgleich Ermittlungen aufnimmt. Der Vorwurf: Der Reporter Dan Mc-

Crum macht gemeinsame Sache mit Shortsellern, um die Wirecard-Aktie zum Absturz zu bringen und daran mit zu verdienen. Dann schlägt Markus Brauns große Stunde: In einem Interview mit der Nachrichtenagentur Reuters am 12. März 2019 erklärt er siegesgewiss: »Das Ergebnis der internen Überprüfung war, dass die Vorwürfe ganz klar entkräftet wurden.« Jetzt warte man auf die Ergebnisse der externen Prüfung durch die Kanzlei Rajah & Tann. Er sei da »sehr optimistisch«. Und erst jetzt – ein Jahr nach Beginn der Singapur-Affäre – wird der gesellige Edo Kurniawan beurlaubt und ward seither nicht mehr gesehen. Wie so oft beruhigen die Worte des Börsenmagiers Braun die Märkte: Die Aktie steigt wieder jenseits der 130 Euro.

Intern beschwichtigt der Vorstand wie eh und je, gegenüber dem Aufsichtsrat erläutert der extra einbestellte Jan Marsalek, dass alle Vorwürfe haltlos seien, ein Jurist in Singapur habe Edo Kurniawan wegen persönlicher Differenzen anschwärzen wollen. Und seine eigene Weste sei sowieso blütenweiß. Er selbst hätte von alledem bis September 2018 nichts mitbekommen. Dem widerspricht kurz darauf wiederum die FT, die Marsalek als Mitwisser von Betrügereien in Singapur darstellt.

Und dann geschieht, was sich wie ein roter Faden durch die ganze Wirecard-Affäre zieht. Doktor Braun zaubert aus juristischen Gutachten entlastende Aussagen hervor, die nur er so liest, weil er sie so lesen will. Wahrhaftigkeit geht anders, eine übertriebene Wahrheitsliebe ist dem Konzernchef sicher nicht vorzuwerfen. So stellt Wirecard am 26. März 2019 die Ergebnisse der Kanzlei Rajah & Tann zu Vorgängen in Singapur auf die Homepage: Dort sind etliche Vorwürfe aufgelistet, bestätigt auf der lokalen Ebene vor Ort. Der Vorstand jedoch pickt sich den für ihn entscheidenden letzten Satz heraus: Auch die unabhängige Untersuchung habe keine Erkenntnisse ergeben, dass »eine strafrechtliche Verantwortung in Bezug auf die Konzernzentrale von Wirecard in München/Aschheim nach dem Recht von Singapur« vorliege. Braun feiert diesen letzten Satz als glatten Freispruch. Der Vorstand sieht sich wieder mal rundum entlastet. Alles bestens. Ist das legitim? Nun ja.

Markus Braun hat nur auf den allerersten, flüchtigen Blick recht: Singapur ist, gemessen am weltweiten Milliardenumsatz, aus seiner Sicht eine Lappalie, ein »Non-Event«. Die Darbietung der Untersuchung jedoch ist äußerst fragwürdig. So veröffentlicht Wirecard – entgegen der eigenen Darstellung – nicht »alle« Prüfungsergebnisse, genau genommen sogar gar keine. Die zwei Seiten auf der Homepage stammen nicht von der Kanzlei R&T. Vielmehr hat sie die Wirecard-Presseabteilung selbst verfasst und den R&T-Anwälten nur zum Abnicken vorgelegt. »We have no comments«, ist der einzige Satz aus deren Feder. Der R&T-Abschlussbericht selbst wurde nicht veröffentlicht, der lag gar nicht vor, nur ein »Update« der Befunde. Der finale Abschlussbericht kommt erst Monate später, Ende Juli 2019, nachdem verschiedene Kanzleien zurate gezogen worden waren. Was da drinsteht, was das noch mit einer externen, unabhängigen Prüfung zu tun hat? Man möchte es gar nicht wissen. Und was noch schräger ist: Wenn Braun gegenüber der Öffentlichkeit zuvor von einer ihn entlastenden »internen Überprüfung« spricht, was meint er damit genau? Sicher ist: Es hat innerhalb des Konzerns keine Compliance-Untersuchung der Vorgänge in Singapur gegeben. Oder meint er die Bestandaufnahme durch die hausinternen Juristen, die auf »alarmierende Befunde« stoßen, die unbedingt extern aufgearbeitet werden müssen? Keinesfalls wurden die Vorwürfe intern »ganz klar entkräftet«, wie Braun behauptet. Trotzdem verbreitet sich das Zitat weltweit in den Medien.

Lüge oder Wahrheit, wer weiß das schon? Wer nimmt es damit so genau? Der Wirecard-Chef vermutlich nicht. Dabei ist die Frage in dem Punkt eindeutig zu entscheiden (und einwandfrei dokumentiert), der Konzern selbst gibt darauf eine explizite Antwort. Als die Finanzaufsicht BaFin anfragt, ob Wirecard eine eigene Untersuchung wegen der Vorwürfe in Singapur eingeleitet habe, heißt es im Antwortschreiben lapidar, eine Untersuchung habe es »nicht gegeben«. Hoppla.

So endet der Skandal in Singapur mit einem bitteren Ergebnis. Von den 20 Millionen Euro, die anfangs als Lücke zwischen Wirklichkeit und vermurkster oder gefälschter Buchhaltung klaffen, finden sich für 18 Millionen nach und nach teils äußerst waghalsige Belege, sodass am Ende nur noch zwei Millionen Euro fehlen. Den entsprechenden Betrag überweist die Muttergesellschaft nach Singapur, die Bilanz wird korrigiert – und damit hat es sich. Ein überschaubarer Fehler des Managements vor Ort, so stellt es der Vorstand dar, ein Problem der Buchhalter dort, geschuldet der Überforderung einzelner Mitarbeiter. Klar, man hätte dem guten Edo diesen Job wirklich nicht geben dürfen. Ärgerlich, aber doch eine Petitesse, verglichen mit dem großen Ganzen: Was sind zwei Millionen bei zwei Milliarden Euro Gesamtumsatz?

Nach der Korrektur stimmen die Bücher wieder. Die Wirtschaftsprüfer von EY setzen ihren Haken unter die Bilanz 2018, stellen am 25. April 2019 ein verspätetes, aber uneingeschränktes Testat aus – müssen das tun, wie sie bis heute betonen. Allen damaligen Zweifeln zum Trotz, diese äußern sie nur im geheimen Anhang an den Aufsichtsrat. Bilanztechnisch ist ja nun alles korrekt. Viel Wirbel um nichts also.

»Zurück zum Tagesgeschäft«, wie Markus Braun so gerne sagt. Dazu zaubert er aus dem Nichts auch noch ein Ass aus dem Ärmel: Neben dem grandiosen Wachstum (mal wieder weisen alle Pfeile gen Himmel) präsentiert Markus Braun einen neuen Star-Ankeraktionär und strategischen Partner – die japanische Softbank, die eine Wandelanleihe über 900 Millionen Euro begibt. Der Markt ist begeistert. Braun hat mal wieder alles richtig gemacht: Der Aktienkurs schnellt in die Höhe. Spekulanten und Zweifler hat man in die Schranken gewiesen, frisches Geld, 900 Millionen Euro, sind auf dem Weg nach Aschheim, der Betrug kann weitergehen. Der König ist nicht nackt. Und Bobby bleibt ein Phantom.

»Wir waren der erste Dominostein.«

Der Compliance-Manager Royston Ng wurde bei seinen Aufklärungsversuchen in Singapur ausgebremst.

Herr Ng, denken Sie noch oft an die turbulente Zeit bei Wirecard?

Die Firma wird mich mein Leben lang begleiten, wie alle, die bei dem Unternehmen gearbeitet haben. Aber ich denke nicht oft zurück, das Kapitel ist für mich abgehakt.

Wie war das damals, als Sie Anfang 2018 von dem Vorwurf hörten, im Singapurer Büro werde geschummelt?

Ich habe vorher als Richter und Staatsanwalt gearbeitet und mehrere Jahre in der Compliance-Abteilung von GE – dass man auf Unregelmäßigkeiten in den Büchern stößt und dem nachgeht, war nichts Neues für mich. Fehler kommen überall vor. Die Sache bei Wirecard war von Anfang an ziemlich klar und nicht kompliziert: Wir hatten die Beweise – die E-Mails, die aufgesetzten Verträge, die Kontobewegungen. Es war alles klar dokumentiert. Anfangs ging es auch voran, da hatte ich den Eindruck, man wollte die Angelegenheit aufklären. Dann aber zog man mich ab von den Untersuchungen, danach stockte es. Die Aufklärung kam nicht voran.

Man hat Sie von den internen Ermittlungen abgezogen. Warum?

Die Begründung lautete: Wir geben das in die Hände von externen Juristen, weil ich angeblich ein Problem mit Edo hätte. Dem war zwar nicht so, da die Vorwürfe gegen mich aber im Raum standen, konnte ich die Entscheidung nachvollziehen. Wie man allerdings gleichzeitig alles in die Hände von Jan Marsalek geben konnte, das ging mir nicht in den Kopf. Er war zuständig für unser Office und das Asien-Geschäft, und jetzt sollten die externen Ermittler ihm die möglichen Betrugsfunde vorlegen? Das geht überhaupt nicht. Das habe ich so auch artikuliert.

Sie sehen da einen Interessenskonflikt.

Definitiv, jede Untersuchung muss komplett unabhängig sein, um alle Zweifel auszuräumen. Sonst bleibt immer die Frage, ob allem korrekt nachgegangen wurde oder ob womöglich Dinge unter den Tisch gekehrt wurden. Selbst wenn Marsalek eine komplett reine Weste hätte: Ihn als obersten Verantwortlichen hätte man nie auch nur in die Nähe der Ermittlungen lassen dürfen, damit die Ermittlungen nicht infrage gestellt werden können.

Haben Sie deshalb das Weite gesucht? Oder wurde Ihnen nahegelegt zu gehen?

Nein. Ich habe mich umgesehen und hatte dann ein sehr gutes Angebot, das ich angenommen habe. Bei der Firma arbeite ich heute immer noch.

Sie haben Wirecard verlassen, kurz nachdem die Financial Times über die Vorfälle berichtet hat. Zunächst hieß es, Sie seien das erste Opfer der Affäre.

Das war ein unglückliches zeitliches Zusammentreffen. Die FT hat gleich klargestellt, dass ich nicht zu den Beschuldigten, sondern zu den Aufklärern gehörte.

War das ein Problem für Sie? Sie hatten ja gerade eine neue Position angetreten.

Nein, mit denen hatte ich über meine Rolle bei Wirecard im Vorfeld gesprochen. Die wussten Bescheid. Wenn Sie sich als Compliance mit den »bad guys« in einer Firma anlegen, vor allem wenn es sich um Leute ganz oben in der Hierarchie handelt, finden Sie sich schnell in der Position wieder, dass Sie angegriffen werden und sich verteidigen müssen. Das ist doch klar. Die Haltung meines neuen Chefs ist da zum Glück sehr klar und inspirierend für mich. Er suchte jemanden, der Gegenwind aushält.

Von Marsalek und Braun wurde kolportiert, dass an den Vorwürfen gar nichts dran sei – dass es sich im Prinzip nur um Streitigkeiten zwischen Ihnen und Edo handle.

Das stimmt nicht. Die Vorwürfe waren alle dokumentiert, die habe ich mir ja nicht ausgedacht. Außerdem hatte ich nichts gegen Edo, wenn, dann er gegen mich. Mir war mal zu Ohren gekommen, dass seine Familie gute Kontakte zur Mafia in Indonesien hat – das habe ich weitergeleitet, damit dem nachgegangen wird. Ein Finanzinstitut kann sich Vorwürfe wegen Geldwäsche nicht leisten, da muss man mögliche dubiose Verbindungen des Führungspersonals ausräumen. Edo fand das wohl nicht so gut.

Hat er Ihnen gedroht? Es heißt, er habe zu Ihnen gesagt, Sie könnten sich gerne einen persönlichen Eindruck von seiner Familie verschaffen.

Nein, wir haben das nie thematisiert. Er hat mir auch nicht gedroht. Wir kamen eigentlich gut klar.

Wie war Ihr Verhältnis zu Marsalek?

Völlig in Ordnung. Er hat eins der Einstellungsgespräche mit mir geführt. Das lief gut.

Hatten Sie je Angst vor Wirecard?

Pavandeev und ich haben in den ersten Wochen Tag und Nacht gearbeitet, um diese Unterlagen, das waren Zehntausende von Schriftstücken, zu sichten. Wir saßen oft schon um 5.30 Uhr morgens im Büro. Dann nimmt man uns diese Arbeit weg – und ein Kollege erzählt mir, in einem Meeting sei diskutiert worden, was man mit mir macht. Einer soll gesagt haben, man könne mich »verschwinden lassen«. Vielleicht war das ein Scherz. Aber danach habe ich aufgepasst. Wenn ich in Europa im Urlaub war, so habe ich das niemandem bei Wirecard erzählt. Aber seit meinem Jobwechsel bin ich keine Kugel mehr wert für die. Für den Whistleblower ist das was anderes. Der ist ein Held.

Sie kennen deren oder dessen Identität?

Pav und ich kennen die wahre Identität und die Interviewer der externen Kanzlei. Sonst niemand. Das ist auch sehr wichtig. Ich möchte nicht schuld daran sein, wenn ihm irgendwann etwas zustößt. Damit könnte ich nicht leben. Der Schritt, uns von den Unregelmäßigkeiten in Kenntnis zu setzen, war schon sehr, sehr mutig.

Haben Sie die Unterlagen der FT zugespielt?

Nein, das war ich nicht. Ich habe überhaupt keine Unterlagen mitgenommen. Als ehemaliger Richter und Compliance-Officer nehme ich meine Verschwiegenheitsverpflichtung sehr ernst.

Was dachten Sie, als im Sommer das Kartenhaus in Aschheim zusammenkrachte?

Ich war schockiert, fassungslos.

Sie hatten damit nicht gerechnet?

Im Leben nicht. Sie etwa? Ich glaube, kein Mensch hat mit einer solchen Dimension des Betrugs gerechnet. Wir dachten damals, 2018, das ist eine lokale Geschichte, in die womöglich ein paar hohe Tiere verwickelt sind. Aber dass sich da Löcher solchen Ausmaßes auftun würden – unfassbar. Aus heutiger Sicht waren wir der erste Dominostein, der umgefallen ist. Vielleicht ist es gut, dass uns die Größe des Ganzen damals nicht klar war.

Was bleibt, wenn Sie heute zurückblicken?

Ich stand direkt vor den lodernden Flammen, ich habe klar gesagt, dass meine Prinzipien nicht verhandelbar sind. Das ist eine wichtige Erfahrung für mich. Seither weiß ich, dass ich das durchstehe, dass ich nicht weglaufe, wenn es turbulent wird. Ich habe mir nichts vorzuwerfen, auch nicht im Nachhinein. Ich habe ein reines Gewissen. Deshalb kann ich nachts gut schlafen.

Herr Shan und die Treuhandkonten

Einmal im Jahr kommt es zu einem merkwürdigen Treffen in Aschheim. Dann reist aus Dubai der Asien-Statthalter des Konzerns an, jener bereits vorgestellte Mann namens Oliver B., seit ewigen Zeiten im Konzern, um die Wirtschaftsprüfer von EY für den Jahresabschluss zu treffen.

Im Frühjahr 2019 hat er in seinem Schlepptau hohen Besuch aus Singapur: einen kleinen, rundlichen Anwalt namens Rajaratnam Shanmugaratnam. Oder auch Shanmugaratnam Rajaratnam, wie er sich auf der Plattform LinkedIn nennt. Oder Shan Rajaratnam, als der er in Akten verschiedentlich auftaucht und wie es auch an seiner Bürotür im Finanzdistrikt von Singapur heißt. In Aschheim heißt er nochmals anders, hier ist er nur »der Herr Shan«, der uns schon im Kapitel mit den Plünderern begegnet ist. Shan ist Chef eines undurchsichtigen Firmengebildes namens Citadelle Corporate Services, die diverse Dienstleistungen im Angebot hat: Rechnungsprüfung, Steuerprüfung, Buchführung. Shan selbst bezeichnet sich schlicht als Consultant, also als Berater. In seinem anderen Leben betreibt er eine

Bar in Singapur, das HedgeHog, in der er gerne selbst hinter dem Tresen Paulaner-Bier ausschenkt und leicht bekleidete Damen beim Tanz auf der Theke anfeuert. Und was hat dieser halbgare Typ nun mit einem etablierten deutschen DAX-Konzern zu tun? Sehr viel, so viel steht fest. Vermutlich laufen bei ihm diverse Fäden des Wirecard-Mysteriums zusammen. Egal, ob es um verschwundene Milliarden oder undurchsichtige, aber angeblich hochprofitable Geschäftspartner geht, um den merkwürdigen Indien-Deal oder Start-up-Finanzierungen aus dubiosen Quellen – die Ermittler landen heute immer wieder bei Shan. Bei etwa vierhundert Firmen fungiert der Mann zeitweise als »director« oder »secretary«, darunter findet sich ein bunter Strauß an Unternehmen aus dem Wirecard-Umfeld, gerne mit fantasievollen Namen wie Senjo, Goomo, Kilimanjaro, Ruprecht Services oder YO54 Holding. Ein Gewirr, durch das sich später Insolvenzverwalter und Staatsanwälte wühlen, denn insgesamt flossen 870 Millionen Euro aus der Wirecard-Kasse an diese Firmen – getarnt als Kredite, für die jede Sicherheitsleistung fehlt. 276 Millionen Euro davon an PayEasy auf den Philippinen, 243 Millionen an Al Alam in Dubai, in Singapur gingen 231 Millionen an die Ocap, 62 Millionen an Senjo, und Ruprecht erhielt 53 Millionen. Manche der Firmen nennen Shan als Geschäftsführer, andere teilen sich die Büroadresse mit ihm. Gemein ist allen, dass sie eine tragende Rolle in der Betrugsmaschinerie spielen, die im Sommer 2020 auffliegt.

Vermutlich seit dem Jahr 2015 – ganz genau weiß man es nicht – fungierte Shan als Treuhänder von Wirecard, er verwaltete im Auftrag des Konzerns das Vermögen auf sogenannten Treuhandkonten. Vier dieser Konten lagen bei der OCBC, Singapurs ältester und heute zweitgrößter Bank. Das Geld darauf stammte aus dem Drittpartner-Geschäft, wenn Wirecard wegen einer fehlenden Lizenz oder weil Bereiche wie Internetpornografie und Glücksspiel nicht in den eigenen Büchern auftauchen sollten, die Geschäfte an Dritte auslagerte, natürlich gegen Gebühr.

Shan verwaltete erst 200 Millionen Euro, dann 340 Millionen, dann mehr als eine halbe Milliarde Euro. 2018 soll es laut Wirecard-Geschäftsbericht schon eine Milliarde Euro gewesen sein, und im Jahr 2019 dann angeblich unglaubliche 1,9 Milliarden Euro. Über die Jahre wird dies alles als liquide Mittel (»Cash«) offiziell in der Wirecard-Bilanz vermerkt, und die Zweifel, ob das Geld wirklich existiert, nehmen erst am Schluss überhand. Dazu später mehr, ebenso zum abenteuerlichen Transfer auf die Philippinen, wo es irgendwo verloren gegangen ist. Wie gesagt, falls es je existiert hat. Auf dem Papier wächst der Geldberg auf Shans Treuhandkonten ebenso kontinuierlich und rapide wie die Umsätze von Wirecard in Asien – mehr Kunden, mehr Einnahmen, mehr Gewinn und auch mehr Cash, das man für eventuelle Ausfälle als Sicherheit für die Drittpartner vorhalten musste. Auf diesen Treuhandkonten. Und the Man of Cash ist der sagenumwobene Shan.

Das ist, grob skizziert, die Situation, als Shan im Februar 2019 in Aschheim auftaucht, zusammen mit Oliver B., seinem in Dubai stationierten Verbindungsmann zum Konzern. Gemeinsam gilt es, die Wirtschaftsprüfer von EY davon zu überzeugen, dass die Milliarden nicht nur in der Fantasie existieren, sondern wohlbehütet auf der Bank in Singapur liegen. Damals gibt es daran erste leise Zweifel, befeuert vom Verdacht über Unregelmäßigkeiten in Asien, inzwischen weiß man es besser: Zwei Jahre später, im Frühjahr 2021, glaubt niemand mehr an Shans riesige Barschaft, in seiner Heimat Singapur wird gegen ihn wegen Urkundenfälschung und Betrug ermittelt. All die hübschen Belege, die Shan regelmäßig vorgelegt hat für die wachsenden Bargeldbestände auf seinen Konten, sollen gefälscht sein. Unwahrscheinlich, dass dieser Berater und Hobby-Barbetreiber ein Schurkenstück solchen Ausmaßes allein bewältigt und als Einzeltäter Wirecard hintergangen hat. Dennoch, zum Jahreswechsel 2020/21 ist er der Erste und Einzige, der sich vor Gericht für den Wirecard-Betrug verantworten muss. Die Behörden in Singapur betonen aber, dass sie gegen etliche weitere Verdächtige ermitteln, die nach und nach angeklagt werden könnten. Dieses Schicksal droht etlichen früheren Geschäftspartnern sowie diversen Managern in- und außerhalb des Wirecard-Konzerns. Ziemlich weit oben auf der Liste: das Ehepaar Häuser, er Ex-Wirecard, sie bis zum Schluss Wirecard, beide bis zu den Knien im Morast.

Zu dem gut inszenierten Theaterstück in Aschheim gehörte jedenfalls, dass Treuhänder Shan auf seinen Visiten Aktenberge voller Ordner mitbringt und den Prüfern die Kontoauszüge der vier Treuhandkonten vom Jahresende vorlegt. Schwarz auf weiß ist dort zu lesen, wie viel Geld er für Wirecard verwaltet: Am 31. Dezember 2018 soll es eine Milliarde Euro gewesen sein. Die Prüfer durften einen Blick daraufwerfen, die Zahl notieren und in ihre Unterlagen übernehmen. Sie durften sie nicht behalten, nicht fotokopieren, ja nicht einmal abfotografieren. »Das ist verboten«, heißt es. »Sie wissen doch, das Bankgeheimnis in Singapur …« Ja, ja, das ist dort sogar noch strenger als in der Schweiz. Gewiss. Citadelle-Chef Shan kann sehr überzeugend darlegen, weshalb es in Singapur unmöglich ist, direkt vor Ort in einer Bank die Kontostände eines Treuhandkontos einzusehen. Aber deshalb komme er ja extra nach München, es sei »reines Entgegenkommen.« So weit, so großzügig, wer mag die Harmonie da noch mit bösen Geschichten über irgendwelche Unregelmäßigkeiten versauen? Niemand. Die Artikel in der Financial Times über die Missstände im Wirecard-Büro in Singapur, über möglichen Betrug, Bilanzmanipulation und Scheinumsätze werden bei diesem Business-Meeting mit keinem Wort erwähnt.

Offiziell hat Shan mit dem Ableger von Wirecard in Singapur nichts zu tun, dass seine Firma ebenfalls in dem Stadtstaat sitzt – reiner Zufall. Er verwaltet nur die Konten, und die sind – dafür hat er gesorgt – astrein. Alles korrekt, bis hin zu diesen kleinen Unstimmigkeiten, die es geben muss, damit das Ganze für diese »Korinthenkacker« von Wirtschaftsprüfern echt wirkt. »Die Salden zwischen Treuhänder und den Partnern, die die Gelder dorthin überweisen, stimmen nie einhundertprozentig überein«, erklärt ein Wirtschaftsprüfer. »Kleine Abweichungen ergeben sich zum Beispiel daraus, dass eine Überweisung beim Kunden zwar schon abgebucht wurde, aber beim Treuhänder noch nicht eingegangen ist. Deshalb sind Abweichungen normal. Wir werden hellhörig, wenn alles auf Heller und Cent übereinstimmt.« Im Fall von Shan ist alles unverdächtig – die Abweichungen sind genau passend, nicht zu hoch, nicht zu niedrig. Eine Meisterleistung an getürkten Büchern.

Wenn den EY-Prüfern etwas Kopfzerbrechen bereitet, dann die schiere Größe der Guthaben, die der Mann verwaltet: So viel Vermögen auf einem Haufen, ein Viertel der gesamten Bilanzsumme unter Obhut eines einzigen Mannes. Weiter reichen die Gedanken nicht. Die Wirtschaftsprüfer sind zu dem Zeitpunkt nicht wirklich misstrauisch gegenüber Shans Firma Citadelle. Im Asien-Geschäft häufen sich die Ungereimtheiten, ja, aber dass die Konten in der Realität gar nicht existieren, sondern nur auf dem Papier, auf diese Idee kommt niemand. Kein EY-Experte, auch später keiner der KPMG-Sonderprüfer. Wenn, dann beißen sie sich an anderen Dingen fest, an richtigen und für den späteren Fall von Wirecard wichtigen Formalien – dass die Belege direkt von der OCBC-Bank zu den Prüfern hätten geschickt werden müssen, zum Beispiel.

Zunächst aber versteht Shan es, keinen Argwohn zu erwecken. Und in Singapur, da herrscht halt ein strenges Bankgeheimnis, das hatten die EY-Prüfer so akzeptiert. Auch wenn sie ihn in den Vorjahren in Singapur besucht haben, so ließen sie sich die Belege in seinen Büroräumen zeigen – in die Gebäude der OCBC haben sie niemals einen Fuß gesetzt. Es war alles unverdächtig. Trotzdem prüfen sie auch diesmal in Aschheim Shans Ausweis und seine Dokumente, die ihn als Treuhänder für Wirecard ausweisen. Fürs Protokoll muss alles seine Richtigkeit haben. Streng genommen ist ein Treuhänder wie Shan ihnen gegenüber überhaupt nicht auskunftspflichtig. Er muss ihnen gar nichts zeigen. Weigert er sich, hat Wirecard freilich ein Problem, da EY dann die Existenz der Konten mitsamt dem Bargeld nicht verifizieren könnte. Und dieser Posten ist wichtig für die Bilanz – und damit entscheidend für den Segen der Wirtschaftsprüfer, das sogenannte Testat.

Shan zeigt sich in dem Treffen kooperativ. Und Oliver B. betont gegenüber den Prüfern einmal mehr, wie freundlich und entgegenkommend der Citadelle-Chef aus Fernost ist und wie sehr Wirecard es zu schätzen weiß, dass er eigens nach München fliegt, um ihnen Einblicke in die Konten zu gewähren. EY verifiziert die Cash-Posten ganz korrekt, nach allen Regeln der Kunst beziehungsweise ihres Regelwerks für die Prüfung von Treuhandkonten. Oliver B. schaut gelangweilt aus dem Fenster, reißt ein paar Witze, allein um die drögen Wirtschaftsprüfer etwas ins Schwitzen zu bringen, während die auch die Kontoauszüge prüfen.

Drei Geschäftspartner fallen dabei, wie schon in den Jahren zuvor, besonders ins Auge, jene sogenannten Drittpartner, die fast für die gesamten Umsätze zuständig sind: Senjo, PayEasy und Al Alam heißen diese Firmen, die wir bereits kennen gelernt haben. Alles wie in den Jahren zuvor, nur eben in einem noch größeren Maßstab. Zum Schluss zieht Shan ein vorbereitetes Protokoll heraus, auf seinem eigenen Briefpapier mit seinem Briefkopf sind dort die Saldenstände vom 31. Dezember 2018 notiert, die werden mit den handschriftlichen Abschriften von EY verglichen, und dann setzt Shan vor Zeugen seine Unterschrift darunter.

Dieser Briefbogen ist das einzige Schriftstück, das er in Aschheim zurücklässt. Niemals hätte er einen seiner heiligen Auszüge aus der Hand gegeben; vielmehr heftet er die Papiere fein säuberlich wieder zurück in die Ordner, klappt sie zu und fliegt mit ihnen zurück nach Singapur, wo er sie in den Aktenschränken seines Büros verstaut.

Ob sie hier gefälscht wurden? Ob Oliver B. das für ihn in Dubai gemacht hat? Ob vielleicht auch ein bestochener Bankmitarbeiter dafür gesorgt hat, dass die gewünschten Salden vermerkt und unterzeichnet wurden? Später wird Citadelle-Chef Shan behaupten, seine Unterschrift und auch sein Briefkopf seien gefälscht worden. Aber es kommt noch besser: Zum Zeitpunkt des Jahresabschlusses 2018 sei er längst raus gewesen, da wäre er gar nicht mehr für Wirecard als Treuhänder bestellt gewesen. Die Staatsanwaltschaft in Singapur ist anderer Meinung, die Prüfer von EY auch – wer hätte dann in Aschheim mit Shans Pass sitzen sollen? Wer hätte sie vorher in Singapur empfangen?

Anfang Dezember 2020 muss der Citadelle-Chef sich deshalb in Singapur vor dem Court House verantworten, nur einen Katzensprung von seinem Citadelle-Büro entfernt. Die Behörden werfen ihm vor, in den Jahren 2016 bis 2018 insgesamt dreizehn Treuhandbriefe mit Kontosalden im Fall Wirecard gefälscht zu haben – *wilfully and with intent to defraud*, also vorsätzlich mit betrügerischer Absicht. In Deutschland mahlen die Mühlen der Justiz langsamer, da sitzt zu dem Zeitpunkt noch niemand auf der Anklagebank. Ein Grund dafür ist, dass die Behörden in Singapur einen zeitlichen Vorsprung haben, denn sie hatten viel früher die Ermittlungen aufgenommen. Als die Financial Times Anfang 2019 ihre Vorwürfe gegen das Wirecard-Büro in Singapur erhebt, schwärmen umgehend die Ermittler aus und beschlagnahmen Unterlagen in den Büros von Wirecard selbst sowie von Citadelle. In Deutschland verfolgen die Ermittler zu dem Zeitpunkt stattdessen die FT-Reporter. Hierzulande schlägt sich die Justiz auf die Seite der mutmaßlichen Betrüger. Bis zum bitteren Ende.

Der YouTube-Star und die Milliarden

Irgendwann wird es Wirecard offenbar zu heiß in Singapur, klammheimlich wird ein Viertel des Vermögens auf die Philippinen verschoben. In Aschheim erfahren sie dies eher beiläufig. Es ist Ende Januar 2019, und der Statthalter aus dem Mittleren Osten ist mal wieder im Haus: Oliver B., der todesmutige Macher und Mann für die komplizierten Fälle. Von ihm wollen die Sonderprüfer von KPMG endlich Klarheit, wie es sich verhält mit diesen komischen Drittpartnern, was da los ist bei Al Iam und wie sie alle heißen, diese Firmen, die auf dem Papier so maßgeblich für den Erfolg von Wirecard sind.

Ein ums andere Mal hatten sich die Termine in der Sache verschoben, immer wieder wurden Akten gar nicht oder verspätet herausgerückt, entsprechend ungeduldig wurden die Prüfer, da sie selbst unter Druck stehen: Ihre Mission sollte ja nicht ewig währen. Im März 2020, spätestens, sollte die Abgabe sein. Also nichts wie her mit diesem Herrn Oliver B., ganz offensichtlich eine Schlüsselfigur in dem ganzen Konstrukt. Die Prüfer bestehen deshalb darauf, mit ihm allein zu sprechen. Ohne seinen Herrn und Meister Jan Marsalek, ebenso wenig sollten dessen Aufpasser dabei sein, allen voran seine rechte Hand, nennen wir sie Anna K., die die gesamte Kommunikation zwischen Prüfern und Wirecard-Vorstand steuerte. Und tatsächlich: In diesem Meeting packt Oliver B. das große Geheimnis aus, mehr oder minder versteckt in einem Nebensatz: Die Treuhandkonten befänden sich neuerdings auf den Philippinen, nicht mehr in Singapur, teilt er den Prüfern mit. Die reagieren perplex. »Das Geld auch?« »Ja, das Geld auch.« Und zwar schon seit Anfang Dezember 2019, also seit sechs, sieben Wochen. Überraschung geglückt, verstörte Gesichter in der Mittagspause. Nach den Häppchen, die vor dem Konferenzraum angerichtet wurden, ist den Prüfern nach diesen News nicht mehr. Ratlos stehen sie auf dem Flur, Oliver B. verschwindet erst mal, bevor ihm irgendjemand weitere Fragen stellen kann. Schon rücken die Kollegen von EY, noch ahnungslos von dem Geldtransfer, zur nächsten, gemeinsamen Sitzung an.

Als die Prüfer von KPMG in der großen Runde zu der Sache noch mehr wissen wollen von Oliver B. als die paar Brocken, die er ihnen morgens hingeworfen hat, da meldet sich ein EY-Vertreter ganz vom Ende der langen Konferenztafel zu Wort: »Wie jetzt, Treuhandwechsel?« Die KPMG-Seite guckt die Kollegen an und fragt fassungslos: »Wie, Sie wissen das nicht?« Ein Gesichtsverlust erster Güte und eine »sehr unglückliche« Situation, wie mehrere Beteiligte berichten. Das Thema Treuhänder gilt von da an zwischen den konkurrierenden Wirtschaftsprüfern als belastet.

Der daraufhin befragte Wirecard-Vorstand gibt sich mal wieder ahnungslos. Marsalek ist entfleucht, auch das kommt häufiger vor, der Rest will vom Wechsel des Treuhänders nichts gewusst haben. Auch nicht Markus Braun, der oberste Chef von dem Ganzen, aber gut, was geht es ihn an, wo die liquiden Mittel deponiert werden? Das ist erst mal Sache des Finanzvorstands. Also, Herr von Knoop? Der Finanzvorstand hat keinen Schimmer, der Chef des Rechnungswesens angeblich ebenso wenig, und auch der Schatzmeister hat keine Idee. Da werden mal eben zwei Milliarden von einem Land ins nächste verschoben, und der Schatzkanzler, der Hüter des Geldes, betont, dass er damit nichts zu tun habe. Aschheim, wie es leibt und lebt. Eine so weitreichende Entscheidung – und niemand will davon Notiz genommen haben. Der Vorstand hat weder über den Entschluss debattiert, geschweige denn den Wechsel auf die Philippinen offiziell beschlossen, beauftragt oder auch nur abgesegnet. Der Name eines gewissen Mark Tolentino – der neue Treuhänder – war ihnen nie untergekommen, infolgedessen hat auch niemand Informationen über diese zweifelhafte Person eingezogen.

Nach den Reaktionen in Aschheim waren einzig Shan, der bisherige Treuhänder in Singapur, und Oliver B., der Mann in Dubai, eingeweiht in den Plan, die Treuhandschaft in Singapur noch im Dezember 2019 zu beenden. Vielleicht haben sie das Ganze auch mal Jan Marsalek gegenüber erwähnt, der allerdings kann sich nur ganz vage erinnern, ein solches Vorhaben mal andiskutiert zu haben. So hat er es in kleiner Runde später mal dargestellt: Ein mögliches Szenario sei das gewesen, definitiv nichts Konkretes. Alle anderen wähnten die zwei Milliarden Euro weiterhin in Shans Händen in Singapur. Bis zu jenem 29. Januar 2020.

Wie ist es also zu dieser überraschenden Neuigkeit gekommen? Dazu müssen wir zurückblenden nach Singapur, zu der Whistleblowerin »Bobby«, den daraus entstandenen Artikeln in der Financial Times und dem Ehrgeiz der singapurischen Strafverfolger. Anders als in Deutschland, wo die Behörden gegen die britischen Journalisten ermitteln und Wirecard durch ein

Leerverkaufsverbot schützen, fackelt der Stadtstaat nicht lange und rückt dem Konzern auf die Pelle. Am 8. Februar 2019, eine Woche nach dem ersten entsprechenden FT-Artikel, durchsuchen sie die Büros der Wirecard-Niederlassung und fordern die sofortige Herausgabe verschiedener E-Mail-Archive.

Das Unternehmen sträubt sich, widersetzt sich der Aufforderung, tags darauf taucht Edo Kurniawan unter, der ach so gesellige Wirecard-Statthalter. Freunde sagen bis heute, er hätte dies nur zu seinem Schutz getan, weil Journalisten seiner Familie und ihm vor dem Haus und überall aufgelauert hätten, nur deshalb sei er in seine Heimat nach Indonesien abgereist. Kurze Zeit später wird er vom Vorstand in München offiziell beurlaubt. Seine Spur verliert sich irgendwo zwischen Indonesien und Dubai, wo er angeblich mal auftauchte. Bis heute ist Edos Aufenthaltsort nicht bekannt. Noch ein Wirecard-Manager auf der Flucht.

Am 11. Februar 2019 fordern die Ermittler die E-Mail-Archive von weiteren insgesamt fünfzehn Wirecard-Mitarbeitern an. Wieder mauert der Konzern. Diese seien nicht in seinem Besitz, lautet die Antwort. Am 15. Februar beschlagnahmen Polizeibeamte zweihundertneunundzwanzig Rollcontainer mit Unterlagen. Am 20. Februar kehren die Ermittler zurück ins Singapur-Büro und verschaffen sich nun selbst Zugang zu den gewünschten E-Mail-Chats.

Wirecard reagiert, wie der Konzern immer auf Angriffe reagiert: Man lässt die Anwälte von der Leine. In diesem Fall fordern sie die Herausgabe der aus ihrer Sicht unrechtmäßig beschlagnahmten Dokumente. Das sei willkürlich und völlig unverhältnismäßig. Ein Beispiel ist der verschlossene Rollcontainer von Edo Kurniawan, den die Beamten mitgenommen haben, aus Sicht der Wirecard-Juristen ohne Handhabe, da ohne einen Hinweis darauf, dass sich darin überhaupt belastendes Material befinde. Das bewegliche Möbelstück sei Wirecard zurückzugeben.

Die Einwände imponieren den Ermittlern nicht. Der Stadtstaat demonstriert seine Macht und weist das Ersuchen am 8. Mai 2019 als zum Teil »absurd« zurück. Der Rollcontainer wird nicht zurückgegeben, basta, und der Antrag sei »dead in the water«, von vornherein aussichtslos. Wenn man der Argumentation von Wirecard folgen würde, so heißt es in der Begründung, mit der der Antrag vor dem High Court schließlich abgeschmettert wird, würde das bedeuten, dass die Polizei bei keinem noch so dringend Tatverdächtigen mehr in die Handtasche schauen dürfte. Das sei, so der Richter, eine »absurde Vorstellung«.

Damit wird klar: Nicht nur übel gesinnte Zeitungsredaktionen wie die FT haben Unterlagen, auch singapurische Staatsanwälte haben nun vermutlich belastendes Material in ihren Händen. Die Ermittler suchen fortan akribisch nach den kleinsten Hinweisen auf Betrug und Geldwäsche, auf dem Kieker haben sie die Wirecard-Töchter in Singapur, Malaysia, Indonesien, Indien, den Philippinen und Hongkong. Und nicht nur das. Sie beschäftigen sich auch mit elf namentlich genannten Drittpartnern. Darunter jenes ominöse Trio, das eine immer größere Rolle bei Wirecard spielt: Al Alam in Dubai, Senjo in Singapur und PayEasy in Manila.

Auch Herr Shan alias Rajaratnam Shanmuragatnam gerät damit ins Visier der Ermittler. Der Mann ist zu dem Zeitpunkt schließlich nicht nur der wichtigste Treuhänder des Konzerns, sondern auch in diverse anrüchige Firmen im Dunstkreis von Wirecard verstrickt. Auf Seite 4 des vorläufigen R&T-Berichts hatten die Wirtschaftsprüfer explizit darauf hingewiesen, dass Shan bei drei der sechs dubiosen Partnerfirmen als »secretary« auftauche. Es könnte lohnenswert sein, so schreiben sie in ihren

Report, sich die Beziehung von Shan und Edo Kurniawan näher anzuschauen und zu klären, warum gleich drei Firmen von ein und derselben Person geführt werden. Auch Shan bekommt also Besuch von der Polizei, Beamte durchsuchen sein Büro sowie sein Zuhause und nehmen sorgsam gehütete Akten mit. Im November dann rücken die KPMG-Prüfer in München an und teilen Markus Braun und anderen hohen Wirecard-Managern mit, dass die bisherigen Dokumente zu den Treuhandkonten nicht ausreichend seien. Das Argument, dass diese für die Kollegen von EY immer gut genug gewesen seien, zieht nicht. KMPG will die Originaldokumente von OCBC haben – und die seien direkt von der Singapur-Bank an sie zu schicken.

Es wird also eng in Singapur – für Shan wie für Wirecard. Es braucht einen neuen Standort für die Treuhandkonten, ein sicheres Versteck, und zwar schnell. Wer auch immer wie viel Geld in Shans Schatzkiste gebunkert hat, dort ist es nicht mehr sicher. Und wenn die ganzen vielen Millionen nach und nach verschwunden sind oder von Anfang an nur in der Fantasie existiert haben, dann wächst mit jedem Tag das Risiko, dass der Schwindel auffliegt. Höchste Zeit zu handeln.

In dieser Gemengelage vollzieht sich der Wechsel des Treuhänders, Shan R. in Singapur begibt sich aus der Schusslinie, Mark Tolentino auf den Philippinen übernimmt, empfohlen vom Vorgänger höchstselbst. Sein Bekannter in Manila, ein Rechtsanwalt, wäre bereit, die Gelder treuhänderisch zu verwalten, soll Shan argumentiert haben. Auf dem Papier wandern so 1,9 Milliarden Euro aus dem Stadtstaat ins Urlaubsparadies. Eine verhängnisvolle Entscheidung, die den Betrügern am Ende das Genick brechen wird: War ihre Panik so groß? Waren sie schon dabei, sich Gedanken über einen Plan B zu machen? Ahnten sie, dass der ganze Spuk kein halbes Jahr später zu Ende ist? Ausgerechnet deshalb, weil die beiden Banken in Manila erklären, auf ihren Konten befänden sich keine 1,9 Milliarden Euro. Und die philippinische Zentralbank erklärt: Ein so hoher Euro-Betrag sei nie in das philippinische Finanzsystem transferiert worden.

Sicher ist: Ein Standort wie Singapur verhilft zu einer seriösen Fassade, der autoritär regierte Stadtstaat ist wohlgelitten als internationales Finanzzentrum, noch dazu als Finanzplatz mit dem besten Bankgeheimnis der Welt. Hier wird nichts preisgegeben. Manila dagegen? Das riecht nach Geldwäsche und unsauberen Geschichten. Unter Managern ist der Ruf des Schwellenlandes desaströs: »Das ist eine Bananenrepublik mit einem Diktator an der Macht.« Nicht mal die einheimische Politik leugnet die üblen Zustände, die frühere philippinische Präsidentin Gloria Macapagal-Arroyo räumte öffentlich ein: »Wir wissen, wie gewaltig das Problem in unserem Land ist.« Ein paar Pesos hier und da – schon stellen die Behörden keine bohrenden Fragen mehr, schon liegt die Geschäftserlaubnis ungewöhnlich flott im Briefkasten, und schon gibt der Zoll am Flughafen teures elektronisches Gerät über Nacht frei. So weit Arroyos Klagelied. Ihr Nachfolger Duterte klagte Ende 2018: »Ich glaube nicht, dass ich mein Versprechen an das Volk erfüllen kann.« Die Korruption im Lande sei »endemisch«. Und ausgerechnet dorthin transferiert ein DAX-Konzern (angeblich) mit sein wichtigstes Gut, das frei verfügbare Geld. Das macht selbst den naivsten Wirtschaftsprüfer stutzig. Gerade mal vier Wochen, nachdem sie vom Umzug des Treuhandkontos auf die Philippinen erfahren, setzen sie sich in den Flieger nach Manila: Wir müssen das Geld suchen.

Abenteuer in Manila

Die Klassenfahrt der Wirtschaftsprüfer

Wer die Wirecard-Geschichte verstehen (oder verfilmen) will, kommt um eine Episode nicht herum, die Anfang März des Jahres 2020 spielt. Da macht sich eine eigenartige Delegation auf Richtung Philippinen. Nach allem, was die Teilnehmer hinterher darüber berichten, spielte sich das Ganze irgendwo zwischen »albernem Schulausflug«, Slapstick-Komödie und hochkrimineller Inszenierung ab. Aber machen Sie sich selbst ein Bild.

Am Montag, 2. März 2020, starten zwei Gruppen im Auftrag von Wirecard nach Manila. Jan Marsalek fliegt mit seiner engsten Mitarbeiterin von Frankfurt auf die Philippinen. Ein paar Stunden später brechen zwei Mitarbeiter von KPMG in diese Richtung auf, zusammen mit dem Compliance-Chef von Wirecard, Daniel S. Der Prüfer von EY erwartet sie bereits in Manila, er war schon einen Tag früher angekommen. Auf dem Programm, das der Wirecard-Konzern für die Gruppe ausgearbeitet hat, steht ein Gespräch mit dem neuen Treuhänder Mark Tolentino, bis dahin ein Unbekannter; noch niemand der Beteiligten hatte den Mann zu dem Zeitpunkt je gesehen, obgleich er zwei Milliarden Euro für den DAX-Konzern verwaltete. Nun wollten sie vor Ort schauen, ob das Vermögen in guten Händen ist. Zu dem Zweck war ein gemeinsamer Besuch mit Tolentino bei den beiden Banken BDO Unibank und der Bank of Philippines Islands (BPI) avisiert, bei denen er die Treuhandkonten angelegt hatte. Und bei der Gelegenheit, so war es auf Wunsch der KPMG-Prüfer arrangiert worden, wollte man auch bei Christopher Bauer, dem Chef von PayEasy, eine Stippvisite einlegen, schließlich war er einer der drei wichtigsten Wirecard-Partner mit Umsätzen im dreistelligen Millionenbereich. Auch dabei hatte sich ein gewisses Magengrummeln aufgetan. So viel zur Vorgeschichte dieser Reise nach Südostasien, die endlich ein paar Dinge grundsätzlich und ein für alle Mal klären sollte und am Ende alles nur noch schlimmer machte.

Als unglücklich stellt sich schon der Zeitpunkt heraus: Die Welt ächzt unter einer Pandemie, Corona macht das Reisen, auch Geschäftsreisen, kompliziert, wenn nicht gar unmöglich. Das Virus hält die Welt seit Wochen im Atem, China befindet sich im Lockdown. Die asiatischen Nachbarn schotten sich ab. Europa greift zu drastischen Maßnahmen. In Italien, Spanien und Frankreich spielen sich dramatische Szenen in den Krankenhäusern ab. Die Welt starrt fassungslos auf Bergamo und Südtirol, wo Schlangen von Militärfahrzeugen vor den Krankenhäusern warten, um Covid-19-Opfer abzutransportieren. Die Krematorien kommen mit der Einäscherung nicht nach. Auch in Amerika wird die Lage Tag für Tag dramatischer, New York schlittert Richtung Katastrophe. Alles in allem nicht die beste Zeit, um mit einem knappen Dutzend Personen um die Welt zu jetten. Deshalb geht es vor dem Abflug tagelang hin und her: Sollen wir, sollen wir nicht? Ist das wirklich notwendig? Geht es nicht auch anders? Schließlich fällt die Entscheidung: Wir fliegen.

Bei der Ankunft in Manila erwartet eine Eskorte des Treuhänders, jenes Anwalts Tolentino, die Reisegrüppchen, was die Einreisemodalitäten spürbar erleichtert: Die Gäste aus Deutschland werden vorbeigeschleust an der langen Schlange vor den Einreiseschaltern, in der sie Stunden hätten warten müssen, sie werden durch die Fiebermessstation direkt zum Diplomatenschalter gelotst. Die KPMG-Prüfer müssen den langen Weg durch den Flughafen nicht einmal zu Fuß zurücklegen, sie sitzen bequem auf einem extra für sie georderten Golfcaddy. Innerhalb weniger Minuten sind alle Einreiseformalitäten geregelt. Außerhalb des Flughafens empfängt sie eine Mitarbeiterin von Tolentino. Ein Minivan wartet. Mit einer Motorradeskorte geht es vom Flughafen Richtung Innenstadt, wie bei Politikern auf Staatsbesuch. Vorne fährt ein Motorrad mit Blaulicht, hinten eins, die Autobahn wird vorübergehend gesperrt, damit die Wirecard-Delegation problemlos auffahren kann, und so geht es ruckzuck zum Hotel, sogar über Ampeln, die für unsere Reisegruppe hier und heute nicht gelten.

Dienstagnachmittag sind dann alle Parteien in ihren Hotels, am Abend trifft sich Marsalek schon mal separat mit Mark Tolentino. Das offizielle Treffen mit dem neuen Treuhänder ist für den nächsten Morgen, Mittwoch, 4. März, anberaumt und soll in seinem Büro im Finanzviertel Makati stattfinden, wo Geld und Verkehr pulsieren. Unten im Gebäude befindet sich ein Imbiss, in der Nachbarschaft ein Fitnessstudio, oben im Penthouse hat Tolentino sein Büro. Nicht sehr groß, aber mit riesiger Klimaanlage, ansonsten einfach möbliert. »Allenfalls mittelschön«, erinnert sich ein Besucher, »asiatisches Flair«, sagt ein anderer. Um 10 Uhr stehen sie dort alle pünktlich auf der Matte: die Prüfer von KPMG und EY, die Wirecard-Kollegen, dazu ein, zwei Anwälte aus Singapur, angeheuert vom Aufsichtsrat, der sich – wie stets – der Dienste der Kanzlei Clifford Chance versichert hat.

Wer fehlt, ist der Hausherr. Das volle Dutzend Besucher quetscht sich derweil in einen engen Besprechungsraum und wartet. »Gefühlt waren da hundert Leute, es war irgendwie völlig lächerlich«, so beschreibt einer die Situation. Sie trinken einen Kaffee, stehen rum und sind alle fürchterlich genervt. Wo bleibt dieser komische Herr Tolentino? Nach einer Ewigkeit schneit er herein, zusammen mit Maria, seiner PR-Frau, die ohne Umschweife zu einem fünfundvierzigminütigen Vortrag ansetzt. Thema: der großartige Mark Tolentino. Was der Anwalt alles macht und wen er alles kennt. Vor allem seine engen, ja sehr engen Beziehungen zur Herrscherfamilie Duterte werden hervorgehoben. »Seine PR-Frau Maria erzählte, wie eng er mit dem Präsidenten war und mit der Schwester von Duterte und mit der Tochter, mit der er mal liiert war, und mit deren Mann und was weiß ich. Also, es war völlig irre«, berichtet ein Augenzeuge. Im Flur vor dem Besprechungsraum hatten sie bereits die gerahmten Bilder von Tolentino mit diversen Mitgliedern der Familie Duterte bewundern können. Hier, so wurde ihnen vermittelt, kommen sie ganz nah ran ans Machtzentrum der Philippinen. Hier ist jemand, der kann nicht nur Polizeieskorten losschicken und den Verkehr lahmlegen, damit seine Gäste bequem zu ihm gelangen, nein, in seiner Macht stehen noch ganz andere Dinge. Es ist von Vorteil, wenn man sich mit jemandem wie ihm gut stellt, so die unterschwellig unverkennbare Botschaft. Tolentino selbst lauscht den Worten seiner PR-Frau ergriffen und drückt anschließend jedem Besucher ein Buch in die Hand, von ihm persönlich verfasst, dazu eine Zeitschrift mit einem Artikel über sich. So viel Eigenlob muss sein.

Für alle Anwesenden ist die Situation in dem vollen, engen Raum höchst merkwürdig: Warum noch mal sitzen sie hier? In dieser komischen Konstellation im Büro eines spinnerten Großkotz auf den Philippinen, der sich inszenieren lässt, als sei er der Größte überhaupt; Oscar-Preisträger, Weltmeister und Staatsoberhaupt in einer Person. Was soll das? Und wer bitte überträgt einem fremden Anwalt in Manila ein Milliardenvermögen, ohne dass ein Heer von Juristen einen schriftlichen Vertrag dafür aufsetzt und der Anwalt durchleuchtet wird?

Zumal der Anwalt als Treuhänder kaum Erfahrung vorzuweisen hat. Tolentino, zu dem Zeitpunkt 39, ist ein Fachmann für Familienrecht, Scheidungen und Eheverträge, ein erfahrener Streitschlichter, wie er auf seiner Homepage wirbt. Auch Einwanderung, Kryptowährungen und »Business« gehören zu seinen Schwerpunkten. Vor allem aber ist er ein mittlerer YouTube-Star auf den Philippinen. 150.000 Anhänger folgen ihm, wenn er hilfesuchende Menschen online berät, eine Tasse Kaffee in der Hand, eine Bücherwand mit einem gerahmten Bild von sich im Hintergrund. Eine skurrile Veranstaltung sind diese Live-Shows, bei der Männer im Feinrippunterhemd oder Frauen mit Katze auf dem Schoss per Videoschalte um seinen Rat bitten. Als häufiger Talkshowgast spendiert er dem Volk auch anschauliche Tipps für die Annullierung einer Ehe. Eine Voraussetzung dafür sei es, erzählt er sehr eloquent, wenn der Ehemann für tot erklärt wird. Wenn aber der Tod nur angenommen werden kann, weil die Leiche fehlt, ja was dann? »Dann muss die Frau zumindest nachweisen, dass sie Anstrengungen unternommen hat, den Mann oder seinen Leichnam zu finden«, sagt er und lacht. Eine Zeitlang arbeitete Tolentino im Verkehrsministerium als Abteilungsleiter, er war zuständig für den staatlichen Eisenbahnbau. Präsident Rodrigo Duterte höchstpersönlich hatte ihn empfohlen, von selbigen war er 2018 nach kurzer Zeit auch wieder entlassen worden. Der Grund waren fragwürdige Geschäfte und Bestechung – ausgerechnet mit einer Schwester des Präsidenten als Komplizin. Ein schlechter Abgang für einen, der Milliarden für einen reputierlichen Konzern aus einem erstklassigen Industrieland verwalten möchte. Von einem Treuhänder würde man da eine blitzblank weiße Weste erwarten, zumal die dubiosen Taten Tolentinos und sein Rauswurf aus dem Staatsdienst kein Geheimnis sind. Einmal Googeln reicht, da steht das alles ganz oben, inklusive seiner öffentlichen Entschuldigung beim Präsidenten dafür, dass er den »Namen der Familie beschmutzt« habe.

Das hatten auch interne Recherchen schnell ergeben, nur zu spät, da war der Wechsel längst vollzogen. Und so hat diese Delegation aus Deutschland die Lobhudeleien zu ertragen. Irgendwann am späten Vormittag erscheint die Bankangestellte der BDO-Bank, eine Philippinin in einem gelb-lilafarbenen Dress. Sie hat einen Umschlag dabei, den sie Mark Tolentino überreicht. Darin befinden sich die Saldenbestätigungen für das Geld aus Germany.

Die Nachweise darf sie nach philippinischem Recht nur dem Treuhänder persönlich übergeben. Der wiederum lässt die Wirecard-Mitarbeiter einen kurzen Blick auf die Kontostände werfen, sackt sie dann schnell wieder ein: »Davon kriegt ihr nachher einen Scan, okay?« Als die Prüfer die Bankangestellte fragen, ob sie die Konten für Wirecard verwaltet, wagt sie nicht direkt zu antworten, sondern schaut fragend auf Tolentino, was die Besucher der asiatischen Obrigkeitshörigkeit zuschreiben. Jedenfalls bejaht die junge Bankangestellte die Frage schließlich mit einem schüchternen Nicken, nachdem Tolentino gnädig genickt hat. Dann erklärt er ausschweifend, dass er die Konten im Namen von Wirecard für deren Drittpartner hält. Um seine Aussagen zu untermauern, legt er nun auch einen Vertrag vor, laut dem die Rechte und Pflichten von Vorgänger Shan auf ihn übertragen werden.

Damit ist die erste Station abgehakt. Als nächster Programmpunkt für die Delegation steht der Besuch ihrer neuen Hausbanken an, die für die Philippinen respektable Namen sein mögen, für einen DAX-Konzern aber eher ungewöhnlich, weit unter der Liga internationaler Großbanken wie J.P. Morgan, HSBC oder UBS. Manila freilich kann auch nicht mithalten mit einem internationalen Finanzplatz wie Singapur, einem der wichtigsten Bankenplätze der Welt überhaupt, gleich hinter London und New York. Für die im globalen Maßstab kleinen Banken in Manila ist (oder wäre) der global tätige Konzern aus München jedenfalls ein überwältigend wichtiger Kunde: Die Milliardenbeträge, die hier liegen, machen ein Viertel der Bilanzsumme aus und – aus entgegengesetzter Perspektive – gar nicht so wenig, verglichen mit dem Staatshaushalt der Philippinen. Entsprechend hoch sind die Erwartungen vor dem Treffen mit den Bankern. Nach dem Auftritt der jungen Angestellten wähnt sich die Delegation aus München nun auf dem Weg in die Bankzentralen, zum Topmanagement der Kreditinstitute, wenn nicht der CEO sie empfangen möge, dann jedenfalls jemand mit ähnlich viel Macht und Aura, aber in jedem Fall mit Prokura. Jemand, der sie angemessen umschmeicheln könnte als wichtiger Kunde. »Wir rechneten mit einem Manager in gediegenem Ambiente, der uns erklärt, wie froh er über uns als Kunden ist, und uns persönliche Ansprechpartner vorstellt, damit wir ihm noch mehr Geld anvertrauen«, berichtet Compliance-Chef S. Doch statt zu einem Bankengebäude geht es, wieder im Autokorso, von Tolentinos Büro zu zwei unscheinbaren Zweigstellen, für die Fahrt werden Lunchpakete in Papiertüten statt eines Mittagessens gereicht. Eine der Banken liegt weit außerhalb von Manilas Stadtzentrum, das bedeutet eine Stunde Fahrt durch dichten Verkehr, ehe sie ankommen: Umgeben vom Vorstadtflair eines Schwellenlandes fühlt sich die Truppe in die Dritte Welt versetzt, mit fliegenden Händlern auf den Straßen, Schuppen mit alten Autoreifen nebst windschiefen Shops mit Tiernahrung – und mittendrin die rot gestrichene

Filiale der BPI-Bank. Eine knappe Milliarde Euro soll Wirecard hier deponiert haben, zwischen Blech- und Bretterbuden? In einem schmalen Büro. »Eine Gruppe großer weißer Business-Menschen in diesem kleinen Raum, das war extrem verstörend«, so beschreibt einer der Teilnehmer die Situation später. Ein Bankmitarbeiter, des Englischen kaum mächtig, empfängt die Abgesandten des DAX-Konzerns sowie die Wirtschaftsprüfer und übergibt ihnen in der schmucklosen Filiale eine Bestätigung über das Vermögen. Als ein Prüfer nachfragt, bekommt er nicht viel mehr als »Ohs« und »Ähs« zur Antwort. Ob er weiß, für wen die Treuhandkonten sind, wer der Berechtigte der Gelder ist? Der Filialleiter versteht die Frage nicht. Er schaut Tolentino fragend an. Der antwortet an seiner Stelle: »Ja, Wirecard.« Da lächelt der Banker erleichtert. »Yes, Wirecard, yes.« Fall erledigt, Besuch beendet. Nach zehn Minuten steht die Reisetruppe wieder auf der Straße und wird zurück in den Van verfrachtet: Was war denn das jetzt? Wofür die ganze lange Fahrt hierher? Treuhänder Tolentino hat auch hierfür eine Erklärung: Er wohne nicht weit entfernt, nur deshalb sei die Wahl auf diese Filiale gefallen. Die andere Bank, die BPO, befindet sich in einem Einkaufszentrum, zwischen allerhand Shops, das Büro ist halbwegs geräumig in den gelblila Firmenfarben gehalten. Der Termin dauert keine zehn Minuten, Jan Marsalek sind selbst die schon zu viel. Er hat Wichtigeres zu erledigen, der Wirecard-Vorstand verlässt die Filiale, um sich in einem Elektroladen in der Einkaufspassage ein neues Handy zu besorgen, seines sei kaputt. Das scheint ihm drängender als die Kontosalden.

In beiden Filialen bekommt der Treuhänder Kontoauszüge ausgehändigt. Die anderen dürfen einen Blick draufwerfen. Damit ist die Sache für ihn erledigt. »Nachher Scan«, sagt Tolentino wieder. Die Reisegruppe wird zurück ins Hotel verfrachtet. Auf der Rückfahrt hängt jeder seinen Gedanken nach. Die einen versuchen, sich einen Reim auf das Erlebte an diesem Tag zu machen. Die anderen hoffen, dass die Prüfer den seltsamen Brocken schlucken. Ist ja immerhin Manila, da kann man keine europäischen Maßstäbe ansetzen.

Abends haben sie noch einen lange vorher festgesetzten Termin wahrzunehmen, nun eben zugeschaltet aus der Ferne, nicht in München. Es geht um eine Besprechung der KPMG-Prüfer mit einem speziellen IT-Experten des Konzerns mit Dienstsitz in Kanada, Manoj S., der ihnen eine Vorstufe der »Elastic Engine« vorstellt, diesem angeblichen technischen Wunderwerk, das eines Tages die Datensätze der Geschäftspartner, auf die sie bei Wirecard nie Zugriff hatten, in ihr System integrieren soll. Das Projekt knirscht, aber die Prüfer machen Druck. KPMG hat von Anfang an verlangt, dass der Konzern ihnen Daten liefert – ansonsten können sie die Existenz der Umsätze in Asien nicht bestätigen. An diesem Punkt entzündet sich der Streit immer wieder aufs Neue. Und immer ist es Jan Marsalek, der es versäumt, die entsprechenden Daten zu schicken. »Ich schau, was ich machen kann«, »Ich kümmere mich drum« oder: »Kommt!« So oder ähnlich hält er die Wirtschaftsprüfer hin, bis denen irgendwann versprochen wird: »Ihr bekommt die Daten vom Dezember 2019, das sind die ersten, die wir überspielen können.« Doch da kam nie was, nicht mal eine Kundenliste. Wieso tut Wirecard sich so schwer damit?, fragen sich die Prüfer.

Nun also stehen sie bereit – ein kompletter Datensatz mit 200 Millionen Transaktionsvorgängen. Und in der Videokonferenz sitzt ebenjener IT-Experte, der erklären kann, wie damit umzugehen sei, wenn die Daten auf KPMG-eigene Rechner überspielt werden. Diese werden extra in Aschheim aufgebaut, um die Daten mit einer speziellen Software zu analysieren. Der abendliche Video-Call ist für alle sehr unpassend; die Reisegruppe in Manila hat spät am Abend andere Sorgen. Und der Experte in Kanada ist gesundheitlich angeschlagen. Aber ein Ersatztermin ließ sich auf die Schnelle nicht organisieren, und merkwürdigerweise ist im gesamten Konzern mit 6000 Mitarbeitern dieser Programmierer der Einzige, der das Problem lösen kann. Vor allem ist dieser Manoj S. ein Getreuer Marsaleks. Der hatte immer ein, zwei Technikerteams speziell für sich im Einsatz, »auf die hatte sonst keiner Zugriff, auch nicht die formell für IT zuständige Vorständin Susanne Steidl«, berichtet ein Manager über eine dieser Absonderlichkeiten, welche die Mitarbeiter im Laufe der Jahre zu akzeptieren gelernt hatten. Das war halt so. Punkt.

So sitzen an diesem Abend Anfang März Vorstand Jan Marsalek, seine engste Mitarbeiterin und der Compliance-Chef in der Hotelsuite des Vorstands. Essen haben sie sich aufs Zimmer kommen lassen, wo sie mit den zugeschalteten Prüfern den Ausführungen des IT-Kollegen lauschen. Hauptsache, die Häkchenmacher von KPMG geben endlich Ruhe und ziehen einen Schlussstrich unter die lästige Sonderermittlung.

Springender Punkt dabei sind die Ungereimtheiten der mit Wirecard über Treuhandkonten verbundenen Geschäftspartner, und einen der wichtigsten wollen sie am nächsten Morgen treffen: Chris Bauer. Fast ein Drittel des ominösen Drittpartnergeschäfts läuft über seine Bücher, die unerreichbar sind. Ein weiteres Drittel verantwortet Senjo in Singapur, und das letzte Drittel kommt aus Dubai, von Al Alam – auch dorthin würde man ein paar Tage später mit den Prüfern fliegen, damit sie zumindest zwei der drei großen, in den Medien angeprangerten Partner persönlich treffen und sich von deren Seriosität überzeugen können.

Für das Gespräch mit Bauer haben sie eine Business-Lounge

oben im Sofitel-Hotel angemietet, die Räume in dessen Firma reichen für die Reisegruppe nicht aus. Marsalek hatte sich am Vorabend, vor der Videoschalte, schon kurz mit ihm getroffen, nun witzelt er die ganze Zeit herum, dass Bauer da mit einem Motorradkumpel in Hells-Angels-Kluft herumgesessen habe, fröhlich von seinen vielen Harleys schwärmend. Ein richtiger Rocker also. Zum Termin mit den Wirtschaftsprüfern erscheint Chris Bauer brav im Business-Outfit, mit Hose und schwarzem Pulli, ohne Lederkluft, aber in ihm brodelt es. Der Mann ist aufgebracht wegen des Besuchs, direkt nach der Begrüßung provoziert er einen mittleren Eklat, als Bauer die KPMG-Prüfer lautstark beschimpft: Was die sich einbilden? Grund für seinen Zorn ist der Katalog an Fragen, den ihm die Wirtschaftsprüfer in der Nacht zuvor zur Vorbereitung auf das Gespräch zugeschickt hatten. Dabei waren sie gewarnt, Marsaleks Leute schworen sie darauf ein, pfleglich mit Geschäftspartnern wie Bauer umzugehen, an Leuten wie ihm hänge das Wohl des Konzerns, und es werde ihnen durch die Skandalgeschichten schon übel genug mitgespielt, also: Samthandschuhe anziehen, bitte!

Die Fakten, nach denen er von KPMG befragt wurde, empfindet Bauer als die pure Zumutung, erst recht die aktualisierte Liste, spätnachts erst serviert, noch dazu auf Deutsch? Als ob sein Anwalt hier in Manila irgendetwas auf Deutsch lesen könnte. Er habe alles übersetzen müssen. »Sehe ich aus wie Micky Maus oder was?«, brüllt er die Prüfer an. Die sind erst mal baff. »Wie bitte?« »Sehe ich so aus wie Micky Maus, dass Sie glauben, Sie könnten mit mir so umgehen und mitten in der Nacht noch aktualisierte Fragen schicken?« Der Einlauf trifft die Prüfer unvermittelt. Mit Kerlen wie Bauer haben sie nicht oft zu tun. »Sir Chris«, wie er in Manila heißt, ist eher der hemdsärmelige Typ von Unternehmer. Einer, der gerne seine

Harleys, Tattoos und Kettchen zur Schau trägt, der in einer Gated Community lebt, wo die Wohlhabenden Manilas sich abkapseln und sich vor der Armut abschotten. Zugleich hat er eine Suite im Luxushotel Sofitel gemietet, wo er ein und aus geht. Hier feiert er opulente Feste mit Freunden und Familie, das Personal liest ihm, dem reichen Europäer, jeden Gefallen von den Lippen ab und hat über die Jahre sogar gelernt, ihm seine deutschen Lieblingsgerichte nachzukochen. »Der wirkte nicht wie ein Geschäftsmann«, erklärt später einer der Mitreisenden, »eher wie ein typischer Sextourist. Mit schlechten Zähnen und allem.«

Der Auftritt passt zu Bauers beruflichem Umfeld: »Wir machen High-Risk-Geschäfte«, erklärt Bauer, der seine Geschäftsfelder breit streut, »diversifiziert« nennt sich das in der Managersprache. Bei ihm verbinden sich alte und neue Welt auf das Absurdeste. Bauer lässt, als traditioneller Fuhrunternehmer, ein paar Dutzend Busse unter dem Namen *Froehlich Tours* über die Inseln kutschieren und tut sich daneben in den Tiefen der digitalen Welt um. Als Zahlungsabwickler im Auftrag von Wirecard, für die er die düsteren Ecken im Internet bedient; alles rund um Glücksspiel und Pornografie. Alles Dinge, die weltweit nachgefragt werden, aber bei Wirecard nicht mehr in den Büchern auftauchen sollen. 2018 machte Bauers Firma PayEasy für Wirecard 291 Millionen Euro Umsatz, das entspricht fast 15 Prozent der Gesamteinnahmen des Konzerns und einem großen Teil des Betriebsgewinns. Eine wahre Goldgrube, der Kerl und sein Unternehmen. Bauer hat zwar nichts vorbereitet für das Treffen, keine Präsentation mit Folien zu den Kennzahlen und Kundenprozessen, wie die Prüfer es erwartet hätten. Aber immerhin zeigt er sich im weiteren Verlauf des Gesprächs weniger jähzornig, ja sogar gesprächig und geradezu kooperativ. Er verspricht, die Unterlagen, die die Wirtschaftsprüfer noch sehen möchten, nachzuliefern. Vor allem würden die Prüfer gerne endlich mal einen Kundenvertrag von PayEasy sehen. Was da für Konditionen vereinbart wurden, wie die juristischen Beziehungen zwischen PayEasy und Wirecard aufgedröselt sind. Die Prüfer wollen in Manila endlich handfeste Fakten, nachdem sie die Wirecard-Leute daheim in Aschheim seit Monaten hinhalten. Marsalek rennen sie deswegen seit Wochen hinterher, der stets mit seiner routinierten Floskel aufwartet: »Ich kümmere mich.« Passiert ist nie etwas. Nun sitzen die Prüfer mit Bauer in der Business-Lounge eines Hotels auf den Philippinen, mit Blick aufs Meer, und der PayEasy-Chef sagt: »Kundenvertrag? Wieso? Habt ihr doch alles in Aschheim. Was soll ich euch da denn noch schicken?« Daraufhin richten sich alle Augen gespannt auf Marsalek, der ihm beipflichtet: »Ach ja, stimmt. Hab ich ja alles. Gebe ich euch in Aschheim.«

Da platzt dem mitgereisten Compliance-Chef der Kragen: »Jan, das ist nicht dein Ernst! Ich hab dich in den letzten Monaten zwanzig Mal danach gefragt, du hast immer gesagt, du hast keinen! Ich spring hier gleich aus dem Fenster.« Die Prüfer gucken angesäuert und vermerken diesen Punkt für ihren Report unter: »Wirecard zeigt sich unkooperativ.« Und Marsalek? Der zuckt mit den Schultern nach dem Motto: Sorry, hab ich verschusselt. Ihr kennt mich doch. Ist mir aber auch egal.

Der Compliance-Chef eilt zum Hotel und weiter Richtung Flughafen, der Rest der Truppe macht noch einen kurzen Stopp im PayEasy-Hauptquartier Bauers. Eine unspektakuläre Angelegenheit; zwei, drei Büros, ein Dutzend Leute, die sich in zwei Reihen an Schreibtischen gegenübersitzen, in ihre PCs schauen oder telefonieren. Von den Technikern ist niemand hier, die sitzen irgendwo im Hinterland, »weil es da billiger ist«, wie es zur Erläuterung heißt. Und die Vertriebsleute arbeiteten wohl auch woanders.

Ob so ein Dienstleister aussieht, der Umsätze im dreistelligen Millionenbereich reinholt? Das vermag auch im Nachhinein keiner so recht zu sagen. Es war klein, eng, einfach, da sind sich die Mitglieder der Reisegruppe einig. Aber deutet etwas auf einen gigantischen Betrug? War das alles Fake, aufgesetzt, nur zu dem Zweck, Umsätze zu simulieren? Im Moment des Besuchs stellt sich der konkrete Verdacht nicht ein, die Zweifel kommen später, dazu muss die ganze Scharade noch ein paar weitere irre Wendungen nehmen.

Ziel von Wirecard war es, mit der Reise alle Zweifel auszuräumen. Das ist definitiv nicht geglückt. Die Abgesandten des Konzerns geloben daher Besserung, nehmen sich vor, daheim in der Zentrale Druck zu machen, die Dinge zu ändern, vor allem die undurchsichtigen Treuhandkonstruktionen. Das wolle man ja auch, wird ihnen aus dem Vorstand signalisiert. Aber erst wenn alles überstanden ist, die Sonderprüfung durch KPMG, der Jahresabschluss durch EY. Das hat oberste Priorität. Zumindest setzen die Wirtschaftsprüfer hinter Bauers Firma PayEasy und die Banken in Manila vorerst einen Haken, auch wenn sie mit gemischten Gefühlen aus Manila nach Hause fliegen. Gut, das mit den Banken in Manila hatten sie sich anders vorgestellt, mäkeln sie auf dem Rückflug. Aber das Gespräch mit Chris Bauer, das sei okay gelaufen. Der habe einen »glaubwürdigen Eindruck« gemacht, irgendwie authentisch. Da rechnet noch niemand damit, dass Chris Bauer im Sommer, keine fünf Monate später, urplötzlich sterben würde. Mit vierundvierzig Jahren.

»Die haben meine Identität gestohlen.«

Der Anwalt Mark Tolentino hat eine ganz eigene Deutung des Mysteriums um die Wirecard-Milliarden in Manila. Wirecard hat den schillernden philippinischen Anwalt Mark Tolentino als seinen neuen Treuhänder präsentiert, nachdem der Konzern mit seinen Konten zum Jahreswechsel 2019/20 von Singapur nach Manila umgezogen ist. Nach dem großen Knall will der Mann von all dem nichts wissen und äußert sich auch nicht mehr zu dem Thema. Wir dokumentieren hier Tolentinos Interview am Abend des 23. Juni 2020, wenige Tage, nachdem Wirecard erklärt hatte, dass die 1,9 Milliarden Euro verschwunden sind und der Konzern Opfer eines Betrugs geworden sei. Das Gespräch führte der philippinische Journalist Ralf Rivas für das Nachrichtenportal Rappler. Rivas war während der Manila-Recherchen für Film und Buch unser Mann vor Ort.

Herr Tolentino, sind Sie der Treuhänder des deutschen Tech-Unternehmens Wirecard?

Nein, ich bin Anwalt. Ich habe keinerlei Kenntnis von den Plänen und Aktivitäten des Unternehmens.

Die Deutschen behaupten, Sie verwalten 1,9 Milliarden Euro auf Treuhandkonten für sie.

Das ist falsch. Ich habe nie von ihnen gehört, habe nie den Chef Markus Braun getroffen und war mir nicht bewusst, mit Wirecard in Kontakt gestanden zu haben. Ich bin Opfer eines Komplotts geworden, sie haben für ihre Geschäfte meine Identität gestohlen.

Wie kann das sein? Sie haben doch Fremdwährungskonten angelegt?

Ja, ich wurde Anfang Februar 2020 von ausländischen und philippinischen Geschäftsleuten kontaktiert, die wissen wollten, wie man ein FinTech auf den Philippinen gründet. Die kamen einfach vorbei, also ohne Termin. Ich habe ihnen erklärt, wie das hier funktioniert, dass sie eine Gesellschaft gründen sollen. Das dauert hier zwei, drei Monate, dann können sie loslegen.

Die spazieren bei Ihnen einfach in die Kanzlei und stellen sich nicht vor?

Sie haben gesagt, sie seien Vertreter von Citadelle Singapur und wollten den Prozess gerne beschleunigen. Sie haben mich auch gefragt, ob ich als Treuhänder der Firma tätig werden könnte. Ich habe zugesagt, die Aufgabe zu übernehmen.

Und dann?

Dann habe ich einen Brief erhalten, aber noch keinen Vertrag. Zu den Voraussetzungen gehörte auch, dass ich Konten in Euro für die neue Gesellschaft eröffne.

Also ein Treuhandkonto?

Nein. Ich habe Konten eröffnet, aber für meine Klienten, manche Auslands-Filipinos wollen in Euro bezahlen. Da ging es nicht um meine Funktion als Treuhänder, denn ich war noch nicht als Treuhänder bestellt. Der Deal war noch nicht durch. Ich hatte schließlich nur einen Brief, also eine Absichtserklärung, aber keinen Vertrag. Ich habe Anfang Februar sechs Euro-Konten eröffnet bei Filialen der BDO und BPI, die den Anforderungen eines Treuhandkontos entsprachen. Drei bei der BDO in Taguig City, drei bei BPI in Makati.

Und dann? Wie ging es weiter mit Citadelle?

Wochen später habe ich Briefe von den beiden Banken erhalten, worin sie mich ersucht haben, Einblick nehmen zu dürfen in meine Privatkonten. Das habe ich einfach unterschrieben, habe nichts Bösartiges dahinter vermutet.

Mit den ausländischen Geschäftsleuten hatten Sie keinen Kontakt mehr?

Doch Mitarbeiter von Citadelle informierten mich irgendwann darüber, dass Wirtschaftsprüfer von SyCip Gorres Velayo (SGV) in meine Kanzlei kommen würden, um dort Dokumente an die Vertreter der beiden Banken zu überreichen. Das muss ein paar Wochen später gewesen sein. Ich fand es merkwürdig, dass die Parteien das in meinem Büro machen wollten. Da kam erst jemand von der BDO Bank, kurz darauf Vertreter der BPI Bank und haben Dokumente an die Prüfer übergeben.

Was waren das für Dokumente?

Das weiß ich nicht. Ich fand das merkwürdig, habe aber keinen Blick auf die Dokumente geworfen. In der dritten Juniwoche dann habe ich plötzlich Hunderte von Hasskommentaren auf meinen Social-Media-Kanälen erhalten, bis hin zu Morddrohungen. Meine Homepage und mein E-Mail-Postfach wurden gehackt. Und irgendwelche Europäer wollten von mir wissen: »Wo ist unser Geld?« Ich habe da erst realisiert, dass das mit Wirecard zusammenhing. Mir war das Unternehmen zu dem Zeitpunkt immer noch unbekannt.

Auf Ihren Konten lagen die 1,9 Milliarden Euro also nie?

Wenn Sie auf die Konten schauen, die ich eröffnet habe, werden Sie feststellen: Da liegen nur ganz kleine Beträge, die reichen gerade aus, um ein iPhone zu kaufen. Mehr nicht. Soweit ich das jetzt recherchieren konnte, weisen die Dokumente Wirecard-Konten von mir in Cavite und Manila aus – ich aber habe nur Konten in Taguig City und in Makati eröffnet.

Sie sind also nicht der Treuhänder von Wirecard?

Ich weiß nichts von Wirecard und ihren 1,9 Milliarden Euro. Sie behaupten, ich sei der Treuhänder für diese Summe gewesen, die nun fehlt. Aber wenn das Geld fehlt, wenn es nie auf die Philippinen gelangt ist …

… wie der Zentralbank-Chef erklärt hat: Ein Euro-Betrag in der Höhe ist nie ins philippinische Finanzsystem gelangt, das hätten sie bemerkt.

… genau, wenn es also fehlt, was gibt es da zu verwalten? Und warum sollte ein in Bankangelegenheiten völlig unerfahrener Mensch wie ich derart riesige Geldbeträge eines Konzerns verwalten? Das ist doch absurd.

Sie haben keine Erfahrung als Treuhänder?

Nein, ich bin Anwalt, kein Finanzmensch. Ich hatte nie etwas mit der Verwaltung von Unternehmensvermögen oder Ähnlichem zu tun. Sie haben meinen Briefkopf gebraucht, um es in Deutschland so darzustellen, als seien sie ein großes Unternehmen, als hätten sie zwei Milliarden Euro auf den Philippinen. Aber die Wahrheit ist: Alles, was sie hier haben, ist nur dünne Luft.

Wie erklären Sie sich das Geschehen dann?

Ich denke mal, dass es sich bei der ganzen Aktion um illegale Vorgänge innerhalb des Unternehmens handelt, und meine Identität musste dafür herhalten.

Tod unter Palmen

Ende Juli 2020 postet Belinda F. Bauer das Bild einer marmornen Urne auf ihrer Facebook-Seite. »Christopher Reinhard Bauer« steht darauf, 1975 geboren, 2020 gestorben. Ganz unvermittelt. Den fünfundvierzigsten Geburtstag erlebt der Mann nicht mehr. Auch die Tochter ändert an dem Tag ihr Online-Profil. Ein Foto zeigt sie als kleines Mädchen mit Chris Bauer auf einem Sofa liegend, lachend. Daneben stellt sie ein Bild mit einer brennenden Kerze vor schwarzem Hintergrund.

Der 27. Juli ist der offizielle Todestag von Chris Bauer, des ehemaligen Wirecard-Managers, der sich irgendwann selbständig gemacht hat und zu einem der wichtigsten Geschäftspartner des Konzerns aufgestiegen ist. Kein Mensch hat damit gerechnet, weder seine Eltern in Deutschland, noch seine Frau und Adoptivtochter, noch die Angestellten. Entsprechend viele Fragen wirft sein plötzliches Ableben auf, an dem ziemlich vieles ziemlich mysteriös ist. Zu denken gibt schon der Zeitpunkt, gerade einen Monat nach dem Bankrott von Wirecard und dem Verschwinden von Bauers Geschäftspartner Jan Marsalek. Drei Wochen vor Bauers Tod war Oliver B. aus Dubai in die bayerische Landeshauptstadt geflogen und hatte gegenüber den Behörden als Kronzeuge über das dubiose Drittpartnergeschäft ausgesagt. Fünf Tage vor Bauers Tod, am 22. Juli, hatte die Staatsanwaltschaft München bekannt gegeben, dass sie nunmehr wegen bandenmäßigen Betrugs ermittelt. Und bereits seit Ende Juni haben die philippinischen Ermittler Bauers Firma PayEasy auf dem Radar, nachdem sich herausstellt, dass die zwei Milliarden Euro, die angeblich auf philippinischen Banken liegen sollen, überall sein können, nur nicht, wo sie sein sollen – sofern sie überhaupt jemals existiert haben. Von dem Zeitpunkt an, seit Ende Juni, wird auch gegen Bauer ermittelt.

Und ausgerechnet jetzt stirbt dieser Mann. Zur Todesursache kursieren unterschiedliche Versionen. Die Ehefrau gibt eine Blutvergiftung an. Ihr Mann, so schreibt sie in einen Firmenchat, hätte etliche Furunkel gehabt und sei an einer Sepsis gestorben. Zuvor schon hatte sie ein Foto in den Chat gestellt, auf dem ein sichtlich angeschlagener Chris Bauer in einem Krankenhausbett liegt, angeschlossen an Schläuche und medizinisches Gerät. Dann wieder heißt es, Bauer sei an Herzversagen gestorben. Schnell wird der Verdacht laut, Bauer sei gar nicht gestorben, sondern untergetaucht. Andere mutmaßen, Bauer sei womöglich aus dem Weg geräumt worden, bevor er vor den Behörden aussagen kann. Alles scheint möglich in diesen Tagen.

Der Ungereimtheiten gibt es viele. Wie kann es sein, dass der Tote schon am Tag nach seinem Tod eingeäschert wurde? Das dauert in Manila für gewöhnlich zwei Tage. Warum wurde die Todesursache nicht untersucht? Wieso stirbt ein gesunder vierundvierzigjähriger Mann so plötzlich? Und das ausgerechnet in dem Augenblick, wo zwei seiner Unternehmen in den Mittelpunkt eines Milliardenskandals rücken? Eine Leiche samt Totenschein sei in Manila leicht zu bekommen, so erzählt später eine junge Mitarbeiterin, und koste ein paar hundert Euro. Manche Dinge möchte man gar nicht so genau wissen.

Zwei Wochen nach dem mysteriösen Tod sieht sich der philippinische Justizminister genötigt, persönlich einzugreifen und den Spekulationen ein Ende zu bereiten. In einem Statement erklärt er, der Todesfall sei nun untersucht worden, basierend auf Informationen des Standesamtes der Stadt Paranaque, wo Bauer lebte. Es sei zweifelsfrei der Deutsche Chris Bauer, der in einem Krankenhaus in Manila verstorben sei. Es gebe eine Sterbeurkunde und einen Auftrag des Bestattungsunternehmens, Hinweise auf Fremdeinwirkung seien dagegen nicht gefunden worden. Bauer habe eine Vorerkrankung gehabt. Die BILD-Zeitung spürt die Eltern von Chris Bauer in Hessen auf, die gegenüber dem Boulevardblatt erklären, dass sie »nicht viel« wüssten zu den Vorgängen auf den Philippinen, eines sei jedoch gewiss: Ihr Sohn wäre in jedem Fall eines natürlichen Todes gestorben.

Als wir die Mutter telefonisch kontaktieren, wehrt sie sich gegen die üblen Verdächtigungen, die ihrem Sohn nachgesagt werden. Christopher sei ein guter Junge gewesen, jemand, der sich rührend um seine philippinische Frau und das Kind gekümmert habe, ja, sogar um deren ganze Verwandtschaft wie um die Belegschaft seines Busunternehmens. »Unser Sohn hat mit krummen Geschäften nichts zu tun.« Von dem digitalen Geschäftszweig, dem Zahlungsabwickler PayEasy und Centurion, weiß die Familie in Deutschland nicht viel. Für sie ist Chris Bauer vor allem ein Busunternehmer, Froehlich Tours, ein Reiseunternehmen mit bisweilen hundert Bussen und Dutzenden Busfahrern, das den Nahverkehr in der Hauptstadtregion bedient, hat er in Manila aufgezogen. Doch zuletzt schrumpft das Geschäft, Corona gibt Froehlich Tours den Rest. Zu Beginn der Pandemie fahren noch fünfzig Busse für Bauer, beim Bankrott von Wirecard Ende Juni liegt auch Froehlich Tours darnieder, das Geschäft wird eingestellt, den Mitarbeitern wird gekündigt, wie eine Angestellte berichtet (siehe folgendes Interview).

In der – offiziellen – Version, die für Familie und Mitarbeiter galt, waren PayEasy und Centurion Zweige des Busunternehmens, sie kümmerten sich um Buchhaltung und Vertrieb. Deshalb haben sich die Firmen in Manila auch zeitweise ein Büro geteilt. In den Büchern von Wirecard taucht Bauer ganz anders auf, so wie er es auch den Wirtschaftsprüfern bei ihrer Visite schildert. Da sammelt PayEasy nicht ein paar Philippinische Pesos von Buspassagieren ein, da geht es ums große Geld. Von dreistelligen Millionenbeträgen ist die Rede, erzielt mit Transaktionen im globalen Graubereich, mit Porno- und Glücksspielanbietern auf der ganzen Welt. Bauer ist ein wesentlicher Teil der Wirecard-Maschinerie, dass er von dem Konzern missbraucht wurde, ohne eine Ahnung von den krummen Geschäften zu haben, erscheint höchst unwahrscheinlich. Schließlich sind allein 2019 etwa 260 Millionen Euro aus Aschheim auf seine Konten geflossen, deklariert als Darlehen. Wo die Millionen am Ende gelandet sind, ist Sache der laufenden Ermittlungen. Chris Bauer jedenfalls, ein gelernter Marketing- und Vertriebsmanager, den es früh nach Asien zog, führte in Manila ein ersprießliches Leben, laut den Berichten mehrerer Mitarbeiter hatte er überall in seinem Haus »taschenweise Bargeld« herumliegen.

»Boss Chris«, der reiche Europäer, war für die örtlichen Verhältnisse eine große Nummer in der Geschäftswelt und gut vernetzt über die einschlägigen Clubs und Grüppchen. Er wohnte mit philippinischer Frau und Adoptivtochter in einer Gated

Community, nannte etliche Harleys sein Eigen und stand dem berüchtigten Motorradclub namens *Iron Cross Sons* nahe (denen Verbindungen ins rechtsradikale Milieu nachgesagt werden). Ebenso engagierte er sich in diversen Handels- und Kaufmannsvereinigungen in Manila, pflegte Kontakte zu europäischen Zirkeln wie zur lokalen Geschäftswelt, der er anderthalb Jahrzehnte angehört. Nach ersten Stationen im Dienst als Berater fürs Asien-Geschäft sowie in der Logistikbranche heuerte er vor anderthalb Jahrzehnten bei Wirecard an und treibt – mit Dienstsitz Manila – dessen Asien-Pazifik-Geschäft voran. Offizieller Titel: Regional Director Business Development.

Bauer ist ein Beispiel für den typischen Karriereweg von Wirecard-Managern im Umfeld von Jan Marsalek. Irgendwann gründen sie eigene Firmen, um dann Geschäfte mit Wirecard zu machen, ohne dass klar ist, zu welchem Zeitpunkt sie welchem Herrn dienen, welches Geld in die eigene Tasche und welches in die Kasse des Konzerns fließt. Gegen Bauers Firmenvehikel PayEasy und Centurion wird inzwischen flächendeckend ermittelt, in Singapur, Manila und München. Die philippinische Geldwäschebehörde AMLC und die Staatsanwaltschaft kümmern sich um PayEasy, gegen siebenundfünfzig Personen werde in Sachen Wirecard ermittelt, erklärt Mel Racela, der oberste Geldwäsche-Ermittler der Philippinen im Interview. Sie alle sollen in die dubiosen Geschäfte des deutschen DAX-Konzerns verstrickt sein. PayEasy spiele dabei eine zentrale Rolle. »Deshalb ermitteln wir auch gegen Chris Bauers Ehefrau und Familie«, betont Racela, der sich seit seiner Ernennung im Jahr 2018 als harter Hund positioniert. Die Homepage von PayEasy wurde gleich nach dem Wirecard-Knall vom Netz genommen.

In dieser Firma, wie auch bei Centurion, wird Bauers Frau Belinda als Mitgründerin geführt, eine Philippinerin aus sehr einfachen Verhältnissen, die bei ihm, so erzählen Mitarbeiter, zunächst als Haushälterin angestellt ist. Das Paar adoptiert ein Mädchen und träumt offenbar von einer globalen Expansion mit PayEasy. Auf jeden Fall werden unter Belinda Bauers Namen auch PayEasy-Gesellschaften in England, Monaco und Arizona geführt, die aber nie richtig in Tritt zu kommen scheinen – zumindest weisen sie weder Umsätze noch Jahresabschlüsse auf und werden irgendwann gelöscht. Wie immer lohnt sich ein Blick auf das andere Führungspersonal: Neben Belinda Bauer, geboren im April 1978, taucht ein Eduard Bergman auf, der allein in England etliche andere Firmen dirigiert, unter anderem zusammen mit David Vanrenen, welcher wiederum sehr gerne mit einem gewissen Henry O'Sullivan, geboren November 1974, Geschäfte macht und aufzieht. So viel zu den engen Personalverstrickungen rund um Wirecard, diesen wunderbaren Goldesel, der sie alle reich macht.

Zurück auf die Philippinen, wo das Geschäft der Eheleute Chris und Belinda Bauer floriert. Und dann taucht Bauers Name auch noch in diversen anderen Firmen auf, die auf verschlungenen Wegen mit Wirecard verbunden sind. Redikard etwa mit Sitz in Manila oder dem zwielichtigen Ableger Ashazi Services in Bahrain, im Jahr 2011 ebenfalls geführt von Christopher Bauer. Dahinter verbirgt sich eines jener Unternehmen, die von Wirecard für etliche Millionen gekauft wurden (wegen der angeblich wertvollen Kundenstämme), bei denen sich bei näherem Hinsehen aber weder Umsätze noch Mitarbeiter finden lassen. Das Muster dieser Fälle ähnelt sich stets. Irgendjemand gibt seinen Namen für die Gründung der Firma her. Der oder die Nächste, in diesem Fall eine gefeierte Gründerin in Bahrain, taucht als Geschäftsführer auf, will aber nur kurz dabei gewesen und nur fürs Marketing zuständig gewesen sein, und hat im Zweifel schon mehrere Pleiten auf dem Kerbholz. Und Chris Bauer erinnert sich kaum an den Laden, so erklärt er der

FT, für den er zwar irgendetwas gemacht hat, im Zweifel Marketing, aber eigentlich sei er in anderer Mission in Bahrain unterwegs gewesen. Wie gesagt ist selten klar erkennbar, welchem Herrn sie dienen.

Nach seinem Tod im Sommer 2020 meldet seine Witwe Insolvenz für das Busunternehmen Froehlich Tours an. Allerdings argwöhnen ehemalige Angestellte, dass sie mit Schwester und Schwager zusammen irgendwo auf dem Land ein neues Busunternehmen aufziehe. Warum die Mitarbeiter solch eine Vermutung hegen, wie Christopher Bauer als Chef war und was man in Manila alles für ein paar hundert Euro bekommt, erklärt uns M., eine langjährige Mitarbeiterin.

»Eine Leiche besorgen ist bei uns nicht teuer.«

Alina, ehemalige Angestellte von Froehlich Tours, berichtet über ihre Arbeit für Chris Bauer und den mysteriösen Tod ihres Chefs.

Frage: Hi, Alina, Sie haben für Chris Bauer gearbeitet?

A.: Ja, ich habe in seinem Busunternehmen als Bürokraft gearbeitet.

Kennen Sie auch PayEasy und Centurion?

Natürlich. Das waren die Firmen für unsere Online-Zahlungsabwicklung und den Vertrieb.

Die drei Firmen gehörten zusammen?

Ja, aber wir durften das niemandem erzählen. Nach außen sollte es so aussehen, als seien es drei unabhängige Firmen.

Wurde Ihnen der Grund dafür genannt?

Nein. Manche Mitarbeiter glauben, die Bauers haben das Geschäft auf drei Unternehmen aufgeteilt, um ihr vieles Geld hinter diesem Konstrukt zu verstecken. Wir haben dahinter immer Geldwäsche oder so etwas vermutet.

Wieso hatten Sie einen solchen Verdacht?

Wegen den drei Firmen. Und weil zwei Kollegen mal eine ganze Tasche voll mit Geld aus dem Büro zu Bauer nach Hause bringen mussten, dafür wurden sie extra bezahlt.

Woher kam das Geld?

Angeblich hat er es von zwei seiner ausländischen Freunde bekommen.

Waren das Leute von Wirecard?

Ich weiß es nicht. Der Name Wirecard fiel erst im Sommer 2020, davor hatte ich ihn nie gehört.

Herr Bauer war reich?

Oh ja, sehr reich, zumindest bis Ende 2019. Wenn es Ärger mit der Polizei gab, hat er immer gesagt: »Ach, das macht nichts, ich habe so viel Geld. Viele Millionen.«

Was für Ärger gab es?

Mit den Bussen zum Beispiel. Da mussten wir oft Strafe zahlen, weil einige nicht regulär angemeldet waren. Das war Mr Bauer aber egal.

Was ist mit seiner Frau Belinda, arbeitete sie auch im Unternehmen?

Nein, die war nie im Büro, mit der hatten wir gar nichts zu tun. Unser Chef, das war Mister Bauer.

Die Unternehmen waren aber auf Belinda Bauer angemeldet.

Das stimmt. Es ist in Manila viel einfacher, eine Firma anzumelden, wenn du Filipino bist als Ausländer. Viele sagen, Herr Bauer habe aus dem Grund eine Philippinerin geheiratet. Seine Frau kommt aus sehr armen Verhältnissen und hat früher wohl für ihn den Haushalt gemacht.

Wie haben Sie vom Tod Ihres Chefs erfahren?

Das war im Lockdown. Wegen Corona war der Busbetrieb

weitgehend eingestellt, wir waren im Homeoffice, aber wir hatten noch Kontakt, haben über Buchungen gesprochen. Und dann hat Miss Belinda Ende Juli in den Firmen-Chat geschrieben, dass ihr Mann im Krankenhaus liegt. Er hatte wohl ganz schlimme Furunkel. Sie hat auch ein Bild gepostet, wo er im Krankenbett liegt. Einen Tag später war er angeblich tot.

Sie glauben nicht, dass er tot ist?

Nein, weil er nicht krank war. Er war ein starker Mann, er war Motorradfahrer, hatte diese ganzen Harleys, mit denen er immer herumgefahren ist.

Besucher haben erzählt, dass er im Frühjahr stark gehustet hat und fahl im Gesicht gewesen sei.

Er hat immer gehustet, weil er viel geraucht hat und viel Schnaps getrunken hat. Trotzdem war er fit. Die ganze Geschichte klang unglaubwürdig.

Was meinen Sie, was passiert ist?

Wir glauben, dass er untergetaucht ist. Einer der Juristen meinte, Mr Bauer habe gute Beziehungen zur Einwanderungsbehörde, der habe keine Probleme, mit einem falschen Pass auszureisen.

Aber er würde doch Frau und Tochter vermissen.

Die Tochter ist nicht seine, sie haben sie adoptiert. Angeblich ist sie die Tochter einer Schwester von Miss Belinda. Wir glauben auch, dass Miss Belinda, ihre Schwester und ihr Schwager auf dem Land dabei sind, eine neue Firma unter anderem Namen aufzubauen.

Wie kommen Sie darauf?

Belinda kommt vom Land, in der Nähe von Laguna. Dort wurden die Busse mehrfach im Einsatz gesehen.

Was ist mit Froehlich Tours und den Mitarbeitern?

Wir sind von Miss Belinda beziehungsweise ihrem Schwager entlassen worden. Sie haben gesagt, sie seien pleite und die ganzen Busse gehörten jetzt der Bank. Wir haben aber noch Ansprüche auf unseren ausstehenden Lohn, den wollen wir einklagen. Die Fahrzeuge dienen heute wohl noch als Shuttle-Busse für die Gäste verschiedener Luxushotels, Christopher Bauer hatte ganz enge Beziehungen zu den großen Hotels am Meer, im Solaire hatte er ein Zimmer gemietet.

Wohnte er nicht in einer Luxusresidenz?

Doch, da hatte er ein großes Haus. Aber im Solaire hatte er zudem eine Suite. Ende 2019 war ein Mitarbeiter in dem Hotelzimmer und hat dort Taschen voller Bargeld gesehen.

Kannte Bauer denn Jan Marsalek?

Ich glaube schon.

Kam auch Markus Braun zu Besuch?

Das weiß ich nicht. Aber Anfang März kam eine ganze Gruppe mit Prüfern aus Deutschland, daran erinnere ich mich gut.

Können Sie uns Genaueres dazu sagen?

Bevor sie kamen, meinte Mister Bauer zu den Kollegen von Centurion, sie sollten für zwei, drei Tage mit ihren Laptops im Büro von PayEasy arbeiten. Die sind dann dorthin umgezogen und erst nach dem Besuch der Prüfer wieder in ihr Büro zurück.

Hat Herr Bauer erklärt, warum sie das tun sollten?

Es sollte nach mehr Mitarbeitern aussehen. Und sie sollten an ihren Computern sitzen und so tun, als ob sie Online-Transaktionen durchführen.

Warum?

Das weiß ich nicht. Wir hatten alle gehofft, dass seine ausländischen Freunde dabei sind und wieder Geld mitbringen. Da war er nämlich mal wieder mit unseren Gehältern im Verzug …

Können Sie sich vorstellen, dass PayEasy 300 Millionen Euro Umsatz im Jahr gemacht hat, wie es bei Wirecard in den Büchern auftaucht?

So viel? Nein, die waren nur zu sechst und haben unsere Froehlich-Abrechnungen gemacht, mehr nicht. Bei so viel Umsatz hätte Mr Bauer uns unser Gehalt pünktlich auszahlen können.

Wie war Herr Bauer als Chef?

Er konnte laut werden, und er hat oft gelästert über andere, sie seien fett oder so. Aber zu manchen Mitarbeiterinnen war er auch sehr nett. Sehr, sehr nett.

Was meinen Sie mit sehr, sehr nett?

Er flirtete gern.

Wusste seine Frau davon?

Die war ja nie im Büro, nur nach dem Tod von Chris Bauer. Da hat sie am Tag drauf die Urne mitgebracht und sie den Mitarbeitern gezeigt. Ich habe davon einen Handymitschnitt.

Wenn Bauer nicht tot ist, was ist dann in der Urne?

Es ist nicht teuer, sich hier eine Leiche zu besorgen. In Manila bekommen Sie eine für 700 Euro.

Einfach so?

Ja, das ist nicht kompliziert.

Und das Foto aus dem Krankenhaus? Der Totenschein? Der Tod von Chris Bauer wurde – laut Innenminister – genau überprüft.

Was wollen Sie denn überprüfen, wenn der Leichnam direkt eingeäschert wurde? Und die gewünschten Urkunden zu bekommen ist hier auch kein Problem. Du kannst die Ärzte bestechen, du kannst dir einen gefälschten Totenschein besorgen. Für Geld bekommst du hier alles.

Scharmützel mit den Shortsellern

Der Angriff der Spekulanten

Die Wirecard-Pleite ist der perfekte Anlass, eine Berufsgruppe zu loben, die für gewöhnlich denkbar schlecht in der Öffentlichkeit wegkommt: Leerverkäufer oder Shortseller, wie sie in der angelsächsischen Welt der Finanzen genannt werden. Dahinter verbergen sich Hedgefonds-Manager, die auf den Absturz von Aktienkursen spekulieren, somit ihr Geld am Untergang von Unternehmen verdienen. Sie tun dementsprechend alles, deren Misere zu befördern. Darf man das? Juristisch gesehen ist die Antwort auf diese Frage eindeutig: Ja, man darf. Solange sich ihre Angriffe im Rahmen des Rechtsstaates bewegen, solange sie nicht ein Kraftwerk in die Luft jagen oder Dokumente fälschen, um den Börsenwert der entsprechenden Firma zu zerstören, so lange ist ihr Treiben erlaubt.

Moralisch finden es viele trotzdem verwerflich, dabei beweist gerade der Fall Wirecard die heilsame Wirkung der Shortseller. Sie sind es, welche die Luft aus Spekulationsblasen lassen, die dem schönen Schein nicht trauen, die nach Widersprüchen und Betrügereien im Zahlenwerk von Firmen Ausschau halten. Und die eine sagenhafte Rendite einstreichen, wenn sie recht behalten. Glorifizieren müssen wir ihre Absichten nicht, im Fall von Wirecard aber stellt sich heraus: Die Bösen sitzen im

Konzern, die Shortseller sind die Guten, auch wenn in ihrer Zunft manch schräger Vogel mitflattert. Sicher ist: Der Zahlungsabwickler ist schon qua Herkunft ein willfähriges Ziel von Shortseller-Angriffen; wenn eine Firma dem Porno- und Glücksspielermorast entsteigt, bleibt Dreck am Stecken. Das lässt auf weiteren Sumpf schließen.

Zum ersten öffentlichen Aufruhr kommt es nach gerade mal drei Jahren an der Börse. 2008 prangern Vertreter der Schutzgemeinschaft der Kapitalanleger (SdK) angebliche Schandtaten von Wirecard an, die Fragen kreisen um Ungereimtheiten in der Bilanz und verheimlichte Verbindungen in den Glücksspiel- und Pornosektor, das vermutete Hauptgeschäft. Der Aktienkurs stürzt daraufhin ab, ein Viertel des Börsenwerts geht verloren. Wirecard spricht von haltlosen Gerüchten und verdächtigt die SdK, gemeinsame Sache mit Shortsellern zu machen. Tatsächlich tritt kurz darauf ein SdK-Vorstand zurück, Markus Straub, weil er einräumen muss, zuvor selbst auf fallende Kurse von Wirecard gewettet zu haben (was angeblich Marsalek persönlich in London herausgefunden hat). Insiderhandel und Kursmanipulationen werden Straub angelastet. Die Klagen, die die SdK eingereicht hatte, schmettert das Landgericht München ab. Stattdessen ermittelt die Justiz gegen einunddreißig Geschäftsleute, die Aktienkurse manipuliert und damit Millionen verdient haben sollen – bei Wirecard wie bei etlichen anderen Unternehmen. Straub wird, allerdings nicht in Zusammenhang mit Wirecard, zu einer Gefängnis- und Geldstrafe verurteilt, Wirecard ist obenauf. Damit ist die Mär geboren für alles, was an Schlachten mit Shortsellern noch folgen soll: »Wir gegen die bösen Spekulanten da draußen.« Nach diesem Muster kanzelt Vorstandschef Markus Braun von da an jeden Angreifer ab: Wer Kritik an Wirecard äußert, lässt sich missbrauchen für die Ziele der Hedgefonds oder macht sich gar zu deren Komplizen.

Dabei spielt ihm in die Hände, dass es beileibe nicht nur moralisch einwandfreie Lichtgestalten sind, die sich im Kampf gegen Wirecard hervortun. 2010 etwa zeigt der Börsenbrief-Herausgeber und Shortseller Tobias Bosler Wirecard bei der Staatsanwaltschaft München und der BaFin an. Der Vorwurf: Geldwäsche, Wirecard verschiebe illegal Einnahmen aus dem Glücksspiel. Wieder bricht der Aktienkurs ein, dieses Mal um dreißig Prozent, und wieder fährt Wirecard die üblichen Geschütze auf: Haltlose Gerüchte seien das alles. Der Konzern lässt die Juristen von der Leine und – mit Durchschlagskraft im wörtlichen Sinne – den Boxer Ahmed Öner, der Shortseller Bosler massiv einschüchtert, wie im Kapitel *Der Aufstieg aus dem Rotlichtviertel* erläutert. Die Drohung wirkt, der Spekulant räumt direkt seine Shortposition.

Wiederum kann sich Wirecard auf die Behörden berufen: Bosler wandert ins Gefängnis, 2012 wird er wegen Kursmanipulation in siebenundvierzig Fällen zu einer Haft- und einer Geldstrafe verurteilt. Nicht wegen seiner Wirecard-Attacke, sondern weil er in einem Börsenbrief über Aktien geschrieben hatte, ohne die Leser darüber aufzuklären, dass er die zuvor selbst gekauft hatte. Erneut darf Wirecard frohlocken: Der nächste Gegner ist als zwielichtig enttarnt, die Guten sitzen in Aschheim. Wer wagt da noch zu widersprechen?

Nichtsdestoweniger kehrt keine Ruhe ein, Welle um Welle reiten die Shortseller Attacken, Wirecard bietet schlicht zu viel Angriffsfläche, als dass sich die Hedgefonds diese Gelegenheit entgehen lassen: dunkle Vergangenheit, undurchsichtiges Geschäft, wundersames, nicht nachvollziehbares Wachstum und ein phänomenaler Kursanstieg, da spürt man förmlich die Überhitzung, aus der sich mit Wetten auf den Absturz Kapital schlagen lässt.

Unter diesem Vorzeichen macht sich auch Hedgefonds-

Managerin Anne Stevenson-Yang, die zu der Zeit in China lebte, ans Werk. Wirecard ist ihr aufgefallen durch die mysteriöse Übernahme in Indien, wo sich der Wert der gekauften Firma – wie schon geschildert – auf wundersame Weise binnen Wochen verzehnfacht hat. Derart aufgestachelt recherchiert die Investorin, die für die amerikanische Finanzfirma JCAP arbeitet, hinter den Kunden her, »einer sehr langen Liste mit einhundertfünfzig Namen«. In welches Nest sie auch immer reinsticht, bei teuer erstandenen Zukäufen wie bei vorgeblichen Geschäftspartnern – die Wirklichkeit deckt sich selten mit der Wirecard-Propaganda, regelmäßig entpuppten sich die Firmen als schmuddelige Klitschen. »Es gab Geschäfte, ja, aber das waren keine großen, seriösen Shops im Zentrum, sondern irgendwo ein kleines Ladenlokal in einem heruntergekommenen Einkaufszentrum, in einem Hinterhaus in einer miesen Wohngegend, wo man nur durch ein schummriges Treppenhaus hingelangt.« So erlebt sie es in Indien, in Laos, in Vietnam, in Singapur, in Südafrika. Überall das gleiche Bild. Für sie ist klar: »Hier geht es um Betrug, um Geldwäsche«, sagt sie. »Es gibt Firmen, die rutschen ab in die Kriminalität. Weil ein Kunde wegbricht, sie die Prognose nicht halten können, das dann so hindeichseln, um es später auszugleichen, was dann nicht klappt und immer so weiter.« Der Fall von Wirecard liegt aus ihrer Sicht anders: »Die Firma war kriminell aufgesetzt. Von Anfang an. Und es gab viele, die da nur mit einem halben Auge hingesehen haben. Hinsehen wollten, würde ich denken.«

Vier Berichte insgesamt schreibt Anne Stevenson-Yang unter dem JCAP-Briefkopf über Wirecard in den Jahren 2015 und 2016, danach gibt sie auf. Die kleine Firma hält dem juristischen Druck aus Aschheim nicht stand. »Wir hatten Angst, die ruinieren uns«, erinnert sich die Expertin. Zudem werden die Computersysteme gehackt, sie fürchtet weitere, massivere Drohungen, die sich in der Szene herumgesprochen hatten. Der eigentliche Grund aber, endgültig von Wirecard abzulassen, ist ein anderer: »Unsere Kunden, die großen Fonds wie Fidelity, wollten davon nichts hören.« Die Investoren sind glücklich mit ihren Wirecard-Aktien, sie haben kein Interesse, den schummelnden Konzern zu Fall zu bringen.

Es sind Außenseiter, die den Kampf weiterführen, eine obskure Internetseite etwa veröffentlicht 2016 den sogenannten »Zatarra-Bericht«, eine leicht wirre Analyse des Wirecard-Systems mit den üblichen Zutaten: Geldwäsche, Bilanzfälschung und so weiter. Verfasser ist ein ehemaliger Sozialarbeiter namens Fraser Perring, ein Mensch, für den nicht jeder die Hand ins Feuer legt, der am Ende aber recht behalten soll. Das Kursziel in seinem Bericht: null Euro.

Vier Jahre später ist es so weit, vier Jahre haben er und seine Kollegen sich dem ruppigen Kampf von Wirecard zu erwehren gewusst. Dutzende Juristen und Detektive werden losgeschickt, die Computer der Shortseller und Journalisten gehackt, Bewegungsprofile von ihnen angelegt, Wirecard tut alles, um die Glaubwürdigkeit der Leerverkäufer zu erschüttern. Orchestriert wird der Kampf gegen die Shortseller von Rechtsanwälten aus London sowie einer feinen Kanzlei am Münchener Promenadenplatz, gegenüber dem Luxushotel Bayerischer Hof gelegen. Wolf-Rüdiger Bub, nach allgemeiner Ansicht der härteste Anwalt der Republik, wird vom Konzern als schärfste juristische Waffe gegen die Spekulanten verpflichtet. Der massige Mann, gerne mit Fliege auftretend, streitet für sein Leben gerne, im Auftrag von Leo Kirch (und dessen Erben) hat er nach Jahren zähen Kampfes die Deutsche Bank niedergerungen und eine Milliarde Schadenersatz für seine Mandanten herausgeschlagen. »Ich habe keine Angst, ich bin ein furchtloser Mensch«, sagt der Anwalt, der im Laufe seiner langen Karriere nach eigenen Angaben immer wieder an Leib und Leben bedroht wurde: »Ich habe viele Jahre mit einer Smith & Wesson im Schulterholster gelebt.« Für gewöhnlich kämpft der Haudegen *gegen* DAX-Konzerne, insofern ist Wirecard eine Ausnahme, ausnahmsweise hält er die Großen für die Guten, für die zieht er in die Schlacht gegen Shortseller und Financial Times. Das belastende Material gegen die Gegner liefern angeheuerte Detekteien sowie Geheimdienstfan Jan Marsalek persönlich aus seinen mysteriösen Quellen. Der Lebensstil der Shortseller wird auf Auffälligkeiten hin durchleuchtet, es wird ausspioniert, wer mit wem im selben Flieger war, wer im selben Hotel abgestiegen ist, wer wen verführt oder erpresst hat. Viel halbgares Zeug wird dabei zutage gefördert, Marsalek ist jedes Mittel recht, die Kritiker zu diskreditieren, Zeugen berichten von manipuliertem Material, etwa über käufliche Journalisten, das in seinem Auftrag verbreitet werden sollte: der reine Fake – wie so vieles in Marsaleks Märchenwelt.

Entsprechend enttäuscht ist Wolf-Rüdiger Bub, als wir ihn im Sommer 2020 in München besuchen, der Mann fühlt sich missbraucht von der kriminellen Gang, als die sich seine Klienten herausgestellt haben und für die er alle Hebel in Bewegung gesetzt hat. Bub war es, der Marsalek zu den Staatsanwälten geschleift hat, vor denen er mit Wiener Schmäh seine Opfergeschichte zum Besten gab. Seine Aufgabe war es auch, bei der Finanzaufsicht zu intervenieren, damit die BaFin die Shortseller stoppt. Das hat geklappt, der Wirecard-Anwalt hatte Erfolg, und die deutschen Behörden stellen sich im Kampf gegen die Shortseller auf die Seite des Konzerns. »Der Fall ist eine Schande für Deutschland«, resümiert die New Yorker Shortsellerin Fahmi Quadir, die nach eigenen Angaben ebenfalls eingeschüchtert und bedroht wurde. Wenigstens nimmt der Skandal in finanzieller Hinsicht ein gutes Ende für ihren Fonds, der auf den Untergang Wirecards gewettet hat: Die Pleite des Konzerns ist für Quadir gleichbedeutend mit dem Gewinn des Jackpots, 2020 ist wirtschaftlich ihr mit Abstand bestes Jahr.

Als Nächstes nimmt die Shortsellerin Tesla ins Visier.

»Eine Schande für Deutschland.«

Die Shortsellerin Fahmi Quadir wettete gegen Wirecard und vermutet hinter der Firma noch größere Bösewichte.

Frau Quadir, was genau ist Ihr Job?

Ich bin eine Hedgefonds-Managerin, genauer gesagt: Ich führe meine eigene Investmentfirma hier in New York, wir sind reine Shortseller. Wir versuchen Firmen zu identifizieren, die in Betrug oder Kriminalität verstrickt sind und bei denen die Börse solche Machenschaften nicht adäquat reflektiert, also bei denen der Kurs unserer Meinung zu hoch ist.

Und dann spekulieren Sie auf den Absturz der Aktie?

Ja, wir wetten ausschließlich gegen Unternehmen. In der Hoffnung, dass die Aktie runtergeht, damit wir einen Gewinn machen.

Wie kamen Sie in dieses umstrittene Gewerbe?

Ich habe nie geplant, an der Wall Street zu arbeiten oder gar Shortsellerin zu werden. Mein Plan war es, Mathematikprofessorin zu werden und für den Rest meines Lebens zu forschen. Um zuvor noch etwas Geld zu verdienen, habe ich viele Recherchen für die pharmazeutische Industrie angestellt und konnte dabei einen Blick hinter die Kulissen der amerikanischen Wirtschaft werfen. Ein Manager hat mir dann gesagt, ich wäre die geborene Shortsellerin. Und nun, da ich es geworden bin, habe ich es nie bereut.

Wann und wie sind Sie in New York auf diese Firma Wirecard aus Bayern gestoßen?

Als ich meine eigene Fondsgesellschaft aufgebaut habe, 2017/18, habe ich nach Unternehmen gesucht, die über längere Zeit angegriffen und kritisiert wurden. Wirecard blieb als einer der ersten Namen in diesem Raster hängen, da haben Journalisten und Hedgefonds seit Jahren Alarm geschlagen, im Grunde seit Gründung des Unternehmens. Trotzdem hat es Wirecard geschafft, zu wachsen und Vertrauen in Deutschland zu gewinnen. Das wollten wir uns einmal ganz genau mit eigenen Augen anschauen.

Und, was haben Sie dann gesehen?

Eine Firma, die extrem darauf konzentriert ist, andere Firmen zu kaufen, sich durch Übernahmen ein neues Geschäft einzuverleiben. Wir nennen das unorganisches Wachstum, und das schafft Probleme. Es ist nicht ungewöhnlich, dass dabei Betrug im Spiel ist oder das Unternehmen mit den Zukäufen versucht, Probleme im eigenen Kernbereich zu verdecken. Wenn eine Firma ständig so aggressiv Akquise betreibt, wird es schwierig für Investoren, den Durchblick zu behalten, die Zahlen sind dann immer schwerer zu vergleichen. Zugleich wird das Unternehmen viel verwundbarer, weil es die vielen Deals irgendwann nicht mehr finanzieren kann. Das war der erste Angriffspunkt.

Und der zweite?

Wirecard hat 2017 von der Citigroup das Geschäft mit Prepaid-Karten in Nordamerika übernommen. Damit bekam der Konzern eine Niederlassung in Amerika und hatte sich folglich amerikanischem Recht und Staatsanwälten zu unterwerfen, in Deutschland hatten die Behörden ja erstaunlich wenig Interesse daran, die Vorwürfe gegen Wirecard zu untersuchen. Wir haben uns das alles genau angeschaut, dann sind wir ins Auto gehüpft und nach Pennsylvania gefahren, zur US-Zentrale von Wirecard.

Was haben Sie dort vorgefunden?

Große Büros mit einem sehr leeren Parkplatz davor und sehr wenigen Mitarbeitern im Gebäude. Höchst ungewöhnlich. Es war klar, dass niemand dort Besuch erwartet. Wir sind einfach reingelaufen, da war nicht mal Security in der Lobby. Was uns dann einer der Manager dort sagte, gehört zu den obszönsten, bizarrsten und verrücktesten Dingen, die ich in meiner Karriere je gehört hat.

Was genau war so verrückt?

Sie müssen wissen: Prepaid-Karten sind oft Geschenkkarten, für kleine Dollarbeträge, sie sind weniger strikt reguliert als andere Bankgeschäfte und daher ein Paradies für Geldwäscher. Und da stellt sich dieser Wirecard-Manager hin und sagt, dass sie Prepaid-Karten bis zu 100.000 Dollar Guthaben ausstellen und dass die auch noch wiederaufladbar sind. Das ist absolut irre, völlig krank. Ich meine: Hey, so was kriegst du nicht mal im Darknet. Das war ein massives Alarmzeichen. Wie jeder weiß, hat Wirecard mit Hochrisiko-Geschäften begonnen: Online-Casinos, Pornos, all diese Sachen. In Wirklichkeit haben sie diese Welt, in der schmutziges Geld gewonnen wird, nie hinter sich gelassen.

Sie halten Wirecard für eine riesige Geldwäsche-Maschine?

Ich bin keine Staatsanwältin, deswegen kann ich das nicht zu 100 Prozent sagen. Aber, was wir sicher wissen, ist: Wirecard war im Geschäft mit Geldwäsche tätig. Die Firma hat nicht notwendigerweise als Geldwäsche-Maschine angefangen, aber es hat sich in diese Richtung entwickelt. Zwei Wegmarken waren dafür ausschlaggebend: die Übernahme durch den Pornounternehmer Paul Bauer-Schlichtegroll 2003 und danach der Erwerb einer Banklizenz. Das waren die entscheidenden Wendepunkte.

Die Banklizenz in Deutschland hat das Spiel komplett verändert.

Wie hat man sich diese Geldwäsche vorzustellen?

Das ist ganz einfach. Wirecard hat eine Banklizenz und wickelt gleichzeitig über ein komplexes Finanznetz jede Menge Transaktionen mit riesigen Geldbeträgen ab. Im Gegensatz zu traditionellen Banken ist dieses finanzielle Ökosystem nicht sonderlich streng reguliert, in diesem Graubereich können Sie Geld waschen, ohne jemals erwischt zu werden. Zahlungsabwickler wie Wirecard können zwischen Händlern und Konsumenten Geld hin und her schieben, sie haben die Kontrolle über den gesamten Zahlungswechsel. Das ist ein sehr einfacher Weg, um Geld zu waschen.

Am Ende ist das Ganze aufgeflogen, weil die angeblichen Milliarden auf Konten in Manila nicht aufzuspüren waren. War das schöne Geld ein einziger Fake?

Nein, ich glaube, da war echtes Geld. Sehen Sie: Da draußen zirkulieren Milliarden Dollar außerhalb des traditionellen Bankensystems, alles Geld, das im Zusammenhang mit Geldwäsche, Waffenhandel, Terrorfinanzierung verdient wird. Dieses viele Geld sucht sich seine Wege, die führten teils über Wirecard, was aber nicht gleichbedeutend damit ist, dass diese zwei Milliarden auf den Konten in Manila unbedingt Wirecard selbst gehört haben; es heißt aber auch nicht, dass die verschwundenen Milliarden nie existiert haben. Aus unserer Sicht ist das Geld nur weitergezogen, von Wirecard zu ähnlichen Konstrukten, zu den nächsten Geldwäsche-Vehikeln. Das kriminelle Geschäft muss ja weitergehen.

Hat das Management um Markus Braun und Jan Marsalek dabei Millionen oder gar Milliarden für die eigene Tasche abgezwackt?

Ich bin mir nicht sicher, wie viel Macht die Wirecard-Manager wirklich über das System hatten. Wir reden hier von organisierter Kriminalität, wir reden über Terroristen und andere hochkriminelle, finanzstarke Akteure. Ich glaube nicht, dass Jan selbst das ultimative Mastermind war. Womöglich war er besessen von der Idee, ein Agent zu sein, aber er ist nichts gegen die Leute im Hintergrund, für die er gearbeitet und von denen er wahrscheinlich Anweisungen bekommen hat. Das schließt nicht aus, dass die Wirecard-Manager selbst nicht auch unglaublich vermögend geworden sind. Geldwäsche ist ein hochprofitables Geschäft.

Wer war nach Ihrer Meinung innerhalb des Konzerns eingeweiht?

In bestimmtem Maße Vorstand und Aufsichtsrat. Du musst auf diesen Posten ja nicht jedes Detail kennen, aber grob das Verhältnis von normalem Geschäft und potenziell kriminellem Geschäft. Das spielt sich ja nicht in einem kompletten Graubereich ab. Was mich wundert, ist, warum sich in der ganzen Zeit nur einmal ein Whistleblower gemeldet hat, bei all den auffälligen Vorgängen innerhalb der Firma.

Welche Gründe vermuten Sie dahinter?

Möglich, dass die Leute um ihre körperliche Unversehrtheit fürchteten, solche Fälle gab es, wie wir bei unseren Nachforschungen herausgefunden haben. Eine andere Erklärung ist, dass Schmiergeld an interne Mitwisser geflossen ist. Mit finanziellen Anreizen schaffst du ebenfalls Komplizen.

Wirecard hat mit allen Mitteln gegen Shortseller kämpft, auch gegen Sie?

Juristisch wurden wir nie bedroht, was es gab, waren Cyberattacken, Phishing, Hacker – wie wir später erfahren haben, rührte das vom Wirecard-Fall her. Wir haben noch schlimmere Sachen erlebt, Dinge, von denen wir uns nicht vorstellen konnten, dass so etwas passiert. Shortseller werden immer mal wieder angefeindet, aber Wirecard war ein absolut extremer Fall. Eben weil die organisierte Kriminalität im Spiel war, wie wir glauben. Ich musste tatsächlich wegen dieser einen Firma meinen Lebensstil umkrempeln, mehr möchte ich dazu nicht sagen, weil ich denen nicht noch mehr Macht über mein Leben geben möchte.

Glauben Sie, dass der Skandal vollständig aufgeklärt wird?

Ich hoffe es. Was bei Wirecard passiert ist, ist eine große Schande für Deutschland. Und es ist nicht der erste Finanzskandal, der Deutschland trifft, denken Sie nur an die vielen Affären der Deutschen Bank. Eine Tragödie für ein so stolzes Industrieland, ich hoffe, Deutschland zieht seine Lehren daraus.

Der Showdown mit den Wirtschaftsprüfern

Das Ringen mit KPMG

Als sich im Frühjahr 2020 die Schlinge um die Köpfe der Wirecard-Bosse zuzieht, sind die Protagonisten in den entscheidenden Stunden an ein und demselben Tatort versammelt: Aschheim, Einsteinring, Hausnummer 35. Im Erdgeschoss der Konzernzentrale befindet sich der Raum »New York«. Der – äußerlich unauffällige – Besprechungssaal wird zum Schauplatz eines Showdowns zwischen Wirtschaftsprüfern und Wirecard-Management, eine Veranstaltung, die sich über zwei Nächte ziehen wird.

Die erste, hektisch einberufene Nachtsitzung beginnt am Sonntag, 26. April, um 18 Uhr. Der Vorstand tagt. Schon seit Monaten kennt das Topmanagement des DAX-Konzerns, der sich unter Dauerbeschuss sieht, kein Wochenende mehr. Doch diesmal sind alle einbestellt, verstärkt durch etliche Ratgeber und Juristen, insgesamt etwa zwanzig Leute, darunter auch der ehemalige Finanzvorstand Burkhard Ley, obwohl mit hochdotiertem Beratervertrag längst ausgeschieden. Jan Marsalek ist nur am Anfang kurz dabei, dann verlässt er wie so häufig ohne erkennbaren Grund das Industriegebiet Aschheim, ist unterwegs im Großraum München, wird immer wieder telefonisch zugeschaltet. Im Raum »New York« hält seine Büroleiterin für ihn die Stellung. Die Sitzung wird sich bis Montagmorgen um

4 Uhr hinziehen, dann erst ist erledigt, was Braun und Kollegen vor wenigen Tagen aufgetragen wurde, dann erst ist das Dokument fertig, das sie den Sonderprüfern von KPMG vorzeigen müssen. Deren Auskunftswünsche endlich zu befriedigen, das ist der einzige Zweck dieser sonntäglichen Zusammenkunft. Für den nächsten Tag, Montag, ist deren – mehrfach verschobener – Bericht angekündigt. Ein knappes halbes Jahr dauert die Sonderprüfung des Skandalkonzerns in diesem Moment bereits an, Aufsichtsratschef Thomas Eichelmann hat sie im Oktober 2019 in Auftrag gegeben – es musste ein Ende haben mit diesen immer wieder aufflammenden Geschichten über illegale Geschäftspraktiken des DAX-Konzerns und seiner dubiosen Partner im fernen Dubai, in Manila und Singapur. Der bösen Presse und den Shortsellern, die diese Gerüchte schürten, wollte man endgültig den Wind aus den Segeln nehmen, so die Hoffnung. Formell fällt der Beschluss damals einstimmig, KPMG die Bücher durchleuchten zu lassen, nachdem der Widerstand gebrochen war. Auch Wulf Matthias, zu dem Zeitpunkt im Herbst 2019 noch Aufsichtsratschef, unterschrieb. Aber er hatte sich ebenso dagegen gewehrt (»Den Quatsch brauchen wir nicht!«) wie Vorstandschef Braun, der sich zunächst widerspenstig zeigte, schließlich aber zustimmt: »Wenn das unsere Glaubwürdigkeit wiederherstellt, dann machen wir das.«

Diese Einigkeit währt nicht lange, es formiert sich schnell eine interne Opposition gegen die Sonderprüfer, die immer neue Unterlagen einzusehen wünschen, ihren Auftrag – nach Ansicht einiger Wirecard-Vertreter – viel zu umfassend auslegen und die Nase in Dinge stecken, die sie nichts angehen. Brauns Verhältnis zum Aufsichtsrat Eichelmann wird zusehends giftiger, er macht ihm Vorhaltungen, was er ihm da für eine Zumutung eingebrockt habe. Marsalek wiederum lässt seine Höllenhunde los, ihm treu ergebene Mitstreiter, die keine

Zweifel an ihrem Meister dulden. Schon gar nicht von irgendwelchen ignoranten Wirtschaftsprüfern. Die feindselige Stimmung eskaliert, bis hin zu Putschgerüchten: Eichelmann, der neue Oberkontrolleur, wolle den Vorstand entmachten, sich selbst als Vorstandschef installieren, und KPMG sei nur das Mittel zum Zweck, um seine Machtgelüste zu befriedigen. Die Urheber dieser bösartigen Spekulationen sind im Umfeld von Jan Marsalek zu vermuten, die Verleumdungen gehen sogar so weit, dem Aufsichtsratschef gemeinsame Sache mit Wirecards Erzfeinden, den auf einen Absturz wettenden Shortsellern, zu unterstellen. »Die wollen uns sturmreif schießen«, raunen sie verschwörerisch auf den Fluren. Die KPMG-Leute bekommen die feindselige Haltung zu spüren, sind sie nach dieser Mär doch Teil eines Komplotts, um den Konzern zu zerstören.

Die Atmosphäre wird mit jedem Tag eisiger. Die KPMG-Wirtschaftsprüfer, mit vierzig Leuten im Einsatz, fühlen sich schikaniert, sabotiert, ausgebremst. Im März 2020 hatten sie ihren Bericht ursprünglich abliefern wollen, jetzt, im April, sind sie schon vier Wochen im Verzug, zweimal haben sie den Termin verschoben, zuletzt am Mittwoch, den 22. April 2020. Da hatte das Unternehmen per Ad-hoc-Meldung vermelden müssen, dass der Bericht nun am Montag, 27. April, kommt. »In den verbleibenden Tagen sollen noch eingegangene Datenbestände verarbeitet und berücksichtigt werden.« Aber, so das ewig gleiche die Börse beruhigende Mantra der Wirecard-PR-Maschinerie: »Belege für die öffentlich erhobenen Vorwürfe der Bilanzmanipulation wurden nicht gefunden.« Alles ist gut. Deshalb hält das Unternehmen auch an der Veröffentlichung des Jahresabschlusses durch EY sowie der Bilanzpressekonferenz am 30. April fest.

Aber noch immer haben die Sonderprüfer Fragen über Fragen.

Einen ersten Entwurf für den Abschlussbericht hatten die

KPMG-Männer Sven-Olaf Leitz und Alexander Geschonneck eine Woche vor dieser Nachtsitzung, am 19. April, per Kurier an den Aufsichtsrat geschickt. Es war eine für den Konzern desaströse Sammlung von Vorwürfen, angefangen bei buchhalterischen Fehlern, die allerdings als leicht zu korrigieren eingestuft wurden, bis zu prinzipiellen Anschuldigungen, die dubiosen Geschäftspraktiken in Asien betreffend. Dazu die Klage über das Verfahren, also die Behinderungen, die Wirecard ihnen gegenüber an den Tag gelegt habe: die Vorenthaltung von Dokumenten und die Verzögerungen durch den Vorstand. Wie genervt die Prüfer über die »mangelnde Kooperationsbereitschaft« von Wirecard sind, wird hinterher in ihrem Bericht zwischen den Zeilen zu lesen sein, explizit berichtet KPMG-Partner Alexander Geschonneck darüber im Herbst 2020 im Untersuchungsausschuss den Berliner Bundestagsabgeordneten. Dokumente seien gar nicht oder mit mehrmonatiger Verspätung bereitgestellt worden, Interviews mit Mitarbeitern oder externen Ansprechpartnern wurden wiederholt verschoben oder ganz abgesagt, Datenbanken und IT-Systeme waren unzureichend oder haben komplett gefehlt, so die Klage des Prüfers hinterher.

Während der Untersuchung berichten die KPMG-Leute darüber regelmäßig dem Aufsichtsrat. Der Vorstand um Braun und Marsalek bleibt störrisch, hält sich wahrscheinlich für unfehlbar, zumindest aber unangreifbar, unantastbar. Wie bizarr die Sonderprüfung sich entwickelt, das zeigt sich, als die Aufsichtsräte im Verbund mit KPMG Markus Braun vorladen, damit er endlich die Ungereimtheiten aufklärt. Die eigentliche Frist für die Abgabe des KPMG-Berichts ist da bereits verstrichen. Und was tut der Manager? Zeigt er tätige Reue?

Von wegen, das Gegenteil ist der Fall: Braun, als Vorstandschef und Großaktionär mit ungeheurer Machtfülle gesegnet, begegnet dem Tribunal mit knallharter »Wirecard bin ich«-

Arroganz und versucht, die Gesprächspartner mit Gegenfragen blöd aussehen zu lassen. Die Unverschämtheiten gipfeln, laut Zeugen, in einem typischen Braun-Satz: »Ich habe Herrschaftswissen. Die Transaktionen sind echt, das Geschäft ist authentisch und hochprofitabel.« Was bringt es da noch aufzumucken?

In diesen Wochen beraten die Aufsichtsräte tatsächlich, ob es klüger wäre, die Führungsleute – allen voran Markus Braun – der Ämter zu entheben. Dafür findet sich keine Mehrheit, zumal es an einer Nachfolgelösung hapert, der Stellvertreter von Vorstandschef Markus Braun ist schließlich Jan Marsalek, und der steckt tiefer im Sumpf als alle anderen, so viel ist jedem der Beteiligten klar. Ihn will nun wirklich niemand als neuen Chef inthronisieren, man würde den Teufel mit dem Beelzebub austreiben.

Als Aufsichtsrätin Anastassia Lauterbach in diesen Tagen, Mitte April, vorprescht und sich selbst als Nachfolgerin ins Spiel bringt, ist der Widerstand gegen ihre Person so vehement, dass nicht mal darüber abgestimmt wird: »Anastacia, lass das. Unsere Unterstützung hast du nicht«, murrt ein Kontrolleur. Doch es grummelt weiter im Aufsichtsrat, Eichelmann wird gefragt, ob nicht er übernehmen will. Er lehnt ab, was einem Dementi seiner angeblichen Putschgelüste gleichkommt. Außerdem ergibt eine Umfrage unter den wichtigen Investoren: Braun hat dort immer noch treue Freunde und Unterstützer, die unbeirrbar an ihm festhalten.

Als Vorbereitung für einen geordneten Machtwechsel wird deshalb ein Headhunter beauftragt, nach potenziellen CEOs Ausschau zu halten, einzustellen zunächst als Chef fürs Tagesgeschäft, einen Chief Operating Officer oder kurz COO. (Kleine Notiz am Rande: Der ominöse Spitzenbanker, von dem mehrere Beteiligte berichten, dass er für diesen Job zugesagt habe, ohne dass sie dessen Namen verraten, ist einer der wenigen Glückspilze in dem ganzen Wirecard-Schlamassel: Der Konzern geht unter, bevor er dort antreten (und seinen Ruf ruinieren) kann.)

Doch zurück an den Tatort: Dies also ist, grob skizziert, die Lage, als sich die Wirecard-Führung an diesem Sonntagabend im Raum »New York« einfindet, weil die KPMG-Prüfer sie nachsitzen lassen. Es ist die letzte Chance, um diese zu einem milderen Urteil im Abschlussbericht zu bewegen. Siebzig Kritikpunkte haben die aufgelistet, dazu wollen sie siebzig Antworten vom Unternehmen sehen; zu Datensätzen, Buchungsvorgängen und – ganz konkret – zum Wechsel des Treuhänders in Asien Ende 2019, dem geschilderten Transfer von knapp zwei Milliarden Euro von Singapur auf die Philippinen, vom Vertrauten Shan zu jenem komischen Vogel, dem Anwalt Tolentino, noch dazu mit nachträglich aufgesetztem Vertrag, weil die ganze Angelegenheit angeblich nur per Handschlag vereinbart sei. Und das alles vor Montag, vor dem Tag der Veröffentlichung. Die Liste der schleunigst zu behebenden Mängel führt Stephan von E., der brachiale Buchhalter der Wirecard, ein von sich selbst extrem überzeugter Choleriker (so beschreiben ihn etliche Wirecard-Manager, die unter ihm und seinem Treiben zu leiden hatten), der die Aufklärer seit Monaten nach Kräften behindert. Der Mann, ein Familienvater mit vier Kindern, hat schon die Jahre zuvor den Rammbock für Marsalek gegeben, am Ende bezahlt er dafür mit dem Gefängnis, die Münchner Staatsanwälte verhaften ihn im Sommer 2020, als das Kartenhaus zusammenkracht. »Mit ordnungsgemäßer Buchführung hatte das nichts zu tun«, sagt hinterher einer der Aufräumer. Jetzt, im April, ist an ein Aufgeben nicht zu denken. Der blaublütige Buchhalter von E. – angeblich irgendwo hinter Rang 200 in der britischen Thronfolge, verwandt mit Ernst August von Hannover und ein Cousin der AfD-Rechtsauslegerin Beatrix von Storch – hat im Laufe seiner Wirecard-Karriere hinlänglich

Nerven bewiesen. Er fiel schon mehrfach wegen krummer Geschäfte auf, und im Zusammenhang mit Ungereimtheiten in Indien – dem bereits behandelten überteuerten Kauf einer Firma – wurden sogar interne Untersuchungen gegen ihn eingeleitet. Sie wurden vom Aufsichtsrat angestoßen, versandet sind sie auf Betreiben des Vorstandes. Stephan von E. vermag auch ein Wutausbruch im Chefbüro von Markus Braun nicht zu stoppen, wo er tobt, als ihm beim Ausscheiden von Burkhard Ley Ende 2017 der Aufstieg zum Finanzvorstand versagt wird und stattdessen der – aus von E.s Sicht unfähige – von Knoop nachrückt. Die Brüllerei, angeblich verstärkt durch das Werfen eines Bürostuhls, führt nicht zum Rauswurf des unbeherrschten Chefbuchhalters oder wenigstens zu einer Abmahnung, im Gegenteil: Er wird mit einer Gehaltserhöhung belohnt. »Von E. verdiente ein Vielfaches anderer Manager in der zweiten Führungsebene«, berichten übereinstimmend mehrere dieser Kollegen, die sich immer schon gewundert haben, warum dieser Stephan von E. sich für so unersetzlich und unangreifbar hält: War er selbst Teil der mutmaßlich kriminellen Bande, wie die Staatsanwälte vermuten, oder musste diese ihn zumindest gewogen halten, weil er zu viel wusste?

Die Stimmung an diesem Sonntagabend im April ist gereizt, vor allem aber trotzig. Da sitzt keine Gruppe reuiger Sünder, die sich grämt: Oje, wir fliegen gleich auf. Nein, man fühlt sich ungerecht behandelt von diesen ignoranten Schnöseln von Wirtschaftsprüfern, man hat sich verschanzt gegen die böse Welt da draußen, die nur Schlechtes für den Aschheimer Weltkonzern will. Der Korpsgeist wirkt, geradezu gespenstisch, im Rückblick betrachtet. »So oder so ähnlich muss die Stimmung im Führerbunker in den letzten Kriegstagen 1945 gewesen sein«, sagt im Nachhinein einer der beteiligten Berater.

Gewiss, es geht in Aschheim nicht um den Untergang eines

Diktators, nicht um Leib und Leben von zig Millionen Menschen, aber immerhin um die Existenz eines Milliardenkonzerns und damit um das Lebenswerk der hier Versammelten (und das Geld vieler Groß- und Kleinaktionäre). Vor allem von E. echauffiert sich: »Was wollen die denn noch alles wissen? Das haben wir doch längst alles gesagt.« Und woher sollen sie Unterlagen aus den Jahren 2016 bis 2018 herzaubern, wo sie KPMG schon zigmal mitgeteilt haben, dass es aus den Jahren keine Protokolle gibt. Leider, zugegeben, aber deshalb seien sie ja auch dabei, sich professioneller aufzustellen. »Was ist daran so schwer zu verstehen, dass es nicht in die Köpfe der Prüfer hineingeht?«, stellen sich die Wirecard-Getreuen stur. Auch Burkhard Ley, der ehemalige Finanzvorstand, wettert gegen das Tribunal der Sonderprüfer: Da müsse der Aufsichtsrat doch eingreifen und diese KPMG-Leute zurückpfeifen! Er war es schließlich, der die Prüfer von der Leine gelassen hat.

Der eigentlich zuständige Vorstand, Alexander von Knoop, als Verantwortlicher für die Finanzen der natürliche Ansprechpartner der Bilanzprüfer, verhält sich ruhig, wie immer, wenn sein Vorgänger in der Nähe ist. »Wenn Ley im Raum war, hatte Alexander von Knoop Sendepause«, berichtet ein Augenzeuge. Die interne Hierarchie ist offensichtlich: Ley, obwohl offiziell im Ruhestand, hat das Sagen, von Knoop hat sich nie von ihm emanzipiert, er bleibt der willfährige Diener, abhängig von der Gunst und dem Verhalten anderer, die ihm seine Rolle gnadenhalber gewähren. »Alexander wusste am wenigsten. Ihm wurden die Dinge vorenthalten«, bestätigt ein weiterer Zeuge jener Nächte im Raum »New York«.

Markus Braun, für den es im Leben nichts gibt außer Wirecard, verharrt in den hitzigen Stunden in seiner angestammten Rolle. Er gibt den kühl-konstruktiven Denker, der Emotionen ausschaltet, nach Auswegen sucht und – selbstredend – Lösungen findet: »Geht noch mal in die Details, sucht die Daten«, mahnt er seine Leute. Dem Konzernchef muss daran gelegen sein, die Kontrolle über das Geschehen zu behalten oder zumindest den Anschein von Kontrolle, da er spürt: Jetzt wird es ernst. »Herr Doktor Braun, das ist nicht verhandelbar.« Solche Sätze hat er in den Wochen zuvor von den KPMG-Herren nicht nur einmal anhören müssen, nicht mal das Höllenfahrtskommando in Manila hat die erhoffte Ruhe gebracht. Im Gegenteil: Im Laufe des März und April nahmen die Vorwürfe der Prüfer noch zu, sie wurden immer zickiger, ständig haben sie unwirsche Nachfragen, speziell zu dem Bereich von Jan Marsalek. Der liefert nie, was gefordert wird, entschuldigt sich mit seinem Hang zum Unbürokratischen, seinem glaubhaft gepflegten Image als Chaot, der es nun mal nicht so mit akkurat geführten Akten hat: Wir sind ja nicht Siemens!

Morgens um 4 Uhr, in dieser Nacht vom Sonntag auf den letzten Aprilmontag, sind die siebzig Antworten für KPMG endlich geschrieben und rundum abgestimmt, alle Beteiligten gehen schlafen; ins Hotel oder in ihre Wohnungen, für den nächsten Morgen ist schon die nächste Sitzung anberaumt, KPMG soll dann – mit den eingearbeiteten Antworten vom Sonntag – den Prüfbericht veröffentlichen. Endlich, endlich. Am 30. April dann noch die Bilanzpressekonferenz, damit ist das Schlimmste überstanden. Und sie können zum Tagesgeschäft übergehen, worauf Markus Braun schon lange wartet.

Es kommt anders, wie wir wissen.

Montag, 27. April 2020

Am Morgen öffnet die nichtsahnende Börse, als wäre nichts geschehen: Die Wirecard-Aktie startet mit einem Kurs von

136,82 Euro heiter in die Woche. In Aschheim warten sie alle auf den KPMG-Bericht, der dem Unternehmen die erhoffte Erleichterung verschaffen soll. Mit diesem Argument hatte Braun schließlich zu der Sonderprüfung eingewilligt: KPMG schafft ein für alle Mal Klarheit – zu seinen Gunsten versteht sich. Wenn einer der Big Four – dazu gehören KPMG, Deloitte, EY, PwC – die Absolution erteilt, was soll dann noch passieren? Was sollen sie dann noch vorbringen, die Shortseller, die mit ihnen verbündeten Schreiberlinge und alle anderen übelmeinenden Kleingeister? Der Prüfbericht werde die Gegner endgültig zum Schweigen bringen, dies ist zumindest die von Braun verbreitete Sicht. Für heute, für diesen Montag Ende April, ist das Dokument versprochen.

Um 11 Uhr beginnen die nächsten Meetings in der Konzernzentrale, überschattet durch eine bange Stimmung, was für Noten die KPMG wohl ausstellen wird. Die Presseleute bereiten die Kommunikation dafür vor. Da sie den Befund von KPMG noch nicht kennen, arbeiten sie mit diversen Szenarien: Eine günstigere und ein weniger günstigere Variante werden durchgespielt und vorformuliert; jeweils in Versionen für alle »Stakeholder«, für alle interessierten Gruppen, wie das in der Sprache der Medienprofis heißt: eine Fassung für die Mitarbeiter, eine für die Aktionäre, eine für die Journalisten, inklusive eines Kataloges mit deren möglichen Fragen samt der möglichen Antworten des Vorstandes darauf. Pures Handwerk. Das kleine Einmaleins für brenzlige Situationen.

Am Nachmittag findet sich im Raum »New York« wieder die Gruppe in der Besetzung von der Nacht zuvor ein, dieses Mal zeigt Jan Marsalek mehr Ausdauer. Mit jeder Minute, in der die Runde auf das KPMG-Ergebnis wartet, wachsen die Fragen, die Zweifel. »Wann kommt denn jetzt KPMG?« »Das dauert noch«, erhalten sie zur Auskunft, als sie mit den Prüfern telefonieren.

Da ahnt die Truppe noch nicht: Wieder wird die Sitzung die ganze Nacht andauern, bis in die frühen Morgenstunden am Dienstag, 28. April. Säßen nur sie, die Vorstände samt ihrer Berater auf heißen Kohlen, ginge das noch. Doch da draußen wartet ein zunehmend ungeduldiges Publikum, all die professionellen Wirecard-Beobachter, die es leid sind, von den Konzernoberen ein ums andere Mal vertröstet zu werden für den alles entscheidenden KPMG-Bericht.

In den Zeitungsredaktionen werden die Journalisten nervös, teils ungehalten, ab 17 Uhr häufen sich die Anrufe. Der Redaktionsschluss der Zeitungen naht, und noch immer keine Nachricht aus Aschheim: Wann liefert ihr endlich den versprochenen KPMG-Bericht?, maulen die Journalisten.

»Spätestens nach 18 Uhr haben alle wichtigen Wirtschaftsredaktionen angerufen, zunehmend sauer«, erinnert sich einer der Wartenden im Sitzungsraum. Gegen 22 Uhr laufen dann die ersten Meldungen über die Online-Seiten und Nachrichtenagenturen auf. Tenor: Wirecard legt den Prüfbericht nicht vor. Eine verheerende Nachricht für den Konzern.

Das Unternehmen stellt sich erst mal tot, reagiert darauf mit keiner Silbe. Die Führung, verstärkt durch Anwälte und Berater, hockt im Meeting-Room, wartet und wartet, den Wirtschaftsprüfern von KPMG jetzt hilflos ausgeliefert. Es wird Mitternacht, und noch immer ist von denen nichts Verwertbares zu hören.

Dienstag, 28. April 2020

Morgens um 1.30 Uhr trifft der KPMG-Bericht schließlich ein. Die Wirtschaftsprüfer lassen gedruckte Exemplare des Booklets durch Boten liefern, je ein Exemplar für jeden Vorstand und jeden Aufsichtsrat, versehen mit dem Namen des Empfängers als Wasserzeichen quer über jede Seite, damit das Dokument nicht unerkannt rausgegeben wird; ein vierundsiebzig Seiten dickes Werk, weißes Papier, schwarze Schrift, hellgrau darüber das Wasserzeichen. Dazu zweihundertdreißig Seiten Anhang in derselben Aufmachung, ebenfalls mit Wasserzeichen versehen. Im Anhang stehen die Klarnamen drin, etwa der Banken mit den Treuhandkonten sowie die Geschäftsführer der sogenannten Drittpartner samt deren Adressen.

Es wird gelesen und studiert, bis morgens um 5 Uhr. Schon der erste Eindruck ist katastrophal. Der Tenor des Berichts: Wir können nicht beweisen, dass hier ein Betrug vorliegt, können aber auch nicht belegen, dass alles in Ordnung ist. Im Prüfer-Deutsch: »Wir können weder eine Aussage treffen, dass die Umsatzerlöse existieren und der Höhe nach korrekt sind, noch die Aussage treffen, dass die Umsatzerlöse nicht existent und in der Höhe nicht korrekt sind.« Im Klartext: Wir wissen überhaupt nichts, das Fazit der Prüfer kommt einem Todesurteil gleich. »Wir dachten alle: Wenn wir den Prüfbericht so rausgeben, sind wir tot. Aber wenn nicht, dann auch«, berichtet eine Teilnehmerin der Runde.

Jan Marsalek wendet sich entschieden dagegen, das KMPG-Urteil zu publizieren: »Den Bericht kann man so nicht veröffentlichen.« Er hatte schon im Vorfeld immer argumentiert, man dürfe nicht zulassen, dass diese wichtigen Geschäftsfreunde in Asien, die sogenannten Drittpartner, in den Schmutz gezogen werden, schließlich wären sie überragend wichtig fürs Geschäft und reagieren zunehmend verstört auf die Anwürfe und Verdächtigungen. Eine der drei wichtigsten, Al Alam in Dubai, hatte ja schon nach Aschheim gemeldet, zum eigenen Schutz umziehen und die Firma umbenennen zu müssen.

Braun zögert, wiegt den Kopf, neigt anfangs zu derselben

Meinung, stellt dann die Frage in die Runde: »Wie seht ihr das?« Die Gruppe debattiert. Selbst wer dagegen ist, dem wird im Laufe der Diskussion klar: Es geht nicht anders, wir haben keine Wahl. Zumal die Position der Rechtsanwälte von Beginn an glasklar ist: »Nichtveröffentlichung ist keine Option.« Das ginge schon deshalb nicht, so argumentieren die Juristen, weil KPMG das Recht hat, den Bericht zur Not selbst zu veröffentlichen – ob es dem Wirecard-Vorstand nun passt oder nicht. Zum ersten Mal schaltet sich Finanzvorstand von Knoop in die Debatte ein und plädiert massiv für eine Veröffentlichung. Die für die IT zuständige Vorstandskollegin Susanne Steidl sagt – wie meist – so gut wie nichts, als ginge sie das alles nichts an. »Sie hat immer versucht, sich aus allem rauszuhalten«, sagt ein Zeuge, »das merktest du in jeder ihrer Aktionen.« Maßgeblich sind, wie immer, Marsalek und Braun. Die beiden verschwinden mehrmals in den Nachbarraum, wo sie sich unter vier Augen besprechen. Der Vorstandschef zieht darüber hinaus seinen PR-Spezialisten ins Vertrauen. Auch der rät: »Nicht veröffentlichen ist genauso schlimm wie veröffentlichen. Veröffentlichst du nicht, gehen die Spekulationen los, und der Aktienkurs halbiert sich auf 50 Euro.«

Braun kehrt aus dem separaten Raum mit sorgenvollem Blick zurück in den Saal »New York«, er wirkt überrascht von der Schärfe des Berichts, offenbar hat er tatsächlich geglaubt, die siebzig Antworten aus der Nacht zuvor könnte KPMG besänftigen, den Tenor des Berichts stärker zu Gunsten des Konzerns zu drehen, nun aber steht er vor diesem niederschmetternden Zeugnis: internes Kontrollsystem Fehlanzeige. Compliance Fehlanzeige. Der Text wimmelt von Formulierungen wie: Die »Kaufpreisfindung (zum Indien-Deal) konnte KPMG nicht nachvollziehen.« In Singapur sei »eine Häufung von Softwareverträgen ohne wirtschaftliche Substanz erkennbar«, die Verträge seien

»zu einem großen Teil nicht korrekt geschlossen« worden. Die Nutznießer der Kredite, die Wirecard an Unternehmen vergeben hat, konnten »nicht näher« verifiziert werden, weil »keine Informationen über die Unternehmen und deren Kunden festgestellt« werden konnten. Vertragsbeziehungen zu den Partnern konnten »nicht nachvollzogen« werden, Umsatzerlöse konnten »nicht nachvollzogen« werden. Nachweise über eine Zuverlässigkeitsprüfung der beiden Treuhänder wurden »nicht vorgelegt«, bei Treuhänder Shan in Singapur konnten die Einzahlungen der Gelder in Höhe von einer Milliarde Euro auf die Konten »nicht nachvollzogen« werden, weil dieser »auf Anfragen seitens Wirecard nicht mehr reagiert.« Und so weiter und so weiter, und das auf vierundsiebzig Seiten. Sehr viel schlimmer geht es nicht.

Am Ende entscheidet Braun: »Okay, wir veröffentlichen.« Da stehen die Zeiger der Uhr bereits auf 5 Uhr morgens. Schnell werden die entsprechenden Dokumente hergerichtet. Um 7.50 Uhr, kurz vor Öffnung der Börse, schickt Wirecard die Adhoc-Meldung raus, die gut siebzig Seiten KPMG-Bericht werden digital hochgeladen (ohne die noch anstößigeren zweihundertdreißig Seiten Anhang). Titel: »Bericht über die unabhängige Sonderuntersuchung Wirecard AG, München«. Um 9.30 Uhr folgt eine Telefonkonferenz mit Journalisten, die Akustik ist sehr schlecht, Vorstandschef Braun gezeichnet von den zwei Nächten ohne rechten Schlaf. Trotzdem spricht er frei, wie meist (Reden hat er sich selten schreiben lassen). Der CEO versucht nach Kräften, den KPMG-Bericht kleinzureden. Noch stecke er in der Auswertung, hebt er an, deswegen sei er »nur teilweise sprechfähig«. Aber so viel sei schon klar: Das Unternehmen ist weitgehend entlastet, es habe keine »schwerwiegenden Findings« gegeben. Also keine groben Verstöße gegen Recht und Anstand. Braun spricht von einem »großen Schritt nach vorn: Nicht eine unserer Kennzahlen wurde infrage gestellt.«

Die Tatsache, dass KPMG keine Verfehlung belegen kann, deutet er zu einem Sieg um und signalisiert dem Kapitalmarkt, dass damit auch der Weg frei ist für das Testat für 2019. »EY hat uns heute Morgen informiert, dass sie überhaupt kein Problem haben, die Prüfung 2019 zu unterzeichnen.« Braun bedient sich damit seiner eingeübten Technik: Er packt sich den ihm passenden Teil der Wahrheit heraus und poliert ihn so lange, bis Wirecard strahlend leuchtet. Dabei fällt die eigentliche Botschaft der Prüfer unter den Tisch: Die KPMG-Leute haben gerade keinen Beweis dafür gefunden, dass alles in Ordnung ist. Sie können nicht bestätigen, dass milliardenschwere Transaktionen tatsächlich stattgefunden haben, auch die Existenz von Treuhandguthaben können sie nicht verifizieren. Das alles blendet Braun aus, die Frage ist nur: Weil er es nicht sieht oder weil er es nicht sehen mag? Das müssen Psychologen und Richter klären.

Tatsache ist: Der Manager argumentiert den Bericht so weit in die entgegensetzte Richtung, dass es sogar den Treusten der Treuen im Konzern zu viel wird: »Das war arg grenzwertig«, sagt selbst eine Führungskraft, die für Braun und Marsalek heute noch die Hand ins Feuer legt, »aber so war nun mal Brauns Strategie im Umgang mit der Öffentlichkeit«.

Um 14 Uhr will der Vorstandschef auch den Analysten weismachen, dass KPMG ihn in seiner Sicht der Dinge bestätigt: Alles bestens, kein Beleg für die Vorwürfe seiner Gegner, doch dieses Mal verfängt die Taktik nicht. Die Börse reagiert geschockt: Der Aktienkurs stürzt binnen Stunden um 30 Prozent ab, in Frankfurt beginnen die Fondsmanager der DWS, die Vermögensverwalter der Deutschen Bank, mit dem hektischen Abverkauf: nichts wie raus mit den Wirecard-Aktien aus dem Portfolio! Dabei konnte Starmanager Tim Albrecht zuvor davon nicht zu viel haben.

Im Wirecard-Hauptquartier wird an diesem Abend noch eifrig telefoniert, wieder wird es nach Mitternacht, ehe in Aschheim die Lichter ausgehen. Binnen achtundvierzig Stunden hat der Konzern ein Drittel seines Wertes eingebüßt. Der Aktienkurs schließt an diesem Dienstag unter 100 Euro. Die Bilanz kann doch nicht, wie geplant, zwei Tage später vorgelegt werden. Einen neuen Termin gibt es nicht. Stattdessen heißt es nun: »Wirecard stimmt schnellstmöglich mit dem Abschlussprüfer EY ab, wann die Prüfungsarbeiten unter Berücksichtigung der Corona-bedingten Einschränkungen und des KPMG-Berichts abgeschlossen werden können.«

Der Notruf von EY

Das Ergebnis der Sonderprüfung Ende April ist ein Schock für alle Beteiligten, wahrscheinlich sogar für die Täter, die zwar immer damit rechnen mussten, dass die Wahrheit eines Tages ans Licht kommen wird; jetzt aber spüren sie plötzlich den Atem der Verfolger im Nacken.

Aktionäre, Ratingagenturen, Banken, Wirtschaftsprüfer, Medien – alle sind in ihrem Glauben erschüttert (so sie ihn zuvor nicht schon verloren hatten). Die Schockwellen schlagen durch bis ins Hauptquartier nach Aschheim, wie ein aufgescheuchter Haufen rennen die Beteiligten durch die Flure. »Es brach an allen Fronten rein«, schildert ein Manager die Lage, diesen enormen Druck auf den Konzern. Der neue Aufsichtsratschef Thomas Eichelmann, der ehemalige Börsenvorstand, merkt, dass er sich verrechnet hat. Er hatte im Glauben in Aschheim zugesagt, ein hübsches Mandat zu ergattern, das ihm genügend Zeit lässt für seine privaten Leidenschaften, etwa Autorennen und Skifahren; außerdem sollte es ihn im Gespräch halten für ein, zwei weitere einflussreiche Aufsichtsratsposten. Wie gesagt, da irrt der Mann, Wirecard wandelt sich für ihn spätestens im April 2020 zu einem Vollzeitjob. Der Tag hat kaum so viele Stunden, wie es braucht, die Zweifler und Gegner des Konzerns zu besänftigen oder es wenigstens zu versuchen.

Professionelle Investoren fordern nun reihum den Kopf des Vorstandschefs, von Markus Braun, dem unangefochtenen Mr Wirecard. Sie alle verlangen einen Neuanfang an der Wirecard-Spitze; von den behäbigen deutschen Fondsgesellschaften Union und Deka bis zum bissigen TCI-Fonds des Briten Chris Hohn, der schon ganz andere Konzerne aufgemischt hat. In einem Brief an den Aufsichtsrat, geschrieben noch am Tag des KMPG-Scherbengerichts, verlangt Chris Hohn den Rauswurf Brauns. Der Aufsichtsrat stehe in der gesetzlichen Pflicht einzuschreiten: »Es ist notwendig, den CEO von allen Aufgaben zu entbinden.« Den Kontrolleuren fehlt zu diesem Schritt der Mumm oder auch die Alternative für den Vorstandsvorsitz. Markus Braun wird zurechtgestutzt, indem ihm die Kommunikation mit dem Kapitalmarkt genommen wird. Selbst für seine Gefolgsleuten hat er zu dick aufgetragen, als er das verheerende Ergebnis der Sonderprüfung zu einer Bestätigung für sich umdeutete: Einsicht oder Zweifel, nicht einmal ein Hauch davon ist zu spüren. Braun twittert noch Mitte Mai unverdrossen: »Wenn sich all der Lärm und Nebel legt, wird Wirecard immer noch eine Firma sein, die eine Milliarde Euro EBITDA (Ergebnis vor Zinsen, Steuern und Abschreibungen) in diesem Jahr generiert und eine der am schnellsten wachsenden Firmen ihrer Industrie.« Nun ist der Kurznachrichtendienst Twitter berüchtigt dafür, dass sich hier auch jeder, Grobiane, Großkotze und Lügenbolde, austoben können und ungeniert ihre »Fake News« verbreiten – am Ende hilft alles nichts, auch dies lehrt die Geschichte, die Wahrheit bahnt sich ihren Weg.

Nach dem KPMG-Bericht wird auch den schlafmützigen

Wirtschaftsprüfern von EY klar: So geht es nicht weiter. Jahrelang haben sie unter jede Bilanz Brauns ihren Haken gesetzt, mal mit mehr, mal mit weniger Kopfschmerzen. Nun aber droht auch ihnen ein gewaltiger Reputationsverlust, und schon gar nicht dürfen sie sich vom Wettbewerber KPMG vorführen lassen. Das Gerangel beschleunigt die Wahrheitsfindung, die in einer simplen Frage kulminiert: Wenn nicht zu klären ist, welche verschachtelten Geschäfte über welche Umwege zustande kommen, warum schaut man dann nicht einfach, was hinten rauskommt, also wie viel Geld tatsächlich in der Kasse liegt? »Show me the money.« Ein naheliegender Gedanke eigentlich: Zeigt mir die Geldscheine, nicht irgendwelche Belege oder Zertifikate. Darauf könnte man glatt ohne Diplom und Doktortitel kommen. Heureka! Die Wirtschaftsprüfer von EY äußern ihr Heureka-Erlebnis am 10. Mai 2020, einem Sonntag, gegenüber dem Konzern. Er wird Wirecard den Todesstoß versetzen, so viel sei an der Stelle schon verraten.

EY also verlangt Testüberweisungen von den Treuhandkonten auf den Philippinen nach Aschheim – zum Beweis, dass das Geld wirklich existiert. Sie wollen es einmal in Aschheim haben, wenn nicht mal Finanzchef Alexander von Knoop, Schatzmeister Thorsten Holten und Oberbuchhalter Stephan von E. je den »Schatz«, die zwei Milliarden Euro, mit eigenen Augen gesehen haben. Den Eingang des Geldes erklären die Prüfer nunmehr zur Voraussetzung für das Testat der Bilanz: ohne Testüberweisung kein Haken unter den Jahresabschluss.

Die, wie gesagt, simple Idee zu der Aktion ist zunächst Folge eines Expertenstreits unter den Wirtschaftsprüfern, EY und KPMG geraten sich über eine zunächst rein technische Frage in die Haare: Unter welchem Posten ist das Geld auf den Treuhandkonten in Manila zu verbuchen? Als »Barvermögen« oder als »sonstige Finanzmittel, sonstige finanzielle Vermögenswerte«? Die Möglichkeit, dass dort überhaupt kein Geld liegen könnte, übersteigt da noch die Fantasie der Prüfer, ihnen geht es lediglich um die korrekte Darstellung auf der Aktivseite der Bilanz. EY hat das Geld auf den Treuhandkonten stets als Barvermögen durchgewunken, so wie von Wirecard gewünscht. KPMG meldet arge Zweifel an dieser Praxis an und untermauert ihre Sichtweise mit haarspalterischen Argumenten über »Zahlungsmitteläquivalente« gemäß den internationalen Rechnungslegungsvorschriften (IFRS): Buchhaltung für Feinschmecker! Im Mittelpunkt des Disputs steht die – für jedermann leicht verständliche – Frage: Kann Wirecard das Geld aus Manila jederzeit abrufen oder nicht? Nur dann, so KPMG, könne man von Barvermögen reden.

Im Ergebnis führt die wochenlange Debatte zu dem Beschluss: Lasst es uns probieren, testen wir doch, ob das Geld gebunden ist, also wie flüssig dieses Vermögen einzustufen ist. Ist es tatsächlich Barvermögen, so muss es sich ja ruckzuck auf ein Konto Wirecards transferieren lassen.

EY weist den Konzern Mitte Mai deshalb an, 440 Millionen Euro probehalber nach Deutschland zu überweisen, um endlich Klarheit über die Frage zu erhalten. Die EY-Prüfer wollen jetzt definitiv Barvermögen sehen. Und zwar so viel, dass die Firma Wirecard es nicht irgendwo zusammenkratzen und hin und her schieben kann. Obendrein setzt EY eine so kurze Vorlaufzeit, dass die Prüfer niemand mehr austricksen kann, wie gesagt: Ihr Vertrauen in die Rechtschaffenheit des Kunden Wirecard ist erschüttert.

Die Prüfer verlangen eine Überweisung von jedem der fraglichen vier Konten in Manila, und zwar über einen »Betrag, der schmerzen muss«. Als Zahl wählen sie, nicht zufällig, die 110, die Telefonnummer für den Notruf. Es ist was faul im Staate Wirecard, so viel ist den Prüfern klar. Viermal 110 Millionen

Euro, von den zwei Banken in Manila in jeweils zwei Tranchen, müssen in Aschheim ankommen. Es wird nie passieren.

Im Nachhinein stellen die Prüfer dies als raffinierten Kniff dar, als hätten sie gewusst, dass sie den Konzern damit schachmatt setzen, dass das Geld nie ankommen wird.

Zunächst ist der Notruf tatsächlich ein heftiger Eingriff ins Geschäft, da – solange man den offiziellen Unterlagen glaubt –, die Partner von Wirecard davon betroffen sind: Man greift auf Vermögen zu, das dort angeblich als Sicherheit für deren Geschäft liegt. Natürlich äußert das Wirecard-Management, allen voran der dafür zuständige Vorstand Jan Marsalek, die entsprechenden Bedenken: Was sollen unsere Partner auf den Philippinen, in Dubai und Singapur von so einer Zwangsmaßnahme denken? Wie bringen wir denen das bei, wo sie sowieso schon damit drohen abzuspringen? Welche Papiere brauchen die Banken in Manila, damit sie die Millionen überhaupt nach Aschheim schicken dürfen? Und überhaupt, auf den Philippinen ticken die Uhren nun mal anders. Ginge nicht vielleicht ein kleinerer Betrag?

Nun hatte eine Testüberweisung ähnlicher Art früher schon gegeben, das Verfahren war an sich nicht ganz neu. Schon für das Testat 2018 hatte EY eine Überweisung vom Treuhandkonto in Singapur gefordert – 50 Millionen Euro waren damals nach Aschheim überwiesen worden, aus Singapur, angeblich direkt von den Konten des Treuhänders Shan. Das Geld ging auftragsgemäß in Bayern ein, floss wieder zurück nach Asien, alle waren damals glücklich, inklusive EY. Was sie damals nicht ahnten: Nachdem in Aschheim die Lichter ausgehen, stoßen die Übriggebliebenen bei einer Rekonstruktion der Überweisung auf Ungeheuerliches. Das Geld, so ergab ihre Recherche, war über viele andere Kanälen beschafft und dann erst über den Umweg Singapur zu Wirecard geschickt worden.

Mit einer erneuten Testüberweisung von 50 Millionen mussten sie bei Wirecard geradezu rechnen, darauf hatten sie sich vorbereiten können, vielleicht auch mit 100 Millionen Euro, aber doch keine 440 Millionen Euro auf einen Schlag! Und das auch noch ganz schnell. Die Partner in Asien seien extrem sauer, bekommen die Wirtschaftsprüfer zu hören. Doch die stellen sich stur. 440 Millionen Euro wollen sie sehen! Ab Mitte Mai warten sie auf das Geld.

Doch die Sache zieht und zieht sich. Dabei habe man dem Treuhänder, dem grandiosen Anwalt Tolentino, sofort Bescheid gegeben, beteuern die Wirecard-Leute. Der müsse nur zur Bank, und am nächsten Tag werden die auf den entsprechenden Knopf drücken und damit die Überweisungen freigeben. Dummerweise kommt immer etwas dazwischen. Erst fehlen angeblich die zeichnungsberechtigten Leute für die nötigen Unterschriften. Überweisungen in der Höhe kann eben nicht jeder x-beliebige Filialleiter absegnen, da müssen höhere Stellen ihr Okay geben. Dann hängt es in der Compliance-Abteilung der Banken, auch die müssen klären, ob bei Überweisungen in der Höhe alles mit rechten Dingen zugeht. Dann wird EY unter Hinweis auf die Zentralbank vertröstet. Auch die muss sich das anschauen. Auch auf den Philippinen geht eben alles mit rechten Mitteln zu, so versuchen sie in Aschheim die Verzögerungen zu erklären. Merkwürdig, dass die 1,9 Milliarden Euro im Dezember 2019 so reibungs- und problemlos ins Land gelangen konnten, wenn auf umgekehrtem Wege ein Viertel der Summe für solche Komplikationen sorgt. Tage und Wochen vergehen, und immer noch kein Geld in Aschheim. Der Notruf ist abgesetzt, nur wo bleibt die Polizei?

Weit und breit ist kein Retter in Sicht.

Der große Knall

Achtundvierzig Stunden in Aschheim

Donnerstag, 18. Juni 2020: In Aschheim ist der Termin für den Jahresabschluss 2019 angekündigt, wieder einmal, nachdem er mehrfach verschoben worden war. Er muss jetzt veröffentlicht werden, sonst ist Land unter bei Wirecard und an der Börse. Nachmittags soll die Bilanzpressekonferenz stattfinden, wegen der Corona-Pandemie nur digital, die Übertragungswagen sind schon vor Ort. Die Investor-Relations-Abteilung hat eine Streaming-Konferenz vorbereitet. *14.05 Uhr: Rede zum Verlauf des Geschäftsjahres 2019, Dr. Markus Braun, CEO Wirecard*, steht in der Einladung, die der Konzern zwei Tage vorher rumgeschickt hat.

Nichts dergleichen passiert. Kein Jahresabschluss weit und breit, keine Bilanz. Morgens nicht, auch nicht mittags. Und am Abend immer noch nicht. Dafür ist Jan Marsalek, der Teufelskerl im Vorstand, weg, seines Amtes enthoben. Keine vierundzwanzig Stunden später ist auch Markus Braun, der Vorstandschef und Großaktionär, entmachtet und als Ex-CEO auf dem Weg nach Wien. Es ist das Ende. Der Wert des Konzerns, der morgens noch bei einem Kurs von 100 Euro und insgesamt 12 Milliarden Euro lag, löst sich an einem Nachmittag in Luft auf. Der König ist nackt.

Doch der Reihe nach, rekonstruieren wir anhand von Zeugen und Aktenlage diese achtundvierzig Stunden bis zum großen Knall, zwei Tage mit »unfassbarem Chaos« in der Konzernzentrale, zwei Tage voller Verzweiflung, Aktionismus und Durchhalteparolen vor den firmeneigenen Truppen, die zermürbt sind nach Monaten der immer schärfer werdenden Anwürfe und des sich daraus entspinnenden Kampfes gegen den Untergang. Gegen 7 Uhr telefoniert Braun an diesem historischen Donnerstag zum ersten Mal mit seinem Aufsichtsratschef Thomas Eichelmann: Binnen der nächsten halben Stunde werde sich alles klären, beteuert er und meint damit den Verbleib der 1,9 Milliarden Euro auf den Treuhandkonten in Manila, an denen es (neben den Testüberweisungen) nun hängt, ob EY ihren Haken unter das Zahlenwerk für 2019 macht. Die Uhr tickt, jeder der Beteiligten weiß: Wird kein Testat vor Börsenbeginn an diesem Tag ausgestellt, gerät die Aktie massiv unter Druck. Schließlich ist die Malaise dann nicht mehr zu verheimlichen, selbst die größten Illusionskünstler stoßen irgendwann an ihre Grenzen, spätestens dann, wenn die Banken den Geldhahn zudrehen. Genau dies, die Stunde der Wahrheit, steht unmittelbar bevor: »Wenn ein testierter Jahres- und Konzernabschluss nicht bis zum 19. Juni vorgelegt wird, können Kredite der Wirecard AG in Höhe von circa 2 Milliarden Euro gekündigt werden«, hatte der Konzern selbst gemeldet. Noch vierundzwanzig Stunden sind es bis dahin, nicht mehr.

Um 8 Uhr öffnet die Frankfurter Börse, allerdings ohne die erlösende Nachricht aus Aschheim. Eichelmann telefoniert wieder mit Braun, dieses Mal ist auch der Finanzvorstand Alexander von Knoop dabei; der Aufseher will wissen, wo sie denn nun bleiben, die Bestätigungen über die Konten in Asien. So wird es den ganzen Tag über gehen. Als die ersten Mitarbeiter morgens im Büro eintreffen, wabert durch die Gänge schon diese »komische Stimmung«, sagt einer aus dem mittleren

Management. »Das hat man gleich gespürt: Hier stimmt was nicht.« Jan Marsalek, mit der Suche nach den Milliarden beauftragt, beschwichtigt unter Verweis auf Treuhänder Mark Tolentino, Braun gibt das so weiter. Der Vorstand sitzt auf der vierten Etage in der Konzernzentrale zusammen, in Brauns Eckbüro. Auch der flatterhafte Marsalek, in der Regel wenig greifbar, stößt kurz zu der Gruppe; Braun ist auch jetzt deren Mittelpunkt, dazu der latent überforderte Finanzvorstand von Knoop sowie Technikvorständin Susanne Steidl, die zuvor in den heiklen Fragen meist außen vor war – ob nun aus Feigheit, Inkompetenz, Überlastung oder vorausschauender Weitsicht, um für den Fall der Fälle nicht belastet zu werden. Es ist jedenfalls der Morgen der hektischen Telefonate. Alle jagen sie dem Treuhänder hinterher, dem Mann mit den angeblich so reichhaltigen Konten mit dem ganzen vielen gebunkerten Geld auf den Philippinen. Mehr als 1,9 Milliarden Euro sollten dort laut den internen Unterlagen zum Jahresende 2019 liegen, jetzt, im Sommer 2020, ist der Schatz angeblich schon auf 2,3 Milliarden Euro gewachsen. Leider nur auf dem Papier, denn das Geld ist weiterhin nicht auffindbar.

Um 8.56 Uhr leitet Marsalek an seine Vorstandskollegen eine hoffnungsfrohe Mail weiter, sie stammt von Anwalt Tolentino, seinem Vertrauensmann in Asien: Es scheine Bewegung in die Sache zu kommen, so dessen Nachricht aus Manila. Kurz vor 10 Uhr: Der nächste Anruf von Eichelmann bei Braun, der schindet noch mal ein paar Minuten Zeit, unter Verweis auf ebenjene »relevanten Informationen« aus Südostasien, die in Kürze eintreffen sollen. Es wird 10 Uhr. Braun zögert noch immer, bangt, vertröstet. Der CEO hofft immer noch auf das erlösende Okay von EY und weigert sich standhaft, die Meldung rauszugeben, dass mangels Testats kein Jahresabschluss vorgelegt werden kann – es wäre das Aus. Das ist jedem klar. Selbst

Alexander von Knoop, der blasse Finanzvorstand, intern bisher als wenig mutig bekannt, rät zur Aufgabe: »Markus, lass gut sein.« Dem Aufsichtsrat versichert er: Um 10.10 Uhr geht die Mitteilung des Konzerns raus, sie kommt einer Kapitulation gleich.

Braun verständigt derweil seine Zuarbeiter in den entsprechenden Ressorts: »Wir brauchen eine Ad-hoc, es wird nicht testiert.« Die dortigen Mitarbeiter sind schockiert, nichts in der Richtung ist vorbereitet. »Bleibt ganz entspannt«, fügt Braun an. »Wir können das glasklar widerlegen.« Das behauptet er seit Tagen, das hat er immer so gesagt. Bis hierhin hat es gestimmt. Zumindest hat es so ausgesehen, als könnte es stimmen. Vielleicht stimmt es also immer noch. Vielleicht geht doch noch alles gut.

Eine knappe Viertelstunde später, mittlerweile ist es 10.23 Uhr: Nächste Telefonkonferenz des Aufsichtsrates, noch immer ist keine Meldung draußen. Frist für Frist hat der Vorstand verstreichen lassen, den ganzen Mittwoch über hatte Braun Aufklärung versprochen, von der einen Bank, der *Bank of the Philippine Islands* (BPI), erwarte er noch am gleichen Abend ein Statement, von der anderen, *Banco de Oro* (BDO), spätestens Donnerstag früh eine »schriftliche Bestätigung«, hatte er in einer Telefonkonferenz am späten Mittwochnachmittag gegen 17 Uhr 30 versprochen. Nichts dergleichen war passiert.

Die Aufsichtsräte werden nun mit jeder Stunde skeptischer, schließlich reißt ihr Geduldsfaden. Die Anwälte, an der Seite des Aufsichtsrates die Kanzlei Clifford Chance, raten schon lange zur Eile: »Wir müssen ad hoc gehen.« So heißt es in der Sprache der Finanzwelt, wenn Konzerne kursrelevante Nachrichten unmittelbar veröffentlichen müssen, wollen sie nicht von der Finanzaufsicht bestraft werden.

Um 10.43 Uhr geht die Ad-hoc-Meldung schließlich raus. Es

ist nicht länger zu verschweigen, was die Wirtschaftsprüfer anderthalb Tage zuvor von den Philippinen erfahren hatten: Die beiden Banken in Manila, BDO und BPI, haben EY mitgeteilt, dass die Dokumente über angebliche Konten »spurious«, also gefälscht sind. Die Banken können keine Auskünfte über ein Vermögen von Wirecard geben. Im Klartext: Da liegen keine Milliarden in Manila. Das Geld ist verschwunden oder war gar nie da. Und das nach dem Ausflug nach Manila im März, trotz der Bankbestätigungen und Treuhandkontosalden, die sie eingeholt hatten, trotz der Videokonferenzen mit den Bankangestellten, die sie nachts abgehalten hatten. Jetzt melden die Banken lapidar, es sei kein Geld vorhanden. An jenem Dienstag abends um 17.28 Uhr hat EY diese Information gleich an die Finanzaufsicht weitergegeben. Von da an herrscht Alarmstufe Rot in Aschheim. »Wir waren eh schon platt«, erzählt eine aus dem Führungszirkel, »aber als es dann am Dienstagabend plötzlich hieß, die Salden seien womöglich gefälscht, dachte ich, das gibt es doch nicht.«

Dies ist der Moment, an dem die Stimmung kippt, an dem die Getreuen in einen Zwiespalt geraten. Gewiss, Braun ist der Chef, der bewunderte Visionär, aber ist ihm noch zu trauen? Nun sind die Zweifel, von vielen bislang im Tagesgeschäft verdrängt, nicht mehr zu verscheuchen. Aufsichtsratschef Thomas Eichelmann erfährt die böse Nachricht in einer Telefonschalte von den Wirtschaftsprüfern. Die vier eingewählten EY-Leute warnen: Das Geld ist nicht da, die Kontounterlagen sind gefälscht. Der gesamte Aufsichtsrat wird per Telefonkonferenz eingeweiht, um 20.20 Uhr an jenem Dienstag, den 16. Juni, auch die Vorstände werden zugeschaltet. Reihum tun sie überrascht, ungläubig bis widerspenstig, sie weigern sich, die Nachricht zu glauben, besonders Marsalek und Braun. Glauben sie wirklich, dass sich die Sache noch aufklärt? Jedenfalls vergehen weitere zwei ganze Tage bis zu jener desaströsen Ad-hoc-Erklärung, die Donnerstag, den 18. Juni herausgegeben wird.

Um 10.43 Uhr räumt der Wirecard-Vorstand offiziell ein, dass EY »noch keine ausreichenden Prüfungsnachweise« zu den Treuhandkonten vorliegen habe. Der Vorstand arbeite »mit Hochdruck daran, den Sachverhalt in Abstimmung mit dem Abschlussprüfer weiter aufzuklären«. Damit ist nicht mehr zu verheimlichen, dass etwa ein Viertel der Bilanzsumme nicht aufzufinden ist, also ein Viertel des Vermögens fehlt: Die Börse reagiert, wie sie in solchen Situationen reagieren muss. Die Wirecard-Aktie schmiert ab, im Sturzflug nach unten. Binnen weniger Stunden sind mehr als 60 Prozent des Börsenwerts der Firma vernichtet.

Noch um 11.08 Uhr versucht der Konzern dagegenzuhalten. Eine Mitteilung erweckt den Eindruck, das Geld auf den Treuhandkonten sei da, nur gerade nicht auffindbar: »Die jeweiligen Tochtergesellschaften der Wirecard AG haben auf diese Treuhandkonten erhebliche Sicherheitsleistungen von insgesamt 1,9 Milliarden Euro eingezahlt.« Markus Braun wischt intern alle Zweifel beiseite. Das kann nicht sein. Das wird schon. Seine demonstrativ vorgetragene Coolness (»Bleibt entspannt!«) steht in zunehmendem Kontrast zu Körpersprache und Erscheinungsbild. Braun schwitzt, fasst sich an den Bauch, fährt sich durch die Haare. »So war es immer, wenn er nervös wurde«, sagt einer aus der Führungsriege.

Das Schauspiel gerät mit jeder Stunde absurder. Jan Marsalek, der sich all die Jahre geweigert hatte, per E-Mail zu kommunizieren oder anderweitige schriftliche Spuren zu hinterlassen, steigt an diesem Tag in einen hektischen Schriftverkehr ein. Adressat: der Treuhänder in Manila, jener sagenhafte Mr Tolentino. Betreff: *Urgent Matter.* Es entspannt sich ein reger Austausch, die beiden spielen ein wahres E-Mail-Pingpong. Die

Frage lautet nur: Was wollen sie damit bezwecken, obwohl sie wissen, dass da kein Geld ist? Wozu also dieses Schmierentheater? Alles nur, um noch ein paar Stunden länger die Fassade aufrechtzuerhalten? Um Zeit zu gewinnen für die Flucht? Um Geld aus dubiosen Quellen nach Manila zu leiten?

Alle Anwesenden werden Zeuge des eifrigen E-Mail-Wechsels zwischen Marsalek und Tolentino, dem Mann, der ein paar Tage später behaupten wird, dass er gar nicht der Treuhänder für die Wirecard war und seine »Identität gestohlen« wurde. Zwei mutmaßliche Obergauner führen hier ein absurdes Schauspiel auf, gebärden sich als rechtschaffene Kaufleute, die voller Inbrunst der Wahrheit hinterherjagen.

Die EY-Nachricht von gefälschten Belegen sei ein großes Missverständnis, schreibt Marsalek zum Auftakt, und weiter, an Tolentino gewandt: »Ich bin auf deine volle und unmittelbare Unterstützung angewiesen, um die von EY erhobenen Vorwürfe zu widerlegen.« Tolentino sichert in seiner Antwort an den lieben Jan – »Dear Mr Jan« – unverzügliche Kooperation zu.

Ein munteres Spiel. Immer steht die rettende Bestätigung unmittelbar bevor, einmal ist die alles beweisende Mail angeblich schon aufgesetzt, immer kommt irgendetwas dazwischen. Brav leitet Marsalek die E-Mails an seine Vorstandskollegen weiter, kooperationsbereit wie nie, zugleich unerschütterlich (»Bleibe dran«). Keine Andeutung, dass der Schwindel aufgeflogen ist. Entschuldigung oder Resignation? Fehlanzeige.

Mittags bestellt der Aufsichtsrat den neuen designierten Compliance-Vorstand James Freis zum »Emergency Board Meeting« ein. Der Amerikaner sollte eigentlich am 1. Juli in Aschheim antreten, deshalb ist er an diesem 18. Juni privat in der Stadt, um eine Wohnung zu suchen. Nach dem ersten Maklertermin erreicht ihn Eichelmanns Sekretärin auf dem Handy, er spaziert gerade an der Isar entlang.

»Können Sie vorbeikommen?«
»Ja, morgen komme ich raus nach Aschheim.«
»Gut wäre sofort. Es gibt etwas zu besprechen.«
»Wirklich jetzt gleich?«
»Ja.«

Freis setzt sich direkt ins Taxi und fährt zum Aufsichtsrat, der in den Räumen der ihn beratenden Kanzlei Clifford Chance tagt – im Krisenmodus seit bald achtundvierzig Stunden. In Jeans und T-Shirt unterschreibt Freis einen Dreijahresvertrag als Rechtsvorstand. Sein garantiertes Gehalt umfasst 1,7 Millionen Euro, außerdem werden ihm zwölf Business-Flüge nach Washington, seinen Hauptwohnsitz, zugesagt.

Um 15.26 Uhr informiert Jan Marsalek seinen PR-Berater (wie immer über den Messengerdienst Telegram): »Ich werde vermutlich beurlaubt.« So kommt es auch. Der Österreicher wird nicht sofort gefeuert, sondern erst mal nur freigestellt, Aufsichtsratschef Eichelmann überbringt ihm die Nachricht. Marsalek habe professionell und gefasst reagiert, berichtet Eichelmann unmittelbar danach seinen Aufsichtsratskollegen. Der zweite Mann im Konzern ist, wie gesagt, nicht fristlos entlassen wie die Verkäuferin, die eine Pfandflasche unterschlägt und darüber ihren Job verliert. Nein, formal ist Marsalek nur bis zum 1. Juli beurlaubt – im Glauben oder zumindest in der Hoffnung, bis dahin habe sich die Sache geklärt. Die Begründung für die Beurlaubung liest sich folgendermaßen: Jan Marsalek sei nicht in der Lage gewesen, »die erforderlichen Belege mit Blick auf die Treuhandkonten zu erbringen«. Deswegen müsse der Aufsichtsrat »zumindest von schweren Organisationsmängeln ausgehen«.

In dem Zusammenhang diskutiert man in dem Gremium auch den Rauswurf des obersten Chefs, Markus Braun. Darüber ist kein Konsens zu erzielen: Drei Männer sind gegen die

Freistellung Brauns, zwei dafür. Der CEO darf bleiben. Vorerst. Dass er seinen Getreuen verliert, dagegen wehrt Braun sich nicht, er besteht aber darauf festzuhalten, dass er keine Anzeichen dafür erkennen könne, dass Weggefährte Jan »etwas falsch gemacht« habe. Die Chancen, das Geld zu finden, stünden immer noch 50 zu 50, er selbst rechne damit zu 70 Prozent, führt Braun vor den Kontrolleuren aus. Er müsse nur die CEOs der Banken ans Telefon kriegen, beschwichtigt er, auch mit dem Regierungschef der Philippinen und diversen Ministern will er reden, um Licht in die Sache zu bringen. Ob er wirklich kreuz und quer durch den Regierungsapparat telefoniert? Oder blufft er nur? Da auch er deren Antwort längst kennen muss: Da ist nichts.

Verbürgt ist die in jenen Stunden geborene Idee, auf die Schnelle einen »Spürtrupp« nach Manila zu schicken; unter Leitung von Jan Marsalek. Der redet seit zwei Tagen von nichts anderem und kennt dort auch alle und jeden; ist ja sein Verantwortungsbereich. Es geht drunter und drüber, vor allem aber geht kein Flug mehr nach Manila an dem Tag. Wenn kein Linienflieger, dann eben im Privatjet, Hauptsache, sie finden das Geld. Der Finanzvorstand ruft den Compliance-Chef an: »Der Vorstand hat beraten, du musst die Koffer packen und mit Jan nach Manila.« Und zwar schnell. Das alles erinnert schwer an ein Himmelfahrtskommando: Ist das Geld nicht da, geht die Sache schlecht aus. Existiert es tatsächlich, befindet es sich vermutlich im Besitz von jemand anders, im Zweifel von irgendwelchen Kriminellen, die die Milliarden kaum freiwillig rausrücken werden. Dann wird es erst recht gefährlich, lebensgefährlich. »Warum soll ich mit?«, fragt der erschrockene Compliance-Chef. Statt einer Antwort bekommt er zu hören, die Aktion müsse schnell gehen. Auch der Einwand, er habe keine Einreiseerlaubnis, zählt nicht. »Macht nichts, Jan regelt das.«

In diese Überlegungen platzt allerdings die Beurlaubung von Jan Marsalek, der sein Büro räumen muss. Wer kann dann fliegen? James Freis, der Neue aus Amerika? Zusammen mit Marsaleks rechter Hand? Oder doch mit dem Compliance-Chef?

Marsalek geht nach seiner Beurlaubung ein letztes Mal zu Markus Braun ins Büro, angeblich führen sie ein langes Gespräch. Danach wechselt er ein Zimmer weiter, in den Raum, wo bereits etliche Anwälte sitzen, die sich mit den Rechtsbeiständen und Managern des Konzerns beraten. »Ich bin beurlaubt«, verkündet Marsalek in die Runde, mit dem Ausdruck eines geprügelten Hundes, höchst ungewöhnlich im Vergleich zu dem breitbeinigen Auftritt, den er sonst an den Tag legt. Jetzt wirkt Jan Marsalek geknickt. »Ich dachte, der heult gleich los«, schildert ein Augenzeuge diesen letzten Auftritt Marsaleks in Aschheim, wo er noch mal ankündigt, auf die Philippinen zu fliegen, um alles aufzuklären. In eigener Mission. Er ist dann auch weg aus Aschheim, auf Nimmerwiedersehen.

Um 18 Uhr verlässt er das Firmengelände und verabredet sich in der Stadt zum Abendessen. Tags drauf verliert sich Marsaleks Spur auf einem Flughafen in Österreich. Der Manager taucht unter. Offenbar hat er - wann auch immer - in den Tagen davor einen Plan B ausgeheckt. Seine Flucht.

Um 18.18 Uhr läuft die entsprechende Ad-hoc-Meldung von Wirecard über den Ticker: Jan Marsalek ist freigestellt, der Amerikaner James Freis »mit sofortiger Wirkung« zum Compliance-Vorstand bestellt. Doch damit nicht genug. Dieser denkwürdige Tag endet abends mit dem letzten, nicht minder denkwürdigen Auftritt von Markus Braun im Kreis seiner Kollegen, nun schon ohne Jan Marsalek. »Es ist nicht auszuschließen, dass die Wirecard AG in einem Betrugsfall erheblichen Ausmaßes zum Geschädigten geworden ist«, spricht Braun in die Kamera, aufgenommen im Konferenzraum *New York*. Es ist ein gespenstisches Video des Restvorstands, das da in der Nacht ausgestrahlt wird. Freis hat noch nicht mal einen richtigen Anzug an, hat nur schnell seine Freizeitklamotten auf der Toilette mit einem Kollegen gegen dessen Anzug getauscht. Braun denkt in diesen Stunden offenbar noch immer, er überlebe im Amt, der neue, von außen geholte Compliance-Vorstand ist ihm Zugeständnis genug, zumal die Aufsichtsräte nicht einig sind in jener Nacht, wie sie mit der Personalie Braun umgehen sollen. Um 22 Uhr fährt James Freis mit dem Taxi zurück in sein Hotel in die Innenstadt, nimmt sich die Akten vor und macht sich daran, das Wirecard-Rätsel zu entziffern. Nachts gegen drei, vier Uhr ist er sicher: Da sind Betrüger am Werk, aber hier vor Ort im Konzern, nicht irgendwo in Asien. In aller Früh will er diese Botschaft dem Aufsichtsrat mitteilen. Aber noch schläft alles.

Freitag, der 19. Juni 2020. Es wird der letzte Tag des Markus Braun im Amt. Bis jetzt hat er immer noch geglaubt oder zumindest so getan, als ließe sich alles klären: Der Treuhänder muss ja nur zurückrufen und sagen, wo das Geld ist. Hält der Manager alle anderen für dumm? Oder leidet er an Realitätsverlust?

Der frisch gekürte Vorstand James Freis, der in der Nacht auf weitere Merkwürdigkeiten um die Treuhandkonten gestoßen war, kann es kaum erwarten, den Aufsichtsrat davon in Kenntnis zu setzen: Wirecard wurde nicht Opfer eines Betruges, so seine These, die Betrüger kamen wohl aus dem innersten Zirkel. Um 7 Uhr meldet Freis sich mit dieser Nachricht bei Oberkontrolleur Eichelmann, für 8 Uhr verabreden sich die beiden in einem Café. Der Amerikaner schildert seine Erkenntnisse in groben Zügen, und noch ohne Frühstück rauschen die beiden ab zum nächsten Krisentreffen, der nächsten notfallmäßig einberufenen Sitzung.

Am frühen Morgen legen zudem die EY-Prüfer dem Aufsichtsratsvorsitzenden Eichelmann ihre Sicht der Dinge dar: Wir testieren nicht, gar nichts. Der Tenor unter den Kontrolleuren nach dieser Entwicklung: CEO Braun muss abberufen werden. Eine Stunde lang wird über die Modalitäten debattiert. Um 9.30 Uhr berichtet James Freis dem gesamten Aufsichtsratsgremium von seiner Nachtschicht. Die Kontobestätigungen seien gefälscht, berichtet er: »Ich bin sicher.« Der Aufsichtsrat und die zugezogenen Juristen tagen auch an diesem Morgen wieder nicht im Konzerngebäude draußen in Aschheim, sondern in der Innenstadt in den Räumen der Anwaltskanzlei, um schon äußerlich die Gewaltenteilung deutlich zu machen.

Brauns letztes Stündlein schlägt, der Vorstandschef ist nicht länger zu halten. Ob er freiwillig geht oder nicht, Braun muss weg, das steht fest, sosehr er sich wehren mag und ungeachtet der Tatsache, dass Braun noch immer der Großaktionär ist, ihm der Laden zum Teil selbst gehört. Der Österreicher argumentiert, ein Rückzug von ihm sei »nicht zum Wohle« des Unternehmens. Eichelmann bleibt hart: »Du hast acht Minuten Zeit für eine Rücktrittserklärung, sonst werfen wir dich raus. Jetzt ist Schluss.«

Braun geht in der Aschheimer Zentrale rüber in das Büro eines Vertrauten: »Das Board hat mich aufgefordert zurückzutreten.«

»Oh, das tut mir leid. Machst du das?«

»Ja, ich habe Thomas schon zugesagt.«

Der CEO bittet, rasch eine Rücktrittserklärung in seinem Namen aufzusetzen, ihm bleiben ja nur ein paar Minuten: »Wir müssen damit ad hoc.«

Er wirkt laut Augenzeugen geschockt, nicht so emotionslos wie sonst. Mit dem Rauswurf hat er offenbar nicht gerechnet. Bis zuletzt hing er der Illusion nach – beziehungsweise verstand es, diese Fassade aufrechtzuerhalten –, dass er ein Testat kriegt, und sei es auch nur in eingeschränkter Form. »Das ist ein Fehler«, kommentiert er vor Mitarbeitern seine Entlassung. Mehrfach wiederholt er diesen Satz. »Das ist ein Fehler, das ist ein Fehler.«

Um 12.48 Uhr erfährt die ganze Welt: Die Ära Braun geht zu Ende. In der eilig zusammengeschusterten Ad-hoc-Meldung heißt es wörtlich: »Dr. Markus Braun ist heute im Einvernehmen mit dem Aufsichtsrat der Wirecard AG mit sofortiger Wirkung als Mitglied des Vorstands zurückgetreten.« Der ehemalige Chef hat zu dem Zeitpunkt das Haus schon verlassen, die Abschiedszeremonie gerät schnell und schmucklos. Ein Mitarbeiter der zweiten Reihe wird zum Chef geschickt (»mein schwerster Gang«), mit dem Auftrag, den bis eben noch Allmächtigen nach draußen zu befördern: »Markus, du arbeitest nicht mehr für uns.« Braun tut überrascht: »Ach, ist es schon so weit?« Selbst in diesem Moment, dem Ende seiner Karriere, versucht er, die Deutungshoheit zu behalten. Er habe seinen Rücktritt angeboten, um den Weg freizumachen, sagt er den Kollegen. »Das wird sich alles lösen.« So redet er, angeblich bis zum Schluss mit Haut und Haar der Sache, dem Unternehmen verpflichtet: »Das Wichtigste ist, dass die Organisation wieder Kraft schöpft.«

Der Leiter der Compliance-Abteilung begleitet den gestürzten Boss nach unten in die Tiefgarage zu seinem Fahrer, der ihn nach Wien chauffiert, zu Frau und Tochter. Laptop und sonstige Firmenutensilien muss Braun zuvor noch abgeben. Eine seltsame Situation für seine Untergebenen, die sind unsicher, wie so ein Rauswurf zu bewerkstelligen ist: Darf der gefeuerte Chef noch auf die Dienstlimousine zurückgreifen? Kriegen wir den Wagen zurück?

Solche Fragen stellen sich nicht jeden Tag. Seine Zugangskarte muss Braun sofort abgeben, ebenso die seiner Frau, die ohne klares Aufgabengebiet immer noch Wirecard-Angestellte ist, obwohl sie im Konzern schon seit längerer Zeit nicht mehr gesichtet wurde. Auch Brauns Fahrer, gleichzeitig sein Leibwächter, wird mit sofortiger Wirkung vom Dienst freigestellt; nachdem er glaubhaft machen kann, nicht Teil eines Komplotts gewesen zu sein, ist er schnell wieder zurück. Zudem ist der Bedarf an Sicherheitsleuten nie so groß wie in den folgenden Tagen, als sich die Wut der geprellten Aktionäre in Aschheim auch in körperlicher Aggression entladen wird.

Als der Compliance-Chef Brauns Utensilien bei dem Mann am Firmenempfang im Erdgeschoss abliefert, bittet er ihn, umgehend den Gebäudezugang für Markus Braun zu sperren. Der Hüter der Pforte widersetzt sich zunächst: »Kann ich das schriftlich haben? Das ist unser CEO.«

»Gerne, er ist nicht mehr unser Chef.«

Damit in dem Chaos alles seine Richtigkeit hat, bestätigt der Compliance-Chef das hinterher dem Kollegen an der Pforte in einer Mail. Nachfolger als Vorstandsvorsitzender wird noch in derselben Sekunde James Freis, der damit eine Blitzkarriere hinlegt, wie sie in einem DAX-Konzern wahrscheinlich noch nie vorgekommen ist: vom Wohnungssuchenden in München zum Vorstandschef, und das in vierundzwanzig Stunden. Der selbstbewusste Amerikaner bezieht umgehend Brauns Büro, dessen Sachen werden in Umzugkartons gepackt.

Um 15.41 Uhr meldet sich Braun von unterwegs per Twitter, auf Englisch. In dem Tweet beschwört er die Stärke von Wirecard (und damit seines Lebenswerks): Die Firma habe »exzellente Mitarbeiter, ein starkes Geschäftsmodell, eine herausstechende Technologie und reichlich Ressourcen für eine großartige Zukunft.« Der Aktienkurs verliert noch mal 30 Prozent an diesem Tag, die Aktie notiert bei Börsenschluss um die 25 Euro. Es dauert noch drei weitere Tage, als Wirecard am Montag, den 22. Juni, morgens um 2.48 Uhr einräumt, dass die Milliardenguthaben auf den Philippinen »mit überwiegender Wahrscheinlichkeit nicht bestehen«. Gegen Braun und Marsalek wird am Morgen Haftbefehl erlassen. Braun reist am Montagmittag von Wien nach München und stellt sich abends der Polizei. Am nächsten Tag, Dienstag, 23. Juni, kommt er gegen fünf Millionen Euro Kaution vorübergehend wieder frei. Am Donnerstag, den 25. Juni 2020 um 10.28 Uhr, meldet Wirecard AG ad hoc: Wir sind pleite.

»Auch andere hätten die Hinweise sehen können.«

James Freis, Chef in der Endphase von Wirecard, spricht über die konfusen letzten Tage im Konzern.

Herr Freis, Sie wurden im Juni 2020 über Nacht Chef von Wirecard, der letzte in der Firmenhistorie. Wie kam es dazu?

Ich sollte am 1. Juli Vorstand werden, zuständig für ein neugeschaffenes Ressort, verantwortlich für Integrität, Recht und Compliance, mich also vor allem um die lizensierten Finanzdienstleistungen der Wirecard-Gruppe kümmern. Der Aufsichtsrat hatte eine Erweiterung des Vorstands wie auch eine Neuregelung der Vorstandszuständigkeiten beschlossen, das wurde auch als eine teilweise Entmachtung der bisherigen Vorstände gewertet, inklusive Markus Braun.

Am 18. Juni waren Sie in München unterwegs, um eine Wohnung zu suchen. Zu dem Zeitpunkt wurde klar, dass bei den Banken auf den Philippinen kein Geld von Wirecard liegt. Hatten Sie in dem Moment eine Ahnung, was Sie erwartet?

Nein. Diese Information war nicht öffentlich, ich hatte keinerlei Insiderkenntnisse, der Aufsichtsrat war vor meinem Amtsantritt da sehr korrekt.

Ihr Amtsantritt hat sich dann rapide beschleunigt an jenem historischen Donnerstag.

Ja, ich hatte gerade die erste Wohnungsbesichtigung absolviert, lief am Ufer der Isar entlang, als mich, so gegen halb elf, das Sekretariat des Aufsichtsrats anrief und fragte, ob ich schon in München bin. Es gebe etwas zu besprechen. So bin ich ins Taxi gestiegen, angezogen, wie ich war – mit roten Sneakers und kurzärmligem Hemd –, und bin zum Aufsichtsrat gefahren.

Raus nach Aschheim in die Konzernzentrale?

Nein, in eine Anwaltskanzlei, wo sich die Aufsichtsräte getroffen haben. Die haben gefragt, ob ich sofort anfangen könnte, nicht erst am 1. Juli wie geplant. Der Aufsichtsrat war im Krisenmodus, angeblich seit zwei Tagen schon.

Wie war Ihr Eindruck von der Stimmung?

Es ging konfus zu.

War den Aufsichtsräten bewusst, dass da gerade ein gigantischer Schwindel auffliegt?

Am 18. Juni, kurz bevor ich ankam, veröffentlichte Wirecard eine Mitteilung, dass die Gesellschaft im Austausch mit den Treuhändern war, und alle waren mit den Banken um eine Aufklärung bemüht. Man erwartete in diesen Stunden noch, dass die Wirtschaftsprüfer die Bilanzen bald testieren sollten. Eine Mitarbeiterin von Jan Marsalek sagte mir: »In meinem Herzen bin ich überzeugt, dass dieses Geld da ist.« Eine Idee war daher, dass Jan Marsalek und ich nach Manila fliegen, um den Sachstand zu klären; eventuell mit weiteren Mitarbeitern. Ich habe gleich per Handy nach Flugverbindungen geschaut, aber da war wegen der Covid-19-Reisebeschränkungen nicht mehr viel zu machen. Es wurde sogar erwogen, einen Privatjet zu mieten.

Sie wollten einen Privatjet chartern?

Für Wirecard war das angeblich nichts Ungewöhnliches, Marsalek und Braun waren häufig in Privatjets unterwegs.

Marsalek wurde an dem Nachmittag noch beurlaubt.

Richtig. Ich habe ihn kurz danach getroffen, das erste und einzige Mal. Jan Marsalek war nicht aufgeregt, absolut ruhig. Ich habe es so verstanden, dass er dem Aufsichtsrat versprochen hat, während der Beurlaubung erreichbar zu bleiben.

An dem Abend erklärte Braun in einem Video mit dem gesamten Vorstand, dass Wirecard womöglich Opfer eines Betruges erheblichen Ausmaßes wurde. Wer hatte die Idee zu diesem gespenstischen Auftritt?

Es war die allgemeine Meinung, dass Braun ein Statement abgeben sollte, so kurz wie möglich, zusammen mit der Bekanntgabe meiner Ad-hoc-Ernennung.

Das wirkte sehr eigenartig. Alle sehr angespannt, alle in Dunkel, nur Sie trugen ein buntes Sakko.

Das Sakko gehörte mir gar nicht. Ich war ja in Sneakers unterwegs an dem Tag. Kurz vor der Aufzeichnung bot mir ein Mitarbeiter an, schnell die Kleidung zu tauschen. Das Sakko war mir dann auch etwas zu eng.

Statt nach Manila zu fliegen, sind Sie dann irgendwann ins Hotelzimmer.

Ich wurde mit Laptop, Dienst-iPhone und Unterlagen ausgestattet, bin ins Hotel und habe versucht, das Konstrukt zu durchschauen, habe die Verträge mit den sogenannten Drittpartnern und die Treuhandkonten geprüft und mir die Homepages der Banken auf den Philippinen angeschaut. Nach kurzer Zeit war mir klar: Hier liegt Betrug vor.

Durch einfaches Googeln?

Ich habe die frei zugänglichen Geschäftsberichte der Banken in Manila aufgerufen, in den Bilanzen tauchen die Summen in Drittwährungen auf, also inklusive Euro. Und da haben beide

Banken für ihre gesamte Kundschaft weltweit am 31. Dezember 2019 viel weniger Guthaben ausgewiesen als die zwei Milliarden Euro, die Wirecard angeblich dort liegen hatte. Damit war klar: Das kann nicht sein. Da stimmt was nicht.

Wenn Sie den Betrug so schnell entdeckt haben, warum hat ihn vorher niemand bemerkt?

Das wundert mich auch. Von einem Aufsichtsratsmitglied kann man nicht erwarten, dass er sich durch die Bilanzen der philippinischen Banken wühlt. Aber die Wirtschaftsprüfer müssen wissen, wie Unternehmen Konten im Ausland führen. Das ist im Prinzip analog zu einem unplausiblen Konstrukt bei der Sparkasse um die Ecke: Wenn die Sparkasse eine Bilanzsumme von einer halben Milliarde ausweist, kann dort niemand ein Sparguthaben von einer Milliarde liegen haben. Das ist dann ausgeschlossen, völlig egal, was man versucht, als Kontobestätigungen vorzulegen.

Hätte der mutmaßliche Betrug auch intern erkannt werden können?

Andere Personen hätten Hinweise auf den Betrug sehen und Alarm schlagen können. Ich befürchtete, dass einige Leute mit Scheuklappen gearbeitet haben.

Wie hat der Aufsichtsrat reagiert, als Sie ihm das am nächsten Morgen berichtet haben?

Ich habe dem Aufsichtsrat dargelegt, dass Wirecard eben nicht möglicherweise Opfer eines Betruges ist, wie am Abend vorher von Markus Braun im Video dargestellt. Ich war mir sicher: Das gesamte Konstrukt war nicht plausibel. Dann musste ich den Raum verlassen. Der Aufsichtsrat hat angeblich mit Markus Braun telefoniert, dann teilte er mir mit, dass Braun den Konzern verlässt, und bat mich, sein Nachfolger zu werden.

Sie wurden CEO, nach nur einem Tag. Was ging Ihnen da durch den Kopf?

Zum Überlegen gab es keine Zeit, es war Krise, es war ein Notfall. Ich habe eine sogenannte Einzelberechtigung vorgeschlagen.

Warum war Ihnen das wichtig?

Üblicherweise kann ein Unternehmen nur mit zwei Unterschriften Verträge schließen, bindende Beschlüsse fassen. Laut der Satzung der Wirecard AG, die ich gerade durchlas, braucht sogar ein Vorstand eine Entscheidung seines Aufsichtsrats für eine Einzelberechtigung. Angesichts der Umstände war mir nicht klar, wer sonst in irgendeinen Konflikt geraten könnte, und ich musste die Befugnis haben, um Entscheidungen zu treffen und durchzusetzen.

Was war Ihre erste Amtshandlung?

Ich bin am Freitagnachmittag mit den Vorständen Alexander von Knoop und Susanne Steidl das Organigramm durchgegangen, habe mir erklären lassen, wer was macht, wer worauf Zugriff hat, und habe dann entschieden, wie wir die Kompetenzen neu verteilen und wer direkt beurlaubt wird.

Ohne mit den Betreffenden vorher zu sprechen?

Dazu war keine Zeit. Erster Ansatz muss sein, mögliche laufende Risiken zu mindern. Danach kann man sich die Zeit nehmen, um aufzuklären.

Was hat Sie am meisten überrascht oder schockiert in den nächsten Wochen?

Um eine globale Gruppe zu führen, braucht man umfangreichere Prozesse und Strukturen als beispielsweise bei einem Start-up. Im Vergleich zu anderen DAX-Konzernen kam es mir bei der Wirecard auf der Ebene der Muttergesellschaft unprofessionell vor. Wenn ich um Einsicht in Vorstandsprotokolle gebeten habe, hat man mich mit großen Augen angeschaut: So was haben wir nicht. Und dann hat mich schockiert, dass das gesamte Geschäft, wenn man das sogenannte Drittpartnergeschäft rausgerechnet hat, unter dem Strich Verluste gemacht hat. Aus öffentlichen Quellen war dieses nicht zu erkennen.

Wann wurde Ihnen das klar?

Gleich an dem Wochenende. Schnell wurde deutlich: Da werden Woche für Woche mehr als 10 Millionen Euro verbrannt. 50 Millionen im Monat.

Das ganze Geschäft – alles nur Fake?

Nein, eher umgekehrt. Es gab viel echtes Geschäft, die meisten Mitarbeiter haben ehrliche Geschäfte abgewickelt – in Deutschland wie auch in den weltweiten Tochtergesellschaften. Aber alles, was nach Abzug des Drittpartnergeschäftes blieb, war defizitär. Diese Tatsache alleine muss nicht unbedingt ein Problem sein – viele, insbesondere Tech-Unternehmen, schreiben rote Zahlen in ihren Wachstumsjahren, wenn sie in die Expansion eines skalierbaren Geschäftsmodells investieren. Aber hier herrscht das Bild eines hochprofitablen Konzerns vor, und dieser Eindruck war maßgeblich für die Kapitalmärkte und für die kreditgebenden Banken. Die Geldinstitute sagten zwar, nimm dir Zeit, wir geben dir drei Monate oder bis zum Jahresende. Die wollten nicht als die Buhmänner dastehen, die Wirecard in die Insolvenz geschickt haben.

Warum haben Sie die Gelegenheit nicht ergriffen? Stattdessen meldete Wirecard schon eine Woche später Insolvenz an.

Weil ich die Gesamtumstände bewerten musste – nicht nur finanziell und kommerziell, sondern auch mit der Rufschädigung, dass das Vorzeigeunternehmen Wirecard sich als Skandalkonzern entpuppt hatte. Wie ich den Mitarbeitern mehrmals mitgeteilt habe, gab es keinen guten Weg, wir mussten aber den besten unter diesen Umständen finden, und das hieß, unter den Schirm eines ordentlichen Insolvenzverfahrens zu gehen.

Haben Sie daran gedacht, den Job hinzuwerfen?

Nein, ich erfülle immer meine Pflichten. Ich nahm meine Verantwortlichkeit für die Fortführung der globalen Tochtergesellschaften ernst, und die Unterstützung des vorläufigen Insolvenzverfahrens wie auch der Staatsanwaltschaften bei der Aufklärungsarbeit.

Erinnern Sie sich an Ihren letzten Tag nach den drei Monaten?

Es war ein Freitag, Mitte September. Mit dem richterlichen Beschluss zur Eröffnung des Insolvenzverfahrens kümmerte ich mich um eine ordentliche Übergabe, trotz der Umstände. Ich habe die letzte meiner regelmäßigen E-Mails an die weltweite Mitarbeiterschaft verschickt, zusammen mit meinen letzten Ratschlägen und einem Dankeswort. Am Wochenende bin ich in die USA zurückgeflogen.

Was bleibt aus der Zeit in München?

Nicht viel. Ich habe nichts gesehen von der Stadt. Ich habe am Anfang zwanzig Stunden am Tag gearbeitet und den ganzen Sommer durch jedes Wochenende.

Party, Party, Party – gemeinsam feiern, gemeinsam untergehen

Meine Rolex, deine Rolex

Im Nachhinein liest sich manche Geschichte, die zu Wirecard veröffentlicht wird, wie die reinste Räuberpistole, von einer Bande finsterer Gesellen (und Gesellinnen), die alle mehr oder minder am großen Fake mitwirken, sich bereichern und die ganzen Trottel da draußen verhöhnen. Dieses Bild empört viele Wirecard-Mitarbeiter, die sich nichts haben zuschulden kommen lassen und in Aschheim die besten Jahre ihres Berufslebens verbracht haben. Schließlich geht es all die Jahre immer steil nach oben: mehr Umsatz, mehr Gewinn, mehr Personal. Monat für Monat Dutzende neue Gesichter. Die Firma ist jung und unkonventionell, als Arbeitgeber deshalb attraktiv. »Work hard, party hard«, wie es in der Start-up-Szene heißt. Das Motto zieht.

Wir treffen zum Beispiel einen Banker, der von den steifen Sitten in seinem Traditionshaus die Nase voll hatte, noch dazu in einer Branche, die den großartigen Zeiten hinterhertrauert und vor sich hin schrumpft, während bei den Fintechs die Musik spielt. Deshalb heuert der Mann 2015 bei der Wirecard Bank an. Gewiss, hier spürt er eine gewisse Unprofessionalität, verglichen mit seinem früheren Arbeitgeber, dafür erlebt er auch kurze Wege, flache Hierarchien »und eine Rolex-Dichte wie in keinem anderen Unternehmen. Die Kollegen sind mit Wirecard-Aktien reich geworden und haben das gezeigt.«

Erst mal besteht das Vermögen nur auf dem Papier, aber immerhin, die Mitarbeiter scheuen sich nicht, ihren Reichtum zu zeigen. Die Belegschaft ist gleichzeitig eine Gemeinschaft von Aktionären: Die Leute glauben an ihre Firma, investieren deshalb ihre privaten Ersparnisse in Anteile. Das schweißt zusammen. Der Erfolg der Firma ist ihr Erfolg. Sie kämpfen zusammen, gegen die böse Presse, die fiesen Shortseller, die angloamerikanischen Neider. Und sie feiern zusammen, ausgiebig. Sommerfest, Weihnachtsfest, gemeinsamer Oktoberfest-Besuch, mit anschließender Rikscha-Wettfahrt zum Nachtclub P1. Die Pärchendichte in Aschheim ist so hoch wie wahrscheinlich in kaum einem anderen DAX-Konzern. Liebe im Büro ist hier nicht verpönt, im Gegenteil, es knistert auf allen Ebenen – und manch ein Wirecard-Powerpaar fühlt sich zu besonders hoher Loyalität verpflichtet, was sich im Zweifel als Vorteil für die Betrüger erweist.

Man ist stolz auf das Erreichte, kann es aufnehmen mit der Welt da draußen. »Toll, dass ich für so ein Unternehmen arbeiten kann«, das sei das prägende Gefühl gewesen, berichten langjährige Mitarbeiter. »Wirecard war mein Leben«, sagt etwa Projektmanager Patrick Tappe, der zunächst zehn Jahre als Freiberufler für den Konzern gearbeitet hat, die letzten fünf Jahre dann als Festangestellter. »Es war eine so großartige Zeit, wir waren ein irre gutes Team, wir hatten immer nur Erfolg, Erfolg, Erfolg.« Vorneweg marschiert ein Visionär und Antreiber, der sie glauben lässt: Morgen fliegen wir zum Mond. Das Wachstum kennt keine Grenzen, so oder so ähnlich tönt der Vorstandsvorsitzende Markus Braun in seinen Reden. Das Bargeld stirbt aus. Wirecard wird das Zentrum des neuen finanziellen Ökosystems. So geht die Propaganda. Die Mitarbeiter glauben sie – zumindest in den guten Zeiten – gerne. Schließlich bekommen sie es so oder ähnlich auch täglich gespiegelt, draußen bei den Kunden, den Freunden oder den Nachbarn, die ebenso vernarrt sind in die Wirecard-Aktie: Hier marschiert der technische Fortschritt. Wer will da nicht dabei sein, wenigstens einen Krümel vom Kuchen erhaschen?

Der Konzern tut alles dafür, diesen Eindruck in der Öffentlichkeit zu verstärken. Alles, was sich auch nur halbwegs als Erfolg verkaufen lässt, wird in Pressemitteilungen rausgeballert. Neue Kunden, neue Partner, neue Projekte. Am liebsten würde Vorstandschef Markus Braun täglich nachlegen, seine Erfolgsgeschichte befeuern. Meilenstein auf Meilenstein. Und immer im modischen Tech-Vokabular verpackt, so penetrant, bis es selbst den euphorischsten Fans zu den Ohren herauskommt. Technologie und Wachstum. Wachstum und Technologie. Darum dreht sich alles. Nichts anderes verkündet Braun, ohne Rücksicht auf Anlass oder Publikum, ob Investorenkonferenz oder Sommerfest – Wachstum und Fortschritt, Fortschritt und Wachstum. »Zum Glück waren die Reden meist kurz«, sagt ein IT-Mitarbeiter, dem die Gabe zur glühenden Gefolgschaft abgeht. Was in den Zeiten des Erfolgs als »visionär« gefeiert wird, wirkt heute nur noch abgestanden und schal. In Wirecards ausdauernder Boom-Phase dagegen ist es verpönt nachzuhaken, was aus den angeblich so sensationellen Kooperationen tatsächlich wird und wie viel sie an Gewinn abwerfen. Wer so fragt, disqualifiziert sich als Kleingeist. Dabei schwant manchem durchaus, dass die Projekte gelegentlich kaum das Papier wert sind, auf dem sie per Pressemitteilung gefeiert werden: Wenn es dem Aktienkurs hilft, wer mag da meckern, den Ruf der Firma besudeln?

»Die Kunden haben uns die Türen eingerannt, ich war so unglaublich stolz«, erzählt Projektmanager Tappe. »Ich hatte eine Laptoptasche mit großem Schriftzug Wirecard drauf, die habe ich immer ganz stolz neben mich gestellt, am Flughafen und so.« Nicht selten klopfte ihm anerkennend jemand auf die Schulter: »Ihr seid super bei Wirecard, danke.« Die Laptoptasche benutzt er noch, aber das Logo dreht er mittlerweile nach unten. »Damit es bloß keiner sieht.«

Alle sind sie stolz auf diese Wirecard, perfekt fügt sich der aufstrebende Konzern in das typisch Münchner Mia-san-mia-Gefühl, der Gewissheit, dass die Besten und Schönsten sich hier ansiedeln; sei es im Fußball mit dem FC Bayern, in der Politik mit der nicht minder kraftstrotzenden CSU oder in der Wirtschaft. In den Ranglisten, welche Stadt die wertvollsten deutschen Konzerne ausweist, steht München traditionell an der Spitze: Hauptstadt der DAX-Konzerne darf sich niemand sonst nennen. Allianz und BMW sind hier beheimatet, ebenso wie die Münchner Rück und Siemens, Infineon oder MTU. Und jetzt noch frisches Blut mit Wirecard. Das bringt Arbeitsplätze, Wohlstand, Gewerbesteuer.

Die Mitarbeiter genießen, dass sie mehr Freiheiten haben als anderswo, dass immer Geld da ist für revolutionäre Ideen (ein intelligentes Bezahlsystem für die Moskauer Metro, eine Kreditkarte für Putin, eine für soziales Shoppen für Facebook). Und wenn Berliner Start-ups ihnen mit internationalem Flair kommen, kontern sie mit Ausflugsbildern ihrer Multikulti-Truppe aus den bayrischen Bergen. Da IT-Leute immer rar sind, zumal im Großraum München mit den vielen namhaften Arbeitgebern, werden die Angestellten entsprechend gehätschelt, viele direkt im Ausland angeworben, aus sämtlichen Staaten der EU und aller Herren Länder. Inder, Russen, fast alle Nationen sind vertreten. Englisch wird da automatisch zur Geschäftssprache. Das kosmopolitische Flair ist noch so ein Aspekt, der viele an Wirecard fasziniert. In internen Chat-Gruppen feuern sie sich gegenseitig an, preisen die Gewinne mit ihren Aktien und lästern über die Ignoranten und Neider, die ihnen den Erfolg nicht gönnen; all die Shortseller und die vermaledeite Journaille. »Wir haben uns daran gewöhnt, dachten, die haben sich halt auf uns eingeschossen.« Da hilft es nur, noch enger zusammenzurücken. »I stick to Wirecard«, schreiben sie an solchen Tagen ins Intranet und versprechen großspurig, Aktien nachzukaufen: Jetzt erst recht!

Die Loyalität ist hoch, den Mitarbeitern wird etwas geboten, beginnend mit Kleinigkeiten: dem Schokonikolaus auf dem Schreibtisch zu Nikolaus, das Wiesn-Herz aus Lebkuchen zum Oktoberfest. »Wir fühlten uns wertgeschätzt«, sagt einer. »Nicht an jedem einzelnen Tag, aber insgesamt schon: Wirecard war ein guter Arbeitgeber.« Auch wenn die Zentrale in einer Gewerbewüste steht, »draußen vor der großen Stadt«, wie die *Spider Murphy Gang* einst gesungen hat. Doch auch das sollte sich bessern. Es ist noch im Sommer 2020 geplant, also kurz vor der Pleite, mit dem Hauptquartier in einen Neubau umzuziehen. Ein Campus soll in Aschheim entstehen, nicht weit entfernt von der bisherigen Betriebsstätte. Feinkost Käfer, der Stamm-Caterer der Firmenfeiern, soll dort mit einem Casino einziehen. Die Idee dafür haben sie aus dem Silicon Valley, abgeguckt vom Vorbild Google. Das ist die Liga, in der sie gedanklich spielen, noch im Jahr der Insolvenz. »Wem kannst du mehr vertrauen als einem Unternehmen, das in den DAX aufsteigt und sich nach außen so großartig gibt, wie sie es gemacht haben?«, fragt Michael Käfer, der mit Wirecard ein »Flaggschiff« an moderner Kantine plant. Dazu soll es nicht mehr kommen. Heute ist Michael Käfer froh, dass seine Rechnungen noch rechtzeitig überwiesen worden sind. Wirecard sei ein »wunderbarer Kunde« gewesen, erzählt der Edelgastronom, der die Firmenfeiern ausrichtet. Die dafür ausgesuchten hippen Locations entschädigen für das triste Aschheim, man feiert im *Heart*-Club am Lenbachplatz, auf der Trabrennbahn in Daglfing oder auch mal in den Eisbach-Studios. Geboten wird kein steif vorgesetztes Essen, stattdessen gibt es Stehtische, Bars, Fast-Food-Stände, dazu Musik. »Man spürte auf den Partys: Das ist eine Erfolgsgeschichte, die Mitarbeiter sind motiviert, ihnen wurde sehr geschickt ein gutes Gefühl vermittelt«, berichtet Käfer, der im Laufe seiner Karriere einen ganz eigenen Indikator für das Wohlfühlgefühl in Unternehmen entwickelt hat: Wie viele der vorab gemeldeten Gäste erscheinen tatsächlich zur Weihnachtsfeier? Bei Wirecard liegt die Quote bei nahezu 100 Prozent.

Wie gesagt, die Loyalität ist hoch. Offenbar zu hoch. Von »Korpsgeist« sprechen die Staatsanwälte, wenn sie referieren, warum der Betrug so lange nicht aufgeflogen ist. Gewiss, es formieren sich intern Zweifler, wenn sich Projekte mit erstklassigen Klienten als weniger goldig herausstellen, als nach außen verkündet. Diese Diskrepanz sehen alle, die Augen dafür haben und einen tieferen Einblick in die Bücher. Klingt alles schön und gut – aber wie verdienen wir mit dem Projekt Geld? Das müssen wir nicht, wird diesen internen Kritikern beschieden, erst mal geht es darum, Aufträge an Land zu ziehen. Umsatz und Gewinn kommen doch aus Asien. Alles andere sind Investitionen in künftiges Wachstum und in unseren guten Ruf. Allianz? Super für die Reputation. Aldi? Super für die Reputation. Und so geht es gerade weiter, die Firma ist nun mal sehr »Sales-orientiert«, eine Vertriebstruppe eben. In manchen Fällen, wie etwa bei Aldi, berichten Eingeweihte sogar, dass Wirecard noch Geld beigesteuert habe, damit sie ihre Dienste für den Discounter erbringen durften. Hauptsache, sie konnten den prominenten Namen auf die Kundenliste setzen. »Aldi-Leute haben es mir gegenüber so dargestellt, dass sie an dem Deal richtig Geld verdient haben«, sagt ein ehemaliger Wirecard-Manager. Und ja, natürlich stellen sich noch anstößigere Auffälligkeiten ein, wundert sich der ein oder andere, ob das alles so hundertprozentig seriös ist bei Wirecard, wenn ein neuer Kunde aus Russland – vermittelt von Jan Marsalek persönlich – gleich beim ersten Anruf wissen möchte, ob er die geforderte Gebühr von 150.000 Euro im Koffer und in bar nach München bringen kann. »Dass hier nicht alles lupenrein sauber ist, das war jedem ein bisschen klar«, sagt ein Techniker. »Ein bisschen Geldwäsche für irgendwelche russische Glückspielbutzen, okay. Aber dass es dann so ausgeartet ist, das hat uns alle überrascht.«

Der organisierte Dilettantismus

Mit dem Erwachsenwerden ist es so eine Sache, das gilt für Menschen wie für Unternehmen. Wirecard ist dafür ein beredtes Beispiel. Wie oft in jungen Firmen, auch in jenen, die es auf ehrlichem Wege nach oben schaffen, hält der Aufbau von Strukturen und Kompetenzen mit dem Wachstum nicht Schritt. »Wir hatten zuletzt überall Leute sitzen, die ihrer Aufgabe nicht mehr gewachsen waren«, sagte eine Führungskraft aus der zweiten Ebene. Mit ähnlichen Worten entschuldigen im Nachhinein manche den Betrug, andere erklären ihn mit der desaströsen Personalpolitik, die erst dazu geführt habe. Der Befund jedoch fällt einhellig aus: »Wirecard war nicht DAX-reif.«

Verantwortlich dafür ist, natürlich, nicht der Pförtner am Empfang, sondern die Leute oben in der vierten Etage, der Vorstand, allen voran Markus Braun. Die Frage ist nur, wie viele der Fehlentwicklungen geschahen mutwillig, um noch Schlimmeres zu verdecken, und wie viel davon resultiert aus Unfähigkeit beziehungsweise Arroganz. Verbürgt ist, dass Braun Mittelmaß nur schwer ertragen konnte, und die Definition, was darunterfällt, zog er sehr weit. Selbst nach eigenem Empfinden ausgestattet mit einem beachtlichen Intelligenzquotienten, leidet er all die Jahre wie ein Hund, wenn er sich mit bornierten Krämerseelen herumplagen muss.

Ein Effizienzprogramm, um die Kosten zu drücken und die Organisation auf Vordermann zu bringen? Geh, schleich di!, so sinngemäß die Reaktion des Vorstandsvorsitzenden auf einen solch einfältigen Beratervorschlag. »Nicht sexy«, waren seine Worte, so etwas würden nur verkrustete Altkonzerne machen. »Wir wollen doch kein Siemens werden« – diese Losung wird dem langjährigen Finanzvorstand Burkhard Ley zugeschrieben, als es darum ging, ein ordnungsgemäßes Controlling einzuführen. Noch so eine Marotte fantasieloser Buchhalter in verstaubten Beamtenstuben. Der Preis für diese Haltung ist der Triumph des Dilettantismus, der bewahrt sich bis zum bitteren Ende. Noch im Jahr des DAX-Aufstiegs gibt es keine Protokolle über Vorstandssitzungen, es existiert nicht mal ein richtiges Organigramm, wer wo hingehört und wie der Konzern mit seinen vielen Tochtergesellschaften zu führen ist. »Da war alles Kraut und Rüben«, sagt ein Manager. Das Geld wird mit vollen Händen rausgeworfen. »Wir haben mal für Softwarelösungen fünf Millionen rausgehauen, obwohl keiner so was wirklich haben wollte, und die Software wurde am Ende nicht mal installiert«, sagt ein ehemaliger IT-Mann. »Hier wurde sinnlos Geld verballert.« Und immer schön freihändig aus der Hüfte geschossen, schließlich mag man es als Start-up unkonventionell.

So hält sich aus den Anfangstagen eine »hemdsärmelige Kumpeltour«, wie ein früher Berater aus leidvoller Erfahrung berichtet: »Es hieß immer, bei uns zählt der Handschlag und so. Verträge sind was für Loser, für Verlierer. Und hinterher konnten sie sich dann nicht mehr an die Abmachungen erinnern.«

Er habe für alle seine Dienste nie ein Honorar erhalten: »Ich habe viel für die getan und bin nie dafür bezahlt worden. Den Fehler macht man nur einmal.« Das hatte allerdings auch ein Gutes – den Mann musste niemand vor Wirecard-Aktien warnen: »Ich habe allen, die gefragt haben, davon abgeraten.«

Dieses Glück hat nicht jeder, wie der Berliner Gründer B., der sich auf Wirecard eingelassen und dafür mit einem »siebenstelligen Betrag« bezahlt hat – nicht mit dem Kauf von Aktien, sondern durch den Verkauf seines Start-ups an Wirecard – der letzte große Deal, bevor der Skandal aufgeflogen ist. Im März 2020 unterzeichnet B. den Kaufvertrag, für den er einen zweistelligen Millionenbetrag erhalten soll. Seine Firma wurde 2012 in Berlin gegründet und steht in Aschheim hoch im Kurs: Der Neuerwerb soll Grundlage für ein Werbenetzwerk werden. B. soll Wirecard in die Lage versetzen, in dem Bereich mit Google und Facebook zu konkurrieren. Dazu wird es nicht mehr kommen, Gründer B. aber, der als Manager mit nach Aschheim wechselt, erlebt die letzten Tage des DAX-Konzerns in der Höhle des Löwen mit – und ist entsetzt von den Zuständen dort, dem herrschenden Chaos, dem Managementversagen. »Ich war sehr schnell für sechzig, siebzig Leute verantwortlich, und da fiel mir immer mehr auf, wie unorganisiert dieser Laden ist. Also, es wurde nichts schriftlich festgehalten«, erzählt er. Normalerweise tritt der Abstoßeffekt in entgegengesetzte Richtung ein: Wechselt jemand aus der Start-up-Welt zu einem DAX-Konzern, stößt er sich an dem bürokratischen Korsett, den vielen Vorschriften. B. ergeht es genau umgekehrt: »Ich war immer derjenige, der im Meeting gesagt hat: Also, Leute, wir müssen das festhalten. So funktioniert das nicht. So kann man nicht arbeiten.« Es gibt keine Memoranden, Protokolle oder irgendetwas Schriftliches, alles erschöpft sich in zwei, drei Powerpoint-Slides und dem Gedankenschnipsel von irgendjemandem, vielleicht in einer E-Mail: »Ich konnte das nicht begreifen, so viel Chaos intern.«

Und dann der Wirrwarr in der IT-Architektur: ein einziges Durcheinander, ein System mit achtundzwanzig verschiedenen Servern, zusammengehalten von Klebeband. »Das war für mich eine komplett dysfunktionale Organisation, mit völlig unfähigem Management am Werk, das diese Organisation kaputtgebaut hat.«

Die Schuld gibt er nicht den einzelnen Mitarbeitern, an denen lag es nicht. »Die einzelnen Personen waren leistungsfähig, und die haben auch die Technik verstanden, die wussten, was sie da konstruieren mussten«, berichtet B. »Das waren alle sehr gute Leute.« Das sehe man auch daran, dass diese Experten später, nach dem Zusammenbruch, gute Jobs gefunden hätten. Das Problem, so schildert es der Gründer B., war die miese beziehungsweise nicht vorhandene Organisation. Er benutzt dazu ein Bild aus dem Fußball: »Das ist so, als würde man Topfußballer auf den Platz stellen, wo jeder einzelne super ist, aber niemand bekäme eine Position zugewiesen. So lief das da.« Bleibt nur die Frage, ob so viel Inkompetenz in der Führung auf Unvermögen beruht oder ob dahinter nicht Absicht steckt: »Wenn es tatsächlich der Plan Marsaleks war, die Organisation so aufzubauen, dass sie nur mit sich beschäftigt ist, dann war das genial.« Dann war der Dilettantismus eine perfide konstruierte Fassade, ein IT-System so verworren zu organisieren, dass die Betrügereien nicht aufliegen konnten. »Im Prinzip war gar kein Datenstrom nachvollziehbar, weil das ja auf achtundzwanzig Servern lief, das Ganze überhaupt nicht integriert war.«

Die Strukturen waren jedenfalls »völlig intransparent«, die Zuständigkeit von Mitarbeitern und Abteilungen »willkürlich weltweit verteilt«, schreibt Insolvenzverwalter Jaffé in seinem bitterbösen Bericht an die Gläubiger. Als Beispiel nennt er eine neuseeländische Gesellschaft, die mit einem IT-Team in ihrer Niederlassung in Athen Dienstleistungen erbrachte, die sich »im Wesentlichen als unnötig« herausstellten. Ein Desaster. Auch der Insolvenzverwalter schwankt in seinem Urteil nur, ob das Ganze unbewusst oder absichtlich angerichtet wurde, ob dabei eher Unfähigkeit oder eher kriminelle Energie am Werk war. Dies ist eine Frage, die Gerichte zu entscheiden haben.

Was sicher mit Absicht geschah, war die Etablierung einer Parallelorganisation innerhalb des Konzerns, die »Black Box« von Jan Marsalek rund um das betrügerische Geschäft mit angeblichen Drittpartnern. Mittäter (und Beschuldigte) sind die »Geheimentwickler von Marsalek«, ein sagenumwobener Trupp innerhalb des Konzerns, abgeschottet von den restlichen Angestellten. Diese Gruppe braucht man, damit nicht auffällt, dass »kein nennenswertes« Geschäft (O-Ton Insolvenzverwalter Jaffé) an den Stellen anfällt, wo angebliche Millionenumsätze generiert werden. Dass folgerichtig auch keine Gewinne daraus entstehen, sich kein Schatz auf Treuhandkonten ansammelt.

Denn wo Geschäft gemacht wird, da entstehen Daten, die kann ein Zahlungsabwickler auch vorlegen. Zumindest einmal im Quartal, in konsolidierter Weise. Zuständig dafür ist im Fall von Wirecard jener Oliver B. in Dubai, der Mann für die Drittpartner in Asien. Der packt die angeblichen Erlöse in hübsche Excel-Tabellen, in der Summe, nie runtergebrochen auf einzelne Transaktionen oder gar einzelne Kunden. Wird ihm diese Intransparenz vorgehalten, versteckt er sich hinter den Drittpartnern: »Mehr geben die uns nicht heraus, da können wir nichts machen.«

Die Vorständin, die offiziell für Technik, IT und Daten verantwortlich ist, hat sich damit abzufinden, Susanne Steidl hat keinen Zugriff auf Oliver B., so wenig wie auf Marsaleks parallele IT-Organisation. An der Spitze dieser Programmierertruppe steht ein Inder namens Manoj S., der sich schon bei jenem fabelhaften Indien-Deal bewährt hat, als Wirecard eine kleine Firma namens Hermes zu einem Mondpreis gekauft hat.

Jener Manoj S. arbeitete dort im Rang eines Direktors, offenbar ist er ein Mann des Vertrauens für Jan Marsalek, der ihn nach Bayern holt. Der Inder programmiert in München, zieht nach Toronto, zwischendurch lebt er eine Zeitlang in Indien. Das Heimweh zur Familie treibt ihn angeblich zurück nach Kanada, dort wuselt er bis zum Schluss vor sich hin, und immer streng abgeschirmt von der eigentlichen IT in der Zentrale, dem Bereich von Vorständin Steidl. Ihre Systeme laufen über Jahre parallel, das ist Steidl ein Dorn im Auge. Sie will es ändern und nimmt sich vor, die EDV zusammenzuführen. »Elastic Engine« nennt sie ihr großes Projekt, ein einziges einheitliches Ganzes soll so entstehen, in dem die achtundzwanzig Server zusammengeführt werden; ganz transparent, ganz global für den gesamten Konzern, die Sonderrolle von Oliver B. und seinen ominösen Drittpartnern ausmerzend.

Nur kommt immer etwas dazwischen, wen wundert's, wie alle Bemühungen um mehr Transparenz und Redlichkeit bleibt auch dieser Vorstoß stecken. Jan Marsaleks digitales Nebenreich wird nicht angetastet, sein Mann in Toronto nicht mit der regulären IT verwoben. Und das, obwohl sich Susanne Steidl im Vorstand dafür einsetzt und die interne Compliance-Abteilung sich deswegen sogar an den Aufsichtsrat wendet: Nichts zu machen, sie haben keine Chance gegen die Übermacht des Markus Braun. Jan Marsalek genießt Narrenfreiheit.

Es scheitern alle Versuche, Marsaleks spezielle IT-Truppe in den regulären Betrieb zu integrieren. Das fängt schon damit an, dass dieser Manoj S. nicht leicht zu erreichen ist, schon gar nicht für die externen Wirtschaftsprüfer, die irgendwann auf den Trichter kommen, dass da etwas nicht stimmt mit dem

Asien-Konstrukt. Manoj S., dieser extrem gestresste, überarbeitete Programmierer, hat nun mal so gut wie nie Zeit für Fragen der Prüfer, leider, leider, und dummerweise weiß auch sonst niemand Bescheid über die Transaktionen mit den Drittpartnern in Asien oder über die 200 Millionen Daten, die er nach Aschheim geschickt hat. Nun gut, einmal bekommen die Prüfer Manoj S. wenigstens an die Strippe, als sie im März 2020 in Manila unterwegs sind – und sich zu einer Telefonkonferenz mit Toronto zusammenschalten. Ein zweites Mal im Juni 2020, da bestehen die Prüfer auf einem virtuellen Meeting. Es gibt noch immer so viele ungeklärte Fragen, und der Auftritt des Computerspezialisten ist denkwürdig. Erst schafft er es nicht, sich einzuwählen. Dann röchelt und schnieft er der versammelten Mannschaft etwas vor. Bevor irgendwelche dringenden Fragen zu klären sind, muss er die Videokonferenz abbrechen, so schlecht geht es ihm. Irgendwie beschleicht einen das Gefühl, bei einem Konzern wie Siemens oder der Telekom wäre das anders abgelaufen. Da hätte sich im Zweifel ein kompetenter Kollege gefunden, womöglich sogar vor Ort in der Zentrale und nicht im fernen Toronto. Aber gut. Wirecard ist anders, wollte immer anders sein.

Sicher ist: Einen professionellen Plan zur Entwicklung von Führungskräften, wie er selbst in kleineren Betrieben entworfen wird, um frische Kräfte an mehr Verantwortung heranzuführen, das haben sie in Aschheim nie wirklich gehabt. Da wird niemand gezielt gefördert, um gegebenenfalls ein Vakuum ausfüllen zu können. Und diejenigen, die in Richtung Vorstand befördert werden, passen nicht unbedingt da hin.

Braun wie Marsalek haben eigene Prioritäten, wen sie ins Machtzentrum holen, im Zweifel willige oder zumindest leicht verführbare Vollstrecker ihrer Vorgaben. Kompetenz und eigener Kopf sind eher hinderlich, lästern altgediente Mitarbeiter noch heute. Neuankömmlinge von außen, noch dazu vielleicht mit Konzernerfahrung samt vorzeigbaren Erfolgen, bleiben auf den obersten Managementebenen eine Seltenheit. Man kocht sein eigenes Süppchen, viele der Führungskräfte kennen Wirecard schon seit den wilden Anfangszeiten.

Exemplarisch dafür sind die beiden Vorstände, die Braun und Marsalek neben sich installieren: IT-Frau Susanne Steidl und Finanzvorstand Alexander von Knoop, beide nach herrschender Meinung zumindest eine Stufe über ihrer Gewichtsklasse im Einsatz. »Menschlich umgänglich, professionell völlig überfordert«, so lautet das vernichtende Urteil über von Knoop, Platzhalter für den eigentlichen Entscheider, seinen Vorgänger Ley, interner Spitzname Knoops: der Eierlose. »Ich geh jetzt heim zum Duschen«, sagt er nach einer dieser hektischen Nachtsitzungen in der Endphase und verabschiedet sich gleich für den Rest des Tages, während alles zusammenbricht und die übrigen Teilnehmer nach einer kurzen Pause irgendwie zu retten versuchen, was zu retten ist. Verantwortungsgefühl und Führung sehen anders aus.

Klüger ist es eh, die Augen vor dem betrügerischen Gesamtkunstwerk zu verschließen und sich auf das eigene Gebiet zu beschränken, vor allem darauf bedacht, grobe Schnitzer zu vermeiden, da macht man sich zumindest die Hände nicht schmutzig. Ob das am Ende reicht, der Justiz zu entkommen? Bewahrt einen vorgeschützte oder tatsächliche Naivität? Unwissenheit schützt eigentlich nicht vor Strafe, das wird sich auch bei Susanne Steidl zeigen, der dritten Österreicherin im Vorstand, die ambitioniert die eigene Karriere vorantreibt, sich aber von den heißen Eisen gezielt fernhält.

Sie verantwortet die IT, die Daten für den ganzen Konzern, hat aber keinen Einblick in das, was strittig ist: die angeblichen Einnahmen in Asien, das daraus erwachsene Vermögen auf den

Treuhandkonten und alle damit zusammenhängenden Datenströme. Ihr werden zeitweise sogar Träume vom Aufstieg zur Braun-Nachfolgerin als Chefin eines DAX-Konzerns nachgesagt, den Alleinherrscher kümmert das nicht. Er befördert sie trotzdem in den Vorstand, Hauptsache kein Kandidat, keine Kandidatin von außen, Hauptsache niemand, der ihm wirklich gefährlich werden könnte. Wer mit Steidl näher zu tun hat, lobt sie heute noch als herzlich und warmherzig, »eine starke, sympathische Frau«, sagt einer, »nur leider ohne Ahnung von Softwareentwicklung«. Interessanterweise ist sie aber als Chief Technology Officer genau dafür zuständig. »Braun hat sie da reingesetzt, weil er eine Marionette brauchte«, so das weit verbreitete Urteil. »Sie haben sie auf dem Posten installiert, weil sie wussten, die durchblickt das nicht technisch, die wird keine Fragen stellen und im Zweifelsfall zu allem ja sagen, was wir vorschlagen.« Sie muckt nicht auf, zudem ist Steidl eine Frau, das bringt Pluspunkte in der Note für die Kür, das gefällt den Investoren.

Der Kater nach dem Rausch

Allen Verdächtigungen, allen Vorwürfen zum Trotz – die Mannschaft steht all die Jahre treu zu ihren Chefs, die Leute sind abgehärtet. Die huldvolle Haltung gegenüber den Anführern Braun und Marsalek ändert sich erst spät, bei manchen nie.

Irgendwann in jenem Frühsommer der Wahrheit, man schreibt das Jahr 2020, wird Markus Braun nur schwer zu ertragen für all jene, die klar und nüchtern auf die Welt blicken, die sehen, was sich da zusammenbraut – und wie hilflos der Vorstandschef reagiert. Mit dem immergleichen Palaver, dem Technikgeschwafel, den Ausflüchten. Äußerlich unbeeindruckt, angestrengt bemüht, den Anschein selbstherrlicher Unfehlbarkeit so lange wie möglich aufrechtzuerhalten. Dieses Visionäre, dem Alltag Enthobene haben die Wirecard-Mitarbeiter an ihm all die Jahre bewundert, sie haben ihm die unternehmerische Kraft abgenommen. Nun sind sie zusehends genervt von dem Großmannsgetue.

Wie er noch in den letzten Stunden davon schwadroniert, dass sich alles rasch aufkläre, dass er den Präsidenten der Philippinen und wer weiß wen noch alles anrufe, um damit die fehlenden zwei Milliarden Euro aufzustöbern. Aus dieser Haltung spricht die Chuzpe eines Mannes, der er sich über Jahre unangreifbar fühlt. Nach dem Motto: Wenn ich etwas nur tausendmal vorsage, dann es ist es auch so.

Gewiss, es gibt die Tausendprozentigen, unerschütterlich im Glauben, selbst als die Banken auf den Philippinen die Hiobsbotschaft übermitteln und das Testat nicht bewilligt wird – was einem Todesurteil gleichkommt. Die internen Informationen vom Management runter in die Mannschaft versiegen von da an, es bleibt nur die Gerüchteküche. Selbst in dieser Gemengelage beteuert die engste Mitarbeiterin Marsaleks: Das Geld kommt noch. Kurz nach dessen Rauswurf wird auch sie freigestellt – schließlich ist nicht klar, wie tief sie in seine Machenschaften eingeweiht ist, ob sie Komplizin ist oder nicht. Noch in dem Moment, als sie Firmen-Laptop sowie Zugangskarte abgeben muss, beteuert sie: »Für den Jan lege ich meine Hand ins Feuer.«

Als die Insolvenz besiegelt ist, keine Woche nach dem großen Knall, sind die Leute fassungslos über das Ende, über die Geschwindigkeit des Absturzes. »Von Hero to Zero in einer Woche«, sagt ein leitender Angestellter, »innerhalb einer Woche ist unsere Welt auf den Kopf gestellt worden.« Sie waren doch so erfolgreich, haben die Finanzwelt revolutioniert, sind gewachsen und gewachsen, haben ständig Leute eingestellt. Noch am Tag des Zusammenbruchs meldet das interne Jobportal an die zweihundert unbesetzte Stellen. Als sie vom Aus erfahren, greift die Schockstarre um sich. »Schockstarre« bleibt für Wochen das meistbenutzte Wort, wenn die Mitarbeiter ihre Gefühle beschreiben. Panik und Tränen brechen sich Bahn, Verzweiflung und Hoffnungslosigkeit. »Land unter«, sagt einer. Es wird viel geheult, bis hoch in den Vorstandstrakt.

Doch es kommt noch ärger. Mitarbeiter versuchen, am Tag des großen Knalls, dem 18. Juni, den vierten Stock zu stürmen, um den Verantwortlichen an die Gurgel zu gehen. Lynchstimmung macht sich breit in der Belegschaft, schließlich haben viele der Mitarbeiter innerhalb weniger Stunden schrecklich viel Geld verloren. Sicherheitsleute verrammeln deshalb die Feuerschutztüren zum Treppenhaus. Alle schreien durcheinander, Vorstandsfrau Susanne Steidl flüchtet verzweifelt ins Büro, weint die ganze Zeit. Sie klagt über Morddrohungen aufgebrachter Aktionäre, über das verlorene Privatvermögen und die Angst, nie wieder einen Job zu bekommen. »Das waren schlimme Szenen«, erinnert sich ein Augenzeuge.

Die Vorstände stehen in dieser Extremsituation unter enormem Druck, eventuelle Haftungsklagen vor Augen und ganz konkrete Morddrohungen im Ohr; ihre Furcht geht so weit, dass sie Personenschützer anfordern, die ihnen nicht mehr von der Seite weichen. »Einzelne Vorstände wollten Räume mit geöffneten Fenstern nicht mehr betreten, weil sie Sorge vor einem Anschlag hatten«, heißt es dazu später in einem vertraulichen Bericht des Insolvenzverwalters. Die Leiter der jeweiligen Geschäftsbereiche absolvieren am Tag der Pleite noch einen letzten Call mit ihren Untergebenen: »Lasst euren Laptop hier, geht nach Hause, bringt euren Lebenslauf in Ordnung, sucht euch was Neues, helft euch gegenseitig.« Mehr Trost können auch sie nicht spenden, wo sollte er auch herkommen? »Danach stand die halbe Firma heulend auf dem Gang«, erinnert sich ein IT-Manager. »Wir haben uns heulend gegenseitig in den Armen gehalten«, berichtet eine weibliche Führungskraft. Die Reaktion der Belegschaft reicht »von Enttäuschung und Fassungslosigkeit bis hin zur Wut auf die Verantwortlichen«. Der Zorn zielt in erster Linie auf Braun und Marsalek, der Frust ist grenzenlos: »Wir müssen ausbaden, was die angerichtet haben.« Es sind keine Einzelfälle, die das Duo in einen Knast nach Nowosibirsk wünschen. Oder Schlimmeres.

An jenem 18. Juni 2020, als auffliegt, dass auf den Konten in Manila keine Milliarden liegen, startet Braun mit funkelndem Optimismus in den Morgen. »Heute wird alles gut«, begrüßt er seine Mitarbeiter. »Ende des Jahres stehen wir bei 250, wenn wir Glück haben, vielleicht schon Ende nächster Woche.« Vierundzwanzig Stunden später verliert er seinen Job, wird mit sofortiger Wirkung freigestellt, hat keinen Zugang mehr auf E-Mails, telefoniert aber seine in der Firma verbliebenen Vertrauten ab, dass er die Sache schon kläre, das Geld ausfindig mache und dann zurückkomme. »Wir müssen das Geld suchen«, sagt er noch Tage später.

»Das war's noch nicht«, verabschiedete sich Uli Hoeneß einst von seinen Fans, ehe er ins Gefängnis einrückte als verurteilter Steuerhinterzieher, wegen einer Lappalie, verglichen mit dem Milliardenbetrug in Aschheim. Braun ergeht sich in wüsten Verwünschungen nach seinem Rauswurf, schwört Rache gegen die dafür Verantwortlichen. »Ich mache die alle platt«, kündigt er im Gespräch mit befreundeten Investoren an, jemand müsste ihm nur das Geld besorgen, dann würde er Wirecard wieder unter seine Kontrolle bringen. »Ich übernehme die Bude, ich mache die alle platt, die werden schon sehen, dass ich mir die

Firma nicht wegnehmen lasse.« An den Aufsichtsratsvorsitzenden Thomas Eichelmann, der ihn nur zwei Tage zuvor rausgeworfen hat, schreibt er am Abend des 21. Juni 2020: *Ich glaube, ich könnte aus meinem Netzwerk kurzfristig 2 Mrd. plus 1 bis 2 Mrd. für die Finanzierung zusammenstellen.* Dazu bekommt er keine Gelegenheit mehr, die Staatsanwälte sind schneller und nehmen ihn tags drauf in U-Haft, in der Konzernzentrale ward er nicht mehr gesehen. Hier regiert kurz darauf der Insolvenzverwalter.

Von einer »Lähmung in der Organisation« spricht der dazu bestellte Anwalt Michael Jaffé, als er die Wirecard-Ruinen zum ersten Mal in Augenschein nimmt. Zu Recht. Die Leute sind zermürbt, es hat ihnen den Boden unter den Füßen weggezogen. Etliche haben nicht nur den Job, sondern Hab und Gut verloren, weil sie an die Aktien der Firma geglaubt haben. Gerade jene, die direkt dem Vorstand zugearbeitet haben, sich in einem tiefen gegenseitigen Vertrauensverhältnis wähnten, entpuppen sich als die gläubigsten Wirecard-Aktionäre. Sie verlieren alles. Die Ernte eines ganzen Arbeitslebens, ihre Altersvorsorge, alles weg. »Ich habe daran geglaubt, ich bin mit Tempo 200 gegen die Wand gefahren«, sagt eine Frau aus dem Führungszirkel und ringt dabei mit den Tränen. Noch Monate später sacken Mitarbeiter in sich zusammen, wenn die Rede auf diesen Moment kommt. Mehr noch als der Totalverlust, sagt einer, schmerze ihn die »menschliche Schiene«, die Kaltblütigkeit einer Person wie Markus Braun: »Wie kann er einfach ein komplett anderer Mensch sein, alle um sich herum fallen lassen? Mit der Haltung: Interessiert mich nicht.«

Doch der Zorn auf die Betrüger wabert durch die gesamte Republik, am Tag nach der Meldung über die Insolvenz dringt ein Kleinaktionär ins Gebäude ein, will den Vorständen ans Leder. Danach postiert sich tagelang Security vor dem Eingang in die Zentrale, auch wenn dort nichts mehr zu holen ist. Die Manager sind auf der Flucht oder im Knast, das letzte Gefecht ist geschlagen – und verloren, aber wenigstens ist der Kampf vorbei, trösten sich manche, zermürbt von den Monaten mit nächtlichen Notsitzungen und ständiger Wochenendarbeit, dem ewigen Hin und Her in ihrem Kopf, wie das alles zu erklären sei. Diese Fragen sind nun ein für alle Mal geklärt, und manche sind gar erleichtert, berichtet ein Prokurist: »Nach der Nachricht von der Insolvenz bin ich direkt nach Hause gefahren und habe im Garten Rollrasen verlegt.«

Der Sturz des Alleinherrschers: »Wirecard bin ich«

Die Geschichte von Wirecard ist die Geschichte von Markus Braun, auch wenn der Österreicher – wie gesehen – nicht von Anfang an dabei war. Sein Credo ist stets: »Ich bin Wirecard.«

Bei allen Unschärfen in dem Skandal, bei allen noch ungeklärten Fragen, diese Einschätzung bestätigen alle Beteiligten, die einfachen Angestellten wie die Damen und Herren aus dem Aufsichtsrat, die – sofern es ihr Mut zuließ – ihm genau dies ankreideten: Diese Allmachtsfantasie, die der Vorstandsvorsitzende an den Tag legt. Ein Mann mit starkem Ego, von Beginn an getrieben von dem starken Bedürfnis, reich zu werden – und vor allem von dem »unbändigen Wunsch, bedeutend zu sein«, wie es ein langjähriger Weggefährte ausdrückt. Ein »DCR-Syndrom« diagnostiziert ein anderer ehemaliger Kollege aus der Wirecard-Spitze: DCR steht für *desperately crying for relevance*. Diese verzweifelte Sehnsucht nach Bedeutsamkeit zieht sich durch seine Reden und öffentlichen Auftritte, wenn er Quark verzapft wie diesen: »Es ist meine Grundüberzeugung, dass man am Ende des Tages, on the long run, so etwas braucht wie ein Business-Modell. Das Business-Modell ist the value add, der Mehrwert.« Selbst Corona dient Braun, dem visionären Weltenerklärer und Hobbyphilosophen, als Anlass für spirituelle Ergüsse. So philosophiert er fortan in seinen Vorträgen, ob Massentests eine Lösung seien, was Antikörpertests bringen und wie Wirtschaft und Gesellschaft zueinander stehen: »Das wird ja oft ideologisch gegeneinander ausgespielt, Mensch versus Wirtschaft«, sinniert er auf einer virtuellen Podiumsdiskussion im Frühjahr 2020. »Letztlich ist das ein Kreislauf … Die Asymptoten laufen zusammen. Wir müssen das ganzheitlich sehen … Ganz schnell muss jetzt Hilfe ankommen bei den Unternehmen, nicht nur in Form von Almosen … Wir werden es (Corona) verdauen. Durchstehen. Durch Schwung ins Digitale gestärkt hervorgehen.«

So schwadroniert der Wirtschaftsinformatiker über Pandemie und Ökonomie, Leben und Tod: Corona »kann auch Auswirkungen auf die durchschnittliche Lebenserwartung haben, also irgendwann kann es zu menschlichen Zusatzthemen kommen«. Normalsterbliche würden sagen: Menschen werden an Corona sterben.

Brauns oberste Priorität allerdings ist das Geld, regelrecht fixiert ist er auf den Aktienkurs. Schon in jungen Jahren strebt er ganz offenkundig danach, schnell zu Ruhm, Vermögen und Statussymbolen zu kommen, möglichst schnell nah ran an die Kaiserloge auf dem Wiener Opernball, »darum geht's in der Wiener Gesellschaft«, belehrt er in späteren Jahren einen Untergebenen. Er hätte auch sagen können: Darum geht's im Leben. Zumindest in meinem Leben. Ich bin der Chef. Und ich habe alles Recht der Welt, es auch zu zeigen. Am einfachsten gelingt dies mit Äußerlichkeiten. Etwa mit der Marotte, andere auf sich warten zu lassen. Lieber nimmt er noch einen Umweg oder lässt den Fahrer die schwarze Maybach-Limousine erst um die Ecke parken und harrt mit ihm eine Viertelstunde im Wagen aus, als pünktlich oder gar zu früh zu einem Termin zu erscheinen: Der wahrlich Mächtige lässt auf sich warten. Ein beliebter Trick, speziell unter Autokraten vom Schlage Putins oder Trumps. Zu Terminen erscheint der Wirecard-Chef also aus

Prinzip zu spät, auch gegenüber Leuten von Rang. Selbst gestandenen Konzernchefs wird so vorgeführt, wie wichtig und beschäftigt dieser Visionär doch ist. Und wenn Markus Braun ins Wiener Kanzleramt eingeladen ist, dann muss eben auch ein Regierungschef wie Sebastian Kurz lernen, wen er da vor sich hat.

Umso bitterer, wenn ihm in diesem albernen Wettstreit der Alphatiere dann jemand die Grenzen aufzeigt, ihn pünktlich wieder rausschickt oder ein Gespräch gar früher abbricht (»Termine, Termine«), da wird Braun stinksauer. Wehe, jemand empfängt ihn nicht mit dem aus seiner Sicht gebotenen Respekt, dann schwillt die Halsschlagader. Für die Insignien der Macht hat er ein feines Gespür, von jeher. Schon in jungen Jahren in die Führungsebene aufgestiegen, fährt der noch junge Manager Braun einen sehr großen BMW, dessen Lack er regelmäßig zerkratzt, »weil er nicht einparken kann«, so berichtet ein Lästermaul. Armani, Eton-Hemden sowie Dolce & Gabbana sind später die Marken seiner Wahl zur sozialen Distinktion. Es behagt ihm obendrein sehr, als »Milliardär« tituliert zu werden, für seine sieben Prozent Anteile an Wirecard, das enthebt ihn von der gewöhnlichen Klasse der Großverdiener im Management. Sollen die für ihre Millionengehälter vom gemeinen Volk beneidet werden, er bewegt sich in ganz anderen Sphären. Doch wie kam er dazu, der Lehrersohn aus Wien?

75 bis 80 Millionen Euro hat es Braun nach eigenen Angaben gekostet, seine sieben Prozent der Wirecard-Anteile zu kaufen, die ihn zeitweise dazu ermächtigen, den Titel Milliardär zu führen. Woher er das Startkapital hat, bleibt schleierhaft. Ganz sicher hat er es sich nicht mit Studentenjobs verdient, auch nicht als promovierter Unternehmensberater, der er anfangs war, nicht mal das Millionengehalt eines Vorstands reicht aus, um in so kurzer Zeit an so viel Geld zu kommen. Woher also

stammen die Millionen? Markus Braun verweigert dazu jede Auskunft, er habe sehr früh sehr gut investiert, habe mit Aktien einen Volltreffer gelandet, so erzählt er es an den amüsanteren Tagen. Mit welcher Aktie? Und wie genau? Dazu schweigt er all die Jahre, nennt es »Privatsache«. Ein andermal ist von den vermögenden Eltern die Rede, die aber als Quell des Riesenvermögens als Angestellte, selbst bei gutem Salär, unwahrscheinlich sind; hinzu kommt, dass sich die Eltern getrennt haben und die Mutter die beiden Kinder über weite Strecken allein aufgezogen hat. Und so landet man bei seinen Überlegungen doch genau dort, wo Braun sie unter allen Umständen verscheuchen möchte: bei seinen frühen Geldgebern und Förderern, all den dubiosen Gestalten und Investoren, mit denen er es im Porno- und Glücksspielbereich zu tun hatte.

Wie dem auch sei, Braun empfindet sich allem Anschein nach nicht als angestellter Chef von Wirecard, sondern als Eigentümer des Ladens, was zu sieben Prozent ja auch stimmt, zu 93 Prozent aber nicht. Das ist ein Unterschied und lenkt den Blick auf das Grundproblem dieser Konstellation: Für gewöhnlich wird ein Manager von Eigentümern aus dem Aufsichtsrat heraus kontrolliert. Nicht aber, wenn er selbst der größte Aktionär ist und er in das Kontrollorgan ihm genehme Leute setzt, die er jederzeit spüren lässt: »Wirecard bin ich.«

Halten es seine Helden im Silicon Valley nicht ähnlich? Welcher Aufsichtsrat könnte zum Beispiel einen Mark Zuckerberg stoppen? Eben. Mit dem Unterschied, dass Zuckerberg Facebook selbst gegründet, damit die Welt erobert und die Firma an die Börse gebracht hat, ohne sich als Angestellter einzelne Anteile zusammenzukaufen. Zudem sind amerikanische Unternehmen mit ihrem »Board« komplett anders organisiert, die Gewaltenteilung im angelsächsischen Wirtschaftsraum ist etwas anderes als im deutschen Aktienrecht. Der Respekt davor ist begrenzt, Braun lässt wenig gelten außer sich selbst. Wie wenig, das demonstriert er mit seinem ersten Auftritt vor dem Untersuchungsausschuss des Bundestages im November 2020. Er könne kein Versagen bei Politik, Prüfern und Behörden erkennen, hebt er an, bevor er von seinem Aussageverweigerungsrecht Gebrauch macht. Allein sein Geburtsdatum nennt er sowie seine neue Adresse, »die JVA in Augsburg«. Ansonsten keine Antwort. Dutzende Male. Die Parlamentarier sind düpiert, irgendwann stinksauer. Selbst auf die Frage, ob er eine Tochter oder einen Doktortitel habe, schweigt Braun, als besitze er auch hier eine Machtfülle wie einst in seinem Unternehmen. »Wenn es wirklich heikel war, hat niemand einen Schritt gemacht, ohne dass Braun involviert war«, sagt ein Urgestein in der Zentrale. Schwer vorstellbar, dass ein langjähriger CEO wie er »von einem Betrug dieses Ausmaßes nichts mitbekommen haben könnte«, bestätigt James Freis, sein kurzzeitiger Nachfolger in Aschheim. In der Zentrale konzentriert Braun alle Befugnisse auf sich, von Anfang an tritt er sehr dominant auf, lange bevor Wirecard-Aktien überhaupt an der Börse gehandelt werden. Ein Vorfall aus der Frühzeit ist dafür exemplarisch.

Als dringend eine Software entwickelt werden muss, so schildert es ein Beteiligter, schließt Braun die Informatiker (inklusive seines späteren Vorstandskollegen Jan Marsalek) in ihrem Stockwerk ein. »So, ihr kommt hier nicht raus, bevor das fertig ist«, waren angeblich seine Worte. Dann bringt er den IT-Leuten Pizza, die arbeiten, was das Zeug hält, mehrere Tage am Stück, bis die Sache schließlich läuft. Wie gesagt, eine Anekdote aus der Start-up-Zeit.

Was sich nicht ändert, ist Brauns Dünnhäutigkeit. Kritik, Widerspruch gar, ist verpönt, das nimmt er persönlich. Ebenso Zweifel am Geschäftsgebaren, denn im Zweifel ist er das Opfer und die anderen die Bösen. In der Endphase von Wirecard, als auch der Chef zusehends nervöser wird, beschwert er sich gegenüber Vertrauten über die kränkelnde Stimmung im Unternehmen. Defätismus sei das Letzte, das er zu dulden gedenke. »Wer nicht glaubt, dass der Kurs am Jahresende bei vierhundert Euro steht, den schmeiße ich raus«, soll Markus Braun gezetert haben.

Ein Visionär wie er lässt sich nicht erschüttern, die Sterne sind das Ziel. Er werde den Börsenwert vervierfachen, das Geschäftsvolumen verdreißigfachen, tönt Markus Braun 2018, dem Jahr des DAX-Aufstiegs. Wirecard habe »sicherlich« das Potenzial, einen Marktwert jenseits der 100 Milliarden zu erringen. Eine Verzehnfachung des Kurses – von 200 Euro auf 2000? Warum denn nicht, so Braun: »Unser Ziel ist, das größte DAX-Unternehmen zu werden.« Im Nachhinein stellt sich nur die Frage: Warum hat das Publikum da nicht laut gelacht? Wäre die Diagnose Größenwahn nicht spätestens jetzt angezeigt gewesen?

Aber nein, die Investoren hängen an Brauns Lippen, der Mann bietet ihnen was, wie gesagt, er ist fixiert auf den Aktienkurs. »Wir müssen teurer werden, damit uns keiner übernehmen kann«, feuert er seine Leute an. Den Wert an der Börse, darauf richtet er sein ganzes Tun aus, jede Woche mindestens zwei positive Nachrichten sollen seine Leute rausblasen, zweitrangig mit wie viel Substanz. Neue Partner, neue Projekte – davon kann die Welt nicht genug bekommen. Und wenn seine Zuarbeiter arg bescheiden sind, wenn sie das Volumen künftiger Transaktionen zurückhalten – man könnte auch sagen: seriös beziffern –, legt der Chef mitunter persönlich Hand an, streicht die Zahl durch, korrigiert sie nach oben, legt freihändig eine Million drauf, wie ein langjähriger Mitarbeiter berichtet: »Allen war klar, dass das so nicht stimmt und auch niemals funktionieren kann, aber wenn der Chef das will ...« Nach oben korrigieren, das tun doch alle. Die einen ein bisschen, Wirecard ein bisschen mehr, Hauptsache, an der Börse wird neue Fantasie für den Kurs entfacht, die Algorithmen, die den Takt heute bestimmen, bekommen neues Futter. Denn mit den Märkten kennt Doktor Braun, der IT-Nerd, sich aus: Es sind nicht mehr Menschen aus Fleisch und Blut, die über das Auf und Ab der Kurse entscheiden. Die schreienden Händler im Börsensaal sind längst ausgestorben, das sogenannte Parkett ist nicht viel mehr als Folklore. Computerprogramme lesen blitzschnell Nachrichten aus, definieren Anlagestrategien und wickeln den Handel ab. Viele dieser Algorithmen agieren unabhängig von fundamentalen Geschäftsdaten: Je mehr positive News sie entdecken, desto besser für den Kurs. Braun glaubt an die Macht der Algorithmen, das ist sein Metier. Aus Zahlungsdaten, so tönt er, lässt sich dank der Algorithmen das Verhalten der Menschen vorhersagen, das müssen sich Händler und Hoteliers zunutze machen, predigt er, ungeahnte Möglichkeiten witternd für Wirecard, den Konzern, der diese Daten ermittelt.

An der Börse haben die Programme bereits die Macht übernommen, gerade Profiinvestoren wie Hedgefonds verlassen sich gerne auf die Computer. Im Xetra-System der Deutschen Börse kommen bis zu zwei Drittel des Handelsvolumens über Algorithmen zustande. Die lassen sich austricksen, wenn sie nur mit genügend wohlklingenden Nachrichten gefüttert werden. Danach sieht zumindest Brauns Strategie aus, daher auch die fast panische Furcht vor schlechten Nachrichten. Denn die Algorithmen folgen immer dem Trend, verstärken die Kursausschläge nach oben wie nach unten. So schnell sie die Aktie nach oben treiben, so rapide treiben sie sie nach unten. Das darf in der Welt des Markus Braun schlicht nicht passieren.

Selbst in Corona-Zeiten, als die meisten Konzerne ihre Zahlen nach unten korrigieren, toleriert der Wirecard-Chef keine

Abkehr von seiner steilen Wachstumskurve. Ende Februar, am 26., um genau zu sein, steht Wirecard als größter DAX-Verlierer da – weil die Konkurrenz und Kreditkartenanbieter schlechte Zahlen vermelden, weil das Tourismusgeschäft brachliegt, die Fluggesellschaften ihre Flotten am Boden halten. Das darf nicht sein. Das ist schlecht für den Algorithmus. Braun sieht rot, also vermeldet Wirecard flugs: »Keine negativen Auswirkungen auf das Geschäftsjahr« durch Corona, »kein negativer Einfluss auf uns als Finanzinfrastrukturdienst« und überhaupt: Alles super dank Asien. Magengrummeln haben die Kollegen, die das rausgeben müssen, durchaus. Aber es geht immer nach oben, egal, wie die Zahlen zustande kommen, auch wenn die Welt drum herum zusammenbricht. »Wir sind seit 2005 an der Börse. Wir wachsen im Schnitt um 30 Prozent. Jedes Jahr. Wir sind eine sehr erfolgreiche Aktie.« O-Ton Markus Braun.

Die bloße Irreführung des Publikums ist mitunter wohl mit einkalkuliert, obwohl jeder weiß: Marktmanipulation, so ist der juristische Begriff dafür, ist strafbar und kann mit bis zu zehn Jahren Gefängnis geahndet werden. Braun geht darüber hinweg, scheint seine Grenze zu kennen, obschon es an Warnungen nicht fehlt, beispielsweise von den Sonderprüfern von KPMG. Als sich deren Urteilsverkündung wegen der vielen Unklarheiten zieht und zieht, erweckt Braun permanent den Eindruck des Gegenteils: Alles in Butter, alles bestens, bis den KPMG-Leuten schließlich der Kragen platzt, bis sie ihn schriftlich ermahnen, nicht weiter zu lügen (sie drücken es vornehmer aus).

Doch selbst dann hält er an seinem Kurs fest. So verschickt Braun am 22. April 2020 abends um 21.03 Uhr eine jubelnde Ad-hoc-Meldung (»Belege für die öffentlich erhobenen Vorwürfe der Bilanzmanipulation wurden nicht gefunden«), eine Mail von KPMG-Mann Sven-Olaf Leitz eiskalt ignorierend, in dem der Prüfer Braun explizit vor der Herausgabe der Nachricht warnt. Was der Wirecard-Chef zu verbreiten gedenke, »entspricht nicht unserer Wahrnehmung der tatsächlichen Gegebenheiten«. Volkstümlich ausgedrückt: Hör endlich auf zu lügen! Die Masche aber zieht, die Fans an der Börse sind entzückt. »Wenn bis jetzt NICHTS gefunden wurde, dann wird wohl wahrscheinlich nichts mehr kommen«, kommentiert ein aufgekratzter Finanz-Newsletter. Kaufen, kaufen, kaufen! Einmal mehr treibt Braun den Aktienkurs nach oben. Und das ist es doch, was zählt, auch wenn diese Einstellung eines Tages direkt in den Knast führen sollte.

Realität und Selbstwahrnehmung sind nun mal zwei verschiedene Dinge. Die Stimmung in den Nachtsitzungen im Frühjahr 2020, als es bedrohlich eng wird, erinnert externe Berater an die letzten Tage im Führerbunker. Mit soldatischem Grimm geht es in der Endphase zur Sache, »es gab da so ein militärisches Ethos auf der Vorstandsebene«, berichtet ein Manager aus der Chefetage. Als das Gebälk schon über ihren Häuptern zusammenkracht, rennen Leute über die Flure, einer von Marsaleks Knechten aus der Finanzabteilung brüllt etwas von einer letzten Schlacht: »Wer desertiert, wird erschossen.« So berichtet es ein Augenzeuge: »Das war filmreif, sehr skurril das Ganze.«

Ein Markus Braun denkt nicht an Kapitulation. Wie zum Trotz kauft er Ende Mai 2020, keine vier Wochen vor der Pleite, noch mal Wirecard-Aktien für 2,5 Millionen Euro. Seine privaten Geschäfte sind, anders als bei Jan Marsalek, halbwegs transparent. Seine MB Beteiligungsgesellschaft hat lange Jahre den identischen Firmensitz wie die Wirecard AG, nämlich Einsteinring 35 in Aschheim, was einiges über das Selbstverständnis Brauns verrät. Dieses Denken erklärt auch, dass er nichts dabei findet, sich für private Zwecke Geld von der Firma zu borgen. Dass die Regularien andere sind, dass Darlehen der Wirecard-Bank an Vorstände vom Aufsichtsrat vorher genehmigt werden müssen, all das schert ihn nicht, Jan Marsalek noch weniger. Über seine private GmbH hält Braun diverse Immobilien, investiert in symbolhafte Firmen der Münchner High Society, steckt Geld in den *Heart*-Club. Zudem steigt er als Mehrheitseigner in das kleine, edle Modelabel holy ghost ein, das sich nach einem Rechtsstreit 2018 in Mykke Hofmann umbenennt, ein Herzenswunsch der Frau.

Vertraute für solche Deals ist nach übereinstimmender Darstellung aus Brauns Umgebung seine Schwester Marlies, eine promovierte Anwältin, die für ihn teils die Verhandlungen mit privaten Geschäftspartnern und Geldgebern führt, wie etliche Mails belegen, die dem Untersuchungsausschuss vorliegen. »Sie ist tiefer verstrickt in sein Firmennetzwerk als seine Frau«, bestätigt ein Wirecard-Urgestein. »M«, wie sich die Schwester in der Korrespondenz mit Markus Braun nennt, schickt die Pflichtmeldungen für die Finanzaufsicht, wenn er seine Wirecard-Anteile aufstockt, sie sondiert interessante Immobilien, verhandelt mit Kunsthändlern über den Erwerb von Werken im Wert von mehreren hunderttausend Euro, etwa dem Wiener Aktionskünstler Hermann Nitsch, einem der ob seiner Rohheit umstrittensten Künstler Österreichs. Die Investition der Brauns in dessen »Schüttbilder« rentieren sich, besser jedenfalls als die Wirecard-Aktien am Schluss.

Die Juristin Dr. Marlies Braun wirkt offiziell als Legal Counsel der MB Beteiligungsgesellschaft, in den Strafsachen heute kann sie ihm weniger helfen, ihre Schwerpunkte liegen im Finanzwesen. Juristen wie sie begleiten Investmentbanker und Finanzinvestoren, wenn sie in die Schlacht um Unternehmen ziehen. Nach ihrer Promotion in Wien (1998) war sie in London und New York tätig, arbeitete für renommierte Kanzleien wie

Freshfield Bruckhaus Deringer, Ende 2018 stellt sie die Wiener Wirtschaftskanzlei Binder Grösswang als Neuzugang vor. Daneben kümmert sie sich um das finanzielle Wohl ihres Bruders. Wenn der keine Zeit hat, delegiert er Deals an die Schwester, »sie wird das Thema treiben«, heißt es in einer seiner Mails an Geschäftspartner.

Marlies Braun zählt zu den wenigen Menschen, denen er wirklich vertraut, die er als Ratgeber akzeptiert. Im Konzern selbst lässt er sich von niemandem bremsen, der ganze Laden ist auf ihn zugeschnitten, im Zweifel setzt es harsche Befehle: »Ich bin der Inhaber und weise Sie an, das zu tun.« So rüde geht es zu, bis hoch in den Führungszirkel, erzählen Manager. Wer sich nicht unterordnen mag, kann gehen. Braun ist es, der die Ansagen macht, der die Leute dirigiert. Nicht gerade die modernste Art der Personalführung. Aber geht es im Silicon Valley, dem Tal aller Sehnsüchte, so viel anders, so viel humaner zu? Es klingt dort menschlicher, wohl wahr, wenn die Konzernchefs davon säuseln, wie sie die Welt verbessern. Intern entpuppen sich diese Reden schnell als das, was sie sind: modisches Geschwätz. Es herrscht ein genauso hierarchisches und strenges Regime wie in einem uralten Industriebetrieb, wenn nicht noch schlimmer. Von innerbetrieblicher Demokratie halten sie dort so wenig wie Markus Braun von einem Betriebsrat und offenen Diskussionen. Ein geschasster Wirecard-Geschäftsführer berichtet, wie er vom Oberboss angefahren wurde, als er es wagt, dessen Darstellung anzuzweifeln: »Was soll das, was erlaubst du dir?«, habe Braun gezürnt. »Die Zahlen sind fundiert, du hast das überhaupt nicht zu hinterfragen.« Gespräch beendet. Braun steht einfach auf, verlässt das Büro. Ein späterer Versuch, die Diskussion fortzuführen, noch mal über Änderungsvorschläge zu reden, scheitert. »Da hat Braun mich nur angeguckt, keinen Ton gesagt, ist aufgestanden, hat mir den

Rücken zugedreht und hat mich alleine in dem Raum sitzen lassen.« In dem Moment ahnt der Mann: Das wird nichts mehr. Den fälligen Rauswurf übernimmt ein Aufsichtsrat, »mit so was wollte Braun sich nicht belasten«.

Stilisiert Zögling Jan Marsalek sich mit seinem irren Lebensstil zum Agenten in geheimer Mission, so handhabt Braun sein Doppelleben diskreter. Nach außen gibt er sich zurückhaltend-bescheiden; »keine Yachten, keine Privatjets, keine rauschenden Partys«, umschmeichelt ihn die österreichische Zeitung *Die Presse*, Brauns verlogener Inszenierung auf den Leim gehend. Von den sündteuren Gelagen in Wiens feinsten Lokalen steht da nichts, so wenig wie von den Trips im Privatjet an die Côte d'Azur, der dortigen Villa (samt Pool versteht sich) oder dem Anwesen in Kitzbühel (samt Promi-Nähe – auch ganz wichtig).

Die bürgerliche Fassade mit Frau und Tochter in Wien ist werktags in München schnell vergessen. »Investorentermin« ist das Codewort, damit der innere Zirkel weiß: Der Chef ist nicht zu stören. Diese Termine in den gängigen Luxushotels bezahlt der Digitalprophet, der regelmäßig das Ende des Bargelds ausruft, ausnahmsweise in bar, deshalb steht davor der Gang zum Geldautomaten an.

Zu dem Personenkult um den Wirecard-Chef gehören, wie bei jedem Star, Groupies, willige Menschen, die sich von der Nähe zu ihrem Idol persönliche Vorteile versprechen. Als der Laden zusammenbricht, wird offen ausgesprochen, was vorher nur als Gerücht durch die Flure wabert: die diversen inoffiziellen Mentoring-Beziehungen des Chefs, nach der Insolvenz dringen die bis zu den Staatsanwältinnen vor, Mitarbeiter lästern über die zahlreichen Gespräche in Brauns Eckbüro, Meetings gab es dort viele.

»Ich weiß von mehreren Kolleginnen, die von ihm schwärmten«, berichtet etwa Monika, eine selbstbewusste Jungakademikerin, Anfang 30, die Psychologie und Informatik studiert hat. Im Rückblick erklärt sich so manche Karriere im Unternehmen – Personalpolitik nach Gutsherrenart, frei nach Markus Braun: »Wirecard bin ich.«

Geld, Macht und Sex: Das Doppelleben des Jan Marsalek

Im Schattenreich

Als das Lügengebäude in sich zusammenbricht, ist kaum noch was da von den schönen Wirecard-Milliarden. Auf mickrige 26 Millionen Euro Vermögen stößt Insolvenzverwalter Michael Jaffé in seiner Bestandsaufnahme, damit wird das Ausmaß des finanziellen Debakels offenkundig: Hier ist kaum etwas zu holen für Gläubiger und geprellte Aktionäre. Wo ist es also hin, das viele Geld? Gut, wenn es die 1,9 Milliarden Euro von den Treuhandkonten nie gegeben hat, können sie auch nicht verschwunden sein. Definitiv verloren sind die Gelder, die Banken und Investoren Wirecard geliehen haben, im Glauben an die geniale Story (»Tech made in Germany«), die gesamte Magie doch nur ein fauler Zauber. 3,2 Milliarden Euro fehlen, so bilanziert Jaffé. Dazu addiert sich das viele schöne Geld, das Anleger an der Börse verloren haben. Der Fokus der Geschädigten richtet sich nun auf das Privatvermögen der Entscheider von Wirecard. Was besitzen Markus Braun und Jan Marsalek an Autos, Häusern und Uhren? Wo liegen Bargeldbündel, Aktienpakete, Unternehmensanteile, und wie wird man ihrer habhaft?

Eine Spur führt zu einer Villa in München, Nobelstadtteil Bogenhausen, oberhalb der Isar. Hinter einer Mauer aus Efeu, nicht einsehbar, liegt das herrschaftliche Anwesen, das als »Villa von Jan Marsalek« zu Berühmtheit gelangt, gelegen in der Prinzregentenstraße 61, Toplage. Innen hohe Stuckdecken, knarzendes Parkett, im Treppenhaus ein moderner Fahrstuhl aus Glas. Für die Gästetoilette beauftragt Marsalek eine Kunsthändlerin, ihm Originalhandschriften aus dem 16. und 17. Jahrhundert zu besorgen – als Klolektüre. »So was fand er klasse«, berichtet ein Bekannter aus jenen Tagen. In diesem Gründerzeit-Ambiente hält der später untergetauchte Wirecard-Vorstand Marsalek über Jahre hinweg Hof, heckt mit dubiosen Gästen den Aufbau einer Söldnertruppe in Libyen aus, vernetzt junge Gründer mit betuchten Investoren.

Wie so oft in dem Skandalfall bleibt auch hier undurchschaubar, für wen und mit welcher Mission der Österreicher unterwegs ist – ob als Privatmann, für den DAX-Konzern Wirecard oder für russische Geheimdienste. Ebenfalls zweifelhaft: Woher kommen die dicken Geldbündel, die er stets bei sich trägt? Feudal geht es jedenfalls zu und geheimnistuerisch. An den Wänden lehnt oder hängt teure Kunst, auf dem Parkett stehen Trupps kleiner Terrakottasoldaten. Gegenüber einem Jungunternehmer, den er finanziert (und schwer beeindruckt), scherzt Marsalek, er wolle die Villa weiter umbauen, allmählich werde sie ihm zu klein. »Und dann wollte er die Adresse auch umbenennen«, erzählt der Besucher, »in Europaplatz 1. Prinzregentenstraße war Jan nicht gut genug«. Wobei der Platz sich gleich nebenan befindet, unter der Anschrift allerdings, schräg gegenüber der Villa, kommt man zur Schweizer Großbank UBS.

Der Gründer fragt den Gastgeber gleich beim ersten Besuch: »Stimmt eigentlich dein Lebenslauf?« Dieser sagenhafte Aufstieg zum DAX-Vorstand, alles ohne Schulabschluss, ohne Beruf, ohne Führerschein? Marsalek habe da nur gelacht: Den habe sich die PR-Abteilung ausgedacht, soll er ihm geantwortet haben. »Ich wusste bei ihm nie, was stimmte und was nicht«, sagt der Unternehmer heute. So ist inzwischen verbürgt, dass Marsalek in Wahrheit Auto fahren kann, er es aber bequemer und cooler findet, sich ständig mit dem Taxi chauffieren zu lassen. Der Österreicher liebt die Mehrdeutigkeit, ihn betreffende Legenden hält er gern am Laufen; wenn die einen meinen, er käme aus reichem Haus, andere hingegen behaupten, da gäbe es keine Familie – ihm soll es recht sein. Über Mutter und kleinen Bruder hat er gegenüber Kollegen nie gesprochen, wenn, dann kam die Rede auf den Vater.

»Ich denke heute, Jan steckt hinter dem ganzen Betrug, weil er nichts zu verlieren hatte«, sagt ein früherer Weggefährte. »Er hat alle Brücken abgerissen, kein Elternhaus, keine Heimat. Deshalb konnte er auch einfach sagen: Jetzt bin ich weg. Das kann doch sonst keiner.« Mit dem Prunk ist im Sommer 2020 Schluss, Marsalek wird seither mit internationalem Haftbefehl gesucht. Die Villa liegt von da an im Dornröschenschlaf hinter verschlossenen Toren, nur ein mal gestört von nächtlichen Einbrechern. Irgendwann im Herbst wird auch die Münchner Polizei vorstellig und trägt aus der Villa, was ihr wertvoll erscheint. Die Ermittler beschlagnahmen Möbel sowie Kunstwerke. Sie finden ein abhörsicheres Zimmer, oder zumindest den Versuch, ein solches herzustellen. Tests der Ermittler sollen ergeben haben, dass mit den nachträglichen Einbauten das Ziel allerdings verfehlt worden sei. Der offizielle Mieter, der Münchner Geschäftsmann und ehemaliger TUI-Manager Aleksander V., wandert kurzzeitig ebenfalls in Untersuchungshaft, gegen ihn wird wegen »Vermögensdelikten« ermittelt; die Investmentfirma IMS Capital Partners aus dem Dunstkreis Marsaleks, die in der Villa residiert, meldet Ende Oktober 2020 ebenfalls Insolvenz an. Sicher ist: Das Geld, das Aleks V. in das Unternehmen steckte, stammte nur zu einem geringen Teil von ihm. Laut

Eigenauskunft investierte seine IMS das Geld hochvermögender Privatpersonen in andere Firmen, die Millionen waren also vermutlich Spielgeld von Marsalek & Friends.

Die beiden Österreicher an der Wirecard-Spitze prahlen mit ihrem Reichtum, jeder auf seine eigene Art, Markus Braun allerdings dezenter als Marsalek. Dennoch lässt Braun jeden und jede spüren, dass er der einzige und wahre »Mr Wirecard« ist, dass ihm allein sieben Prozent an dem Konzern gehören, er somit zur Milliardärskaste zählt und kein anderer Großaktionär ihm das Wasser reichen kann. Obendrein vergisst er nicht, sein millionenschweres Investment in die Google-Holding Alphabet zu erwähnen, außerdem Immobilien in München, Wien sowie Kitzbühel.

Ganz anders, offensiver, demonstriert Jan Marsalek, der Autodidakt, seinen Reichtum: »Bei ihm hat es Champagner geregnet«, berichtet eine zeitweilige Begleiterin. Aktien am eigenen Unternehmen hält er dagegen so gut wie nie, auf die Frage nach dem Grund für die Enthaltsamkeit antwortet er für gewöhnlich schmunzelnd, er habe »kein Geld«. Dafür setzt er auf die Russen, steigt mit etlichen Millionen in den russischen Messengerdienst Telegram ein (sein mit Abstand liebstes Kommunikationsmittel), außerdem steckt er nach eigenen Angaben »50 Millionen« in Start-ups, beteiligt sich an Zementwerken und einer Ölbohrinsel in Libyen, wo er die komplette Bankenwelt unter seine Kontrolle bringen wolle, wie er lauthals tönt. Von solch erratischen Einsprengseln wissen die Gäste in der gelben Villa, die Marsalek sein »Zuhause« nennt, zu berichten. Was davon Wahrheit ist und was Dichtung? Wie immer sind die Grenzen fließend, exakt lässt es sich bis heute nicht klären.

Marsalek beansprucht für sich von jeher eigene Regeln. So ist es in gewöhnlichen Unternehmen, erst recht für Vorstände in DAX-Konzernen, üblich, dass Nebentätigkeiten anzumelden und zu genehmigen sind, in vielen Firmen auch Beteiligungen oder Aktienkäufe anderer Unternehmen. Die entsprechenden Formulare liegen auch in der Wirecard-Zentrale vor, und Jan Marsalek füllt sie Jahr für Jahr pflichtschuldig aus. Mit Leerzeichen. Oder einem dicken Strich. Keine Nebenfirmen, nirgends, so seine Auskunft. Eine glatte Lüge. Nicht ein Mal gibt er an, dass er irgendwo beteiligt ist – mit Ausnahme des erwähnten russischen Messengerdienstes Telegram. Dabei gibt es in Hülle und Fülle verdächtige Spuren zu diversen Firmen im Wirecard-Umfeld, zu Start-ups, Online-Shops, Investmentvehikeln. Mehr als zwei Dutzend Firmen sind, mehr oder weniger direkt, mit Marsalek verbunden, ohne dass den jeweiligen Gründern oder Geschäftsführern immer klar wäre: In welcher Funktion tritt der Österreicher an sie heran? Privat oder im Namen von Wirecard? Und woher stammt das Geld? Die Unternehmen firmieren unter schwer eingängigen Namen, auch der Geschäftszweck erschließt sich nicht immer: Bijlipay, Goomo, MPS Munich PS, Istratos, Kalixa sind nur ein paar Beispiele. Obendrein finden durchaus seriöse Firmen Platz in Marsaleks weitschweifigem Portfolio. Die Digital Diagnostics AG mit Sitz in Mainz etwa entwickelt Corona-Schnelltests. Die Pandemie ist von Anfang an ein Riesenthema von Jan Marsalek, laut Bekannten ein absoluter Hypochonder, und Markus Braun. Ob sie dahinter das große Geschäft für sich wittern, eine günstige Gelegenheit zur Eigen-PR oder sie die schiere Panik treibt? Vermutlich ist es eine Mischung von alledem.

Wirecard jedenfalls bietet der Regierung in Bayern Hilfe an, um sie bei der Digitalisierung Tausender Soforthilfe-Anträge zu unterstützen – unentgeltlich. Später kommt der Verdacht auf, dass hierbei über getürkte IBAN-Verbindungen Geld auf Auslandskonten transferiert wurde. Für sich selbst besorgt Marsalek eine Hightech-Gasmaske, Intensivbetten sowie einen Haufen Medikamente, von denen man sich eine Wirksamkeit gegen Covid-19 verspricht. Mit der Leitung einer Privatklinik nimmt er angeblich Gespräche auf, so erzählt er es zumindest im Freundeskreis, um sie komplett zu übernehmen: Für ihn und seine Buddys soll für den Notfall vorgesorgt sein, mit bestmöglicher medizinischer Versorgung.

Zudem fließt über die IMS Capital Beteiligungsgesellschaft aus der Marsalek-Villa Kapital an besagte Digital Diagnostics für ihre Corona-Schnelltests. Marsaleks Geschäftspartner Aleksander V. verspricht dem gerade gegründeten Biotech-Unternehmen 40 Millionen Euro, doch nicht einmal die erste Tranche in Höhe von sechs Millionen Euro fließt in voller Höhe. Danach bleiben die Zahlungen aus. Jan Marsalek haben die Mainzer Geschäftsführer nie getroffen, sagen sie, auch der Name Wirecard sei nicht gefallen. Aber als Marsalek weg ist und Wirecard pleite, bangt die junge Firma um die Existenz, doch zu ihrem Glück steht im Sommer 2020 bei Investoren alles hoch im Kurs, was gegen die Pandemie hilft.

Nicht alle Unternehmen, denen der abrupte Stopp der Marsalek-Millionen den Boden unter den Füßen wegreißt, haben dieses Glück. Die Reisebranche beispielsweise liegt im Sommer 2020 weitgehend brach. Die Flieger stehen am Boden, Hotels sind geschlossen. Wer will da Geld in ein Tourismus-Start-up stecken?

Wenige, müssen so einige Jungunternehmer feststellen, die ebenfalls und unvermutet Opfer des Wirecard-Debakels werden. Denn die Wege der Marsalek-Millionen sind so vertrackt und über Mittelsmänner konzipiert, dass nicht jeder Empfänger weiß, mit wem er sich da einlässt.

Die Masche ist immer ähnlich: Aus dem Reich von Jan Marsalek und seinen Kompagnons fließt Geld in Form eines Investments an die jungen Firmen, das Ganze wird kombiniert mit einem Darlehen, das direkt von der Wirecard-Bank kommt – und dann soll auch irgendwie noch ein Geschäft zwischen Wirecard und dem Neuling aufgezogen werden, von dem beide Seiten profitieren, vielleicht ein neues technisches Tool für das Start-up sowie mehr echter Traffic und echtes Geschäft für Wirecard. In Aschheim war man nie verlegen, wenn es darum ging, sich bahnbrechende Innovationen auszudenken, die das Geschäft der Partner revolutionieren könnten, eine Win-Win-Situation für alle Parteien also. Nur mit der Umsetzung haperte es dann häufig. Im Zweifel blieb es – aus welchen Gründen auch immer – bei den wolkigen Erzählungen von Microtechnik-Chips im Medizinbereich und anderen revolutionären »Gamechangern«. »Es klang alles super«, erzählt ein Gründer, »aber dann konnten wir das versprochene neue Tool über Monate nicht bei uns nutzen, weil der Genehmigungsprozess bei Wirecard stockte.«

Und dann stockt auch noch der Geldfluss von den Investoren, just, als die Schlagzeilen über Wirecard 2020 heftiger ausfallen. Da allmählich dämmert einigen, »dass wir mitten drinstecken im Schlamassel.« Die Großinvestoren, ob ein Fonds namens Kilimanjaro aus Singapur oder ein Fonds auf der Isle of Man, sind anscheinend keine unabhängigen, unbescholtenen Finanzinvestoren, sondern Teil von Jan Marsaleks Schattenreich. Zuerst also stocken die frischen Kapitalspritzen. Dann ist von den Investoren nichts mehr zu hören. Gar nichts. Die Herren in Singapur zum Beispiel stellen sich tot. »Plötzlich war das Postfach nicht mehr erreichbar, telefonisch ging gar nichts.« Aber da ist es schon zu spät.

Den jungen Unternehmern geht auf, dass sie keine Ahnung haben, wer ihre Geldgeber sind. Obwohl es in Singapur notarielle Bankprüfungen gegeben hatte, obwohl die Geschäftsführer sogar ihre Pässe in der deutschen Botschaft hatten prüfen lassen. »Das hatte alles sehr seriös gewirkt.« Nur persönlich kennengelernt hatten sie die Geldgeber nie. Ein Gründer hatte es versucht und während einer Asienreise einen Termin vereinbart mit Kilimanjaro in Singapur. Er wird in ein »todschickes Büro« vorgelassen: »Alles Samt und Seide, alles vom Designer, Wahnsinnslage und -blick.« Da sitzt er dann, der Besucher aus Germany, und wartet. Und wartet. Und wartet. Nichts passiert. Gar nichts. »Immer hieß es, die kommen gleich, die sind nur noch im Termin.« Aber die Herren kommen nicht. »Heute glaube ich, es war überhaupt nie angedacht, dass ich die da treffe, ich bin nicht mal sicher, ob das wirklich deren Büroräume waren.«

Einige Start-ups rutschen mit Wirecard und der IMS Capital in die Insolvenz. »Ohne Wirecard wäre es nicht dazu gekommen«, sagen sie heute. Die meisten hatten das Glück, dem kriminellen Sumpf ohne weitere Blessuren zu entkommen.

Die Gründer, die sich so in Marsaleks Netz verfangen, weisen keinerlei unlautere Absichten oder kriminelle Energie auf. Sie handeln im Glauben, mit Wirecard echte Geschäfte zu machen und ihnen dafür eine redliche Rendite zu bescheren.

Das E-Commerce-Start-up Getnow, im Jahr 2015 gegründet, ist ein weiterer solcher Fall. Das Geschäftsmodell ist klar, sauber und vielversprechend, nur leider am Ende nicht von Erfolg gekrönt. Die Münchner bauen unter der Marke einen Supermarktlieferdienst auf, Marsalek ist irgendwie dabei, vermittelt wieder Kapital und Kontakte, organisiert ihnen nicht nur ein Darlehen von der Wirecard Bank, sondern auch ein Treffen mit dem Metro-Vorstand, zu dem er sogar persönlich erscheint. Eine tolle Gelegenheit für die Gründer, wenngleich sie sich wundern: Woher nimmt ein DAX-Vorstand sich die Zeit, uns zu begleiten? Tut er das in seiner eigentlichen Arbeitszeit und Funktion, im Dienst von Wirecard? Ist er als privater Investor unterwegs oder im Auftrag von wem auch sonst?

Das gemeinsame, von Marsalek anberaumte Treffen ist jedenfalls ein Erfolg. Die Metro glaubt an die Idee von Getnow und wird so was wie ein Premiumpartner. Der Großhandelskonzern unterzeichnet einen über fünf Jahre laufenden Kooperationsvertrag, in dem Exklusivrechte zur Eröffnung von Niederlassungen an den Standorten der Metro-Großmärkte vorgesehen sind. Mit Getnow seien lokal Kooperationen geplant, auch wenn der Einzelhandel über diesen Weg nicht zu den strategischen Prioritäten zählte, sagt der damalige Metro-Chef Olaf Koch. Vierundzwanzig Metro-Standorte mit solchen Ablegern werden bis zum Jahr 2021 ins Auge gefasst. Die Idee dahinter: Metro stellt die benötigten Logistikflächen und Waren bereit. Getnow-Beschäftigte packen in den Großmärkten die Online-Bestellungen der Kunden zusammen, danach erfolgt der Versand per DHL-Expresslieferung. Die Zustellung, so das Versprechen, soll in der Regel noch am Tag der Bestellung gelingen. Der Vorteil dieses Systems liege darin, dass Getnow »weder Lager noch Lieferflotte« unterhalten müsse, frohlockt der Chef des Start-ups.

Die Dinge entwickeln sich zunächst prächtig für das aufstrebende Unternehmen. Getnow profitiert zudem, wie alle Lieferdienste, von der Corona-Krise. Während des Lockdowns im Frühjahr 2020 gehen so viele neue Bestellungen ein, dass die Lieferwagen zwei Wochen im Voraus ausgebucht sind. Daraufhin investiert die junge Firma massiv in die Infrastruktur, erhöht die Mitarbeiterzahl um 40 Prozent, über hundertzwanzig Städte und Gemeinden werden im Sommer 2020 bedient – bis es im Herbst zum abrupten Crash mit Totalschaden kommt. Getnow meldet Insolvenz an, mehr als einhundertdreißig Mitarbeiter stehen auf der Straße. All das ist eine indirekte Folge des Wirecard-Skandals: ohne Marsalek kein Kapital. Mit seinem Verschwinden versiegt über Nacht der Geldstrom. Getnow nämlich hat zwei große Anteilseigner: zum einen die IMS

Capital Beteiligungsgesellschaft. Als diese Ende Oktober, vier Monate nach Marsaleks Verschwinden, Insolvenz anmeldet, ist auch das Schicksal von Getnow besiegelt. Das Start-up hält nur noch wenige Tage durch, dann wird der Gang zum Insolvenzgericht unausweichlich. Die Pleite sei auf eine »gescheiterte Finanzierungsrunde« zurückzuführen, erklärt der Insolvenzverwalter hinterher, mit anderen Worten: Die Eigentümer sollten Kapital nachschießen, der wichtigste Eigentümer aber ist auf der Flucht. Von Jan Marsalek ist in der Richtung nichts mehr zu erwarten.

Von ihrem zweiten großen Teilhaber ebenso wenig. Aleks V. hatte für die Getnow-Führung den Kontakt zu einer Briefkastenfirma namens IQ-EQ hergestellt. Die Gesellschaft hat ihren Sitz auf der Isle of Man, dem britischen Steuerparadies, und gründet extra die Getnow Holding Ltd., um bei Getnow als Mehrheitseigner einzusteigen. Die Hintermänner, vermittelt von Aleks V., bleiben im Dunkeln. Jan Marsalek wird sie kennen.

Bitter ist die Erkenntnis dieser Start-ups, dass das Geld, von dem sie profitierten, über undurchsichtige Wege zu ihnen kam. Aber in ihrem Fall hatten Marsalek und seine Schattenleute zumindest vor, in ein zukunftsträchtiges Geschäftsmodell zu investieren, das sich irgendwann durchsetzt und Rendite abwirft. Riskantes, aber normales Business für Wagniskapitalgeber.

Anders liegen die Dinge bei den vielen Geschäften Marsaleks, die er mit jenen dubiosen Partnern abzieht, welche die Staatsanwälte nun als Verdächtige führen, ohne in jedem Fall die Hintermänner entschlüsseln zu können. Wieso profitieren diese komischen Klitschen namens Al Alam, PayEasy und Senjo von den Wirecard-Millionen? Staatsanwaltschaft und Insolvenzverwalter kommen auf unglaubliche vierhundert Personen und Gesellschaften, die sich am Trog aus der Konzernkasse in Aschheim gütlich tun. Ein dreistelliger Millionenbetrag an Krediten fließt von Wirecard zu diesen Firmen, außerdem Geld für Aufträge, deren tieferer Sinn sich auch beim zweiten oder dritten Hinschauen nicht erschließt. Oftmals existiert nicht mal ein schriftlicher Vertrag.

Vieles deutet darauf hin, dass Marsalek dort die Finger im Spiel hat, sei es über Kumpels oder Strohmänner, gleichwohl leugnet er alles, selbst wenn die Sache vor Gericht kommt, wie beim legendären Fall in Indien, wo Wirecard, wie im Kapitel über die Machenschaften der Plünderer geschildert, von einem ominösen Fonds mit Sitz auf Mauritius eine Firma gekauft hat, zum stolzen Preis von knapp 326 Millionen Euro, nachdem der Fonds diese erst sechs Wochen vorher für 37 Millionen Euro erstanden hat. Wer verfrühstückt auf Mauritius den Differenzbetrag? Es braucht wenig Fantasie, um an Marsalek zu denken, in Verbund mit seinem Partner Henry O'Sullivan, der laut britischer Gerichtsakten mit von der Partie ist, Fotos zeigen ihn mit Marsalek in Indien. Kühl sitzt Marsalek die Affäre aus, wiederholt gegenüber Prüfern und Ermittlern ein ums andere Mal, er habe nichts mit dem Fonds auf Mauritius zu tun und keinerlei Kenntnis, wer dahinterstecke, ohne dass er je die geforderte eidesstattliche Versicherung abgibt.

Offensichtlich ist nur: Marsalek hatte Geld. Genauso wie Braun. Und es kann nicht alles weg sein. In dieser Hoffnung haben Aktionäre unmittelbar nach der Pleite Ansprüche auf Teile von Markus Brauns Vermögen angemeldet, da sie sich arglistig getäuscht sehen. Der Vorstandsvorsitzende habe sie vorsätzlich falsch informiert und ihnen dadurch einen Schaden zugefügt. Einer fordert etwas mehr als 20.000 Euro von Braun zurück, ein anderer 2,7 Millionen. Vom Gericht werden die Forderungen, sogenannte Vermögensarreste, zugelassen: Eine vorsätzliche Schädigung der Aktionäre durch Braun sei »ausreichend wahrscheinlich«. Das lässt die Herzen der Kleinaktionäre höherschlagen. Doch so einfach ist es nicht. »Der Vermögensarrest ist Gold wert«, sagt zwar die Vizepräsidentin der Deutschen Schutzvereinigung für Wertpapierbesitz (DSW), Daniela Bergdolt. Allerdings hat er eher symbolischen Wert. »Der Titel bedeutet noch lange nicht, dass die Anleger irgendwann wirklich Schadenersatz erhalten.«

Auch die Schutzgemeinschaft der Kapitalanleger (SdK) rät Privatpersonen bald davon ab, diesen Weg einzuschlagen. Denn längst hat auch die Münchner Staatsanwaltschaft Vermögensarreste erwirkt – gegen Markus Braun und Jan Marsalek sowie zwei weitere Personen. Jeder, der es danach noch versucht, kommt damit zu spät: »Hierbei gilt: Wer zuerst kommt, mahlt zuerst. Da die Staatsanwaltschaft wohl am besten weiß, wo noch etwas zu holen ist, hat sie im Zweifel umfassend Vermögenswerte gepfändet«, sagt SdK-Vorstand Markus Kienle. Dafür spricht die beachtliche Höhe an Werten, welche die Ermittler ins Visier genommen haben. Die Privatvermögen, auf denen die Staatsanwaltschaft den Daumen hält, summieren sich auf mehrere hundert Millionen Euro. Wo sie liegen, welche Konten eingefroren sind, in welchen Immobilien, Wertgegenständen, Beteiligungen oder Aktienpaketen sie stecken? Die Lage ist unübersichtlich. Nur eines liegt auf der Hand: Viele Gläubiger werden leer ausgehen, das beschlagnahmte Vermögen reicht bei Weitem nicht für alle Geschädigten.

Und noch eines ist verbürgt: »Marsaleks Villa« zählt nicht dazu, da sie ihm nicht gehört, ihm nie gehört hat. Das prunkvolle Anwesen ist zwar locker 25 Millionen Euro wert, aber Eigentum einer einundachtzigjährigen Münchnerin, die nach dem Krieg eine florierende Schreinerei aufgebaut hat und die Gewinne in Immobilien anlegte. Dazu gehört auch jene Villa Prinz Alfons von Bayern, 1896 in der Prinzregentenstraße erbaut; 1660 Quadratmeter Wohnfläche auf vier Etagen. Gelehrte wie Wilhelm Röntgen, der hochgerühmte Mediziner, haben hier schon gewohnt. In direkter Nachbarschaft übrigens: das russische Generalkonsulat. Ein Schelm, wer Böses dabei denkt.

Jan Marsalek ist offiziell nicht der Mieter, auch wenn er wie der Hausherr auftritt, dort nächtigt, Gäste einlädt. Im Mietvertrag ist Aleksander V. für die IMS Capital Partners eingetragen, deren Name prangt in den besseren Tagen auf einem goldenen Schild am Tor zur Villa, darunter diverse Start-ups (wie jene Digital Diagnostics), bis zu einem »nationalen und internationalen Ermittlungs- und Überwachungsdienst«. Agentenfantasien gehören zum Wirecard-Skandal wie die Isar zu München.

»Mit Wirecard hatten wir nie etwas zu tun«, teilt der Hausverwalter der Marsalek-Villa mit, der dem »Herrn Marsalek« in den vergangenen fünf Jahren mehrfach in der Villa begegnet ist, wie ihm erst im Nachhinein aufgeht, als er den mutmaßlichen Großbetrüger auf den Fahndungsplakaten wiedererkennt. Von dem Augenblick an hat die Hauseigentümerin ein Problem: Der Eingang des Mietzins – monatlich etwa 45.000 Euro – stoppt schlagartig nach der Wirecard-Pleite. Schon im August und September 2020 sieht die Rentnerin keinen Cent mehr, die nicht weiß, wie ihr geschieht, als sie plötzlich als Nebenfigur in einen Wirtschafts- und Agentenkrimi gerät, inklusive nächtlicher Einbrüche und polizeilicher Hausdurchsuchungen in der Villa.

Von wem die Miete überwiesen wurde, ob von IMS Capital, Wirecard oder dem flüchtigen Manager, geht aus den Kontoauszügen nicht hervor. Auffällig ist: Aleks V., der als offizieller Mieter eingetragen ist, taucht in den Unterlagen des Pleitekonzerns als Berater auf. Monatliches Honorar für reichlich vage Gegenleistungen: 45.000 Euro. Mehr als eine halbe Million im Jahr. Ein irrer Betrag. Und ziemlich exakt die Höhe der Miete für die Villa. Ein Zufall? Wahrscheinlich nicht, eher ein Hinweis auf den Umweg, über den der Konzern das private Luxusleben seines Vorstandes Marsalek finanziert hat.

Verbürgt ist, dass Marsalek die Prinzen-Villa gern und ausgiebig als Gastgeber genutzt hat. Nun leistet sich ja mancher Konzern ein repräsentatives Kleinod zur Bewirtung seiner Gäste, allerdings wussten verbliebene Wirecard-Mitarbeiter in Aschheim nichts von dem Prachtbau, andere Vorstände der Pleitefirma wurden dort nie gesehen.

Mafia-Methoden

Wer so hoch steigt wie die Herren an der Wirecard-Spitze in ihren Glanzzeiten, ist latent versucht, ein eigenes Verständnis von Recht und Moral zu entwickeln. Tatsächlich ist die Selbstherrlichkeit an der Spitze des Konzerns grenzenlos, das gilt für Markus Braun wie für Jan Marsalek, wobei die Rollen in dem Gespann verteilt sind. Braun ist der gestrenge, unnahbare Herrscher, der selbst ernannte, visionäre Weltenlenker, zu Small Talk mit gewöhnlichen Erdenbürgern kaum fähig oder willens. Marsalek dagegen bleibt bis zum Schluss der freche Strizzi, der Vorstadtschlawiner, »ein bisschen fürs Entertainment zuständig«, wie Michael Käfer beobachtet, in dessen Restaurant beide häufig abends zu Gast sind, getrennt allerdings.

Die Machtfrage zwischen den beiden ist geklärt: Braun ruft Marsalek zig Mal pro Tag an, will etwas von ihm wissen, gibt Anweisungen, lässt sich berichten. »Markus hätte sich von Jan nie was sagen lassen«, sagt ein Kollege aus der Führungsspitze. Marsalek pariert, auch wenn er gegen Ende zunehmend genervt ist, er das im engeren Zirkel manchmal auch mit übertriebener Unterwürfigkeit durchscheinen lässt: »Jawohl, Markus. Selbstverständlich, Markus.« Die Beziehung der beiden ist all die Jahre ein »klares Unterordnungsverhältnis, auch wenn die im Vorstand alle per Du waren«, urteilt ein Aufsichtsrat. Wenn Braun redet, wird Marsalek ruhig und übernimmt sofort Brauns vorgegebenen Kurs, »super defensiv«. Der lustigere, unterhaltsamere von den beiden Österreichern ist in jedem Fall Marsalek, dieser leutselige Selfmade-Typ mit der großen Klappe. »Im Gegensetz zu Braun redete der nicht nur über Geschäft und Börse, sondern auch über Fußball und Frauen«, erzählt unser Aufsichtsrat. Ein cooler Typ eben, so sein Urteil noch jetzt: »Jeder, der mit Marsalek ein Bier getrunken hat, hätte dem zugestimmt, wenn er es darauf angelegt hat.« Im Gegensatz zu Braun, der erkennbar unter der mangelnden Intelligenz seiner Umwelt leidet (Zitat: »Es ist schlimm mit einem so hohen IQ«), redet Jan Marsalek auch mit Mitgliedern auf der untersten Hierarchiestufe, ist selbst mit Praktikanten per Du. »Ey, und was machst du so?«, haben ihn mehrfach Mitarbeiter angesprochen, die ihn nicht auf Anhieb als Vorstand erkennen. »Ich kümmere mich um Produkte, Jan ist mein Name.« Es ist ihm wichtig, jung und witzig zu wirken. Wenn er will, kann der Bursche ungeheuer charmant sein, sein Wiener Schmäh funktioniert wie auf Knopfdruck. »Es war mir ein Fest, gnä' Frau«, ist eine seiner typischen Wendungen zum Abschied. Oder noch besser: »Es war mir ein Volksfest.« Dazu weiß der Mann sich auf dem Parkett zu bewegen und spricht neben exzellentem Englisch auch passabel Französisch – und das ohne jeden Schul- und Studienabschluss. »Ich bin sicher: Er wurde trainiert, von Geheimdiensten oder wem auch immer, er hat sich extrem engagiert, gesellschaftlichen Schliff zu bekommen«, sagt der Aufsichtsrat. Als »unfassbar eloquent, unfassbar spontan und unfassbar dominant« schildert ihn ein Kollege, der diverse Außentermine mit ihm absolviert hat. »Jan war der perfekte Vertriebsmann, der hat jeden Topkunden in Grund und Boden geredet, teilweise natürlich völlig überdreht und erstunken und erlogen, aber für jeden, der an dem Meeting teilgenommen hat, klang das schlüssig.«

Schnell im Kopf ist dieser Vorstand, und – wenn er mag – für einen Topmanager unfassbar nahbar, wie ein Jungunternehmer erzählt, dessen Firma von Marsalek mitfinanziert wurde: »Er hat uns gleich seinen Telegram-Kontakt gegeben: Wenn es Fragen gibt, meldet euch.« Marsalek habe in solchen Fällen, derer es einige gab, meist postwendend zurückgeschrieben oder angerufen: »Meist mit einem Vorschlag, wie ein technisches Problem zu lösen sei. Wir hatten uns da wochenlang den Kopf zerbrochen, und der hat das innerhalb von Minuten überrissen. Irre, fast beängstigend.« Dabei hat Jan Marsalek, wie geschildert, nie eine Ausbildung begonnen, geschweige denn abgeschlossen. »Informatiker« schreiben sie im Wirecard-Geschäftsbericht in die Rubrik Beruf, im Vertrauen darauf, dass es keine geschützte Berufsbezeichnung ist, so wenig wie Coach oder Designer, Fotograf oder Journalist. Informatiker darf sich jeder nennen. Und Ahnung von Computern, vom Programmieren hat dieser Jan Marsalek, der sich, fast schon bis zur Karikatur, auch als Nerd und IT-Geek gebärden kann. Der Vorstand, angeblich ohne Führerschein, der schon mal in Jeans und T-Shirt zum Dienst auftaucht, auch mal in unorthodoxen Gesundheitslatschen, denen Esoteriker eine wundersame Wirkung zusprechen, und der im Corona-Frühjahr 2020 gar mit einer schwarzen Gasmaske auf dem Gesicht zur Aufsichtsratssitzung in der Konzernzentrale erscheint.

Marsalek habe sich so manche skurrile Dinge im Darknet besorgt, berichtet ein Weggefährte im Konzern. »Ich glaube, dass das Darknet eigens für ihn erfunden wurde«, scherzt der Mann. »Das war für ihn das Schönste.« Marsalek prahlt demnach mit Pillen und Psychopharmaka, die er dort ordert, um sich rauf- und runterzufahren, »militärische Drogen halten dich sechs Tage wach, wenn du an der Front bist«. Solches Zeug fabuliert er. »Jan ist so eine Art Edelvariante eines Reichsbürgers, nicht ganz so bekloppt – dafür viel gefährlicher«, spottet ein ehemaliger Wirecard-Geschäftsführer. Er kokettiert nach Kräften mit dem Bild des Hallodris, des Freestyle-Unternehmers, des unangepassten Machers, der es aus eigener Kraft nach oben geschafft hat, anders als die weichgespülten Fuzzis, die an den Business Schools auf Einförmigkeit gedrillt werden. Nicht mal seine Sekretärin weiß immer, wo er gerade unterwegs ist. Er will unsichtbar sein, nicht greifbar. Als ein Leibwächter für ihn abgestellt wird, rebelliert Marsalek und protestiert sofort bei Markus Braun. Der nimmt die Maßnahme umgehend zurück: »Der Jan will keine Security, das bleibt so.«

Marsalek ist der Kumpeltyp, auf der anderen Seite unnahbar. »Schwierig zu fassen« nennt ihn eine Kollegin, die ihm sonst sehr wohlgesinnt war. »Jan hatte vier, fünf verschiedene Gesichter, war nicht so eindimensional wie Braun.« Eines davon war das des unzuverlässigen Chaoten. Selbst als er längst in den Vorstand befördert wurde und die Firma in den DAX aufgenommen wird, pflegt er diesen Ruf: unordentlich bis zum Gehtnichtmehr mit Akten, Verträgen, Memos und all dem Kram. Erst später stellt sich heraus, dass hinter der ostentativen Schlamperei, der dreisten Unzuverlässigkeit womöglich die Absicht des Großbetrügers steckt. Die Schludrigkeit ist freilich auch Teil seiner Persönlichkeit, Marsaleks geringe Aufmerksamkeitsspanne verstört seine Umgebung regelmäßig. »Er blieb nie länger als dreißig Sekunden bei einer Sache, wie ein Grundschüler«, erzählt ein Untergebener. Immer hat er das Auge nebenbei auf dem Smartphone, immer verfolgt er eine eigene Agenda, immer hat er schräge Vögel als Berater um sich. Die andere, die finstere Seite des Charmeurs erinnert an die Machttechniken, wie wir sie aus Mafiafilmen kennen. »Jan war intern ein Meister darin, andere zum Schweigen zu bringen«, erinnert sich ein Manager. Marsalek wird dabei niemals laut, poltert nur im Ausnahmefall, versteht sich dafür auf codierte Drohungen. Wenn er willkürlich Geld an befreundete Adressen anweist, dann hat das auch zu geschehen, ob nun Richtung Ocap, Richtung Ruprecht oder Richtung PayEasy. Alles im Zweifel ohne Vertrag. Die fehlenden Unterlagen reiche er nach. Oder eben nicht. Wer sich anmaßt, den Vorgang zu prüfen, den lässt er schnell spüren, dass so ein Eifer nicht erwünscht ist. Er droht mit »Konsequenzen«. Er bietet jedem das Du an, wenn aber etwas nicht läuft, wie es ihm passt, setzt es Telefonate mit diesem beleidigt-bedrohlichen Unterton: »Kannst du das so erledigen, oder soll ich es machen? Wenn du das nicht kannst, mache ich es selber.«

Schriftlich hinterlegt ist: fast nichts. Keine E-Mails, keine Spuren. Der Vorstand Marsalek kommuniziert nur mittels seines russischen Chat-Programms Telegram, auch eine Spielart, die es so wohl in keinem anderen Konzern auf dieser Flughöhe gibt. In Meetings sitzt er mit unbewegtem Gesicht, das Pokerface signalisiert Überheblichkeit wie Arroganz, die sich zum Beispiel äußert, wenn er unliebsame Anrufer hat. Dann lässt er die anderen am Tisch merken, wie lästig ihm die Personen am anderen Ende der Leitung sind, und seien es Aufsichtsräte, also im Grunde seine Vorgesetzten. Kommt ihm einer oder eine gar zu blöd, dann legt er einfach auf. »I can't hear you!« Ich kann Sie nicht hören. Gespräch beendet, obwohl die anderen Personen im Raum den zugeschalteten Anrufer sehr wohl verstanden haben. Chuzpe nennt man dieses Verhalten wohl, vielleicht auch skrupellos. In solchen Dingen ist Marsalek nicht kleinlich. Lügen, kleine wie größere, trägt er im Brustton der Überzeugung vor, vor Kunden draußen wie intern im Vorstand: »Jan hat objektive Sachverhalte einfach ignoriert, falsche Tatsachen behauptet, obwohl er wusste, dass Kollegen dabei sind, die Bescheid wissen und das mitkriegen«, berichtet eine Führungskraft über ein Projekt, das Marsalek nur Wochen vor dem großen Knall unbedingt noch durchdrücken wollte. Zahlen schönmalen, das gehöre zum Handwerkszeug im Vertrieb, »aber nicht so. Das war einfach gelogen«, empört sich der Manager noch heute.

Marsalek zieht das durch, weil er – erstens – von Braun gedeckt wird und – zweitens – über die Jahre ein Netzwerk aus Vertrauten aufbaut, die Staatsanwalt nennt sie »Komplizen«. Oliver B., der in Dubai stationierte Dirigent des angeblichen Geschäfts mit Drittpartnern, zählt ebenso dazu wie das hochgradig dubiose Ehepaar Häuser in Singapur; in Aschheim wären Chefbuchhalter Stephan von E. zu nennen und eine besonders treue Stütze, nennen wir sie Anna K., die ihn bewacht und abschirmt vor aller Unbill. Egal, was passiert, wie hart die Vorwürfe gegen Marsalek ausfallen, sie verteidigt ihren Jan mit Klauen und Zähnen. »Höllenhund« wird sie intern genannt. Die Wirtschaftsprüfer treibt sie in die Verzweiflung. Sie stellt sich vor ihn, wenn deren Forderungen – aus Wirecard-Sicht – gar zu unverschämt werden, arbeitet für ihn und mit ihm die Wochenenden durch.

Wie diese Frau zu ihrer Rolle als Marsaleks Geheimwaffe kommt, ist eine Geschichte für sich, dokumentiert von Dutzenden Zeugen, die live einen der skurrilsten Auftritte Marsaleks überhaupt miterleben durften. Jene Frau im Mittelbau der Firma ist frustriert vom Kampf mit ihrem damaligen Vorgesetzten, sieht für sich keine Perspektive bei Wirecard und reicht die Kündigung ein. Die Kollegen sammeln schon Geld für ihre Abschiedsgeschenke, da versucht Marsalek sie zu überreden, doch noch zu bleiben, Anna K. aber lädt zur Feier für ihren Ausstand ein: Man trinkt, stößt an, spricht Abschiedsworte. Vorstand Marsalek beobachtet die Szenerie etwas abseits, lehnt im eng geschnittenen Anzug am Türrahmen, wie immer das Smartphone in der Hand, bis er irgendwann vor ihr auf die Knie fällt – buchstäblich, nicht sprichwörtlich. Er wirft sich vor sie auf den Boden, vor der ganzen Mannschaft, wie in einem schwülstigen Liebesfilm fleht er sie an, sie möge bleiben, wie soll es nur ohne sie weitergehen? Manche Kollegen finden das entwürdigend, die Frau, der die Szene gilt, ist rechtschaffen ergriffen, sie zieht die Kündigung zurück, wird befördert, wechselt in ein Büro in direkter Nähe zu Jan Marsalek, bekommt einen neuen Titel, neue Visitenkarten und dankt es ihm mit absoluter Loyalität. Sie glaubt sich nun im Zentrum der Macht, wo die Fäden zusammenlaufen. Vorbei die Zeiten, dass sie gehänselt wird, dass andere sie nicht ernst nehmen. Jan sei Dank! »Der Jan sagt das, der Jan braucht das«, leitet sie, in neuer Wichtigkeit, Gespräche ein. Manchem geht das schwer auf den Wecker.

»Marsalek versteht es, bei Menschen die entsprechenden Knöpfe zu drücken, damit sie ihm bedingungslos folgen«, sagt einer aus der zweiten Ebene. So schafft er Loyalitäten. »Für ihn war das alles wie ein Strategiespiel, in dem er die Leute benutzt«, sagt eine weitere Führungskraft, »dem war scheißegal, was mit seinen Leuten, selbst den engsten, hinterher passiert.« Schlüsselposten besetzt er absichtlich mit verführbaren Leuten, mal mehr, mal weniger kompetent. Und er weiß, wie er sich seine Anhänger gewogen hält. Mit der einen Kollegin zupft er in der Teeküche Basilikumblättchen fürs Tomate-Mozzarella zur Stärkung zwischendurch, während er einer anderen, bekanntermaßen eine große Katzenfreundin, immer mal ein süßes Katzenbild schickt. Wiederum anderen Kollegen schmeichelt er mit großzügigen Essenseinladungen inklusive Champagner, Cognac sowie Abenteuergeschichten aus dem Agentenleben und gaukelt ihnen so das berauschende Gefühl von Nähe und Vertrautheit vor. Als er untertaucht, fühlen sich alle gleichermaßen verraten und missbraucht von Jan Marsalek, den sie als Freund oder Vertrauensperson im Konzern wähnten. »Jan verkörperte diese Kombination aus mysteriös und rhetorischer Brillanz«, bestätigt ein anderer früherer Mitarbeiter, der mit ihm häufiger dienstlich unterwegs war. Wenn sie zusammen mit schwierigen Kunden verhandeln, dann hätte der Angestellte am liebsten mitgeschrieben, um beim nächsten Mal genauso aufzutreten wie Marsalek: »Jan hatte diese überzeugende Art, diese *self confidence.*« Tiefer schürfende Nachfragen allerdings, die hasst er, in solchen Situationen blitzt hinter seinem Schmäh das einschüchternde Moment hervor. Als ihn ein Mitarbeiter vorschlägt, ein Zielbild für die Motivation der Mitarbeiter zu entwickeln, eine gemeinsame Vision, ein Credo für die Firma, da funkelt er ihn an und meint: »Klar, vielleicht sollte ich jedem eine Version von *Mein Kampf* schicken.« Das war im Scherz dahergesagt, aber auch nur halb. »Man wusste einfach nie, woran man bei ihm war.«

Liebe und Diamanten

Als Jan Marsalek zur Jahrtausendwende in München anheuert, zahlt ihm die Firma ein Einstiegsgehalt von 9.200 D-Mark im Monat, etwa 4.600 Euro. Zum Schluss, laut dem letzten verfügbaren Geschäftsbericht, kassiert er als Wirecard-Vorstand offiziell 2,7 Millionen Euro im Jahr, mehr als 200.000 Euro im Monat. Sein Gehalt hat sich fast verfünfzigfacht, so wie der Aktienkurs der Firma, gemessen an den Höchstwerten, sich fast verhundertfacht hat. Dazwischen liegen zwanzig Jahre Erfolg sowie ein phänomenaler Aufstieg, was wohl Folgen auf Charakter, Lebensstil und Umgang hätte für jeden noch so bodenständigen Menschen. Geld macht sexy, Macht noch mehr. Jan Marsalek verströmt beides im Überfluss. »Er hatte dieses sexy Machtvolle«, schwärmt ein Münchner Party-Girl, bis heute fasziniert von dessen leicht krimineller Anmutung: »Ich war mir sicher, dass er ein Doppelleben führt, dachte, der hat irgendwo eine Frau und Familie sitzen. Ich hätte aber nicht geahnt, dass er so ein großer Betrüger ist.«

Marsalek lässt es jedenfalls krachen wie ein Großer. Er feiert im Münchner Nachtklub P1 mit den Söhnen des libyschen Ex-Diktators Gaddafi, eine gute Flasche Wein ist ihm locker 1.000 Euro wert. Er hinterlegt 20.000 Euro in bar als Vorschuss für einen Hermelinmantel in der Maximilianstraße, er trägt Anzüge des grandios überteuerten Designers Philipp Plein und Uhren, die 150.000 Euro kosten. Und das sind nur die Auffälligkeiten, die herausstechen. In Sachen Dekadenz macht ihm niemand etwas vor. Geld spielt keine Rolle, Extravaganz ist Pflicht. So lässt er sich zum Beispiel eigens kabellose Ohrstöpsel als Sonderanfertigung produzieren, weil ihm die Ästhetik der weißen Originalteile von Apple nicht zusagt: »Schwarz ist cooler.« Wenn er jemanden, den er zu beeindrucken gedenkt, zum Kaffee einlädt, zückt er schon mal einen Zweihundert- oder Fünfhunderteuroschein: »Passt so.« Der Rest ist Trinkgeld, bei einer Zeche von zwölf oder 18 Euro wohlgemerkt. »Es ist ihm wichtig zu zeigen, dass er Geld hat, dass er das kann«, sagt ein Bekannter aus Österreich, »Er hat immer betont, dass er reich ist und sich alles kaufen kann. Ein Selfmademan, darauf war er stolz.« Um sich ein russisches Grippemittel zu besorgen, schickt der Hypochonder einen Mitarbeiter im Privatjet nach Moskau. In den Keller seiner Villa in der Prinzregentenstraße karrt er, aus Angst vor der Pandemie, Betten und Beatmungsgeräte wie in einer privaten Intensivstation, vorbereitet für den Tag X, wenn der Notstand ausbricht.

Über Nachtlager verfügt dieser Turbomanager mehrere, allein in München hat er drei Anlaufstellen: Seine offizielle Wohnung hat Marsalek im Tal 43, in einem Jahrhundertbau im Herzen der Stadt, zwischen Viktualienmarkt und Isartor gelegen, daneben die Villa in der Prinzregentenstraße, wo er unter dem Dach in einem Eckzimmer ein Liebesnest einrichtet; die Wände schwarz-weiß gestrichen, eine große Matratze auf dem Boden – für Nächte abseits seiner offiziellen Beziehung mit einer Münchner Boutiqueninhaberin, die es geschafft hat, ihren Namen aus allen Schlagzeilen rauszuhalten; dasselbe gilt für die bevorzugte Gespielin aus der Prinzregenten-Villa.

Außerdem verbringt er etliche Zeit im Luxushotel Mandarin Oriental in der Altstadt, 300 Meter vom Hofbräuhaus entfernt. Hier hält er Hof im Restaurant und in der Suite, hier feiert er auf der Dachterrasse, mit lauschigem Pool und famosem Blick. Geschäftspartner sind eingeladen, dazu diverse Frauen. Der Champagner fließt literweise, das erstklassige Sushi wird auf großen Schiffen gereicht. Sind Russen dabei, ergänzt Wodka das hochprozentige Programm, wie es das Klischee verlangt. Auch hier gilt: Geld spielt keine Rolle. Marsalek lässt sich ein Bier schon mal 500 Euro kosten, wie Zechkumpanen bezeugen. Die von ihnen zum Besten gegebene Anekdote geht so: Der Manager sitzt spätnachts in der Bar des schicken Mandarin-Hotels und will noch ein letztes Bier ordern. Der Barkeeper rückt keines mehr raus und verweist auf die Sperrstunde. »Es gibt nichts mehr, Feierabend.« Und was ist mit dem Zimmerservice, hat der auch schon Feierabend? »Nein, natürlich nicht.« Der bringt auch Bier? »Ja, aufs Zimmer.« Dann buche ich ein Zimmer. »Kostet 500 Euro.« Okay, krieg ich jetzt noch mein Bier?

Es sind diese Geschichten, die sein Image als verrückter

Hund festigen, so wie er sich vor Kollegen mit seinen Ausflügen ins Bürgerkriegsgebiet nach Syrien brüstet. »In Palmyra gibt's die beste Eisdiele der Welt«, schwärmt Marsalek, »fantastisch.« Gerne zeigt er das Foto von dem Ausflug dorthin, auf dem er in schwarzer Kampfmontur posiert, mit Soldaten in der syrischen Oasenstadt. Russische Söldner und die Armee von Diktator Assad hatten das Gebiet von den Terroristen des Islamischen Staats zurückerobert. Marsalek kokettiert damit, für ein Eis ins Kriegsgebiet zu fliegen. Das ist die Art Humor, die ihm gefällt. In München hingegen profiliert er sich als zahlungskräftiger Stammgast der Edelgastronomie, ob nun im Tantris oder im Käfer, dem Restaurant nur ein paar Schritte von seiner Villa entfernt. Hier gibt er zum Beispiel im April 2017 eine Abendgesellschaft, ein »privates Dinner« für den ehemaligen französischen Präsidenten Nicolas Sarkozy. Unter den weiteren Gästen: Bayerns ehemaliger Ministerpräsident Edmund Stoiber, der frühere österreichische Kanzler Wolfgang Schüssel, ein deutscher Brigadegeneral sowie mehrere deutsche wie österreichische Herren an der Nahtstelle von Macht und Militär. Das edle Mahl wird von außergewöhnlich teuren Weinen begleitet, selbst der Edelgastronom stößt hierbei an seine Grenzen. Marsalek spricht den Toast auf den französischen Stargast aus. Offiziell eingeladen hat eine unbekannte Stiftung, benannt nach dem in Wien geborenen Nationalökonomen Felix Somary (1881–1956). Der Name der Stiftung findet sich zeitweise an der Pforte von Marsaleks Villa. Die Rechnung für die Sarkozy-Sause, so erinnert sich Promi-Gastronom Michael Käfer, bezahlt hinterher Wirecard, warum auch immer.

Selbstredend reserviert der Konzern auch freigiebig fürs Oktoberfest einen Tisch im Käfer-Zelt, inmitten der für München typischen Bussi-Bussi-Gesellschaft, wo Geld auf Prominenz auf den »FC Hollywood« trifft. Hier feiern DAX-Vorstände, hier jagen Berater und Juristen, mit Dirndl und Lederhose verkleidet, neuen Aufträgen hinterher. Und immer mittendrin: die Feiertruppe von Wirecard, mit wechselnden Gästen, interessanten Leuten aus aller Welt, gerne aus Asien, und oft als Anführer vorneweg: Jan Marsalek. »Er ist uns vorgekommen als der, der das Unternehmen nach außen vertritt, während Braun die Autoritätsperson nach innen ist«, sagt Wirt Michael Käfer.

Auf Anwesenheit in Aschheim in der Konzernzentrale legt Marsalek, obwohl nominell Chief Operating Officer (COO), also Chef für das Tagesgeschäft, keinen gesonderten Wert. Er ist der Problemlöser, der Macher im Außendienst, auch dies ist höchst ungewöhnlich für einen DAX-Konzern: Wo sonst putzt ein Vorstand höchstpersönlich Klinken? Marsalek ist viel unterwegs, vorzugsweise in Asien, wo angeblich das Wachstum generiert wird. Unermüdlich jettet er dafür um die Welt, mit manchem glamourösen Zwischenstopp so wie in Cannes bei den Filmfestspielen. Dort wird ihm Promi-Stylist Samuel Sohebi vorgestellt, mitten im Stargetümmel.

Nun ist Marsalek überhaupt nicht dran gelegen, von den Scheinwerfern der Öffentlichkeit bestrahlt zu werden. Es wäre ihm ein Leichtes, sich publikumswirksam zu inszenieren, seine Geschichte von seinem schwindelerregenden Aufstieg zu erzählen, vom Teenager, der von der Mutter verstoßen wurde und zum Multimillionär aufstieg. Aber nein, solche Porträts sind seltsamerweise nirgendwo erschienen. Während andere DAX-COOs von einem öffentlichen Auftritt zum nächsten reisen, Key-Note an Key-Note reihen, hat Marsalek in all den Jahren nur zwei Mal eine Podiumsbühne betreten – einmal 2017 auf dem Fintech Forum Paris, ein Gründerkongress, sowie in Singapur zum Launch einer Bankenkooperation. Von beiden Auftritten gibt es im Netz keine Videos, die Pariser Veranstalter haben ihre Aufnahmen nach Marsaleks Flucht gelöscht, man wird nicht gerne in die Nähe zu einem gesuchten Verbrecher gerückt.

Marsaleks Vorsicht ist stärker als seine Eitelkeit. Social Media nutzt er nicht, er hat im Gegensatz zu den meisten Altersgenossen keinen Twitter-Account und weder Instagram noch Facebook. Nicht mal ein LinkedIn- oder Xing-Profil hat er angelegt. Auch Interviews gibt Marsalek, obwohl die Nummer zwei in einem DAX-Konzern, keine, an mangelndem Interesse der Medien hat es sicher nicht gelegen. Allenfalls im Hintergrund spricht er mit ausgesuchten Journalisten, um sie für seinen Kampf gegen Shortseller und Financial Times einzuspannen, wobei er nicht vor Unterstellungen und wilden Geschichten über die Gegner zurückschreckt. Belege? Ein andermal. Vielleicht. Als Person bleibt er all die Zeit öffentlich unsichtbar, ganz der Agent 007, der sich mit dem Rezept zum russischen Nervengift Nowitschok brüstet, wie mit globalen Bewegungsdaten, mit denen er angeblich nachvollziehen kann, welcher Shortseller mit welchem Flieger wo startet und landet. Welche Journalisten ebenfalls an Bord waren und in welchem Hotel sie auf dessen Kosten absteigen. Daraus ergibt sich zweifelsfrei auch, wer mit wem im Bett war und am Komplott gegen Wirecard mitgeschmiedet und -verdient hat. Mit diesen brisanten – wahr oder frei erfundenen – Informationen munitioniert er die Wirecard-Anwälte, die damit zur Staatsanwaltschaft rennen und ihre Anklagen gegen die Shortseller-Verschwörung unterfüttern. Einer der Anwälte, der damals fest davon überzeugt war, auf der richtigen Seite mitzukämpfen, erinnert sich gut, wie Marsalek milde lächelnd abwinkte, wenn sie ihn fragten, woher er die Aufzeichnungen habe – alles aus seinen geheimen Quellen eben, aus seinen vermeintlichen Kontakten zu den Nachrichtendiensten.

Hätte der Österreicher es anders gewollt, hätte er es auf Publicity für sich angelegt, dann gäbe es mehr Fotos von ihm im Internet wie in der Boulevardpresse. So aber müssen die Fahnder auf die immer selben paar Aufnahmen zurückgreifen, mal mit, mal ohne Bart. Marsalek hinterlässt nicht mehr Spuren als unbedingt nötig, und im Zweifel sind die Fährten dazu noch gefälscht. Krassestes Beispiel: der Chat-Wechsel mit seinem PR-Berater über seine angebliche Flucht auf die Philippinen, um zu klären, was da vorgefallen ist, also nach dem Geld zu suchen. Marsalek gelingt es damit, die ganze Welt zu narren und sich so vielleicht wertvolle Zeit zu verschaffen, um endgültig untertauchen zu können. Denn vermutlich ist kein Wort wahr von dem, was er dort verbreitet; im Zweifel setzt er darauf, dass der PR-Mann das Chat-Protokoll an die Staatsanwaltschaft und die breite Öffentlichkeit weiterleitet. Was auch passiert, sodass er zunächst auf den Philippinen, dann in Weißrussland vermutet wird – er halte sich in einem Land auf, textet er in Richtung Starnberger See, »in dem seit fünfundzwanzig Jahren dieselben Machthaber regieren«. Denn der Dialog mit dem angeblichen Freund wird diversen Zeitungen zugespielt und massenhaft nachgedruckt, die Welt lechzt nach jedem Zipfel an angeblicher Authentizität. Aber stimmt ein Wort von dem Geprahle? Von den »fünf Pässen«, die er bei sich habe, »wie jeder gute Geheimagent«? Von seiner Karibikinsel, wo sie sich bald treffen könnten? Dass er »bei guten Freunden« sei? Dass er nichts dementiere: »Einer muss Schuld haben, und ich bin die naheliegende Wahl.« Bis zum 30. Juni geht es so noch hin und her zwischen dem Flüchtigen und seinem PR-Mann. Dann ist das Handy tot.

Sicher ist jedenfalls: Wenn Marsalek die Eitelkeit trieb, dann waren sein Ziel nicht die People-Magazine, die Klatschspalten über die Schönen und Reichen, in denen er auftauchen wollte, um selbst prominent zu werden. Nein, wenn, dann sucht er den Zugang zu den Reichen, zu den Wichtigen und Mächtigen aus einem anderen Grund: zur Ankurbelung des (kriminellen) Geschäfts und zur Bestätigung des eigenen Selbstwerts.

Aus diesem Antrieb, weniger aus cineastischer Neugier, fliegt Jan Marsalek im Mai 2017 zu den Filmfestspielen in Cannes an die Côte d'Azur, wo er mit jenem Samuel Sohebi ins Gespräch kommt, für den – als Stylist – in dieser Zeit Hochsaison ist: »Eine wahnsinnig stressige Zeit, ich kleide diverse Prominente für den roten Teppich ein«. Als Jurypräsident fungiert in jenem Jahr zum ersten Mal der spanische Regisseur Pedro Almodóvar, den Siegerfilm präsentiert Juliette Binoche. Der Hauptpreis, die Goldene Palme, geht an *The Square*, ein satirisches Drama des Schweden Ruben Östlund. Ob Marsalek davon viel gesehen hat? Daran ist die Erinnerung Sohebis verblasst, was bei ihm haften bleibt, ist der modische Auftritt des Managers: Ein Anzug mit Strass-Steinen, Glitzerschuhe, dickes Make-up, »mir war das unangenehm«, lästert Sohebi, »mehr so Düsseldorf-Style«. Will sagen: zu viel Geld für zu wenig Geschmack.

Marsalek bittet den Stylisten, ob er ihm helfen könne, Kontakt mit einer ihm bekannten Influencerin aufzunehmen: eine Russin mit Wohnsitz in Monaco, sehr erfolgreich, sehr hübsch, sehr auffallend, in ihrer Heimat sehr bekannt und auf der halben Welt auf den roten Teppichen zu Hause, angeblich mit Millionen Followern und Kontakten zu sehr wichtigen Leuten aus Politik, Wirtschaft und Kunst. Sohebi ist nicht recht klar, was Marsalek mehr reizt, die Frau oder die hinter ihr vermuteten Beziehungen in Moskau. »Wenn du sie wirklich kennen lernen möchtest«, schlägt er dem Manager vor, »dann kauf ihr die rosa Diamanten von Chopard, entworfen von Rihanna.« Angeblich ein Spaß. »Aber dann kam er tatsächlich mit diesem Collier, da war ich sprachlos, das kostet so viel wie ein Hubschrauber.« Und ausnahmsweise ist der Schmuck auch nicht gefälscht, sondern echt. Marsalek bezahlt mit Cash, bestätigt die Frau im

Schmuckgeschäft in Cannes belustigt. »So viel zahlt sonst keiner in bar.« Das Geld ist gut angelegt, das Collier erfüllt seinen Zweck. Auf einer Abendveranstaltung, Frauen in langen Roben, Herren im Anzug, drückt Marsalek der umworbenen Russin das Geschenk galant in die Hand, auch sie ist sehr beeindruckt. »Die zwei haben sich sehr gut verstanden«, sagt der Stylist schmunzelnd. »So ein Collier sichert für ein paar Jahre die Altersvorsorge.« Als routinierter Promi-Beobachter glaubt Sohebi, dass Marsalek ähnlich imponierende Nummern häufiger abgezogen hat: »Mein Eindruck war, dass er sich öfter irgendwo eingekauft hat. Das kam sehr professionell rüber, auf mich wirkte der sehr berechnend.« Er selbst hält Marsalek für ein Exemplar aus der Kategorie Neureicher, die viele Scheine hinblättern, als Türöffner für den internationalen Jetset. »Es gibt viele Leute, die nicht dazugehören und die versuchen, sich reinzukaufen. Aber wissen Sie«, seufzt Sohebi, »Geld kauft halt einfach keine Klasse.« Für ihn hat sich der Mittlerdienst zur Russin trotzdem gelohnt, Marsalek drückt ihm ein Kuvert mit Einhunderteuronoten in die Hand, »sehr nett von ihm, das hat mich wahnsinnig überrascht«. Die Szene spielt sich im legendären Fünfsternehotel Martinez ab, direkt an der Croisette gelegen, der Promenade am Mittelmeer, mit eigenem Privatstrand, praktischerweise keine fünfhundert Meter vom Festivalpalast entfernt. Hier steigt Marsalek in diesen Tagen ab, hier ordert er auf der Terrasse flaschenweise Champagner, total unüblich während der Festspiele, wie Partyprofi Samuel Sohebi verächtlich sagt: »Man posaunt hier nicht seinen Reichtum rum.« Dezent geht es zu, sehr vornehm, man trinkt Kaffee, maximal einen Cocktail, erläutert der Benimmexperte: »Ich dachte: Um Gottes willen, das grenzt ja schon an Peinlichkeit. Das gehört sich da nicht, nicht auf der Terrasse im Martinez.«

Auch in München rümpft der alteingesessene Geldadel die

Nase über die den Reichtum zelebrierenden Emporkömmlinge, Markus Braun findet da mit seinem Intellektuellen-Gestus eher Anschluss als Marsalek, der das Halbseidene nie ganz ablegt, womöglich gar nicht ablegen will. Mit reichlich Champagner und hübschen Frauen zeigen sich beide, Braun etwas zurückhaltender als Marsalek. Und niemand beobachtet die beiden bei gemeinsamen Vergnügungen, es sei denn im Rahmen von betrieblichen Feiern.

Nun ist München stolz auf seine DAX-Konzerne. Seit Helmut Dietls Serie *Kir Royal* ist die Stadt auch bundesweit berüchtigt als Biotop für Reiche, Superreiche und solche, die nur zu gerne dabei wären. An Groupies, leicht entflammbaren weiblichen Fans, herrscht kein Mangel. An käuflicher Liebe auch nicht. Die Grenzen sind bisweilen fließend. Oder wie sagte Samuel Sohebi? »Ein Collier ist eine gute Altersvorsorge.« Escortdienste können über prominenten Zulauf nicht klagen, aus allen Bereichen. »Auch Männer, die es nicht nötig hätten, Geld auszugeben, um eine Begleiterin für eine Nacht zu ergattern, tun das«, erzählt eine Frau aus dem Gewerbe. »Es gibt viele Stars, auch junge, gutaussehende Fußballer und Manager, die für Frauen bezahlen. Aus Bequemlichkeit. Es ist einfacher und ohne Stress.« Den ihr zuvor unbekannten Jan Marsalek lernt sie in einem dieser Münchner Promi-Schuppen kennen. Man lacht, man trinkt, man flirtet. Als Marsalek sie fragt, ob sie nicht noch ein paar hübsche Frauen kenne, die mit ihm feiern wollten, antwortet sie: »Ja, klar, aber die müssten dann bezahlt werden.« Das ist für ihn augenscheinlich kein Problem. »Er hat nur direkt gefragt, wie viel das kostet.« Sie nennt ihm den Tarif: 1.000 Euro pro Frau für zwei, drei Stunden. Das ist für ihn okay. Man trifft sich im Hotel, in seiner Suite im Mandarin Oriental, die Escortdamen sperren als Erstes ihre Handys weg, so halten sie es immer mit Promis, dann nimmt der Abend seinen Lauf. »Es ging nicht immer um Sex, einfach nur um die schöne Zeit«, sagt die Mittlerin. »Jan war kein typischer Freier, ihm war wichtig, gute Gesellschaft zu haben.« Und auch hier gilt: Geld spielt keine Rolle. Champagner, Sushi, dazu die Escorts – die Frau rechnet hoch: »So ein Abend kostet locker 10.000 Euro.« Nach der vergnüglichen Nacht meldet er sich noch ein paarmal bei ihr oder schickt eine knappe SMS: »Ich bin heute da, geht was?« Sie schickt ihm daraufhin »Freundinnen« vorbei, er bezahlt immer unverzüglich und korrekt. »Schöne, glatte, lila Scheine, direkt aus dem Geldautomaten. Es gibt nichts Schlechtes über ihn zu sagen.« Charme und Großzügigkeit ziehen Begleiterinnen geradezu an. »Es hat Champagner geregnet, die ganze Nacht«, sagt eine weitere Frau, die Marsalek im P1 erstmals begegnet, dem Club im Haus der Kunst am Eingang zum Englischen Garten. »Er hat irgendwie Macht ausgestrahlt, er betrat den Raum, und ich dachte: *Wow*! Ich habe gespürt, das ist ein Mann, der Macht hat.«

Zu dem machtvollen Auftritt gehört, dass Jan Marsalek es nicht mag, wenn ihm viele Fragen gestellt werden. Wenn doch, ignoriert er sie einfach und tut so, als hätte er die Frage überhört. Erst recht, wenn jemand wissen will, was genau er so macht, wie er sein Geld verdient. »Ich mach was mit der Bank«, erzählt er der besagten jungen Bekannten in München. Mehr erfährt sie nicht von ihm. Nicht mal, dass er in der Stadt lebt und arbeitet. Sie glaubt, er wohne in Wien und fliege als Geschäftsmann immer mal ein. Sie kontaktiert ihn nie, er dafür schickt bisweilen eine SMS, ob sie nicht in dieses Fünfsternehotel kommen möge: »Geht was heute?«

Und was wusste schon Monaco Franze, der ewige Stenz, in der nach ihm benannten TV-Serie? »A bissel was geht immer.«

Die Ösi-Connection

Wien, die Welthauptstadt der Spione

Kein deutscher Konzern hat auch nur eine annähernd so hohe »Ösi-Quote« wie Wirecard: Drei von vier Vorständen stammen aus Österreich. IT-Frau Susanne Steidl hat ihre Wurzeln in Tirol, die beiden Frontmänner Markus Braun und Jan Marsalek sind aus Wien in Richtung München losgezogen, im Aufsichtsrat sitzt mit Thomas Klestil all die Jahre der Sohn eines leibhaftigen österreichischen Staatspräsidenten. Ein Anführer aus Österreich hat den Deutschen noch nie Glück gebracht, spotten Scherzkekse nach dem Knall, aber lassen wir das.

Tatsache ist: Der Skandal führt tief in einen österreichischen Morast aus Affären und Geklüngel. Auch wenn die Protagonisten seit Jahrzehnten in Bayern arbeiten, ihre Liebe zu Sachertorte und Wiener Schnitzel haben sie sich bewahrt, ihr Netzwerk zu den Mächtigen hat eine deutlich österreichische Schlagseite: In Berlin bezahlen sie allerhand Lobbyisten, in Wien sind sie persönlich unterwegs, pflegen Kontakte in höchste Kreise, verteilen Parteispenden und beehren das gesellschaftliche Leben mit ihrer Anwesenheit. Politik wie Geheimdienste der Alpenrepublik sind tief verstrickt in den Fall Wirecard. Augenfällig wird das spätestens mit der Flucht Jan Marsaleks. Nicht per Linienflug aus München setzt sich der Manager mit den Agentenallüren ab, sondern mit einer gecharterten Cessna auf dem kleinen Flughafen Bad Vöslau südlich von Wien. 8.000 Euro zahlt er dafür, natürlich in bar, wie den Akten der österreichischen Ermittler zu entnehmen ist. Helfer bei der filmreifen Flucht sind ein Agent und ein Politiker, nämlich Martin W., ein früherer Abteilungsleiter des österreichischen Bundesamtes für Verfassungsschutz und Terrorismusbekämpfung (BVT), und Thomas Schellenbacher, ehemaliger Abgeordneter der rechtspopulistischen FPÖ. Beide werden Mitte Januar in Wien verhaftet und schildern gegenüber den Staatsanwälten, wie Marsalek verschwinden konnte.

Am Abend des 18. Juni 2020, dem Tag seiner sofortigen Beurlaubung, trifft er sich demnach bei einem Münchner Italiener zum Abendessen, mit jenem Ex-Agenten Martin W. sowie seiner Vertrauten Ulrike B., einst seine Assistentin im Konzern und im Lauf der letzten Jahre in seiner Bogenhausener Villa mit den privaten Nebentätigkeiten befasst.

Tags drauf, am 19. Juni 2020, einem Freitag, lässt sich Marsalek die vierhundert Kilometer von München nach Bad Vöslau fahren, das Taxi verspätet sich, wie Martin W. mehrfach an Schellenbacher meldet, dann findet der Fahrer die Flughafeneinfahrt nicht. Schließlich, abends um 20 Uhr, hebt der Privatflieger ab, nach Minsk, der Hauptstadt Weißrusslands, dort verliert sich die Spur des Managers, wahrscheinlich geht die Reise weiter nach Russland. Die Ermittlungen in der Heimat führen in jenes Milieu, in dem die Affären nur so gedeihen, da ist das Ibiza-Video, über das der Vizekanzler und FPÖ-Chef Heinz-Christian Strache im Sommer 2019 stürzt (»a bsoffene Geschicht«), nur das Tüpfelchen auf dem i. Personal wie Zutaten gleichen sich; Marsaleks Name taucht mehrfach in den Akten auf, dicke Bündel mit Euroscheinen in Sporttaschen gehören ebenso dazu wie zweifelhafte Verbindungen zwischen Rechtspopulisten, Geheimdienstlern sowie Zahlungen aus Osteuropa.

Johann Gudenus, ehemals FPÖ-Fraktionschef und Straches Zechkumpan in der Ibiza-Villa, pflegt regen Chat-Austausch mit Marsalek, in den Botschaften ist von Informant »Jan« die Rede, der die Rechtspopulisten mit Interna der österreichischen Geheimdienste versorgt, das fliegt – quasi als Beifang – bei der Aufklärung des Ibiza-Skandals auf.

Jener Thomas Schellenbacher wiederum, der die Cessna für Marsalek organisierte, verpasst 2013 die Wahl in den Nationalrat. Dass er trotzdem einen Sitz im Parlament ergattert, verdankt er der Tatsache, dass mehrere Kandidaten plötzlich abspringen – weil ihr Verzicht angeblich mit zehn Millionen Euro erkauft wurde, Geld von ukrainischen Geschäftsleuten, die Unternehmer Schellenbacher als »gute Freunde mit Familienanschluss« bei sich in Niederösterreich einquartiert hat. Diese nette Geste sicherte ihnen ein Aufenthaltsrecht. Und dann ist da noch jener mutmaßliche Fluchthelfer Martin W., ein ehemals ranghoher, freigestellter Geheimdienstmann, der über Jahre in Marsaleks Villa ein und aus sowie dort in Marsaleks Schattenreich Geschäften nachgeht. Der Agent tritt als eine Art Start-up-Scout in Erscheinung, ob im Auftrag von Wirecard oder zu Marsaleks Privatvergnügen, das bleibt gezielt schwammig. Zeugen behaupten, W. habe bei Wirecard »angeheuert« als einer von dieser Unmenge an dubiosen Partnern, die dort Monat für Monat Geld kassieren, ohne dass klar wird, was dem Unternehmen nützt.

Die Staatsanwaltschaft Wien geht davon aus, dass Ex-Agent W. den Konzern aus geheimdienstlichen Quellen mit Daten und Informationen zu Kunden versorgte. Und zwar nicht nur er, sondern etliche österreichische Verfassungsschützer, die sich so als Nebenerwerbsspitzel für Wirecard das Gehalt aufbessern. Wozu aber bezahlt sie der Konzern? Ganz einfach, für exklusive Informationen zum sogenannten High-Risk-Geschäft, jenem Schmuddelbereich, in dem Wirecard Zahlungen abwickelt. Dabei ist es gut zu wissen, wie es um die Kreditwürdigkeit und Zahlungswilligkeit zum Beispiel von Anbietern pornografischer Internetseiten steht. Um dies zu erfahren, zapft Jan Marsalek den österreichischen Geheimdienst an, verpflichtet Agenten und gewährt ihnen – laut Unterlagen der Staatsanwaltschaft – »Vorteile, die die genannten Amtsträger auch angenommen haben«.

Aus einer österreichischen Quelle stammt vermutlich auch das Dossier zum russischen Nervengas Nowitschok, mit dem der russische Ex-Doppelagent Sergej Skripal vergiftet wurde. Mit dem Wissen über den chemischen Kampfstoff hat Marsalek laut Zeugen in London geprahlt. Tief in die heimische Innenpolitik verstrickt sich der DAX-Manager, indem er angeblich in geheime Umbaupläne des österreichischen Verfassungsschutzes eingeweiht ist. Deren Ziel ist es, das Amt mit eigenen Leuten aus der FPÖ zu durchsetzen. Der Name des damaligen Vizekanzlers Strache fällt dabei häufig, auch Innenminister Herbert Kickl, ein FPÖ-Scharfmacher, ist involviert. Und wie der Zufall es will, pflegen die österreichischen Rechtspopulisten, nicht anders als die deutsche AfD, enge Kontakte nach Russland, zu Präsident Wladimir Putin und dessen Partei. Und dass der ehemalige deutsche Geheimdienstkoordinator Klaus-Dieter Frische, ein CSU-Mann, im Dienste Wirecards in Berlin und wer weiß wo sonst lobbyiert und außerdem die österreichische Regierung berät, ist eine Pointe für sich.

In Wien, der Welthauptstadt der Agenten, läuft das alles zusammen. Laut Chatprotokollen bittet »Jan« den FPÖ-Mann Gudenus auch um ein Treffen mit Rainer Seele, dem Vorstandschef des Öl- und Gaskonzerns OMV, einem der größten Industrieunternehmen Österreichs mit dem Staat als Großaktionär. Der aus Deutschland stammende Konzernchef Seele, ein Spezi von Altkanzler Gerhard Schröder, ist wie dieser dem russischen

Gazprom-Konzern beim Pipeline-Projekt Northstream 2 verbunden. Für Marsalek ist er wegen seines Engagements in Libyen interessant, womit wir bei einem Herzensanliegen des Wirecard-Vorstands angelangt wären.

Jan Marsalek, dieser Hallodri mit übersteigertem Geltungsdrang, verfolgt eine politische Mission: Er will die Flüchtlingsströme nach Europa aufhalten, dazu den Kampf gegen Schlepper und Schleuser aufnehmen, die Grenzüberwachung verbessern, zur Not im Alleingang, und mit einer ein paar tausend Mann starken Söldnertruppe Libyen neu aufbauen. Näheres zu diesem irrwitzigen Plan berichtet Kilian Kleinschmidt, der als Migrationsexperte in das Projekt eingebunden war, am Ende des Kapitels. Auch hierbei fallen die Namen von Russen mit Kontakten in den Sicherheitsapparat, das bevorzugte Terrain für Jan Marsalek, und Wien ist ein vorzügliches Pflaster für Schattengewächse. »Leute, die etwas zu verbergen haben, fühlen sich in Wien sehr wohl«, sagt der Experte Emil Bobi, der die Agentenszene seit Langem beobachtet. Mehrere tausend Agenten gehen in Österreichs Hauptstadt ihrer Arbeit nach, so viele wie in sonst keiner Stadt auf der Welt. »Wenn etwas Seltsames passiert, wenn etwas nicht erklärt werden kann und wenn diplomatische Verwicklungen und Spionage im Spiel sind, dann heißt es immer, das sei der österreichische Weg«, erläutert Bobi.

Wien ist bis heute geblieben, was es seit dem 19. Jahrhundert war: ein dankbarer Ort für Transaktionen aller Art. Die Stadt steigt schon unter den Habsburgern zu einem Zentrum der europäischen Spionage auf. Freund wie Feind der Monarchie versuchen dort, ihre Interessen auch verdeckt zu verfolgen. Später observieren die Nazis von hier aus Ost- und Südosteuropa, nach dem Zweiten Weltkrieg bauen die Alliierten Wien zur Hauptstadt der Geheimniskrämer aus. In Orson Welles' legendärem Film *Der dritte Mann* jagen die Agenten schon 1949 durch die Wiener Kanalisation. In den Jahrzehnten danach werden die Spitzel nicht weniger. Als neutrales Land gebührt Österreich eine besondere Stellung zwischen den beiden Blöcken, Wien wird zu einem Brückenkopf im Ost-West-Handel, der immer leicht schummrig bleibt. Internationale Organisationen siedeln sich hier an, internationale Konferenzen tagen hier regelmäßig, Wien wird als Verhandlungsort auf neutralem Boden geschätzt, immer hübsch mit einem Großaufgebot an Agenten garniert. Ein weiterer Grund für die einzigartig hohe Spionagedichte in Österreich ist die Gewohnheit der einheimischen Politik, die Geheimdienste für den Kampf gegen den innenpolitischen Gegner einzusetzen. Kein Wunder, dass selbst die österreichische Staatspolizei feststellt: »Auch nach dem Kalten Krieg blieb Österreich ein zentrales Land in der Welt der Nachrichtendienste.«

Auf dem Feld der Wirtschaft suchen die Russen in der lange sehr staatsnahen österreichischen Unternehmenswelt ihren Einfluss zu halten, einem wichtigen Machtfaktor im Land, vor allem im Infrastrukturbereich und in der Energiewirtschaft. Das sind klassische russische Spielwiesen. Zudem gibt es traditionell sehr viele – für ausländische Augen – seltsame österreichische Organisationen mit Verbindungen nach Russland wie Kulturvereine, Sprachinstitute oder Vereine mit marxistisch-leninistischen Grundzügen, die laut Geheimdienstexperten der Tarnung dienen, sind doch die Russen immer noch die stärkste Kraft in der Wiener Spionageszene. Aktiv ist in Österreich der FSB, also der Nachfolger des KGB, aber auch die GRU, der militärische Zweig.

Markus Braun wie Jan Marsalek sind erst einfache Mitglieder, dann »Ehrensenatoren« der russisch-österreichischen Gesellschaft, für die sie als Privatleute wie aus der Konzernkasse regelmäßig spenden; es ist Geld für einen merkwürdigen Verein, dem Marsaleks Mutter einen prägenden Einfluss auf den

Sohn unterstellt. Die Mitglieder wiegeln selbstredend ab: Die Gesellschaft diene alleine dem kulturellen Austausch in gediegenem Ambiente. Geschäfte? Krumme Touren gar? Nie im Leben.

Dieses Biotop ist jedenfalls wie gemacht für Jan Marsalek, den Möchtegern-James-Bond im Wirecard-Vorstand. Den Draufgänger mit Hang ins Dunkle zieht diese Szene förmlich an, aufgrund von Tätigkeit wie Charakter ist er auch für die Spionageorganisationen interessant. Verbürgt sind die engen Kontakte zu russischen Geheimdienstlern, fraglich ist nur, ob er mehr *mit* den Russen oder *für* sie gearbeitet hat. Wie immer in seinem waghalsigen Leben gilt: Die Grenzen sind fließend. Seit mindestens fünf Jahren überwacht der FSB den Manager mit den vier Pässen (mindestens!), verfolgt dessen Reisen, hat ein Auge auf seine Flüge. Akribisch notieren sie seine Aufenthalte in Dubai, Singapur, Indien – und natürlich seine vielfachen Einreisen nach Moskau. Da liegt der Verdacht nahe, dass die russischen Dienste heute ihre Hand über ihn halten, zumindest solange er ihnen nutzt, sie sich Geld und Erkenntnisse von ihm versprechen. Und dann? »Jan kommt nicht mehr lebend zurück«, glauben viele der ehemaligen Kollegen. Nichts Genaues weiß man nicht, seine Anwälte verweigern naturgemäß jede Aussage zu seinem Aufenthaltsort und verraten nicht einmal, ob sie seit dem 20. Juni 2020 ein Lebenszeichen von ihm erhalten haben. Die deutschen Geheimdienste, die Marsalek wie seinen Vertrauten hinterher sind, haben ihn jedenfalls nicht aufgespürt beziehungsweise sehen keine Chance, seiner habhaft zu werden, sonst stünde der Manager nicht mehr auf der Fahndungsliste von Interpol.

Liebt Jan Marsalek das aufregende Leben im Verdeckten, so strebt Markus Braun ans Licht, mit aller Macht pirscht sich der Wirecard-Chef an die höheren Kreise Wiens heran. Das Etikett

»Selfmade-Milliardär« hilft da ungemein, ebenso Loge auf dem Wiener Opernball sowie die Gründerzeit-Villa mit Gartenpool hinter hohen Hecken im Nobelviertel Hietzing, wo auch andere Vermögende Quartier bezogen haben, oder auch das Chalet in Kitzbühel, ein Domizil für 11,7 Millionen Euro in Halbhöhenlage. Braun pflegt in der Heimat seinen Ruf als weitgereister Visionär, indem er sie mit Auftritten bei Digitalkonferenzen und sonst sich bietenden Gelegenheiten an seinem Silicon-Valley-Geist teilhaben lässt. Man hört ihm in Wien gerne zu, man schmückt sich mit dem Landsmann, der den Deutschen den einzigen neuen Tech-Konzern von Weltrang beschert hat. Braun gehört dazu in den besseren Kreisen, fädelt sich behände ein im Networking- und Charity-Zirkus, lässt sich auf den einschlägigen Promi-Events blicken, etwa im Vorfeld des Hahnenkammrennens 2020 beim *Climate Dinner* von Arnold Schwarzenegger, der »steirischen Eiche« aus Hollywood.

Politische Bande knüpft er zunächst bei den liberalen Neos, die seinen libertären Ideen nahestehen und die er mit Geldspenden unterstützt, dann zum aufstrebenden konservativen Jungstar Sebastian Kurz, den er auf einer Grillparty in Wien kennen lernt. Er unterstützt ihn im Wahlkampf 2017, tritt gar auf einer seiner Wahlkampfveranstaltungen auf, spendet 70.000 Euro. Als gewählter Bundeskanzler holt Kurz ihn sodann in seinen »Thinktank Austria« und preist Braun als »einen der erfolgreichsten Manager im Digitalbereich«.

Enge Freundesbande knüpft das Ehepaar Braun indes mit dem Wiener Verlegerpaar Brandstätter, mit dem es auch gerne die Wochenenden in St. Tropez verbringt. An der Côte d'Azur erholt sich zudem ein weiterer Bekannter: Alexander Schütz, in Wien einer der weiteren Nachbarn der Brauns und einer der reichsten Österreicher, der beim »Projekt Panther« mit der

Deutschen Bank noch eine gewichtige Rolle spielen wird. Auch Schütz ist so ein Selfmade-Typ: kein abgeschlossenes Studium, dafür eigene Fondsgesellschaft (C-Quadrat Investment), Kontakte in die Agentenszene und TV-Promi in einer Start-up-Show, seine Frau kennt Braun, seit sie »siebzehn Jahre alt ist«, wie sie vor dem Untersuchungsausschuss zur Ibiza-Affäre aussagt.

Der schillernde Schütz ist Braun eine Stütze, zumindest so lange, wie der Wirecard-Chef oben schwimmt. Man kennt sich, man hilft sich, zur Not auch auf schwergängigem Gelände. So gibt die Wirecard-Bank grünes Licht für die Eröffnung verschiedener Konten für einen ukrainischen Oligarchen namens Dmytro Firtasch, einen Gasmilliardär, auf den die US-Behörden einen Haftbefehl wegen des Verdachts auf Bestechung ausgestellt haben und ihn gern ausgeliefert sähen. 2014 saß der Mann in Wien auch in Haft, er kommt allerdings gegen eine Kaution von 125 Millionen Euro rasch wieder frei, zieht mitsamt Familie in die Villa von Schütz und findet in Aschheim eine neue Heimat für sein Vermögen – Wirecard räumt dem Mann, den andere Banken auf ihre schwarze Liste packen, bereitwillig und – auf Geheiß von oben – mehrere Konten für seine privaten wie geschäftlichen Aktivitäten ein. Nach dem Zusammenbruch im Sommer 2020 will Schütz freilich nichts mehr vom Milliardärsspezl wissen. Er sei »definitiv kein enger Vertrauter« Brauns, auch hätten beide »keine geschäftlichen Gespräche geführt«. So antwortet er kurz nach der Pleite auf eine Anfrage der WirtschaftsWoche.

Noch so ein Beteiligter, der es mit der Wahrheit nicht so ganz genau nimmt. Entweder ist er in seiner Gedächtnisleistung beeinträchtigt, oder der Kerl hält sich an den Lügenbaron von Münchhausen. Die Mails, die Alexander Schütz mit Kumpel Markus im flapsigen Ton gewechselt hat, klingen jedenfalls vertrauter, wie es der Untersuchungsausschuss im Deutschen Bundestag ans Tageslicht befördert hat. *Macht diese Zeitung fertig!*, feuert er Braun im Kampf gegen die Financial Times an, er habe nachgelegt, nochmals in Wirecard investiert, lässt er den Kameraden wissen und will sich mit ihm, samt Familie, im Urlaub an der Côte d'Azur verabreden. Kein enger Vertrauter? Niemals Gespräche über Geschäfte geführt? Aha.

Die Figur Schütz ist insofern interessant, als dass er womöglich eine entscheidende Rolle spielt für den Exit-Plan Brauns und das »Projekt Panther«, die anvisierte feindliche Übernahme der Deutschen Bank durch die Aschheimer. Der Wirecard-Chef weiß ihn dort als potenziellen Verbündeten hinter sich. Schütz zieht 2017 in den Aufsichtsrat der Deutschen Bank ein, als Vertreter des zeitweiligen chinesischen Großaktionärs HNA – noch so eine schräge Nummer. Die Chinesen kaufen zehn Prozent der Anteile an der Deutschen Bank, die komplexe Konstruktion ist gewagt, Finanzierung wie Hintergrund des Investors bleiben dubios. Schütz ist der Mann, der das alles einfädelt, über halsbrecherische Finanzinstrumente und Fonds mit Sitz auf den Cayman-Islands. Obendrein verfügt er über exzellente Kontakte an den Persischen Golf, wo mit Katar der andere Großaktionär der Deutschen Bank residiert.

Der Konzern ist von Beginn an reserviert, um nicht zu sagen feindselig eingestellt gegenüber den unerwünschten neuen Eigentümern, auch wenn die offiziellen Statements freundlich klingen: Was sollten die Banker auch anderes tun? Das Management kann sich seine Aktionäre nicht aussuchen, die Signale aber, die es unterschwellig sendet, sind eindeutig: Der damalige Deutsche-Bank-Chef John Cryan findet monatelang einfach keinen Termin in seinem Kalender, um sich mit dem Chef der Chinesen, seinem wichtigsten Eigentümer, zum Abendessen zu treffen. Ein Affront. In der Sitzung des Aufsichtsrates verweigert er deren Vertreter, ebenjenem Österreicher Schütz, gar den Handschlag. Der nächste Eklat.

Schütz ficht das nicht an, schließlich ist er der Mann der Chinesen, die auch seine Finanzfirma übernehmen, den Vermögensverwalter C-Quadrat. Er zieht fortan als deren Apostel durch die Lande, preist deren Seriosität wie Solidität sowie deren hehren Motive. Auch diese Aussagen gelten nicht ewig: Im Januar 2021 bricht die HNA Group unter der Last ihrer Schulden zusammen. Der Konzern ist so pleite wie Wirecard.

Die Aktienanteile an der Deutschen Bank haben die Chinesen vorher verkauft, den Rest, immerhin 17 Millionen Stück, an Schütz rübergeschoben, der damit zeitweise zu den wichtigsten Anteilseignern an dem Geldhaus aufsteigt, was ihn für Braun zur Zeit des »Projekt Panther« noch wichtiger macht. Doch alle diese Gedankenspiele haben sich mittlerweile erledigt. Schütz hat seine Aktien an der Deutschen Bank Ende 2020 zu Geld gemacht, dafür hat er seine Finanzfirma C-Quadrat von den Chinesen zurückbekommen. Der Mann hat noch Pläne.

»Eine Miliz mit 20.000 Mann.«

Regierungsberater Kilian Kleinschmidt über den Plan von Jan Marsalek, die Flüchtlingsströme aus Afrika zu stoppen.

Herr Kleinschmidt, wie kamen Sie in Kontakt zu Jan Marsalek?

Ein ehemaliger Mitarbeiter des österreichischen Innenministeriums, jetzt in Wien als Unternehmensberater mit eigener Firma tätig, hat mich im Juni 2017 gefragt, ob ich an einem Projekt zum Thema Flüchtlinge in Libyen mitarbeiten wolle, ein Geschäftspartner von ihm, Jan Marsalek, wolle in dem Bereich etwas machen.

Warum verfiel der Mann gerade auf Sie? Was hatten Sie beizutragen zum Thema Flüchtlinge in Afrika?

Ich war seit 1988 unterwegs als Mitarbeiter von Hilfsorganisationen, bis zum Jahr 2014 als Beamter des Flüchtlingshilfswerks der Vereinten Nationen, UNHCR, wodurch ich mir einen Namen unter Migrations- und Entwicklungsexperten gemacht habe. In der Flüchtlingskrise 2015/16 habe ich die österreichische Regierung beraten, ab 2017 sollte ich mit meiner Beratungsfirma eine Analyse über Migration in Afrika für den österreichischen Bundeskanzler erstellen, ich saß also gerade genau an solchen Themen, als mich die Anfrage erreichte.

Also haben Sie zugesagt?

Ja, natürlich hatte ich Interesse. Wir haben uns dann zusammen mit dem Österreicher zu einem Mittagessen im Restaurant Käfer in München getroffen. Dabei hat Jan Marsalek mich informiert, dass er sich über einen libyschen Partner, der in London lebt, wahrscheinlich einem ehemaligen Geheimdienstmann, an drei Zementfabriken in Libyen beteiligt hat, er sei dort sehr oft unterwegs gewesen, kenne sich gut aus, habe dort viele Kontakte.

Zement hat aber erst mal nichts mit Flüchtlingen zu tun, oder?

Die Zementfabriken gehörten vorher der Asamer-Gruppe aus Österreich, die in Schwierigkeiten geraten war und sie deshalb verkaufen musste. So kam Herr Marsalek an sie, und die Idee war, durch die Schaffung von Arbeitsplätzen und die einhergehende Stabilisierung des Landes den Flüchtlingsstrom zu stoppen und Libyen wieder als Arbeitsstätte attraktiv zu machen. Das war der Hintergedanke, meine Firma sollte für die Projektentwicklung zuständig sein. Herr Marsalek sagte, dass ihm das Thema Migration und Flucht sehr am Herzen liegt, vor allem die Frage, wie man die Flüchtlingsströme in Richtung Europa stoppen kann – aus Libyen und durch Libyen hindurch.

War Marsalek als Wirecard-Vorstand unterwegs oder als Privatmann?

Privat. Er hat sich als Jan Marsalek vorgestellt. Es gab keine Verbindung zum Konzern Wirecard.

Und was war sein Motiv für das Engagement in Afrika: Ging es ihm ums Geld oder um Politik?

Er wollte dazu beitragen, die Migration unter Kontrolle zu bekommen. Das war seine Motivation. Ich, Jan Marsalek, trage dazu bei, dass die ungeregelten Flüchtlingsströme nach Europa aufhören. Darauf war er fokussiert, er wollte den Menschenhändlern das Handwerk legen; denjenigen, die in Monaco sitzen, von dort aus die Migrationsströme steuern und mehr als 1.000 Euro pro geschmuggelter Person verdienen, wie er sagte. Wenn diese Leute andere Einkommensmöglichkeiten haben, war seine Argumentation, dann hören sie auf, Menschen zu schmuggeln.

Wie viel Geld hat er dafür investiert, wie hoch war der Etat für das Libyen-Projekt?

Es hieß, wir würden zunächst 400.000 bis 500.000 Euro zusammenkriegen. Das hat für mich gepasst, meiner Beratungsfirma wurden von Marsalek 200.000 Euro zugesagt, der Rest sollte von der österreichischen Regierung kommen. Wir haben dann ein Team zusammengestellt, aber es folgte kein Zahlungseingang. Unser Kontaktmann, der Wiener Berater, sagte dann immer, er würde »den Jan« daran erinnern, das Geld zu überweisen. Auf den sei Verlass, der zahle immer, auch ohne Vertrag. Es kam trotzdem nichts. Im Rückblick muss ich eingestehen: Ich hätte früher sagen sollen, das ist mir zu undurchsichtig, da mache ich nicht mit.

Was an Jan Marsalek machte Sie stutzig?

Er hat bei unserem Mittagessen erzählt, wie er kurz nach der Eroberung von Palmyra in Syrien mithilfe der Russen dort eingeflogen sei. Das sei eine geile Reise gewesen, sie hätte ihm die Augen für das Thema Wiederaufbau und Flucht geöffnet. Dabei hat er davon gesprochen, wie toll und aufregend es war, mit den »Jungs« – so wörtlich – mit Hubschraubern da reinzufliegen.

Welche »Jungs« waren da gemeint?

Wenn man sich anschaut, wer Palmyra aus den Händen der Islamisten erobert hat, dann waren das keine regulären russischen Truppen, das waren Söldnermilizen wie die Gruppe Wagner; die sind inzwischen auch in Libyen aktiv, damals noch nicht.

Waren russische Militärs oder Geschäftsleute auch an dem Projekt in Libyen beteiligt?

Ich selbst hatte keinerlei russische Kontakte, es kam nur der Name Andrey Chuprygin ins Gespräch, der »Kolonel«, wie er immer genannt wurde, als der angebliche Mann des Vertrauens von Jan Marsalek, mit dem auch ein hochrangiger Mitarbeiter des österreichischen Verteidigungsministeriums korrespondierte. Mir wurde erklärt, der würde die russischen Interessen in Nordafrika koordinieren und unsere Sicherheit während eines Libyen-Aufenthaltes garantieren. Das war mir dann schon suspekt.

Haben Sie ihn dort getroffen?

Nein, die Reise nach Libyen wurde abgesagt, weil das Geld von Herrn Marsalek immer noch nicht da war. Stattdessen haben wir uns im Februar 2018 mittags in der Villa von Herrn Marsalek getroffen – mit dem Wiener Berater, dem Mann aus dem Verteidigungsministerium und einem Mitarbeiter von mir. Das sah aus wie die Villa eines reichen Anwalts mit schönen Kunstobjekten. Beim Small Talk, vor dem eigentlichen Gespräch, hat er den anderen von neuem Equipment erzählt, ich zitiere: »Ich muss euch das zeigen; die neuen Bodycams, die sind so geil.« Und: »Wir haben so geiles Videomaterial, das Dumme ist, das können wir nicht für die Werbung nutzen, weil die Jungs erschießen ja alle Gefangenen.« Mein Mitarbeiter hat davon nichts mitbekommen, da er kein Deutsch versteht. Aber ich war schockiert.

Sie haben Kriegsanekdoten ausgetauscht?

Nein. Hinterher haben wir ihm über unser Projekt für die Zivilgesellschaft berichtet. Da hat er gegähnt, das hat ihn total gelangweilt. Das sei alles Kleinkram, waren seine Worte. Das Einzige, was ihn wirklich interessiert hat, waren große Infrastrukturprojekte – Bausektor, Straßen – sowie Ausbildung von Milizen zu Grenzschützern und deren Ausrüstung. Er hat von 15.000 bis 20.000 Männern gesprochen, um die Grenze in Südlibyen dichtzumachen und so Europa vor den Migrationsströmen zu schützen. Zum Schluss hat er dann noch versprochen, 50.000 Euro zu überweisen.

Haben Sie die erhalten?

Ja, auf mein Firmenkonto, direkt von Jan Marsalek überwiesen, insgesamt haben wir von den zugesagten 200.000 Euro vielleicht 80.000 Euro gesehen, ich konnte daher meine Consultants nicht bezahlen. Meine Firma ist ins finanzielle Schlingern geraten, weil Jan Marsalek sich nicht an sein Versprechen gehalten hat. Ende 2018 haben wir die Zusammenarbeit dann für uns beendet, arbeiten aber davon unabhängig weiter an einem Konzept für Libyen.

Sind Sie sauer auf Marsalek, weil er Ihnen Geld schuldig geblieben ist?

Natürlich bin ich sauer gewesen, es hat uns finanziell sehr in Bedrängnis gebracht. Deswegen führe ich aber keinen persönlichen Rachefeldzug. Ich möchte die dahinterstehenden Kräfte und Pläne aufdecken. Ich glaube nicht mal, dass Jan Marsalek im Mittelpunkt steht. Er erscheint mir als Randfigur, ein kleiner Geldbote in einem großen, kriminellen Netz mit Kontakten zu den Geheimdiensten, von Österreich bis nach Russland und darüber hinaus! Dahinter geht es um ein großes politisches Ziel – Europa durch das Migrationsthema zu destabilisieren und die Populisten zu stärken.

»Projekt Panther« und die Rolle der Deutschen Bank

Selbst die gerissensten Ganoven erreichen an einem bestimmten Punkt ihrer Karriere ein kaum zu lösendes Problem: Ewig währt der Betrug nie. Irgendwann zieht sich die Schlinge zu, eine tröstliche Erkenntnis auch im Wirecard-Skandal. Irgendwann ist der Druck zur Aufklärung stärker als die kriminelle Energie. Irgendwann fordern schließlich die Gesetze der Ökonomie ihr Recht: Ewig lassen sich mit erfundenem Geld keine Rechnungen bezahlen.

Dieser Zeitpunkt rückte im Fall von Wirecard im Jahr 2019 näher. Wenn jeden Monat 50 Millionen Euro echtes Geld verbrannt werden, wie zum Schluss passiert, ist der Nachschub an leichtgläubigen Investoren schnell aufgebraucht, zumal wenn die Jäger der Wahrheit, sofern sie einmal eine Spur wittern, die Fährte aufnehmen und unbarmherzig verfolgen. Für Wirecard ist es also höchste Zeit, an einer Exit-Strategie zu feilen, einen Plan, um dem Knast zu entgehen. Dies ist der Hintergrund für eine Geheimaktion mit einer extrem begrenzten Zahl an Mitwissern.

Wie jedes klandestine Projekt, das etwas auf sich hält, gibt man sich Mühe mit den Tarnnamen, so hält es auch die Wirecard-Spitze mit der geplanten Übernahme der Deutschen Bank AG: »Projekt Panther« steht über dem »Masterplan«, der erst nach dem großen Knall im Sommer 2020 publik wird. Im Rückblick wirkt das Ganze wie ein blöder Scherz.

Das »Projekt Panther« jedoch ist kein Spiel, schon gar kein Jägerlatein, damit kennen sie sich nicht aus, das wird schnell augenscheinlich. »Leopard« frisst »Jaguar« ist ein durchaus ernst gemeintes Vorhaben, wahrscheinlich die einzige Chance der Bande, den Betrügereien und damit dem Gefängnis zu entkommen, wobei die Raubtiere klar zugeordnet sind, wenn auch ziemlich krude: Wirecard, der Leopard und zähnefletschende Angreifer, hat sich ausgerechnet einen Jaguar als Opfer ausgesucht, die Deutsche Bank. Leopard frisst Jaguar? Nun ja.

So größenwahnsinnig das heute anmutet, die damalige Lage ist eine andere: Die Deutsche Bank schreibt Milliardenverluste von historischem Ausmaß, die Aktie reißt es in einem fort nach unten; Wirecard, seit einem Jahr im exklusiven DAX-Club vertreten, dagegen schwebt auf Wolke sieben, zumindest solange sich der Blick – wie bei Braun üblich – auf den Aktienkurs konzentriert und das dubiose Geschäftsgebaren ausblendet. Von jenem Sommer 2019 an treiben sie das »Projekt Panther« in Aschheim voran, im engsten Kreis, versteht sich; Markus Braun und Jan Marsalek, dazu wenige Vertraute, außerdem Burkhard Ley, ehemals Finanzvorstand, dann graue Eminenz und heute ebenfalls auf Seiten der Beschuldigten laut Staatsanwaltschaft. Die Beratungsfirma McKinsey und die Kanzlei Freshfield Bruckhaus Deringer, beides Topadressen ihrer Zunft, werden mit Gutachten beauftragt, ihre Empfehlungen sind durchaus konkret, wie sich anhand von Mails, Akten und Präsentationen präzise rekonstruieren lässt. »Projekt Panther«, das intern zunächst unter dem Namen »Louis XIII.« firmiert (nach einem von Jan Marsalek geschätzten Cognac), ist weit mehr als fantastisches Hirngespinst, so fantastisch die Aussichten in den im November 2019 diskutierten Präsentationen auch sind.

Die Strategiepapiere schildern die irren Vorteile, wenn Wirecard die Deutsche Bank übernimmt. Die Idee dahinter lautet wie folgt: Banken und Softwarekonzerne wachsen zusammen, alles wird eins. Die Kombination von Wirecard und Deutscher Bank kann zum Weltmarktführer in dem Bereich werden, indem sie die Vorzüge der beiden Welten kombiniert; der künftige Konzern könne so schnell agieren wie ein Fintech, gepaart mit der Größe und Durchschlagskraft einer globalen Großbank. Das ist die Parole, deren Logik mit folgenden Punkten untermauert wird:

- Die Deutsche Bank hat jede Menge Filialen und Kunden, Wirecard als angesagtes Fintech den Zugang zu den globalen Investoren, die ihr Geld viel lieber Hightechunternehmen geben als altbackenen Geldinstituten.
- Modernste Technik verbindet sich mit einer angesehenen Traditionsmarke.
- Die beiden Vorgängerfirmen schanzen sich gegenseitig Geschäft zu, »cross selling« nennt das der Experte.
- Die Verwaltung kann gestrafft und zusammengelegt werden. Personalkosten werden gespart. Randgeschäfte werden abgestoßen. Beides treibt den Profit in die Höhe.

Alles in allem: Durch die Übernahme entsteht eine neuartige Finanzplattform, ein allumfassendes »finanzielles Ökosystem« vom Endkunden (Sparer/Kreditnehmer) über die Banken bis zum Handel, den Fluggesellschaften und wer sonst noch etwas zu verkaufen hat.

Diese neue, größere Wirecard-Holding könne es mit globalen Spielern wie PayPal aufnehmen, so das großmäulige Versprechen. Denn die Zeit der traditionellen Banken laufe ab, man brauche die Verbindung zu modernen Softwareanbietern. Stichworte dafür sind: Bargeldloses Zahlen, Überweisungen ohne Papier, Banking am Smartphone – in all den Bereichen könnte ein fusionierter Konzern die jeweiligen Wettbewerber »vernichten«. Dies alles wird mit konkreten Terminen unterlegt und vor allem mit einem gigantischen Gewinn: Der Aktienkurs und damit der Börsenwert der beiden Firmen würden sich bis zum Jahr 2025 verdoppeln, so die Prognose, auf zusammen 50 Milliarden Euro, der jährliche Gewinn solle um 6 Milliarden Euro steigen. Jahr für Jahr.

Goldene Zeiten! Und das Allerschönste: Die Bilanz der Deutschen Bank listet Vermögen im Wert von mehr als einer Billion Euro auf, in Worten: eintausend Milliarden Euro. Dagegen sind die sechs Milliarden Euro Bilanzsumme von Wirecard Peanuts, will man den ehemaligen Vorstandssprecher der Deutschen Bank Hilmar Kopper zitieren. Oder genauer gesagt: ein Fliegenschiss.

Damit sind wir beim eigentlichen Clou: Wird aus den zwei Bilanzen eine, dann fällt nicht groß auf, dass zwei der sechs Wirecard-Milliarden nur in der Fantasiewelt existieren. Zumindest lässt sich der Betrag mit einiger Kunstfertigkeit in dem riesigen Zahlenwerk unterpflügen, dafür gibt es ja Spezialisten. Die kriminelle Vergangenheit wäre abgehakt. Frisch, fromm, fröhlich, frei ließe sich neu durchstarten. Das war die Idee hinter dem Ganzen, bestätigt heute einer der Berater aus dem Umfeld des Vorstands. Ein möglicher Exit aus dem Schlamassel.

Die Überlegungen zur neuen Struktur sind Ende des Jahres 2019 weit fortgeschritten, wie aus einer Vorlage der Freshfield-Anwälte vom 9. Dezember 2019 hervorgeht. Unter dem neuen Dach hängen demnach drei separate Einheiten: Firmenkunden, Privatkunden sowie eine Technikplattform. In dem Papier werden die daraus folgenden rechtlichen, regulatorischen und steuerlichen Dinge erörtert, bis hin zu der Frage, wie viel Aufpreis den Deutsche-Bank-Aktionären geboten werden muss und was das Manöver für die Gehälter der Leoparden-Gang bedeuten. Nach spätestens zwölf Monaten soll die Übernahme jedenfalls abgeschlossen sein, sagt der Zeitstrahl, abhängig davon, wie sehr sich das Management der Deutschen Bank wehrt. Denn die künftige Führung liegt, natürlich, beim Leoparden als der neuen Muttergesellschaft, ausgestattet mit der Philosophie und dem Mindset einer dynamischen Tech-Firma, nicht verhaftet im Denken dieser bemitleidenswerten einhundertfünfzig Jahre alten Bank, der in den Papieren schon mal ein »Strukturierungsprogramm« verordnet wird. Sozialplan für den Stellenabbau und Mitspracherechte der Arbeitnehmer sind in der Kalkulation berücksichtigt, aufhalten werden solche Stolpersteine das Projekt nicht, zumal der neuentstehende Panther von der Europäischen Zentralbank als dem dann zuständigen Bankenaufseher freudig begrüßt werde, so prophezeit es das Strategiepapier. Schließlich bekomme Europa dadurch endlich ein starkes europäisches Finanzhaus: effizienter, digitaler, diversifizierter als die herkömmlichen Banken – obendrein unabhängig von Amerikanern und Chinesen.

Markus Braun sieht sich laut der internen Unterlagen bereits als strahlender Vorstandsvorsitzender des ganzen Gebildes, dem Deutsche-Bank-Chef Christian Sewing wird generös die Rolle als Vorsitzender des Aufsichtsrates zugedacht. Wie gesagt, die Kräfteverhältnisse sind aus Sicht der Aschheimer Strategen klar: Leopard frisst Jaguar.

Im Geheimen testen sie bereits das Echo in der Investorenszene, schließlich müssen die Großaktionäre auf beiden Seiten das Vorhaben mittragen. Es sei mit großem Wohlwollen zu rechnen, wird in die Wirecard-Zentrale gekabelt, zudem hat Markus Braun einen direkten Draht zur Deutschen Bank, speziell zu deren Chef. »Lieber Christian, können wir kurz telefonieren? Es wäre wichtig«, mailt er etwa Mitte Dezember 2019, während der Panther-Überlegungen, an den Kollegen Sewing in Frankfurt. Was Sewing womöglich nur ahnt: Braun hat einen heimlichen Verbündeten in den Frankfurter Doppeltürmen, dem Machtzentraum des Konzerns: Alexander Schütz, sein Freund aus Wiens gehobener Gesellschaft, wie im Kapitel über die *Ösi-Connection* gesehen, ist einer der reichsten Österreicher und zudem einer der wichtigsten Aktionäre der Gegenseite: Ihm gehörten zu jenem Zeitpunkt etwa 17 Millionen Aktien der Deutschen Bank, außerdem sitzt er in deren Aufsichtsrat. Das verschafft Einblick und Einfluss, beides äußerst hilfreich an Tag X – wenn der KPMG-Bericht durch ist, das EY-Testat vorliegt und die Aktie folglich durch die Decke geht.

Nur: Tag X bleibt aus, zuvor verfault der Leopard von innen. Und der Jaguar trabt erleichtert durch die Steppe.

Offiziell hat die Deutsche Bank von Brauns Ansinnen nie erfahren, er habe von »Projekt Panther« erstmals im Sommer 2020 gehört, nach der Wirecard-Pleite, beteuert Vorstandschef Christian Sewing. Er leugnet nicht, dass es zuvor mehrfach Gespräche über Kooperationen gab, aber niemals über eine Fusion oder Übernahme. Zunächst habe Ex-Wirecard-Chef Markus Braun im März 2018 eine Kooperation im Zahlungsverkehr angeboten, sagte Sewing vor dem Untersuchungsausschuss in Berlin. »Aus diesem Termin haben sich jedoch keine substanziellen weiteren Gespräche ergeben.« Anfang 2019 hat Braun demnach seinen Vorschlag erneuert. Dabei habe dieser laut Sewing lediglich darüber gesprochen, ob eine Zusammenarbeit in einzelnen Bereichen sinnvoll sein könnte. Zwei weitere Termine danach blieben ohne Ergebnis. »Die Inhalte waren unkonkret und von hypothetischer Natur«, sagt Sewing heute. Die Deutsche Bank habe die Gespräche über eine engere Zusammenarbeit anschließend ergebnislos beendet. Wenn man schon zu diesem Zeitpunkt von den Übernahmeplänen gewusst hätte, hätte man mit Wirecard gar nicht erst über ein solches Vorhaben gesprochen, bekräftigt Sewing, wie die Deutsche Bank im Nachhinein alles tut, um Distanz zwischen sich und Braun zu schaffen. Dabei waren die Bande ganz besondere, enger jedenfalls, als Deutschlands größte Privatbank es heute wahrhaben will.

So hat sich das Traditionshaus in ihrem Beirat geschmückt mit dem vermeintlichen Tech-Visionär Markus Braun, hat ihn zudem privat mit Krediten versorgt, und da reden wir nicht von Kleingeld: Der Wirecard-Chef hat einen Privatkredit über 400 Millionen Euro von der Deutschen Bank gewährt bekommen, besichert mit Aktien. Bis auf 150 Millionen Euro hat er das Darlehen zurückbezahlt, ehe die Deutsche Bank den Kredit Anfang 2020 fällig stellte – was Braun erst in die Bredouille und dann zur Oldenburgischen Landesbank brachte. Besonders pikant: Fünfzig Millionen davon hatte Braun Marsalek geliehen, die fordert er nun zurück. Daraufhin geht ein Darlehen in dieser Höhe von der Wirecard Bank an die Ocap in Singapur, von da über Rumänien auf ein Konto von Marsalek, der damit die Schulden bei Braun begleicht. Braun will davon nicht gewusst haben. Wenigstens hatten Sewings Leute keinen Schaden.

Sein Konzern hat all die Jahre mit Wirecard gutes Geld verdient: Deutsch-Banker organisieren Kapitalerhöhungen in Aschheim, ihre Investmentbanker sind noch im September 2019 an maßgeblicher Stelle dabei, als Wirecard eine halbe Milliarde Euro mittels Anleihen am Kapitalmarkt einsammelt. Das ist für die Deutsche Bank heute insofern unangenehm, als die Gläubiger nun womöglich Schadenersatz von ihr verlangen. Blamiert ist auch die DWS. Die Vermögensgesellschaft der Deutschen Bank ist lange der Vorzeigeaktionär von Wirecard, in Treue fest mit Markus Braun verbunden. Gewiss, die DWS ist als eigenständiges Unternehmen an der Börse notiert, größter Aktionär ist aber noch immer das Mutterhaus Deutsche Bank, die mit ihrem Vize-CEO Karl von Rohr auch den DWS-Aufsichtsratsvorsitzenden stellt. Die Dreckspritzer kriegt folglich auch die Deutsche Bank ab.

Ihr Vorstandschef Sewing selbst tritt im Herbst 2019, auf der Bankentagung vom Handelsblatt, wie der gelehrige Schüler des Visionärs Braun auf: »Wir haben den Aufstieg Wirecards verfolgt und uns gefragt, was wir daraus lernen können und wo eine Zusammenarbeit möglich ist«, spricht der Banker und lässt sich auf offener Bühne vom Wirecard-Chef die Welt erklären, um ihm nach dem Vortrag – das übliche Tekki-Geschwätz – zu schmeicheln: »Wir kennen uns schon lange. Markus Braun ist bei uns im Beirat der Deutschen Bank in München.« Die Rollen sind an dem Tag klar verteilt: Hier Braun, der dynamische Mann von morgen, der im schwarzen Rolli über die Bühne tigert, dort Sewing, der in die Defensive gedrängte Traditionalist, die Deutsche Bank als die Macht von gestern. Auf die Frage nach einer möglichen Fusion der beiden Konzerne antwortet der Wirecard-Chef gönnerhaft, dass er einen Zusammenschluss »gesellschaftsrechtlich« nicht sehe, während Sewing sich müht, Anschluss zu halten. Er teile Brauns These, dass sich ein Unternehmen alle zehn Jahre neu erfinden muss, gibt er sich als eifriger Streber: »Das versuchen wir gerade bei der Deutschen Bank. Wir müssen so schnell wie Wirecard sein.« Er finde »toll, was Wirecard gelungen ist«.

Oh, oh, oh – ein Dreivierteljahr später fliegt der Skandal auf, Wirecard ist pleite, Braun in Untersuchungshaft. Könnte man solche Lobhudeleien nur ungeschehen machen, der Chef der Deutschen Bank würde vermutlich schnell auf die Löschtaste drücken. Hinterher ist jeder schlauer, auch der Chef der Deutschen Bank. Er wisse gar nicht, warum Wirecard so gefeiert wurde, sagt Sewing ein Jahr später auf derselben Bühne. »Die haben in einem Jahr so viele Transaktionen gemacht wie wir an einem Montagmorgen.«

Unter Opfern

Die Tränen der Aktionäre

Unmittelbare Opfer der Pleite sind die Mitarbeiter von Wirecard, die ihren Job verloren haben und – für viele noch schlimmer – auch noch die Ersparnisse, da sie an ihre Firma geglaubt haben. Da ist die Abteilungsleiterin mit Ende fünfzig, die ihre gesamte Altersvorsorge (neben der ihres Gatten) auf Wirecard gesetzt hat, oder der Mann vom Sicherheitsdienst, der auf sein Haus eine Hypothek aufgenommen hat, um sich mehr Wirecard-Aktien leisten zu können – und jetzt mit leeren Händen dasteht.

Sie alle haben ihren Chefs geglaubt, so wie das nähere und weitere Umfeld auf die Blender reingefallen ist: von den Profiinvestoren, die sie mit Kapitalmarkttagen bezirzt haben, bis zu Zufallsbekanntschaften nach Feierabend, etwa den Kellnern im Restaurant Käfer, die bei den Abendgesellschaften von Jan Marsalek bedient und am Tisch aufgeschnappt haben, wie die Bosse einen Erfolg nach dem anderen feiern, wie sensationell das bei Wirecard alles läuft. Manche Käfer-Mitarbeiter kommen so auf den Geschmack. »Einige haben für ihre Verhältnisse sehr, sehr viel Geld verloren«, sagt der Chef Michael Käfer. Ein Angestellter kam zu ihm und bat, den angedachten Vorruhestand doch zu verschieben: Er könne noch nicht mit dreiundsechzig aufhören, er müsse jetzt noch ein paar Jahre dranhängen, weil nicht mehr viel von seinen Ersparnissen übrig sei, so sehr habe er auf Wirecard gesetzt.

Alle diese Leute glaubten, sie seien näher dran, hätten einen besonders kurzen Draht, hätten eine Art Insiderwissen von dem Unternehmen – sie sind ebenso getroffen wie jene, die nur aus der Ferne draufschauten. Waren sie naiv, sie alle zusammen?

Wenn ja, dann ist Naivität weiter verbreitet, als man denkt. So erzählt ein DAX-Vorstand, dass in ihren Sitzungen die grandiose Rendite mit Wirecard-Aktien regelmäßig Thema war, und als er, nach dem Knall, im Kreise des Vorstands die Frage stellte, wer alles Geld verloren hat, gingen alle Hände in die Höhe. Klein Erna ist nicht allein.

Sogar ein leibhaftiger ehemaliger Finanzminister zählt zu den Opfern. Peer Steinbrück kam der Zusammenbruch des Wirecard-Konzerns teuer zu stehen, denn der ehemalige SPD-Kanzlerkandidat hatte privat Aktien des Zahlungsabwicklers gekauft. Das Geld ist weg, Berichte über einen fünfstelligen Schaden, 90.000 Euro angeblich, möchte er nicht kommentieren: »Das ist Privatsache.«

Richtig dick mit drin war Tim Albrecht, Star-Fondsmanager. Bis zu 10 Prozent seines Fonds DWS Deutschland, in den Privatanleger vier Milliarden Euro investiert haben, bestanden im Frühjahr 2020 aus Wirecard-Aktien. Reumütig verzichtet Albrecht nach der Pleite auf seinen Bonus, die DWS will nun die Schuldigen verklagen. Viele Fans hatte Wirecard naturgemäß in der Digitalszene. Start-up-Investor Frank Thelen war einer der treuesten Jünger des Konzerns und hat »sehr viel« Geld verloren: »Ich konnte nicht glauben, dass die Gerüchte wirklich wahr sind.« Ihm fehlte es an Fantasie für ein dermaßen unseriöses Geschäftsgebaren – bis die Wirtschaftsprüfer von EY das Testat verweigerten. Er bleibt aber dabei: Deutschland brauche mehr solche Digitalfirmen wie Wirecard, »nur ohne den Betrug«.

Mehr als 20 Milliarden Euro war der Wirecard-Konzern an seinen besten Tagen wert. Wer früh dabei war und zu den Höchstkursen verkauft hat, ist zu erklecklichem Reichtum gekommen, ohne dass er jetzt die Justiz fürchten muss: Es war nichts Unrechtes, mit den Aktien zu handeln. Wer sie freilich bis zum bitteren Ende gehalten hat, kann jetzt Tränen über den Depotauszügen vergießen. Da ist nichts mehr. Das schmerzt. Und schlägt auf die Gesundheit durch. Die Ehefrau eines geprellten Mitarbeiters erleidet einen Nervenzusammenbruch, ein Kleinaktionär bekommt über die Aufregung einen Herzinfarkt. Und das ist nur eine kleine Auswahl an Geschädigten, mit denen wir für dieses Buch gesprochen haben. Manche haben 5000 Euro verloren, andere eine halbe Million.

Insgesamt werden 11.500 Opfer des Wirecard-Skandals gezählt, die ihr Geld zurückwollen. So viele haben ihre Ansprüche beim Insolvenzverwalter angemeldet. Vierundsiebzig von ihnen treffen sich am 18. November 2020, einem Mittwoch, in München. Morgens um 7.30 Uhr stehen die Opfer in der Kälte vor dem Löwenbräukeller am Stiglmaierplatz; »Gläubigerversammlung« nennt sich die Veranstaltung, auf der die Scherben des DAX-Konzerns zusammengekehrt werden. Insolvenzverwalter Michael Jaffé, ein Hobbyboxer, rechnet mit aufgebrachten Kleinaktionären, mit Wut, Zorn, womöglich setzt es gar Prügel. Entsprechend strikt fallen die Einlassbestimmungen für die Gläubiger aus. Jeder muss durch einen Metalldetektor, jede Handtasche wird durchleuchtet. Doch die Furcht erweist sich als unbegründet. Aufregung, Wut und Tränen? Nichts dergleichen ist fünf Monate nach der Pleite zu erkennen. Nur eine Handvoll Kleinaktionäre ist erschienen, der große Rest sind Profis, Anwälte im Anzug. Dazwischen grämt sich ein Münchner Rentner, dessen Altersvorsorge nun weg ist, dort ein Schwabe, der von anderen Kleinaktionären wissen will: »Wie viel hatten Sie investiert?« Die meisten schütteln verschämt den Kopf: »Das verrate ich nicht.« Alle sind sie gekommen, um vom Insolvenzverwalter zu erfahren, was noch zu holen ist vom einstigen Vorzeigeunternehmen in Aschheim. Nicht viel, das wird an diesem Morgen schnell deutlich. Jaffé wiederholt nüchtern, was er vorher schon bekannt gegeben hatte: 3,2 Milliarden Euro aus der Bilanz sind vermutlich weitgehend verloren. Er hat in Aschheim keinerlei nennenswerte Vermögenswerte vorgefunden, dafür chaotische Zustände und geplünderte Konten. Ob davon irgendwas wieder auftaucht? Kaum anzunehmen.

Gerade noch rechtzeitig vor der Versammlung hatte Jaffé den Verkauf des Kerngeschäfts, der Technologieplattform, an das spanische Geldinstitut Santander verkündet – 100 Millionen Euro soll die Bank dafür bezahlt haben. Mit dem Verkauf der Töchter in Amerika, in Brasilien und Rumänien kommt damit eine halbe Milliarde zusammen. Viel mehr wird es wohl nicht werden. Die Bank und viele andere Wirecard-Geschäftszweige werden einfach abgewickelt. Das Interesse an dem vermeintlichen Tech-Champion aus Deutschland hält sich dann doch arg in Grenzen, andere Anbieter springen ein, auf die »einzigartige Technik« scheinen sie verzichten zu können. Überhaupt sind die Folgen der Pleite des Zahlungsabwicklers überschaubar: Nach ein paar rumpeligen Wochen in England und Singapur, wo die Regierung die Geschäftsaktivität der Wirecard-Töchter von einem Tag auf den anderen untersagt, wechseln die Kunden zu anderen Zahlungsanbietern. Ein erheblicher Anteil an Kunden wie Umsatz war sowieso erfunden, die echten Kunden wie Aldi, Ikea und etliche Fluggesellschaften suchen sich neue Partner. Im globalen Zahlungsgeschäft ist das Kapitel Wirecard schnell vergessen.

Was bleibt, sind 11.500 Gläubiger, die insgesamt 20 Milliarden Euro einfordern. Die Zahl ist so gigantisch hoch, weil auch

Tausende von Kleinaktionären der großartigen Geschichte von Markus Braun geglaubt haben. Nur wegen der Betrugsgeschichte sind sie im Löwenbräukeller überhaupt zugelassen, normalerweise werden sie bei einem Bankrott anders behandelt. Aktionäre sind schließlich keine Gläubiger, sondern Mitinhaber des Unternehmens. Verluste gehören zu ihrem Risiko. In diesem speziellen kriminellen Fall ist das anders, auch die Aktionäre sind Opfer von Betrug, Bilanzfälschung und Marktmanipulation geworden. Ob sie allerdings noch ein Stück vom mageren Kuchen sehen, der übrig geblieben ist, steht in den Sternen. Der Insolvenzverwalter gibt sich vage: »Am Ende des Tages werden das die Gerichte entscheiden.«

Auch für die anderen Gläubiger, die Banken, die Wirecard Kredite gewährt hatten, die Arbeitsämter und Krankenkassen, dämpft er die Hoffnungen, dass sie etwas zurückbekommen, falls überhaupt. »Das alles wird sich zehn Jahre hinziehen«, sagt Jaffé, er weiß es aus Erfahrung. Der Mann hat auch schon nach der Kirch-Pleite die Scherben aufgekehrt, er hat nach der Insolvenz der P&R-Gruppe nach Schiffscontainern gesucht, die es nie gegeben hat, jetzt fahndet er nach den Wirecard-Milliarden.

Selbst wenn alle kriminellen Machenschaften vollständig aufgeklärt werden, erhalten die Opfer noch lange nicht ihr Geld zurück. Die Stimmung während der Versammlung im Löwenbräukeller ist entsprechend eisig, so eisig wie die Raumtemperatur. Wegen Corona bleiben alle Flügeltüren nach draußen geöffnet. In dicken Mänteln und Mützen hockt ein jeder Gläubiger auf seinem Stuhl, zwei Meter Abstand trennen ihn vom nächsten. »Jeder Stuhl steht für ein Schicksal«, titelt eine große Boulevardzeitung. Wobei das so nicht stimmt: Ein Stuhl kann für Hunderte Geschädigte stehen. So tritt beispielsweise ein Anwalt ans Pult und erklärt, er vertrete institutionelle Investoren, deren Ansprüche sich auf 1,9 Milliarden Euro summieren.

Auf einem Stuhl schräg hinten rechts nimmt Aktionärsschützerin Daniela Bergdolt von der DSW Platz, der Deutschen Schutzvereinigung für Wertpapierbesitz. Sie und ihr Kollege vertreten Hunderte von Schicksalen. Mit schweren gelben Postpaketen sind sie morgens angereist, darin Hunderte von Vollmachten. Nicht weit von ihr sitzt die Vertreterin einer chinesischen Großbank, sie hat nur ein paar Zettel in einer Jutetasche bei sich. Ihr Kollege von der DWS, der Fondstochter der Deutschen Bank und einer der Hauptgläubiger, kommt dagegen schwer beladen. In seinem dicken Koffer lagern wichtige Unterlagen: Die DWS macht Ansprüche in Höhe von 600 Millionen Euro geltend, eine Strafanzeige gegen die frühere Wirecard-Führung hat sie bereits gestellt, gegen die Abschlussprüfer von EY sowie die Bafin zieht sie es in Erwägung.

Doch Insolvenzverwalter Jaffé macht auch dem Großinvestor aus Frankfurt wenig Hoffnung, schließlich ist ein Großteil des Geldes unwiederbringlich weg. »Wir haben containerweise Forderungen über den Zaun geworfen bekommen.«

»Der Staat hat uns das Geld weggenommen.«

Der Kleinaktionär Schuler über seine Begeisterung für Wirecard und die Schuldigen für seine Verluste.

Herr Schuler, wie sind Sie auf Wirecard aufmerksam geworden?

Schuler: Durch den DAX-Aufstieg 2018. Da habe ich mir die die Firma mal angeschaut, die Vorwürfe und wie die Aktie dann hochgeschossen ist. Erst habe ich die Finger davongelassen, bis sich der Markt wieder beruhigt hat.

Wann sind Sie konkret eingestiegen?

Erst im Sommer 2019, nach den Aktienempfehlungen in

allen möglichen Zeitungen, wir haben alles durchgelesen. Das entscheidende Argument war dann das Verhalten der BaFin.

Die Finanzaufsicht hat Sie zum Kauf ermutigt?

Ja, ganz klar. Als die BaFin gegen den Journalisten von der Financial Times vorgegangen ist und Leerverkäufe verboten hat, da war für uns ganz klar: Jetzt kann man rein. Wir haben einen DAX-Wert, kein Risikopapier auf dem Neuen Markt. Ganz klare Sache. Die BaFin und die Staatsanwälte gehen gegen die Shortseller vor, die ein deutsches Unternehmen einfach nur kaputt machen wollen. Als die BaFin Wirecard in Schutz genommen hat, da haben wir gesagt: Okay, in der Firma ist alles in Ordnung, hier legen wir unsere Reserven an, als langfristige Anlage. Ich dachte: Die lassen wir zehn Jahre laufen, dann haben wir unsere Altersvorsorge. Die Aktie wirft zwar keine Dividende ab, aber das ist der Wachstumsmarkt. Wenn wir so einen Global Player in Deutschland haben, dann möchten wir unbedingt dabei sein.

Also ist die Aufsicht schuld an Ihrem Verlust?

Die BaFin ist sicher einer der Hauptverantwortlichen, sie und die Regierung haben uns das Geld weggenommen. Anders kann man das nicht sagen: Indem sie untätig geblieben sind und Wirecard gewähren ließen, sind sie zum Mittäter geworden. Also bitte. Ich bin nicht nur sprachlos, was hier abgegangen ist, das wäre noch untertrieben, das ist kriminell. Die haben Kriminellen geholfen, uns das Geld zu stehlen. Der deutsche Staat hat uns doch gesagt: Es geht hier nur darum, eine deutsche Firma kaputt zu machen. Für mich sind, wenn man es genau nimmt, alle drei Betrüger: Ernst & Young, BaFin sowie Wirecard. Und dass die BaFin-Mitarbeiter auch noch privat spekuliert und so mit der Wirecard-Aktie Geld verdient haben, das ist ein Hohn für jeden Anleger. Blanker Hohn. Und wenn mir heute jemand sagt: »Was, du hast Wirecard-Aktien gekauft? Dann warst du ein Zocker!«, dann verbitte ich mir so eine Aussage. Wir waren keine Zocker. Wir haben Aktien einer Firma gekauft, die im DAX gelistet war, das sind keine Zockerpapiere. Telekom, Allianz, Siemens, SAP. Endlich haben wir ein zweites SAP, davon hat die Regierung geträumt, deswegen haben sie weggeguckt.

Geben Sie Finanzminister Olaf Scholz (SPD) als Vorgesetztem der BaFin eine Mitschuld?

Scholz hätte die Macht gehabt, mal nachzuhaken, mal nachzufragen: Kontrolliert das mal! Natürlich gebe ich ihm eine Schuld, aber ich glaube, der Herr Scholz hält privat auch nichts von Aktien, der braucht das auch nicht. Der hat sein Ministergehalt mitsamt üppiger Pension, der muss sich nicht um die Altersvorsorge kümmern, die bezahlen wir ja mit.

In welchen Mengen haben Sie gekauft?

In verschiedenen Mengen, in fünf, sechs, sieben Tranchen, die erste im Sommer, Herbst 2019, irgendwo bei 110 Euro, 138,80 war dann das Höchste. Zum Jahreswechsel waren wir im Gewinn, da habe ich mich richtig gefreut: Ja, du hast auf das richtige Pferd gesetzt, dachte ich. Im April, Mai 2020 habe ich dann noch mal dazugekauft, da hagelte es bereits schwere Vorwürfe.

Von wem?

Von der Familie. Natürlich hat sie mir Vorwürfe gemacht, erst recht, nachdem Wirecard kurz darauf pleitegegangen ist. Da hing wirklich der Haussegen schief. Ich erinnere mich noch an die Nachricht von der Insolvenz. Ich kriege einen Anruf, mir ist die Kinnlade aufs Knie gefallen. Ich habe gedacht, ich kriege einen Vogel, ich bin im falschen Film. Wir waren baff, das kann nicht stimmen, dass Wirecard betrogen hat, dass 1,9 Milliarden fehlen und so fort. Das war Horror. Horror!

Wie schauen Sie auf die Wirecard-Führung? Fühlen Sie sich persönlich von Markus Braun und Jan Marsalek betrogen?

Wir haben immer auf Herrn Braun geschaut, nicht auf Marsalek, diesen jungen Hüpfer. So wie der abgebildet wird auf den Fahndungsfotos, mit dem Taliban-Bart, dem würde ich keinen Cent anvertrauen. Den Herrn Braun, der teilweise wirklich als Gott gepriesen wurde, den haben wir mit Sicherheit nicht als Guru angesehen, aber als Visionär der Wirecard AG, das schon.

Sie waren ein Fan?

Ja, klar. Man ist fast Fan geworden. Mit jedem Angriff noch mehr, ich wollte, dass ein deutsches Unternehmen gewinnt, denn ich glaube an Deutschland und auch an unseren DAX, und ich bin traurig, ja richtig traurig. Man kann nur traurig sein.

Wie viel haben Sie verloren?

99,8 Prozent der Investition. Alles von versteuertem Geld, das tut weh. Hätte ich das Geld doch in Stein und Boden investiert, dann hätte ich jetzt wenigstens was. Das werde ich in Zukunft auch tun. Grund und Boden gehen nicht bankrott.

Die Frage nach der Schuld

Das Organversagen von Vorstand und Aufsichtsrat

Die Schuld am Wirecard-Skandal kann nicht einem Einzelnen in die Schuhe geschoben werden, dafür hat der Fall zu gewaltige Ausmaße. »Der Aufstieg von Wirecard ist ohne Komplizenschaft, Kollaboration, Betriebsblindheit, Gutgläubigkeit, Wunschdenken verschiedenster Beteiligter nicht zu erklären«, urteilt Dieter Thomä, ein in St. Gallen lehrender Philosoph. Also gehen wir die Akteure der Reihe nach durch, von innen nach außen, beginnend mit dem Unternehmen selbst, wo eindeutig ein Organversagen zu diagnostizieren ist. Der Begriff Organ ist hierbei nicht im medizinischen Sinne zu verstehen, sondern im Sinne des Wirtschaftsrechtes, gemeint ist also die Fehlleistung von Vorstand und Aufsichtsrat.

Die Taten oder besser Missetaten des Managements, also des Vorstands, ziehen sich durch das gesamte Buch. Die erste Instanz, die hätte eingreifen können, ja müssen, ist der Aufsichtsrat, doch der hat sich bis auf die Knochen blamiert. Viel schlimmer noch: Das Gremium hat seinen Namen nicht verdient. Wie können Aufsichtsräte, die offensichtlich die Aufsicht scheuen, sich überhaupt so nennen? Zumindest bis zum Antritt Thomas Eichelmanns im Januar 2020 als Aufsichtsratschef sprach das Gremium allen Ansprüchen Hohn. »Der Aufsichtsrat war nur formal existent, nicht im normalen Geschäft«, berichtet ein

Manager. Die angeblichen Kontrolleure hatten nicht mal ein Büro im Unternehmen. Wozu auch? Das Ganze war ein Witz, eine Angelegenheit, abgewickelt nach dem Motto »family & friends«. Traf sich das Gremium, dann mit dem vorrangigen Zweck: sich gemeinsam zu erfreuen am Wohlergehen der Firma und dem Wachstum des eigenen Vermögens. Dem Vorstand auf die Finger klopfen? Ihn gar in die Schranken weisen? Undenkbar. Wirecard war Markus Braun. Einzig sein Wille zählte. Wer da *unter ihm* im Aufsichtsrat hockte, war egal.

Die Mitglieder, die für den Schlamassel verantwortlich waren, haben sich inzwischen aus dem Staub gemacht oder ducken sich weg, schweigen. Welche Schuld sie im Sinne der Paragrafen auf sich geladen haben, müssen die Gerichte entscheiden, verantwortlich für die Fehlentwicklungen sind sie in jedem Fall: Entweder sie haben nichts mitbekommen, dann waren sie inkompetent und saßen am falschen Platz. Haben sie aber von den kriminellen Taten gewusst und sie gar gedeckt, wäre die Gefängniszelle für sie der richtige Ort. Von einer Aufsicht ist jedenfalls nicht zu sprechen, die Statements des Gremiums klingen durchgängig mehr nach Fanclub als nach Kontrollinstanz. Die Herrschaften haben schlicht alles abgenickt, wenn sie nicht gerade eingenickt waren, so wie der langjährige Vorsitzende Wulf Matthias, der laut übereinstimmender Berichte diverser Augenzeugen gegen Ende seiner Karriere dem Geschehen nur mit Mühe folgen konnte.

Fast könnte man Mitleid haben mit diesem älteren Herrn, Jahrgang 1944, der lange für Sal. Oppenheim und Credit Suisse gearbeitet hat und einen gewissen Ruf hatte. Äußeres Erkennungszeichen dieser Banker alter Schule: das Einstecktuch im Sakko, gerne die Villa auf den sanften Hügeln des Taunus westlich von Frankfurt. Matthias ist ein eloquenter, betagter Mann mit guten Umgangsformen, einer Oldtimer-Sammlung und einem frohen Gemüt, »am fröhlichsten, wenn sich alle mögen«. So jemand tut anderen nicht weh, auch wenn er als Kontrolleur dafür bezahlt wird. Matthias erweist sich seit 2008 als treuer Vasall an der Seite Brauns, es läuft ja alles prima, der Erfolg gibt ihnen recht. Wer am Geschäftsgebaren zweifelt, macht sich der üblen Nachrede schuldig, als Komplize des von außen angreifenden Feindes.

Die Tatsache, dass so oft und so ausgiebig über die krummen Machenschaften des Konzerns berichtet wird, wirkt für den Aufsichtsrat strafverschärfend: Die Männer um Matthias können sich nicht hinter der beliebten Ausrede verstecken, sie hätten nichts mitbekommen. Nein, sie waren gewarnt. Die Vorwürfe gegen Wirecard wurden laut in die Welt posaunt, Vorstand wie Aufsichtsrat hatten sich damit permanent zu befassen. Das Problem ist, wie sie das taten: Die Anschuldigungen wurden vom Vorstand kleingeredet, wenn nicht gar vertuscht, Untersuchungen wurden behindert. Und der Aufsichtsrat hat es geschehen lassen und kam nicht auf die Idee einzuschreiten, gar Vorstände vom Hof zu jagen. Dabei lagen ihnen die Bedenken der Prüfer in Form geheimer Anhänge an die Testate all die Jahre vor. Matthias und Konsorten benehmen sich nicht wie Kontrolleure, sondern wie Kumpane. Erst gegen Ende, mit veränderter Besetzung und Thomas Eichelmann an der Aufsichtsratsspitze ändert sich das allmählich. Viel zu spät.

Vorher sind die Zustände im Aufsichtsrat unwürdig für einen halbwegs professionellen Konzern, weit entfernt von allen Standards. Es gibt keinen Prüfungsausschuss, keine Protokolle, nichts, was den Anforderungen an einen DAX-Konzern entsprochen hätte. Und das Schlimmste: Die Missstände müssten allen Beteiligten bewusst sein. Das belegt der Rückzug der früheren Aufsichtsrätin Tina Kleingarn, die bei dem üblen Treiben nicht mitspielen wollte.

Ende 2017 tritt die Managerin zurück, und das nach nur gut einem Jahr im Kontrollgremium, weil das Unternehmen »hemdsärmelig« geführt werde. In einem Brief an den Aufsichtsrat wirft sie bei ihrem Ausscheiden dem Vorstand einen Mangel an geordneten und angemessenen Kontrollen vor und warnt vor »zu großen und gar unerkannten Risiken«. Explizit kritisiert sie darin das Auftreten von Vorstandschef Braun. Sein Handeln »gleicht dem eines alleinigen Eigentümers, der er aber nicht ist«. Dazu führt sie beispielhaft aus, wie schräg seine Wiederwahl zum Vorstandsvorsitzenden abgelaufen ist: »Der Vorgang hatte nichts mit einem geordneten Prozess zu tun«, der innerhalb von vierundzwanzig Stunden von Braun »herbeigeführt« worden sei. Ein Aufsichtsrat als reines Witzfiguren-Kabinett? So ähnlich schildert es Kleingarn in ihrem Brief sowie Jahre später als Zeugin im Wirecard-Untersuchungsausschuss des Bundestags.

Wer ihren Brief heute liest, dem wird ganz anders. Kleingarn schreibt, dass schon im Jahresabschluss 2015 »nur knapp« ein uneingeschränktes Testat von den Wirtschaftsprüfern erteilt wurde. Auch das Testat für 2016 wurde »nur in letzter Minute« uneingeschränkt erteilt. Mit dem Vorstand sei trotz allem Drängen nicht zu sprechen gewesen. Diese Praxis dürfe sich nicht wiederholen, mahnt die aufrechte Kontrolleurin. Genau das aber geschieht im Jahr 2018. Und fast wäre Wirecard auch mit dem Jahresabschluss für 2019 noch einmal durchgekommen.

Die ehemalige Aufsichtsrätin Kleingarn sieht sich deshalb in Berlin mit Fragen konfrontiert, warum sie nicht Alarm geschlagen hat, warum sie als Grund für ihren Rücktritt damals persönliche Gründe vorgegaukelt hatte, wenn sie doch in Wahrheit schwerwiegende Mängel zu diesem Schritt bewogen hätten. Ein öffentliches Statement hätte ihre Nachfolger und das Publikum draußen warnen können. Doch nichts dergleichen geschieht, und intern werden die Bedenken weggewischt. Als Lehre empfiehlt Christian Strenger, Gründungsmitglied der Corporate-Governance-Kommission: »Häufige, kaum begründbare Wechsel in einem von geringer Expertise angeführten Aufsichtsrat sollten zur Vorsicht raten.« Damit so was nicht noch mal passiert.

Wulf Matthias, der ewige Aufsichtsratsvorsitzende von Brauns Gnaden, gefällt sich allen Anfeindungen zum Trotz vermutlich in der Rolle des ehrbaren Kaufmanns, wo das Wort noch zählt – warum also nachhaken? Prüfungseifer? Fehlanzeige. Lieber schwimmt er mit auf der von Markus Braun angeschobenen Welle. Nichts geht im Aufsichtsrat, ohne es vorher mit dem Vorstandschef abzustimmen.

Selbst als die Vorwürfe im Herbst 2019 so massiv werden, der Druck von außen eine Sonderprüfung erzwingt, widersetzt sich Aufsichtsratschef Matthias. Statt die Chance zu nutzen, um sich auf den letzten Metern auf die Seite der Guten zu schlagen, steht er treu und fest zu den mutmaßlichen Großbetrügern. Die Vorwürfe seien »ein Ärgernis«, lässt sich Wulf Matthias, damals 75, in der Financial Times zitieren, eine Sonderprüfung sei unnötig. Ein Aufsichtsrat im Modus der drei Affen: nichts sehen, nichts hören, nichts sagen. Verschärft wird das Problem dadurch, dass der Aufsichtsratschef erkennbare Freude an seiner Wichtigkeit hat und die empfohlene Altersgrenze ignoriert. Für einen respektablen Rückzug fehlt ihm das Gespür, dafür macht ihm der hübsch dotierte Job (insgesamt eine halbe Million Euro pro Jahr) zu viel Spaß, auch wenn sie in seinem Umfeld merken, wie seine Kräfte schwinden, körperlich wie geistig. Besonders traurig anzusehen ist dies gegen Ende seiner Amtszeit während einer Klausur des Aufsichtsrats in Fuschl am Fuschlsee, idyllisch vor Salzburg gelegen. »Matthias konnte der Sitzung nicht mehr folgen«, erinnert sich ein Teilnehmer. »Wenn er nicht eingeschlafen ist oder gerade vergessen hat, worum es geht, ist schon viel gewonnen.« Teils ist die Runde schon drei Themen weiter, bis der Aufsichtsratsvorsitzende aufwacht und den Faden wieder aufnimmt. Dazu leistet er sich Schlüpfrigkeiten gegenüber den Frauen im Gremium, die »zum Fremdschämen« gewesen seien. Im Januar 2020 schließlich zieht sich der Banker nach mehr als zehn Jahren im Amt zurück, seit 2008 war er schon an Bord. Er klingt gerührt, wenn er zum Abschied von seinem Wirecard-Mandat als einer »besonderen Ehre« spricht. Das Unternehmen habe »eine in der jüngeren Wirtschaftsgeschichte Deutschlands beispiellose Wachstums- und Erfolgsstory hingelegt.«

Kein halbes Jahr später folgt ein beispielloser Bankrott. Seither ist von Matthias nichts zu hören, nirgendwo, weder in den Medien noch im Untersuchungsausschuss. Der Mann stellt sich stumm und ist damit insofern erfolgreich, als er im öffentlichen Urteil noch immer geschont wird. Krankheit und Alter bewahren ihn womöglich davor, sich einem Prozess stellen zu müssen. Ist das menschlich? Ja. Ist das gerecht? Na ja. Zynisch gesprochen hat Wulf Matthias den Vorteil, seinen Ruf erst zum Ende seines Arbeitslebens ruiniert zu haben, andere Aufsichtsräte tun sich da schwerer, etwa Thomas Klestil, Sohn des ehemaligen österreichischen Präsidenten, der ist mehr als zehn Jahre alle Missstände duldend dabei, zu lange, um für sich eine Nebenrolle als Held beanspruchen zu dürfen. Die Aussichten für ihn stehen daher nicht zum Besten, auch wenn der Österreicher nach dem großen Knall zu seinen Landsleuten Braun und Marsalek rasend schnell auf Distanz geht. Bislang als umtriebiger Investor in der Fintech-Branche unterwegs wird das schwieriger nach dem Wirecard-Desaster. »Ich bin meinen Aufgaben als Aufsichtsrat stets mit aller Kraft nachgekommen. Der Betrugsverdacht, der inzwischen gegen Teile des Managements von Wirecard im Raum steht, ist für mich schockierend«, wehrt er sich. Es hilft nicht viel.

Das Mandat bei N26, der erfolgreichen Berliner Online-Bank, büßt er nur wenige Woche nach dem Absturz in Aschheim ein, angeblich nicht zuletzt auf Druck der BaFin. Und dann wartet noch die Justiz auf die Aufsichtsräte, zivil- wie strafrechtlich droht ihnen Ungemach.

Wie auch immer die Prozesse am Ende ausgehen werden, der Schaden ist angerichtet, das Mitleid hält sich in Grenzen, gerade innerhalb der Wirtschaftswelt. Es wird schwer, ähnliche Aufgaben zu ergattern: Wer halst sich freiwillig etwas vom Wirecard-Ruch auf? Zumal die Verstrickung handfeste Konsequenzen hat, in dem Punkt vergisst der Kapitalmarkt nichts, da wirken die Selbstreinigungskräfte des Marktes.

Wer in den Aufsichtsrat einer börsennotierten Aktiengesellschaft einziehen will, muss sich von den Aktionären in der Hauptversammlung wählen lassen. Die institutionellen Investoren – Banken, Versicherungen, Pensionsfonds – richten sich dabei meist nach der Empfehlung von sogenannten Stimmrechtsberatern. ISS ist eine der bekanntesten dieser Agenturen, und die hat ihr Urteil gefällt: lieber kein belastetes Wirecard-Personal mehr in einem Unternehmen, das etwas auf sich hält.

So hat die Deutschrussin Anastassia Lauterbach, für einige Zeit Wirecard-Aufsichtsrätin, kein halbes Jahr nach der Pleite ein wohlklingendes Mandat verloren, nämlich bei der Fluggesellschaft Easyjet. ISS hat Widerstand angekündigt, indem sie die Aktionäre zur Enthaltung bei der nächsten Wahl der belasteten Managerin aufforderte – damit war ihr Schicksal besiegelt. Kurz vor Weihnachten 2020 legt Lauterbach ihr Mandat nieder, teilt die Fluggesellschaft mit, sie verlässt das Board »mit sofortiger Wirkung«.

Die Wirtschaftsprüfer – mit Blindheit geschlagen

Ganz oben in der Liste der Blamierten stehen die Wirtschaftsprüfer von EY, vormals Ernst & Young. Welche Note sollte man ihnen auch geben, wenn sie ihren Stempel zehn Jahre lang wohlwollend auf die Bilanz eines Konzerns drücken, der sein Vermögen frei erfunden hat? Nichts anderes als eine glatte Sechs wäre da wohl angebracht.

Einen »klaren Fall von Prüfversagen«, diagnostiziert der Münchner Wirtschaftsprofessor Manuel René Theisen, der die Branche seit drei Jahrzehnten begleitet und in der Zeit Hunderte von Wirtschaftsprüfern selbst ausgebildet hat. Der Mann kennt seine Pappenheimer so gut, dass er sich ein Urteil zutraut, noch ehe die Gerichte tagen: »Der Fall Wirecard ist mindestens ein so spektakulärer Skandal wie Enron.«

Der amerikanische Energiekonzern Enron, der sich selbst als »The World's Greatest Company« (großartigste Firma der Welt) feierte, fälschte über Jahre seine Bilanzen, der Skandal brach der Wirtschaftsprüfungsgesellschaft Arthur Anderson schließlich das Genick, die deutsche Landesgesellschaft ging in der Folge in EY auf – ausgerechnet in der Firma, die sich nun für den Wirecard-Bankrott zu rechtfertigen hat. »Die EY-Wirtschaftsprüfer kommen da nicht raus«, sagt Professor Theisen, egal, was sie an entlastendem Material noch zutage fördern sollten. Alle Akten, alle Ausreden helfen nichts: Sie haben die Betrugsmasche nicht entdeckt, und darauf kommt es an. Das kriminelle Verhalten der Betrüger allein reicht nicht aus für einen Skandal dieser Güte, obendrauf braucht es das sie begünstigende »systemische Versagen der Prüfbranche«, so Professor Theisen.

Das erste Problem: die Kumpanei der Prüfer mit den Kunden. Der Wirtschaftsprüfer ist eben nicht der Detektiv, der eiskalt, ohne Ansehen der Person, mit großer Lupe und allen Mitteln der Forensik nach der Wahrheit forscht. So stellt er sich nur gerne dar. »Wir sind dazu erzogen wegzuschauen«, sagt ein Aussteiger, selbst lange tätig für einen der Big Four. Allesamt sind sie Dienstleister, nicht Ermittler. Sie werden bezahlt von ihrem Auftraggeber, im Fall von Wirecard ist der Auftrag für EY gut zwei Millionen Euro im Jahr wert, plus das Renommee, die Tech-Hoffnung im DAX zum Kunden zu haben: Wer mag dies alles in den Wind schießen? Von den Zuständen in den Anfangsjahren von Wirecard ganz zu schweigen, da ging dort eine lokale Kanzlei ans Werk, die war mit dem Kunden so freundschaftlich verbunden, dass man nebenher noch gemeinsame Geschäfte machte. Andere Zeiten, irre Zustände. Selbst ein globaler Player wie EY, weltweiter Umsatz an die 40 Milliarden Dollar, fällt auf Wirecard herein. Jahr für Jahr testieren sie bei dem Börsenstar die gefälschten Zahlen ohne jegliche Einschränkung. Mehr als zwei Milliarden Euro auf Treuhandkonten in Asien haben die Wirecard-Gangster vorgetäuscht. Wie konnte EY davon nichts bemerken?, ätzen Anlegeranwälte und verlangen deshalb Schadenersatz für ihre Klienten, wegen »erheblicher Versäumnisse der Wirtschaftsprüfungsgesellschaft«. Den Imageschaden hat EY obendrein, etliche Kunden sind nach dem Wirecard-Desaster bereits abgesprungen. »Das könnte für EY brandgefährlich werden«, urteilt das Fachmagazin Finance. Auf Mitleid darf die Firma kaum hoffen, Häme und Spott dafür gibt's reichlich. Die Prüfer wurden regelrecht übertölpelt, ließen sich abspeisen mit windigen Bankbestätigungen, statt sich selbst der Existenz der Konten zu versichern, immerhin belief sich das angebliche Vermögen in Asien auf ein Drittel der Bilanz, alles andere als eine Kleinigkeit also. Statt bei den Bankchefs vor Ort vorzusprechen, hielten die EY-Leute Videokonferenzen ab mit angeblichen Bankmitarbeitern auf den

Philippinen, die entweder geschmiert waren oder angeheuerte Laiendarsteller. Ganz genau wird man es vermutlich nie mehr erfahren. Die Prüfer rechtfertigen sich damit, dass sie nicht mehr ausrichten konnten, da die fraglichen Milliardenkonten nicht dem Konzern gehörten, den sie zu prüfen hatten, sondern Treuhändern – und darauf hätten sie nun mal keinen Zugriff, nicht mal einen direkten Kontakt. Ein schwaches Argument, sagen Leute wie James Freis, der Kurzzeit-CEO nach dem großen Knall: »Wie kann jemand Wirtschaftsprüfer sein, ohne zu merken, dass mit den Konten etwas nicht stimmt?«

Keine Frage, als Helden kommen die EY-Leute aus der Affäre nicht heraus, sosehr sie sich auch strecken, ihre Führung 2021 auswechseln und auf ihre Verschwiegenheitsklausel verweisen – einen Verdacht dürfen sie nur dem Aufsichtsrat in geheimen Anhängen mitteilen, nicht aber der Staatsanwaltschaft oder anderen Behörden. Immerhin: Die Idee mit den Notruf-Überweisungen im Mai 2020 versetzte dem Betrugssystem den Todesstoß. Nur, warum so spät? Die Vorwürfe waren längst bekannt, wenden Konkurrenten ein. Zumindest der Wettbewerb funktioniert.

So hält KPMG es sich zugute, mit der Sonderprüfung den Wirecard-Skandal zum Platzen gebracht zu haben. Locker watscht Alexander Geschonneck, für die KMPG in Aschheim im Einsatz, die EY-Kollegen ab, die zehn Jahre lang die Korrektheit der Bücher von Wirecard attestiert hatten, ohne etwas zu merken. Dabei habe es »keiner Raketenwissenschaft« bedurft, Wirecard auffliegen zu lassen, eröffnete der KPMG-Mann den Abgeordneten im Untersuchungsausschuss. Wirecard habe den Beweis für die Existenz der Konten über 1,9 Milliarden nicht erbringen können, dasselbe gelte für die Kontostände aus den Jahren 2016 bis 2018. Ganz einfach. »Die Fakten sprechen für sich.«

Wahrscheinlich ist es so, dass Wirtschaftsprüfer generell

überschätzt werden, vielleicht ist das Klischee vom Hakenmacher in Ärmelschonern näher an der Wirklichkeit als gedacht. Vielleicht hat Wolfgang Bernhard recht, ein Altvorderer der deutschen Wirtschaft, ehemals Wirtschaftsberater des Papstes und Geschäftsführer der F.A.Z., wenn er in seinem jüngsten Buch lästert über die Kleingeister, die den übergeordneten Zusammenhang nicht erkennen. Abschlussprüfer sind für ihn nicht mehr als »Griffelspitzer: groß im Kleinen, klein im Großen«.

Die Blamage der Banken

Sind die Banken Opfer oder Täter im Wirecard-Skandal? Gewiss, all jene Häuser, die dem Konzern Geld geliehen haben, schauen in die Röhre: ABN Amro, Commerzbank, ING, LBBW – sie waren mit je 200 Millionen Euro dabei, die DZ Bank (das Mutterhaus der Volks- und Raiffeisenbanken), Barclays, Credit Agricole mit je 120 Millionen, die Deutsche Bank und die Bank of China mit je 80 Millionen.

Das Geld ist zu guten Teilen weg, insofern gehören die Kreditinstitute zu den Leidtragenden. Glücklich, wer wenigstens an die Sicherheiten gedacht hat: Die Deutsche Bank kommt so mit 18 Millionen Euro Miesen davon, während die Commerzbank sich weniger schlau zeigt. Allein sie büßt 187 Millionen Euro ein und sei »wie viele andere Opfer eines in dieser Dimension unvorstellbaren Betrugs geworden«, sagt der Vorstand. Der Wegfall aller Vermögenswerte bei einem DAX-Unternehmen »lag außerhalb der Vorstellungskraft«.

So eindeutig ist die Sache nicht. Wahr ist nämlich auch: Die Banken sind, wenn schon keine Komplizen, so doch Mitwisser. Zumindest hätten sie mehr wissen können, als sie es taten. Die fünfzehn Geldinstitute des Konsortiums, die Wirecard mit 1,8 Milliarden Euro Krediten finanziert haben, hätten sich schlaumachen können, ja müssen. Stattdessen haben sie die Kreditlinie im Sommer 2018 noch erhöht, als die Vorwürfe gegen Wirecard längst in aller Munde waren. Im Gegensatz zum gewöhnlichen Aktionär hatten sie die Mittel, das Spiel zu durchschauen. Sie hätten alle Hebel in Bewegung setzen können, um Einblick in den nicht öffentlichen Prüfbericht einzufordern, in dem die Verdachtsmomente aufgelistet und begründet waren. Darauf weisen die Wirtschaftsprüfer hin, wenn ihnen allein alle Schuld zugeschoben wird. Und damit haben sie – ausnahmsweise – mal recht. Im öffentlich zugänglichen Testat der Bilanz fehlen die kritischen Punkte, die schreiben die Prüfer nur auf die geheimen Blätter, die der Aufsichtsrat exklusiv erhält. Dass der nicht eingegriffen hat, ist eine Schande, die wir hinlänglich beschrieben haben. Schwer zu verstehen ist die Nachlässigkeit der Banken: Warum haben sie den nicht öffentlichen Teil nicht angefordert, wenn so viele Millionen im Feuer standen? Sie haben schließlich das Recht, den »heißen« Anhang einzusehen. Bevor Banker Darlehen vergeben, Anleihen für einen Konzern emittieren, haben sie Anspruch auf die ganze Wahrheit – zumindest auf den Stand dessen, was die Wirtschaftsprüfer dafür halten.

Diese Maßnahme haben die Banken im Fall von Wirecard unterlassen, weil sie naiv waren, faul oder was auch immer sie geritten hat. Jedenfalls haben sie munter ihre Darlehen rausgegeben an Wirecard oder Anleihen an Investoren verkauft. Im Schwarzer-Peter-Spiel wälzen sie – etwas vorschnell – die ganze Schuld auf die Wirtschaftsprüfer ab. »Auf eine testierte Bilanz muss man sich einfach verlassen können«, sagte Hans-Walter Peters, der damalige Präsident des Bundesverbandes deutscher Banken, im Spätsommer 2020. So plappern es ihm alle Banker nach.

Das Argument ist richtig, entspricht aber nicht der ganzen Wahrheit: Laut Gesetz darf eine Bank größere Kredite nur vergeben, wenn sie sich »von dem Kreditnehmer die wirtschaftlichen Verhältnisse, insbesondere durch Vorlage der Jahresabschlüsse, offenlegen lässt«. Dazu gehört, wie eben beschrieben, das Recht, sich als Gläubiger die nicht öffentlichen Prüfberichte zeigen zu lassen. Die Banker sind dazu nicht verpflichtet, aber sie haben das Recht dazu. Das hätte im Fall von Wirecard durchaus geholfen. Die Wirtschaftsprüfer von EY haben im Anhang zum Prüfbericht für das Jahr 2018 eine ganze Latte an Ungereimtheiten aufgelistet, auf etlichen Seiten stehen dort Vorgänge, die »Verstöße gegen gesetzliche Vorschriften darstellen oder erkennen lassen«. Vom Verdacht auf Scheinbuchungen ist darin die Rede, von unautorisierten Banktransaktionen, fingierten Umsätzen und Scheingeschäften. Den Prüfern fehlten die wasserdichten Beweise, deswegen erteilten sie das volle Testat, ihr schlechtes Gewissen packten sie in die für die Öffentlichkeit nicht zugänglichen Seiten; womöglich dachten sie da auch schon an spätere Haftungsfragen. Wie auch immer, die Banken hätten dies fein säuberlich nachlesen können, ehe sie Geld auf Nimmerwiedersehen nach Aschheim transferierten. Sie haben darauf verzichtet. Wieder eine Möglichkeit, Alarm zu schlagen. Wieder eine Möglichkeit vertan. Dass ausgerechnet Staatsbanken dabei vorneweg marschieren und das Geld der Steuerzahler verbraten, macht die Sache nicht besser: Die Commerzbank, seit der Finanzkrise mit dem Staat als Großaktionär an Bord, ist Konsortialführer der Wirecard-Kredite und am schwersten getroffen, andere Leidtragende sind öffentliche Landesbanken wie die LBBW in Stuttgart. »Ausgerechnet Staatsbanken helfen, den größten Bilanzskandal der deutschen Geschichte zu finanzieren«, empören sich in Berlin Abgeordnete von links bis rechts.

Besonders peinlich agiert einmal mehr die KfW (ehemals: Kreditanstalt für Wiederaufbau), die sich in der Finanzkrise 2008/9 den Titel als »dümmste Bank Deutschlands« verdient hatte. Damals hatte sie just am Tag der Lehman-Pleite noch mehr als 300 Millionen Euro aus einem Termingeschäft an die Investmentbank überwiesen, trotz alarmierender Meldungen aus den USA hatte niemand die Zahlung gestoppt. Die Empörung war groß, es folgten Entlassungen und Gerichtsverfahren.

Im Fall Wirecard erwischt es nun die KfW-Tochter Ipex-Bank, eine staatliche Förderbank, die sich fragen lassen muss, was genau sie an dem Zahlungsabwickler für förderwürdig hielt und warum Mitarbeiter mit Wirecard-Aktien spekuliert haben, obwohl sie auf der internen Liste der verbotenen Papiere standen. Ob die Ipex-Banker damit wenigstens privat etwas gewonnen haben, ist nicht überliefert, doch sicher ist: Die Staatsbank hat am Ende 100 Millionen Euro Schaden zu schlucken. Auf die Frage im Berliner Untersuchungsausschuss, ob die Staatsbanker so viel dümmer sind, antwortet ein Vorstand: »Unsere Kompetenzstruktur ist absolut marktüblich.«

Das Desaster von Finanzaufsicht und Politik

Die deutschen Aufsichtsbehörden haben im Wirecard-Skandal ein jämmerliches Bild abgegeben. Zwar hat sich niemand der Staatsdiener schmieren lassen, wie das offenbar auf den Philippinen der Fall war, aber das ist nur ein kleiner Trost.

Das Versagen zehrt am Vertrauen in die Fähigkeiten des Staates. Wenn die deutschen Sturmgewehre schon nicht mehr ins Schwarze treffen, sobald es zu kalt oder zu warm wird, dann müssen wenigstens die Kämpfer gegen Betrug und Geldwäsche auf Zack sein. Kriegen wir gar nichts mehr hin? Keinen Flughafen und keine halbwegs wehrhafte Finanzaufsicht?

Hätten die Beamten nur geschlafen, wäre das schlimm genug, im vorliegenden Fall aber ist es noch viel schlimmer. Die Behörden haben durchaus gekämpft – nur auf der falschen Seite. Gegen die Aufklärer, für die kriminelle Bande in Aschheim. Die konnte ihr Treiben nur so lange durchziehen, weil sie die staatliche Autorität im Rücken wusste. Dabei gab es durchaus einen Anfangsverdacht, immer mal wieder wurde gegen Wirecard ermittelt, schon in frühen Jahren. Aber statt einmal kräftig zuzubeißen, versanden alle Bemühungen. Und als die Sache im Jahr 2019 richtig heiß wird, treffen die Finanzaufseher die zu 100 Prozent falsche Entscheidung: Sie schlagen sich auf die Seite von Wirecard und verhängen ein Leerverkaufsverbot für Wirecard-Aktien. Eine historisch einmalige Aktion, das gab es noch nie für eine Einzelaktie. Trotzig setzt sich die Finanzaufsicht dabei über alle Bedenken hinweg, inklusive der Einwände durch die Bundesbank, die nicht im Verdacht steht, mit angelsächsischen Börsenkriminellen zu paktieren.

Obendrein erstattet die BaFin im April 2019 Strafanzeige gegen die FT-Journalisten und Spekulanten, die angeblich den Wirecard-Kurs in den Keller treiben wollen. »Wir hatten sehr konkrete Hinweise von der Staatsanwaltschaft München, dass ein massiver spekulativer Angriff auf die Aktie geplant war«, rechtfertigt sich BaFin-Chef Felix Hufeld hinterher. Zu allem Überfluss wird auch noch publik, dass die Finanzaufseher nach Leibeskräften mit Wirecard-Aktien spekuliert und daran so rein gar nichts Verwerfliches gefunden haben. Ein einziges Desaster, wenigstens das räumt auch Behördenchef Hufeld ein. Der Wirecard-Skandal sei eine »Schande«.

Leider geht die Blamage zu vielen Teilen auf das eigene Konto der Aufseher, weshalb sie nun einen Neuanfang verordnet kriegen. Ohne Hufeld, ohne seine Stellvertreterin. Die Rücktritte, im Januar 2021 vollzogen, waren unvermeidlich, da half alle Reue nichts. Ja, seine Behörde habe versagt, gab sich Hufeld regelmäßig zerknirscht, um sodann in die Kurve Richtung Offensive abzubiegen, indem er darauf hinwies, dass seinen Leuten die Hände gebunden waren. Wirecard als Ganzes unterlag nicht der Finanzaufsicht, so geht die Argumentation, nur die Wirecard Bank als Tochtergesellschaft fiel unter die BaFin-Obhut. Deswegen konnte die Behörde nicht genau hinsehen, schließlich erstreckt sich ihre Kompetenz auf Banken und Versicherer, nicht auf Technikfirmen. Allzu weit trägt diese Verteidigung nicht: Inhaber einer Bank sind sehr wohl auf ihre Zuverlässigkeit zu prüfen, und das war in diesem Fall nun mal die Wirecard AG als Eigentümer der Wirecard Bank, ob Technologiekonzern oder nicht. Hat die BaFin deswegen Alarm geschlagen? Zu hören war nichts.

Dafür haben die diversen Aufseher aus den diversen Häusern, Abteilungen und Unterabteilungen ausgiebig die Frage diskutiert, wer denn nun für Wirecard zuständig ist, mit dem Ergebnis, dass sich lieber niemand die Finger daran verbrennen wollte an diesem »Musterbeispiel bayerischer Erfolge in den neuesten Spitzentechnologien«, wie CSU-Generalsekretär Markus Blume einst frohlockte. Von den anderen Parteien finden sich nicht minder euphorische Wortmeldungen.

Tatsache ist: An Warnungen hat es nicht gefehlt. Hunderte Male wurde zum Beispiel der Verdacht auf Geldwäsche gemeldet, wieder war nicht klar: Wer ist zuständig? Die beim Zoll angesiedelte Anti-Geldwäsche-Einheit des Bundes namens FIU oder die Bezirksregierung von Niederbayern? Sicherheitshalber ließen beide Behörden Wirecard gewähren. Das Kompetenzwirrwarr zwischen den Behörden und Unterbehörden, zwischen der Aufsicht im Bund und der im Freistaat Bayern hat das kriminelle Treiben verlängert und somit den Schaden erhöht. Und wenn im Rahmen der Aufklärung nebenbei herauskommt, dass in der Behörde, die markig als Bilanzpolizei firmiert, ein einziger (!) Mann dafür abgestellt war, den Wirecard-Betrügern auf die Finger zu schauen, und obendrein der Oberaufseher der Wirtschaftsprüfer, der Chef der Abschlussprüferaufsichtsstelle APAS, höchstselbst mit Wirecard-Aktien spekuliert hat, während seine Behörde den Konzern in die Mangel nahm, dann wird es endgültig abstrus. Auch der Mann ist inzwischen freigestellt.

Das Urteil der Europäischen Wertpapieraufsicht (ESMA), veröffentlicht im November 2020, fällt daher nachvollziehbar vernichtend aus für die deutschen Behörden. Reihenweise werden Mängel, Versäumnisse, Kompetenzwirrwarr moniert. Diese Vorwürfe fallen auf die deutsche Politik zurück, was umgehend zu Anflügen von Aktionismus führt: Niemand mag den Schwarzen Peter, schon gar nicht, wenn Wahlen vor der Tür stehen. Natürlich ist manche Polemik dem Wahlkampf geschuldet. So ist es sicher nicht Aufgabe der Bundesregierung, die Bücher jeder Firma, egal, ob Tinnefbude oder Tech-Konzern, zu prüfen, sie ist auch nicht für jede Pleite haftbar zu machen, der Finanzminister ist nicht der Kassenwart der gesamten deutschen Wirtschaft. Allerdings ist die Regierung verantwortlich dafür, dass die ihr unterstellten Behörden im Wirtschaftsleben Recht und Ordnung durchsetzen. Daran hat es gehapert im Fall Wirecard.

Ähnlich verhält es sich mit dem Vorwurf, die Bundesregierung habe sich im Ausland für den DAX-Konzern eingesetzt. Das gehört selbstverständlich zu ihren Aufgaben – vorausgesetzt, es handelt sich nicht um Betrüger dieses Ausmaßes. Wachsamkeit und Fingerspitzengefühl sind dabei gefordert. Dieses Gespür fehlt im Regierungsapparat, wenn ehemalige

Minister, Topbeamte und Geheimdienstbeauftragte sich von einem offensichtlich glitschigen Unternehmen für Lobbydienste einspannen lassen. Wenn sie damit Erfolg haben bei Bundeskanzlerin Angela Merkel, wenn die sich, wie auf ihrer China-Reise, noch im Herbst 2019 für Wirecard einsetzt, dann ist das zumindest unklug und endet mit einer Blamage für das Land.

Der Herdentrieb von Investoren und Analysten

Der Herdentrieb in der Wirtschaft ist ein gut erforschtes Phänomen, John Maynard Keynes hat den Begriff »Animal Spirits« 1936 zum ersten Mal gebraucht, die Nobelpreisträger George A. Akerlof und Robert J. Shiller haben damit die Finanzkrise 2008/9 und die irrationalen Übertreibungen an der Börse insgesamt erklärt.

Wie es wirkt, wenn eine Herde mal aufgescheucht wird und lostrampelt, können künftige Theoretiker am Beispiel des Skandalkonzerns aus Aschheim durchleuchten. Wenn die Büffel in eine Richtung stürmen, wird es schwer, sich ihnen entgegenstellen. Übertragen auf den Kapitalmarkt heißt das: Steigen die Kurse, wollen alle dabei sein, so treibt die Herde die Wirecard-Aktie immer weiter nach oben. Mahnende Stimmen – die es unter den Profis in den Fondshäusern vereinzelt gibt – werden untergebuttert, die Skeptiker als miesepetrige Nörgler und unbelehrbare Old-Economy-Nostalgiker verhöhnt. Niemand mag oder kann es sich leisten, abseits zu stehen: Hier spielt die Musik, hier tobt die digitale Zukunft. »Der Kurs ging stetig nach oben, alle haben prächtig daran verdient, viele Analysten und Investoren, die Wirecard bejubelt haben, waren daher interessengeleitet«, erklärt Baki Irmak, einst Manager in der Deutschen Bank, heute mit eigener Fondsgesellschaft (Digital

Leaders Fund) unterwegs. Die Finanzgemeinde habe nur wahrgenommen, was ihre These vom unaufhaltsamen Aufstieg gestützt hat, und alles ignoriert, was Zweifel aufwarf. Baki Irmak gibt sich damit nicht zufrieden, geht tiefer rein ins Zahlenwerk und warnt in seinem Newsletter vor Wirecard; im Herbst 2018 war das, ausgerechnet auf dem Höhepunkt des Erfolgs, dem Aufstieg in den DAX: »Mir kam schräg vor, was die alles machen, das war so eine Art Rummelbude. Da war nichts, was die sagenhafte Rendite erklärt hätte.« Die Reaktion ist hitzig: Wut und Empörung allenthalben in der Fangemeinde, erinnert sich Irmak: »Viele Leute haben zu der Zeit viel Geld mit der Aktie verdient, jede Kritik an dem Konzern haben diese Menschen als Angriff auf die eigene Person und das von ihnen eingesetzte Geld verstanden.«

Wären nur Privatleute betroffen, ließe sich dies als Gier und Naivität abtun, es sind aber die Profis, die Investoren mit den Milliarden im Rücken, die bis zum bitteren Ende zu der Skandalfirma halten. Dazu muss niemand unsittlich verführt oder bestochen werden, das Verhalten erklärt sich aus den Mechanismen des Kapitalmarktes: Fondsmanager werden daran gemessen, ob sie den Börsenindex schlagen, danach bemisst sich ihr Bonus. Im DAX aber läuft kaum eine Aktie besser als Wirecard. »Da wird es für den einzelnen Fondsmanager teuer, nicht dabei zu sein«, erklärt Baki Irmak. Wer nicht mitmacht, verliert Rendite und Boni. Mit der Meute zu laufen lohnt sich an der Börse, zudem ist es für die meisten Menschen psychologisch angenehmer.

Wenn in einem Biotop alle einig sind, stellt sich keiner hin und schreit: alles Lug und Trug. »Es waren ja nicht nur BaFin und Staatsanwälte, die zu Wirecard hielten, auch die großen angelsächsischen Banken, Goldman Sachs wie Morgan Stanley, haben sich in den Kurszielen überboten«, berichtet Baki Irmak.

Wenn er deren Fondsmanager gefragt habe, ob sie Wirecards Geschäftsfeld verstanden haben, dann haben die zugegeben: nicht so ganz. »Aktien gekauft haben sie trotzdem.«

Eine mahnende Instanz hätten die Ratingagenturen sein können, die dafür bezahlt werden, dass sie Alarm schlagen, wenn mit einer Firma etwas nicht stimmt. Das klappt selten. Auch im Fall Wirecard ist auf die Ratingagenturen kein Verlass. Noch im September 2019 zum Beispiel adelt Moody's die Wirecard-Anleihe mit dem Gütesiegel »investierbarer Bereich«. Begründung: die guten Marktpositionen in Europa und Asien sowie die »solide Finanzlage« – ausgerechnet! So gelingt es der Bande aus Aschheim, eine halbe Milliarde Anleihen mit einem halben Prozent Zins loszuwerden, eine stocksolide Sache – auf dem Papier. All die Profis, Analysten wie Investoren wie Ratingagenturen, verfielen dem Herdentrieb und investierten weiter fleißig; nur zu gerne glaubten sie an exponentiell steigende Gewinne, obwohl sie wussten, zumindest hätten wissen müssen, wie margenarm das Geschäft von Wirecard ist.

Die Frau, die sich dabei besonders hervortut, als die Treueste unter den Treuen, verdient ihr Geld in der Commerzbank: Heike Pauls. Die Analystin ist dermaßen vernarrt in die Wirecard-Aktie, dass alle Drähte der Selbstkontrolle durchglühen und sie die FT-Enthüller so derb angeht, dass sich die Bank dafür entschuldigen muss, weil sich ihre Mitarbeiterin im Ton vergriffen hat. »More fake news«, giftet sie, als die Financial Times im Januar 2020 eine Welle lostritt, den Reporter Dan McCrum bezeichnet sie als »Serientäter«. Nicht etwaige unsaubere Geschäfte sind aus ihrer Sicht das Problem, sondern die Berichterstattung über den Verdacht: »Die Aufsichtsbehörden müssen einen Blick auf die FT werden. Wir sind eigentlich eher besorgt wegen der aus unserer Sicht offensichtlichen aktiven Beteiligung der FT an Marktmanipulationen als wegen der Vorwürfe gegen das Unternehmen.« Der Kurs werde sich verdoppeln: Kaufen, kaufen, kaufen! Wohl dem, der solche Verbündete hat. Unbeirrt zieht Pauls für Wirecard in die Schlacht. Knapp zweihundert Mal empfiehlt sie die Aktie im Laufe der Jahre zum Kauf, und wann immer Braun eine Verbündete am Kapitalmarkt sucht, auf Heike Pauls ist Verlass. Die Commerzbank-Analystin und die Wirecard-Aktie – das ist echte Liebe. Die Zuneigung geht so weit, dass sie in der Investorenszene für Wirecard spioniert, Hedgefonds nach Aschheim meldet, die schlecht über den Konzern reden und womöglich eine Attacke vorbereiten. Selbst als die Schlinge sich allmählich zuzieht, der Wirecard-Gang die Luft ausgeht, weil sie den Sonderprüfern keine Belege für das sagenhafte Asien-Geschäft ranschaffen können, schwadroniert Pauls noch von einem »gigantischen Comeback«. Die Commerzbank-Analystin im O-Ton: »Es ist offensichtlich, dass viele der Vorwürfe eindeutig konstruiert wurden.« Für sie ist der Konzern das »vielleicht am gründlichsten je geprüfte Unternehmen«. Geradezu irre muten diese Aussagen im Nachhinein an. Eine Analystin als Groupie, als unbelehrbarer Fan.

Als der desaströse KPMG-Bericht den Vorstand schwer belastet, starten die schlaueren unter den Fondsmanagern sofort ihren Abverkauf der Wirecard-Aktie. Eine Frau aber hält wacker dagegen. Richtig, die Rede ist von Heike Pauls. »Look through the dust«, überschreibt sie ihren Kommentar. Wer wie sie den Durchblick hat, der weiß: Wirecard ist und bleibt eine Siegeraktie. Kaufen, kaufen, kaufen! Kursziel: 230 Euro. Dabei ist der Zeitpunkt gekommen, an dem sich die Profis – endlich – abwenden von Wirecard, den Rücktritt des Vorstandschefs fordern. Wieder hält die Commerzbank-Frau dagegen, noch Mitte Mai 2020 bejubelt sie Markus Braun als »Mastermind« und »exzellenten Strategen«. Sechs Wochen später ist der Spuk vorbei.

Wirecard ist bankrott, die Aktie wertlos. Wer auf Heike Pauls gehört hat, ist um einiges ärmer. Sie selbst wird von der Commerzbank kaltgestellt, dann abserviert, ihre Karriere liegt in Trümmern.

Wie wird man kriminell? Auf der Suche nach dem Motiv

Die Tat ist aufgeflogen, viele Verdächtige sitzen in Haft, und nach einem späteren Urteil wird sich, wie in jedem Fernsehkrimi, die Frage nach dem Grund, nach dem Motiv stellen: Warum haben die Täter dermaßen dreist betrogen? Weil sie reich werden wollten, genügt als Antwort nicht. Schließlich müssen sie damit rechnen, irgendwann aufzufliegen. Ist das den Preis wert? Warum geht jemand solche Risiken ein, wenn er oder sie ahnt, am Ende alles zu verlieren? Ruf, Geld, bürgerliche Existenz.

Da im vorliegenden Fall davon auszugehen ist, dass keine simpel gestrickten Ganoven am Werk waren, stellt sich diese Frage umso dringlicher: Falls die Verdächtigen wirklich so schlau waren, wie sie all die Jahre wahrgenommen wurden, warum haben sie dann das Ende nicht mitbedacht? Für einen Rausch währte das Ganze ziemlich lange, mindestens fünf Jahre bandenmäßiger Betrug – seit 2015 – glauben die Staatsanwälte nachweisen zu können. Womöglich liegt die kriminelle Initialzündung viel länger zurück. Aber es müsste allen bewusst gewesen sein, dass sich ein solches Glücksrad nicht ewig in dieselbe Richtung weiterdreht, und die Anzeichen, dass die Hütchenspielerei auffliegt, mehrten sich zum Ende hin. Die Übernahme der Deutschen Bank wäre ein denkbarer Exit gewesen, sicher ist: Die Beteiligten werden sich davon nicht mehr erholen. Ein Markus Braun, egal, wie tief involviert, ist gesellschaftlich erledigt, er wird nie wieder der kaiserlichen Opernloge, jahrelang Ziel seines Trachtens, so nahe kommen wie als gefeierter Wirecard-Chef. Finanziell wird ihm das nachhängen bis zum letzten Tag. Und ein Leben auf der Flucht, wie von Jan Marsalek gewählt, war vor hundert Jahren auch noch einfacher durchzuhalten als heute, da die Welt eng zusammengerückt ist, die Spuren digital nachzuverfolgen sind. Die Verstecke sind rar geworden, es sei denn, man ist bereit, sich in die Obhut aussätziger Länder zu begeben, die sich der internationalen Staatengemeinschaft verweigern. Eine Freude ist das nicht, das Leben in den Händen und der Abhängigkeit staatlicher Parias, im Zweifel gibt es das auch nicht umsonst. Autokraten lassen sich dafür bezahlen, mit Geld oder sonstigen Diensten. Exil muss man sich leisten können, ewig hält das in der Regel niemand durch.

Abschreckende Beispiele gibt es genug, zumindest eines kannten die Wirecard-Verdächtigen persönlich: den eingangs zitierten Florian Homm. Der ehemalige Spekulant und Hedgefondsmanager hatte sich die Zeit auch anders vorgestellt, als sie dann trotz Luxusvillen, Bodyguards und dem passenden Bargeld für Abenteuerreisen inklusive Bungeejumping und anderen Thrills war. Keinem seiner Feinde würde er eine solche Zeit wünschen, schreibt er später. Gegen Einsamkeit und Angst helfen keine Millionen.

Deutschland hat aber noch weitere Promis vorzuweisen, die die Flucht in den Untergrund antraten, um der Strafe zu entgehen. Der zeitweise meistgesuchte Deutsche heißt Ludwig-Holger Pfahls, Jahrgang 1942, ehemals Richter, dann der Mann fürs Grobe von Franz-Josef Strauß, Präsident des Verfassungsschutzes und schließlich als Staatssekretär in alle möglichen Rüstungsskandale verstrickt. Pfahls hat sich mit demselben

Milieu eingelassen wie später Jan Marsalek, also Waffenhändler, Geheimdienstler und die ganze obskure Szene drum herum. Mit dem Unterschied, dass er zu seiner Zeit das schmutzige Geld in Plastiktüten außer Landes schaffte. Pfahls hat teuer dafür bezahlt, er lebt heute, krank und verbittert, als Ausgestoßener irgendwo in Nordbayern: »Die Flucht und das Gefängnis haben mich kaputt gemacht, mich hat diese Zeit für immer beschädigt«, sagte er 2018 in einem Interview mit der ZEIT. Die Zeit im Untergrund, begonnen im Jahr 1999 mit einer filmreifen Flucht von Singapur über Taiwan nach Hongkong, sei die schlimmste Zeit gewesen. Fünf Jahre lang versteckt er sich, meistens irgendwo in Asien. Schrecklich einsam, geplagt von dem Gefühl, »alle wollen, dass man für immer verschwindet«. Familie, Freunde, Geschäftspartner. Als er schließlich in Paris verhaftet wird, »war es fast eine Erleichterung für mich«.

Wo wird Jan Marsalek wieder auftauchen? Taucht er überhaupt jemals wieder auf? »Nein, der kommt nicht zurück«, sagt die Mehrheit der Leute in seiner früheren Umgebung. Manche glauben, er sei jetzt schon tot, ermordet von Agenten oder sonstigen Schergen, auf die er sich eingelassen hat: »Er nutzt diesen Leuten nichts mehr, ist allenfalls eine Gefahr für sie«, wird argumentiert. Die wenigsten aus seinem Umfeld können ihn sich als braven Häftling in einem deutschen Gefängnis vorstellen. »Nie im Leben«, sagt ein langjähriger Weggefährte. »Vorher sprengt er sich in die Luft oder lässt sich von Kugeln durchlöchern, aber niemals geht Jan in den Knast.« Zu seinem Exit-Plan, zur Vorbereitung der Flucht, gehörte offenbar ein halbes Dutzend Pässe sowie die engen Bande in Länder unterschiedlicher Schurkenklasse. Russland und Weißrussland wurden als Fluchtorte genannt, und das sind längst nicht alle möglichen Ziele, wie ein Wegbegleiter berichtet: »Jan hat libysche, jordanische, pakistanische und syrische Freunde, die ganz oben sitzen.« Mancher vermutet ihn bei libyschen Freunden in der Türkei, andere gar bei der CIA.

Ein Unterschlupf mag sich dort finden, eine echte Exit-Strategie für einen Vierzigjährigen ist das alles nicht, der Plan für ein angenehmes Leben nach dem Betrug ist eine Illusion. Trotzdem treten immer wieder Großbetrüger wie Jan Marsalek auf. Typen, die ihrer Umwelt über Jahre etwas vorlügen. Wozu noch Thomas Manns *Bekenntnisse des Hochstaplers Felix Krull* lesen, wenn die Welt der Wirtschaft ständig aufs Neue echte Hochstapler erster Güte zuverlässig hervorbringt? Gemein ist diesen Ganoven, dass sie ihr Lügengebilde aufrechterhalten, bis es nicht mehr anders geht. Noch in den letzten Stunden in Aschheim, als die Fassade in Manila schon als Potemkin'sches Dorf entlarvt ist und die Banken dort klar und deutlich melden, dass die Milliarden nicht existieren, selbst da reden Braun und Marsalek noch von einem Missverständnis. Sie würden das Geld schon noch finden, und Marsalek kündigt an, direkt nach Manila zu fliegen, in seinen letzten Abschiedsworten in Aschheim, an jenem Donnerstag, 18. Juni 2020, als ihn der Aufsichtsrat mit sofortiger Wirkung vor die Tür setzt.

»So, jetzt habe ich erst mal Urlaub«, verabschiedet sich Marsalek auf dem Vorstandsflur.

»Das ist nicht dein Ernst, Jan, hier brennt die Hütte«, wird ihm entgegnet.

»Nein, nicht Urlaub in dem Sinne, ich bin beurlaubt, in München wartet der Flieger, ich fliege jetzt auf die Philippinen runter und hole die Unterlagen. Corona ist mir scheißegal.«

Marsalek betritt den Fahrstuhl. Grinst nochmals raus. Die Tür geht zu, auf Nimmerwiedersehen.

Was passiert in solchen Köpfen? Meldet sich niemals das schlechte Gewissen, oder sind sie frei von jeden Skrupeln? Sind sie irgendwann gefangen in ihrem Geflecht von Geschichten, oder nehmen sie die Lüge überhaupt nicht mehr als Lüge wahr?

Wir fragen Lydia Benecke, eine Kriminalpsychologin, die mit solchen Fällen, wenn auch nicht mit solchen Beträgen, den ganzen Tag zu tun hat. Sie arbeitet im Gefängnis mit »hochmanipulativen Menschen«, hat über die Psychologie der Manipulation geforscht und ein Buch über Menschen geschrieben, die sie bewusst einsetzen: *Betrüger, Hochstapler, Blender.* Im richtigen Leben therapiert sie Serienbankräuber wie Bandenaussteiger. »Das Böse gehört zur Menschheit«, sagt sie. »Überall wird gelogen und betrogen.« So lautet ihre erste These, nicht gerade schön. Die Last der Belege aus der Welt der Manager ist freilich erdrückend: Da sind First-Class-Kriminelle wie die angebliche Wundertäterin Elizabeth Holmes, Jahrgang 1984, das tief gefallene Wunderkind der Biotech-Branche in Amerika. Mit ihrem Unternehmen Theranos wird sie, auch so eine visionäre, wundervolle Erfolgsunternehmerin im schwarzen Rollkragenpulli, zeitweise gefeiert als Selfmade-Milliardärin, bis sich ihre Bluttest-Firma, die wahre Wunder an nur einem einzigen Tropfen Blut abzulesen versprach, als einziger Schwindel herausstellt. 2018 beschuldigt die amerikanische Börsenaufsicht sie des groß angelegten Betrugs, sie einigt sich mit der Behörde auf einen Vergleich: eine halbe Million Dollar Strafe und das Verbot, zehn Jahre keine börsennotierte Firma zu leiten. Im Juni 2018 wird Anklage gegen sie erhoben, das Verfahren soll im Frühjahr 2021 beginnen. Oder nehmen wir Bernie Madoff, Jahrgang 1938, der mit seinem Schneeballsystem die Elite Amerikas verführt, lange als Wohltäter gepriesen wird, Milliarden schaufelt und am Ende als Betrüger zu 150 Jahre Haft verurteilt wird.

Verglichen damit sind die Fälle in Deutschland eine Nummer kleiner, wenngleich nicht weniger abstruse Gestalten auftauchen, etwa der Blender und Bauunternehmer Jürgen Schneider, Jahrgang 1934, ein Milliardenpleitier, der mit seinen prestigeträchtigen Immobilienprojekten die Deutsche Bank narrte und darüber hinaus unzählige Handwerksbetriebe ins Elend stürzte. Nach seiner spektakulären Pleite Mitte der 1990er-Jahre flieht er nach Florida, wird dort verhaftet und wegen Betrugs und Urkundenfälschung zu einer Freiheitsstrafe von sechs Jahren und neun Monaten verurteilt. 1999 wird er aus der Haft entlassen und hat die Chuzpe, darüber zu jammern, dass er nicht mal ein Konto habe, dafür aber rund eine Milliarde Euro Schulden.

Ein weiteres Prachtexemplar aus dieser Gattung ist Manfred Schmider, genannt »Big Manni«, der mit seinen Flowtex-Bohrern reich wurde, obwohl die nie existiert haben. Der Mann ist zeitweise der Liebling der Politik im Südwesten, der er im Badischen einen eigenen Flughafen aus dem Boden stampft. Nach der krachenden Pleite im Jahr 2000 wird er zu elfeinhalb Jahren Haft verurteilt, er sitzt sieben Jahre ab und lebt heute auf Mallorca. Seine Schmierenkomödie wurde längst verfilmt, im echten Leben, etwa unter den beteiligten Rechtsanwälten, ist teils dasselbe Personal vertreten wie im Fall Wirecard.

»Wer einmal Erfolg hat mit seinen Lügen, der lügt immer weiter, immer dreister und kann damit alles werden – ob Millionär oder Sektenführer, das ist erschreckend«, sagt Psychologin Benecke. Die gute Nachricht ist: Nicht jeder ist zum Kriminellen geschaffen. Nicht jeder ist zum Milliardenbetrüger geboren, so anziehend Reichtum auch sein mag. Es braucht für die kriminelle Laufbahn in der Persönlichkeit angelegte Voraussetzungen. Zwei Eigenschaften, so hat die Forschung ergeben, begünstigen eine Karriere als Betrüger, beide sind im Fall der Wirecard-Protagonisten gegeben: »Es hilft, narzisstisch veranlagt zu sein, von der eigenen Großartigkeit überzeugt zu sein und dabei möglichst keine Furcht vor Konsequenzen zu spüren«, sagt Benecke. Leute wie Markus Braun handeln wohl in der Ansicht, besser zu sein als der Rest. Und sie glauben, ein Anrecht darauf zu haben, dafür belohnt und bewundert zu werden. »Ich bin Wirecard«, das war die Haltung des Vorstandschefs. Mein Wille geschehe. Mögen die Regeln fürs gewöhnliche Volk gelten – nicht für ihn. Solche Typen sind mit gnadenloser Chuzpe gesegnet, sie halten sich für unantastbar, zu beobachten etwa in Brauns Verhalten gegenüber den KPMG-Sonderprüfern. Die großkopferte Haltung verströmten die Wirecard-Anführer von Anfang an. »Das waren keine Leute, die eine Grundseriosität ausstrahlten, sondern so etwas Verschlagenes, etwas Berechnendes«, sagt ein Topmanager, der direkt mit Braun in jenen Zeiten zusammengearbeitet hat, als Wirecard an die Börse strebte. Der Laden war damals noch klein, der Umsatz bewegte sich im zweistelligen Millionenbereich, nicht bei zwei Milliarden Euro wie am Schluss. Braun aber war damals schon bereit, die Bilanz seinen Visionen anzupassen, berichtet ein Zeuge. So habe Markus Braun, als es Richtung Kapitalmarkt ging, ein einziges Blatt Papier mit Zahlen hingestreckt: die Gewinnprognose der nächsten Jahre, hochgerechnet frei Schnauze, »quasi aus dem Nichts«, wie der Zeuge berichtet. Es gab keine Planung, keine Marktanalysen, keine fundierten Zahlen, auf die sich die Prognose stützte. Es fehlt mithin alles, was für den Kapitalmarkt verlangt wird. »Braun hat immer aus der Hüfte geschossen, hat freihändig Zahlen vorgelegt und bestimmt: So und so muss es gehen«, sagt der ehemalige Manager, der das schon damals »in hohem Maße unseriös« fand, »potenziell kriminell«.

Praktisch, dass Wirecard nicht wie üblich an der Börse startet, mit einer Prüfung auf Herz und Nieren durch die Finanzaufsicht, sondern sich das Mäntelchen einer kleinen, schon börsennotierten Firma überstreift; auch ihre Bank besorgen sie sich auf diesem Weg. So läuft das geschmeidiger, so überspringen die Aufsteiger aus dem Porno- und Glücksspielgewerbe teilweise die Eingangsprüfung. Im Nachhinein wird man sagen: Sie wussten, warum. Paragrafen hatten dort noch nie die höchste Priorität. Wie fertigte Braun einen Juristen ab, der ihn bei einer Lappalie auf potenzielle Konflikte mit dem Gesetz hinwies? »Wenn ich jedes Mal gezuckt hätte in Situationen, in denen ich mit einem Bein im Gefängnis stand, dann stünde die Firma heute nicht so da.« Der Erfolg fordert eben seinen Tribut, sollen doch Kleingeister jeden Spiegelstrich im Gesetz beherzigen, dann bleiben sie halt im Mittelmaß stecken.

Auf dem Gipfel gelten andere Gesetze. So rechtfertigen Großbetrüger »vor sich selbst ihr unsoziales Tun«, sagt Lydia Benecke. »Rationalisieren« nennen die Psychologen diese Technik, das Erfinden einer inneren Rechtfertigung, warum das eigene Vorgehen vertretbar erscheint, auch wenn offenkundig Grenzen überschritten werden. Dabei wird das offenkundige Fehlverhalten im Nachhinein mit vernünftigen Gründen veredelt. »Wenn diese Betrüger in den Spiegel schauen, sehen sie dort prima Typen, sind ganz mit sich im Reinen: In dieser harten Welt geht es nicht anders, als die Regeln zu brechen«, erläutert Lydia Benecke. Unabdingbar für die Täter ist eine moralische Flexibilität, ihnen mangelt es an einem stabilen Wertesystem, wie auch immer dies begründet wird. Mitgefühl dürfen die Geschädigten von den Kriminellen nicht erwarten, sonst würden die ihre Sache nicht durchziehen, dafür fehlt ihnen die Empathie. Niemand wird geschont, sie bringen selbst die Leute in ihrer nächsten Umgebung um Hab und Gut, wie es die Wirecard-Mitarbeiter erleben, die im Vertrauen auf ihre Chefs Haus und Hof – im wahrsten Sinne des Wortes – auf die Aktie gesetzt haben. Die Kriminellen immunisieren sich gegen etwaige Skrupel, Menschen, die sich ihnen nahe fühlen, enttäuscht zu haben. Im

Zweifel haben es die Opfer aus ihrer Sicht nicht besser verdient, sie sind selbst schuld an ihrer Naivität – oder: »Denen tut das nicht weh, die haben es ja«.

Am großzügigsten lässt sich sowieso argumentieren, wenn der Schaden eine anonyme Masse trifft, etwa die Gesamtheit der Investoren an der Börse. »Betrüger fühlen sich oft wie eine Art Robin Hood für sich selbst«, erläutert Kriminalpsychologin Benecke. Nach dem Motto: »Wer so doof ist, mir Geld anzuvertrauen, ist selbst schuld.«

Kennzeichnend für Narzissten ist, dass sie nach Anerkennung für ihre Leistung streben. Wichtig sind ihnen Statussymbole, die nach außen die Anerkennung der Welt verdeutlichen. Bei Männern sind es der S-Klasse-Mercedes, die Rolex, die langbeinigen Schönheiten an ihrer Seite. Und wenn diese Trophäen auf legalen Wegen nicht zu erreichen sind, dann eben mit krummen Touren. Der Statusgewinn muss beileibe nicht materiell sein, es geht nicht zwingend um die 150.000 Euro teure Uhr, wie sie Jan Marsalek am Handgelenk trug, um den Ferrari oder die eigene Insel. Manchem schmeichelt vielmehr der gesellschaftliche Rang; die Tatsache, eingeladen zu werden, gehört zu werden, der Drang, der Kaiserloge möglichst nahe zu kommen, um nochmals an Markus Brauns Opernleidenschaft zu erinnern. Persönliche Bereicherung durch Schwarzgeldkonten muss gar nicht zwingend vorkommen. »Die Aufmerksamkeit anderer Menschen ist die unwiderstehlichste aller Drogen. Ihr Bezug sticht jedes andere Einkommen aus«, schrieb Georg Franck vor zwanzig Jahren in seiner *Ökonomie der Aufmerksamkeit.* »Darum steht der Ruhm über der Macht, darum verblasst der Reichtum neben der Prominenz.«

Markus Braun war dank seiner Wirecard-Beteiligung auf dem Papier längst Milliardär. Er hätte die Aktien verkaufen und sich aus dem Staub machen können, er hat es nicht getan. Stattdessen ließ er sich als Visionär feiern, er war in seiner Heimat Wien als Berater in höchsten Regierungskreisen gefragt, wurde allseits gepriesen für seinen Intellekt und seine überlegene Weitsicht, wozu auch sein Steve-Jobs-Outfit beitrug: In dieser Güteklasse, in Reichweite zu den Silicon-Valley-Helden, bewegte sich Braun nach eigenem Empfinden. »Er gefiel sich in seiner Rolle als genialer Stratege, wollte mit intellektueller Überlegenheit brillieren«, sagt einer seiner ehemaligen Zuarbeiter. Die Pressestelle des Unternehmens war angewiesen, bei offiziellen Porträtfotos des großen Meisters selbst unscheinbare Knitterfalten im Jackett zu retuschieren, bevor sie an die Medien gingen.

Nun ist es keineswegs so, dass narzisstische Züge per se schlecht wären. Im Gegenteil. Ohne Narzissmus keine Spitzenleistung, sagen Psychologen. Ohne Großmäuler und Prahlhanse keine Innovation, kein Wachstum, kein Wohlstand, und schon Kästner wusste: Bescheidenheit ist eine Zier, doch weiter kommt man ohne ihr. Es sind genau Leute wie die von Braun bewunderten Silicon-Valley-Helden Steve Jobs oder Elon Musk, welche die Welt vorantreiben. Nur sind die Grenzen zwischen Genie und Wahnsinn bisweilen fließend, das weiß schon der Volksmund.

Wer freilich glaubt, bei den Hochstaplern hätten wir es mit gespaltenen Persönlichkeiten zu tun, der irrt. Betrüger knipsen ihre Lügen nicht nach Belieben an oder aus. »Wer nur lange genug betrügt, der glaubt irgendwann, dass sein Fake real wird. Die wirkliche Welt wird irgendwann irrelevant«, sagt Lydia Benecke. »Wenn ein Funke Zweifel in ihnen hochkriecht, dann schieben sie das weg, wechseln schnell das Thema.« Nur so ist die furchtlose Gerissenheit zu erklären, mit der sie ihr Werk bis zum Äußersten treiben, obschon sie, bei halbwegs klarem Verstand, erkennen müssten, dass die Sache nicht gut ausgeht, nicht gut ausgehen kann. Benecke hat bei Serienstraftätern oft dieses Phänomen erlebt. »Jeder Bankräuber muss wissen, dass die Wahrscheinlichkeit äußerst gering ist, damit in Deutschland durchzukommen. Das schreckt diese Leute nicht.« Im narzisstischen Überschwang sagen sie: Ich bin nicht so blöd wie die anderen, die auffliegen. Ich spiele in einer anderen Liga. Ich bin das Zentrum des Universums, was soll mir schon passieren? Gerade in der organisierten Kriminalität, Beneckes beruflicher Praxis, spielen dabei Drogen oft eine Rolle: »Kokain verstärkt die Eigenschaften, die es braucht zum fortwährenden Betrug: Die Droge hebt das Selbstwertgefühl und reduziert die Angst.« Auch ein Jan Marsalek hat offenbar mit Psychopillen experimentiert, wie wir gesehen haben. Mögen die Betrüger anfangs noch bewusst lügen, glauben sie immer mehr an ihre Gespinste – womöglich bis ins Extrem, wenn sie tatsächlich gefangen sind in ihrer eigenen Realität, ihrer auf Legenden gegründeten »Privatwelt«, der »wahnhaften Überzeugung, dass sie großartig sind«, wie Christian Peter Dogs erzählt, ein Psychiater und langjähriger Klinikchef. »Diese Hochstapler lügen nicht, sie leben ganz und gar in ihrer Scheinwelt, sonst könnten sie sich nicht Tag für Tag so makellos präsentieren. Erst ist es Betrug, dann Überzeugung.« Auf Dogs' Couch lagen schon viele Manager, die Gefahr liefen, den Bezug zur Realität zu verlieren und ihre eigene Wahrheit zu erschaffen, befeuert von den vielen Schmeichlern und Claqueuren in ihrem Umfeld. Besonders anfällig für diese Mechanismen ist das Personal in Start-ups, sagt Psychiater Dogs, Leute, die schnell nach oben schießen, die von Ruhm und Reichtum überrollt werden: »Gefährlich wird es, wenn die Persönlichkeit dem Erfolg hinterherläuft.« Wer denkt da nicht an Jan Marsalek und Markus Braun?

Und was lernen wir daraus? Ein Fazit in zehn Thesen

1. Hütet euch vor Steve-Jobs-Darstellern und anderen selbsternannten »Visionären«!

Die erste Lehre aus dem Wirecard-Skandal muss sein: Keine Macht den Schwurblern, Schluss mit der Ehrfurcht vor selbsternannten Visionären! Ein schwarzer Rollkragenpullover macht noch keinen Steve Jobs, und was nach Bullshit klingt, ist meist auch Bullshit. Klar ausformulierte Gedanken und Sätze, saubere Geschäfte – so einfach ist das. Wenn jemand aus seinem Tun eine vorgebliche Geheimwissenschaft macht, ist Skepsis angebracht, der Betrug oft nicht fern. Das haben wir schon in der Finanzkrise 2008 erlebt, als Banker ihre toxischen Papiere hinter technokratischen Phrasen versteckten. Lassen wir also die Luft aus diesen Bullshit-Artisten. Dulden wir es nicht, wenn der nächste Visionär daherkommt und Unsinn im Stile Brauns verzapft, etwa dass »on the long run« das Business-Modell »the value add« sei. Bekommen wir so was zu hören, dann lachen wir und brüllen im Chor: Der Kaiser ist nackt!

2. Meidet zwielichtige Finanzplätze!

Jedes Unternehmen ist darauf bedacht, möglichst wenig vom

Gewinn an die Steuerbehörden abzutreten. Davon leben Offshore-Paradiese rund um den Globus – Inselgebiete oder Staaten, die aus niedrigen Steuersätzen ein Geschäftsmodell gezimmert haben. Das mag man moralisch anstößig finden, illegal ist es nicht. Wenn sich allerdings ein Konzern so wie Wirecard seine Geschäftspartner vorzugsweise in Staaten sucht, wo es an Transparenz und Rechtsstaatlichkeit hapert, dann schrillen die Alarmglocken. Sucht ein Konzern das Halbdunkel korrupter Regime, ist meist etwas faul.

3. Vorsicht, Herdentrieb!

Es braucht Mut, sich gegen die Masse zu stellen. An der Börse zahlt oft drauf, wer sich den herrschenden Trends verweigert. Die Lektion aus dem Fall Wirecard aber kann nur sein: Folgt nicht blind der Meute! »Von vielen Seiten war zu hören, Wirecard sei ein tolles Unternehmen. Warum, das wusste offenbar niemand so genau«, sagt Hendrik Leber, Gründer Chef der Fondsgesellschaft Acatis. Er ist rechtzeitig ausgestiegen, Ende 2018. Benutzen wir also den eigenen Verstand, egal wie machtvoll die Herde in eine Richtung treibt.

4. Hört auf Whistleblower und Shortseller!

Wenn den offiziellen Quellen nicht zu trauen ist, gewinnen andere Informanten an Gewicht. Eine Lehre aus dem Betrug muss deshalb sein: Respektiert Whistleblower – interne Hinweisgeber – sowie Shortseller! Beide Gruppen hinterfragen die offizielle Darstellung und säen Zweifel am womöglich übertrieben hohen Börsenwert.

Whistleblower und Shortseller waren die ersten, die vor Unregelmäßigkeiten in Aschheim gewarnt haben, lange bevor die eigentlich zuständigen Stellen wie Wirtschaftsprüfer, Rating-Agenturen, Analysten oder BaFin hingeschaut haben. Wie so oft, wurden diese Hinweise abgetan.

Gewiss, die Motivation von Shortsellern und Whistleblowern ist nicht edel. Doch mit diesen Einwänden im Kopf lehrt der Wirecard-Betrug, die Stimmen wenigstens ernsthaft anzuhören: Dieses Frühwarnsystem muss gestärkt werden! Zu Recht will die Europäische Union Whistleblower vor Verfolgung schützen, sogar über finanzielle Anreize wird nachgedacht, nach dem Vorbild aus den USA, wo die Börsenaufsicht den Hinweisgebern eine Belohnung in Aussicht stellt.

5. Profis in den Aufsichtsrat!

Die internen Kontrollmechanismen haben sich bei Wirecard als Totalausfall erwiesen; zumindest bis der neue Aufsichtsratschef Thomas Eichelmann im Herbst 2019 eine Sonderprüfung durchsetzte. An den gesetzlichen Vorgaben lag es nicht, die sind eindeutig, auch die angedrohten Strafen sind nicht von Pappe. Am Ende aber kommt es auf Zusammensetzung wie Eignung des Gremiums an: Schluss also mit den Klüngelrunden, lasst Profis ran! Knochentrockene Typen egal welchen Geschlechts sind gefragt, unabhängige Köpfe. Als Konsequenz aus dem Skandal muss zudem jedes börsennotierte Unternehmen dazu verpflichtet werden, innerhalb des Aufsichtsrates einen Prüfungsausschuss einzurichten. Schließlich ist es notwendig, die internen Abteilungen, die auf Recht und Ordnung achten, mit genügend Ressourcen auszustatten. Und ganz wichtig: Der Compliance-Chef hat an den Aufsichtsrat direkt zu berichten, nicht an den Vorstand, der kaum Interesse an Aufklärung hat, sofern er selbst der kriminelle Akteur ist. Und schließlich kann mehr Diversität im Aufsichtsrat nicht schaden. Je vielfältiger das Gremium besetzt ist, desto schwerer haben es Betrüger.

6. Wir brauchen Wirtschaftsprüfer mit Mumm!

Wenn Wirtschaftsprüfern fehlende Milliarden nicht auffallen, muss dann die Schuldfrage noch gestellt werden? Die Prüfer, allen voran EY, haben im Fall von Wirecard versagt. Nicht, weil einzelne bestochen worden wären, um ihren Haken unter die Bilanz zu setzen. Nein, schlimmer: Das Scheitern hat System. Ob Wirecard, Enron oder wie die Bilanzskandale alle heißen – immer hat sich einer der Big Four blamiert.

Das Grundproblem ist bekannt: Wirtschaftsprüfer werden von ihren Auftraggebern, also den Unternehmen, die sie prüfen, bezahlt; nur ihnen sind sie verpflichtet. Sie würden gar ihre Pflichten verletzen, würden sie einen Verdacht dem Staatsanwalt melden und nicht dem Auftraggeber. Wer auf den nächsten Millionenauftrag schielt, dessen Blick ist nicht sonderlich streng. Dagegen müssen Anreize gesetzt werden. Ein Mittel wäre eine höhere Strafe im Schadensfall, die in Deutschland im Moment auf vier Millionen Euro gedeckelt ist, eine lächerliche Summe.

Die Prüfer entschuldigen ihre Blindheit regelmäßig mit dem Argument, sie seien nun mal keine Detektive. Darauf kann die Antwort nur lauten: Dann, zum Teufel, zeigt mal etwas detektivischen Spürsinn! Besorgt euch dafür das nötige Werkzeug, das Know-how, die Köpfe! Im Zweifel sind die gesetzlichen Anforderungen zu schärfen. Denn die Welt da draußen, allen voran die Investoren, muss auf die Prüfer vertrauen, sie haben nichts anderes. Ist ihr Testat nichts wert, wird die Börse zu dem, was sie für viele eh schon ist: Ein Spielcasino, entkoppelt von allen ökonomischen Fakten. Ein Fall wie Wirecard hat das Zeug, jegliches Vertrauen der Anleger zu zerstören. Bleiben die weg, sind die Folgen verheerend: Firmen können sich nur noch zu höheren Kosten finanzieren, wenn überhaupt.

Also: Wir brauchen Wirtschaftsprüfer mit Mumm! Leider klingt es so ähnlich nach jedem Skandal, dieses Mal jedoch sind die Signale aus der Politik verheißungsvoll. Eine häufigere Rotation der Prüfer steht im Raum (bisher ist dies erst nach zehn Jahren nötig), daneben die bereits erwähnte höhere Haftung im Fall von grob fahrlässigen Fehlern oder bewusstem Fehlverhalten, wie es die EU-Kommission vorschlägt: »Ausreichend hohe oder gar unbegrenzte Haftung können Anreize bieten, um zu verhindern, dass Kompromisse gemacht werden, die für qualitativ schlechte Prüfungen sorgen.«

Die großen Vier, die den Markt unter sich aufteilen, laufen selbstredend gegen solche Reformen Sturm, ihre Lobby ist stark, ihre Argumente eher schwach. So bemühen die Milliardenfirmen gerne die Sorge um den Wettbewerb. Zu strenge Auflagen für die Branche würden vor allem die Kleinen schädigen, da sie diese Last nicht schultern könnten. So viel Scheinheiligkeit ist nur schwer zu ertragen.

7. Mehr Biss für die BaFin!

Die Finanzaufsicht braucht einen Neuanfang! Diese Erkenntnis hat sich nach dem Wirecard-Bankrott schnell durchgesetzt. BaFin-Chef Felix Hufeld und seine Stellvertreterin Elisabeth Roegele haben den Skandal nur ein halbes Jahr an der Spitze der Finanzaufsicht überlebt; die Behörde braucht mehr Biss, das geht nur mit neuen Köpfen. Den Wahlkampf vor Augen, hat SPD-Kanzlerkandidat und Finanzminister Olaf Scholz sich beeilt, Konsequenzen anzumahnen, mit Punkte-Programmen und Aktionsplänen. Im Endeffekt könnte so ein paradoxes Ergebnis eintreten: Ausgerechnet die Behörde, die unter den Versagern im Wirecard-Skandal weit vorn steht, wird aufgewertet. Die BaFin werde schlagkräftiger, versprechen Scholz und seine Leute. Die Aufseher sollen Büros durchsuchen, Akten beschlagnahmen, Zeugen wie Verdächtige vorladen dürfen. Dazu werde eine forensisch geschulte Taskforce geschaffen: »Wir werden massiv aufrüsten.« Viel Glück dabei! Es ist bitter nötig.

8. Schluss mit dem Behördendurcheinander!

Zu viele Köche verderben den Brei, zu viele mithin konkurrierende Aufseher erleichtern den Betrug: Wirecard ist ein Lehrstück dafür. Die einen konnten nicht prüfen, die anderen wollten nicht recht, die dritten verirrten sich zwischen den Paragrafen. Die Bilanzkontrolle muss wirksamer organisiert werden, sagen Leute wie Bundesbank-Vorstand Joachim Wuermeling, er schlägt eine »Art Spezialeinheit« vor. An die können Behörden sich wenden, wenn sie allein nicht mehr weiterkommen. Besonders im Bereich der Geldwäsche legte das Wirecard-Fake die Schwächen offen. So ist es dringend geboten, die Kooperation der beteiligten Stellen zu verbessern. Mindestens europaweit.

9. Aufseher, lasst das zocken sein!

Klar, es ist vernünftig, mit Aktien fürs Alter vorzusorgen. Die gesetzliche Rente macht niemanden satt. Der Staat soll seine Bürger ruhig dazu ermuntern, es mit der Börse zu versuchen – mit einer Ausnahme: Aufseher über Börsen gelistete Unternehmen dürfen nicht gleichzeitig auf deren Aktien wetten. Zocker haben in der Aufsicht nichts verloren.

10. Der nächste Skandal kommt bestimmt!

Die Vorhersage ist nicht gewagt: Es wird auch in Zukunft spektakuläre Betrugsfälle geben, der Nachschub an Kriminellen in Nadelstreifen (oder in Rollkragenpullovern) wird nicht versiegen. Gegen kriminelle Energie ist kein Kraut gewachsen. Das Argument, deshalb gar nicht erst über Konsequenzen nachzudenken, zieht trotzdem nicht. Nur weil es immer Mörder geben wird, kommt auch niemand auf die Idee, die Polizei zu entwaffnen. Der Kampf gegen die Kriminellen ist jede Anstrengung wert, die Kosten für Verstöße sind zu erhöhen: So etwas wie Wirecard darf sich nicht so schnell wiederholen. Die traurige Nachricht aber bleibt: Wer betrügen will, findet einen Weg. Der nächste Skandal kommt bestimmt!

Abspann

An der Entstehung dieses Buchs hat ein großartiges Team mitgewirkt. Unser besonderer Dank geht an:

+ Nico Hofmann, Marc Lepetit, Thomas Laue und das gesamte Team der UFA Fiction

+ Regisseur und Drehbuch-Autor Raymond Ley sowie Drehbuch-Autorin Hannah Ley

+ die Bertelsmann Content Alliance: Mit Sabine Greul, Florian Brinkmann und dem »Team RTL/Infonetwork«, Sabine Peth & Nico Grein vom »Team RTL/TVNow«, Stefan Schmitz und Horst von Buttlar mit den Kollegen von Stern und Capital (Niklas Wirminghaus, Birgit Haas)

+ das »Team Österreich« von der Presse (Anna Thalhammer, Rainer Nowak und Eduard Steiner)

+ das »Team Asien« mit Ralf Rivas vom Online-Magazin Rappler

+ Sandra Löhr für Recherche, Jan-Philipp Hein für seine Geheimdienst-Einblicke

+ Gerald Braunberger, Mitherausgeber der Frankfurter Allgemeinen Zeitung

+ Can Süleyman Söm, Ruben Schulze-Fröhlich, Berni Mayer vom Podcast-Team »Chasing Marsalek« (AudioNow)

+ alle Informanten, die sich die Zeit genommen und ein Herz gefasst haben, um unsere Fragen zu beantworten

+ René Stein für das Lektorat

+ Doreen Fröhlich, Stephanie Taverna, Rainer Dresen und das gesamte »Team Goldmann«, die alle Fristen und Regeln der

Buchproduktion ignoriert haben, damit das Psychogramm des Jahrhundert-Skandals entstehen konnte.

DANKE an alle, sollten sich dennoch Fehler eingeschlichen haben, so nehmen wir diese auf unsere Kappe!

Wirecard im Zeitraffer – eine Chronologie

1999
Offizielle Geburtsstunde des Unternehmens. Peter Herold gründet aus seiner Münchner Firma Securitas Internet Systems heraus »Wire Card«. Erster Geschäftsführer wird der Österreicher Detlev Hoppenrath.

2000
IT-Experte Jan Marsalek wird eingestellt, KPMG beordert den Berater Markus Braun zu Wire Card, der dort bald als Chief Technology Officer (CTO) anheuert.

2001
Markus Braun wird Vorstand, Geschäftsführer Hoppenrath scheidet aus.

2002
Das Amtsgericht München eröffnet ein Insolvenzverfahren über die Wire Card AG, die dann von der EBS AG (Electronic Billing System) von Paul Bauer-Schlichtegroll übernommen wird.

2003
Die EBS AG übernimmt auch die 1999 gegründete Berliner

InfoGenie AG, deren Aktien seit Oktober 2000 am Neuen Markt notiert sind.

2005

Börsengang durch die Hintertür (sogenanntes »Reverse IPO«): Die Wire Card AG wird zunächst in die InfoGenie AG eingebracht, danach wird die bereits börsennotierte Firma in »Wire Card AG« umbenannt. Der Ausgabekurs einer Aktie liegt bei 2,25 Euro.

2006

Die Wire Card AG firmiert um, nennt sich »Wirecard«. Sie besorgt sich eine eigene Bank und wird in den TecDAX aufgenommen.

2007

Gründung von Wirecard Asia Pacific, angesiedelt in Manila; es ist die erste Tochtergesellschaft in Asien, es folgt Singapur.

2008

Erste Vorwürfe werden laut, dass unsaubere Geschäfte vorliegen. Im Sommer moniert die Schutzgemeinschaft der Kapitalanleger bei Wirecard irreführende Bilanzierung. Die Finanzaufsicht (BaFin) ermittelt wegen des Verdachts auf Marktmanipulation und irreführende Angaben im Konzernabschluss.

2010

Jan Marsalek wird befördert und in den Vorstand berufen. Die Staatsanwaltschaft München ermittelt nach einer Anzeige gegen Wirecard wegen des Vorwurfs der Geldwäsche.

2015

Erste Berichte von Financial-Times-Reporter Dan McCrum über Ungereimtheiten, die er nach dem Vorbild einer US-amerikanischen Serie um politische Intrigen »The House of Wirecard« nennt.

2016

Veröffentlichung des Zatarra-Berichts: Hedgefonds attackieren mit einem einhundertseitigen Bericht die Geschäftspraktiken von Wirecard. Vorwurf: Betrug und Geldwäsche. Der Konzern geht dagegen juristisch vor, die Staatsanwaltschaft München erhebt sogar Anklage gegen die Autoren des Zatarra-Berichts.

2017

Der Aktienkurs verdoppelt sich, das Papier notiert jetzt bei 100 Euro.

2018

Aufstieg in den Deutschen Aktienindex (DAX), Wirecard ersetzt dort die Commerzbank, der Kurs erreicht ein Allzeithoch und kratzt an der 200-Euro-Marke.

2019

Ende Januar: Einbruch des Börsenwerts nach FT-Berichten über angebliche Bilanzfälschung

Februar: Die deutschen Behörden schlagen sich auf die Seite von Wirecard. Die Finanzaufsicht (BaFin) verhängt ein Leerverkaufsverbot für Wirecard-Aktien, die Staatsanwaltschaft leitet Ermittlungen gegen Journalisten der Financial Times ein. In Singapur ermitteln die Staatsanwälte, der Kontaktmann des Konzerns vor Ort taucht unter.

April: Die BaFin erstattet Strafanzeige gegen die Financial-Times-Reporter und Spekulanten, die angeblich den Wirecard-Kurs in den Keller treiben wollen.

September: Bundeskanzlerin Angela Merkel (CDU) setzt sich auf einer China-Reise für die Belange von Wirecard ein.

Oktober: Der Wirecard-Aufsichtsrat beauftragt KPMG mit einer Sonderprüfung, um die Vorwürfe in Asien zu entkräften.

November: McKinsey legt dem Wirecard-Vorstand den Plan für eine feindliche Übernahme der Deutschen Bank AG vor, Codename: »Projekt Panther«.

2020

Januar: Wechsel an der Spitze des Aufsichtsrates – Thomas Eichelmann, ehemals Vorstand der Deutschen Börse, wird Nachfolger von Wulf Matthias, der seit 2008 im Amt war.

Februar: Braun präsentiert die vorläufigen Ergebnisse für 2019, die erneut die Prognosen übertreffen. Auch als Corona die ganze Wirtschaft beeinträchtigt, ist sein Optimismus ungebrochen: Dem Konzern kann das Virus angeblich nichts anhaben.

März: Eine Wirecard-Delegation reist nach Manila, begleitet von Wirtschaftsprüfern von EY und KPMG, um sich vor Ort von der Existenz der Treuhandkonten zu überzeugen.

April: Das Ergebnis der Sonderprüfung wird veröffentlicht. KPMG findet keine Beweise für einen Betrug, kann die Vorwürfe gegen Wirecard aber auch nicht widerlegen. Sie sprechen von »Prüfhemmnissen«. Der Börsenwert bricht daraufhin ein.

Mai: Wirecard verschiebt zum dritten Mal die Veröffentlichung des Jahresabschlusses für 2019.

Juni: EY erhält von den Banken auf den Philippinen die Nachricht, dass Wirecard dort kein Geld auf den Konten liegen habe. Die Wirtschaftsprüfer verweigern deshalb ein Testat für den Jahresabschluss 2019. Die Börse reagiert schockiert. Marsalek wird freigestellt, Braun tritt zurück. Am 25. Juni stellt Wirecard Insolvenzantrag beim Amtsgericht München. Jan Marsalek taucht unter und wird mit internationalem Haftbefehl gesucht. Markus Braun wird festgenommen, ebenso zwei weitere frühere Vorstände. Grund ist laut Staatsanwaltschaft der nun »ganz erheblich« erweiterte Tatvorwurf der Bilanz- und Umsatzfälschung seit 2015.

August: Der Essenslieferdienst Delivery Hero ersetzt Wirecard im DAX.

Oktober: Der Deutsche Bundestag beschließt die Einsetzung eines Untersuchungsausschusses zum Fall Wirecard.

2021

Januar: Die Spitze der Finanzaufsicht wird ausgetauscht. BaFin-Präsident Felix Hufeld und seine Stellvertreterin Elisabeth Roegele verlieren ihre Posten.